FAMILIAS NOVOHISPANAS
Siglos XVI al XIX

CENTRO DE ESTUDIOS HISTÓRICOS

Pilar Gonzalbo Aizpuru
coordinadora

FAMILIAS NOVOHISPANAS
Siglos XVI al XIX

Seminario de Historia de la Familia
Centro de Estudios Históricos

EL COLEGIO DE MÉXICO

Ilustración de la portada: *De mestizo y española: castiza*.
Fragmento de un biombo del siglo XVIII propiedad de
Javier Dondé Escalante. Archivo de *México Desconocido*.

Portada de Mónica Diez Martínez
Fotografía de José Ignacio González

Primera edición, 1991
D.R. © El Colegio de México
      Camino al Ajusco 20
      Pedregal de Santa Teresa
      10740 México, D.F.

ISBN 968-12-0458-1

Impreso en México/*Printed in Mexico*

ÍNDICE

Reconocimientos   7

Introducción   9

I. LA LEGISLACIÓN

La familia en el derecho novohispano, por *Guillermo F. Margadant*   27

II. DISCURSO Y MENTALIDADES: IMPOSICIÓN DEL MODELO DE FAMILIA CRISTIANA

La identidad sexual: familia y mentalidades a fines del siglo XVI, por *Frederick Schwaller*   59

La formación de la pareja y el matrimonio, por *Carmen Castañeda*   73

El matrimonio como punto de partida para la formación de la familia. Ciudad de México, siglo XVII, por *Lourdes Villafuerte García*   91

Matrimonio, Iglesia y sociedad en el occidente de México: Zamora (siglos XVII a XIX), por *Thomas Calvo*   101

La transmisión cultural en la familia criolla novohispana, por *Josefina Muriel*   109

Matrimonio y bigamia en la capital del virreinato. Dos alternativas que favorecían la integración del individuo a la vida familiar social, por *Dolores Enciso Rojas*   123

III. LA CREACIÓN DEL ENTORNO FAMILIAR

De la "familia interrumpida" a la familia novohispana. Formación y transformación de la familia Urquidi de Chihuahua, por *María Urquidi*   137

[5]

Miembros de los cabildos eclesiásticos y sus familias en Lima y la ciudad de México en el siglo XVIII, por *Paul Ganster* — 149

La fundación del convento de la Concepción. Identidad y familias en la sociedad poblana (1593-1643), por *Rosalva Loreto López* — 163

IV. LA VIDA PRIVADA Y LAS ESTRATEGIAS DEL PARENTESCO

La familia Yraeta, Yturbe e Ycaza, por *Cristina Torales* — 181

La familia Fagoaga y los matrimonios en la ciudad de México en el siglo XVIII, por *Juan Javier Pescador* — 203

La familia conversa novohispana: familia hispana, por *Solange Alberro* — 227

Pueblos errantes: formación y reproducción de la familia en la sierra de Sonora durante el siglo XVIII, por *Cynthia Radding* — 243

V. LAS ESTRUCTURAS FAMILIARES Y LAS MUJERES NOVOHISPANAS

Estructuras de la población y características de los jefes de los grupos domésticos en la ciudad de Antequera (Oaxaca), 1777, por *Cecilia Andrea Rabell* — 273

La viuda viva del México borbónico: sus voces, variedades y vejaciones, por *Robert McCaa* — 299

Hogares de la villa de Atlixco a fines de la Colonia: estados, calidades y ejercicios de sus cabezas, por *Agustín Grajales Porras* — 325

VI. RECUENTO DE LOGROS Y PERSPECTIVAS

Evolución demográfica y estructura familiar en México (1730-1850), por *Pedro Pérez Herrero* — 345

Raza, clase y matrimonio en la Nueva España: estado actual del debate, por *Elizabeth Kuznesof* — 373

Perspectivas sobre historia de la familia en México, por *Silvia Arrom* — 389

RECONOCIMIENTOS

Debo reconocer, en primer lugar, el apoyo otorgado a este proyecto por El Colegio de México, que nos proporcionó la excelente oportunidad de reunir a destacados investigadores interesados en el tema de la familia y que ahora propicia esta publicación, con la colaboración del Instituto Mexicano del Seguro Social.

Muy especialmente deseamos mencionar a la doctora Alicia Hernández Chávez, organizadora del coloquio "Familias novohispanas".

A Cecilia Rabell, Solange Alberro y Robert McCaa les debo su entusiasta colaboración, desde la organización hasta los pasos finales de edición. También agradezco las interesantes participaciones de Alfredo López Austin, Dorothy Tanck, Xavier Noguez, Teresa Rojas, Herbert Klein, Juan Manuel Pérez Zevallos, Anne Staples, Antonio Rubial y Juan Javier Pescador, quienes fueron comentaristas en el coloquio.

Debo mencionar a la señora Angélica García Rivera, que transcribió y revisó para su incorporación a la computadora varios de los textos, y a Tulio Escobar, Mauricio Solís y Patricia Fortis, que nos asesoraron en el proceso de cómputo.

INTRODUCCIÓN

TEMAS Y PROBLEMAS

Los días 30 y 31 de octubre de 1989 se celebró, en el Centro de Estudios Históricos de El Colegio de México, un coloquio de historia de la familia centrado en el tema: "Familias novohispanas. Siglos XVI a XIX". Se incluyeron estudios acerca de la estructura familiar, reportes de la situación de los conocimientos sobre el tema, estudios de caso y cuestiones teóricas.

El presente volumen recoge la mayor parte de las ponencias presentadas en los dos días. Lamentamos tener que prescindir de algunos trabajos, que sus autores decidieron retirar, por considerar que se trataba de avances preliminares de futuras investigaciones, por formar parte de publicaciones individuales pendientes o porque opinaron que se encontrarían fuera de lugar, ya que no se centraban precisamente en el tema propuesto. A ellos, como a quienes están presentes en este libro, les agradecemos su participación.

Las intervenciones de los comentaristas y los debates sostenidos en cada una de las sesiones contribuyeron a definir las principales cuestiones, tanto aquellas que recibieron algún tipo de respuesta como las que quedaron pendientes, como hipótesis para futuras investigaciones. He procurado recoger en esta presentación algunas de las observaciones más destacadas.

Dentro de la unidad impuesta por el tema, la heterogeneidad de las ponencias aportó una riqueza de perspectivas que sin duda dificulta la clasificación, pero que, en cambio, propicia la apertura de un diálogo entre investigadores de diferentes áreas y una meditación más profunda acerca de las preguntas que quedaron planteadas. A través de distintas metodologías se ha llegado a conclusiones bastante parecidas en muchos aspectos: la distancia entre la norma y la práctica, la función

cohesiva de las mujeres en la vida familiar, la frecuencia de la ilegitimidad, tan característica de la vida novohispana, la importancia de la
organización doméstica en relación con la pertenencia a determinados
grupos y la universal aplicación de estrategias de enlace, ya fueran para
el mantenimiento de la riqueza y del prestigio familiar o simplemente
para asegurar la propia supervivencia. No sólo podemos afirmar que
casi todos los miembros de cierto grupo étnico y social se comportaban
de una determinada forma ante el matrimonio y la familia, sino que,
por su parte, las familias consolidaban su posición de acuerdo con las
relaciones establecidas por sus miembros.

Los trabajos de demografía histórica siguen siendo los que se
enfocan más precisamente al tema de la familia. Los acercamientos
desde la perspectiva de la historia de las mentalidades permiten apreciar aspectos que escaparían a la historia cuantitativa. La vieja tradición
de estudio de grupos de la élite aporta abundante información, que
trasciende las cuestiones genealógicas para ocuparse de la vida cotidiana y de las semejanzas en modos de comportamiento compartidas
por otros grupos sociales. Los estudios de caso referidos a grupos
marginales o de bajo nivel económico proporcionan el complemento
de aquella visión.

En las ponencias de este coloquio, no sólo se trató de la ciudad de
México, aunque sigue siendo campo privilegiado; hay también estudios regionales sobre Puebla y Atlixco, Nueva Galicia, Nueva Vizcaya,
Sonora, Zamora y Antequera. En algún caso se revisan cuestiones
teóricas y en otros se apuntan sugerencias metodológicas. Hay, en fin,
recuentos de los trabajos realizados hasta el momento y planteamientos de metas propuestas para el futuro.

Casi todos los grandes temas relacionados con la familia aparecen
al menos apuntados y en ocasiones enriquecidos con importantes
aportaciones: formulaciones teóricas relativas a legislación, discurso
dominante, conformación de élites, procesos de adaptación en busca
de la supervivencia y contradicciones entre teoría y práctica; aspectos
metodológicos, tales como problemas planteados por las fuentes,
aprovechamiento de censos para la identificación de la estructura
familiar y empleo cualitativo de registros parroquiales; definición de
elementos característicos como la pluralidad de patrones culturales, las
elevadas tasas de ilegitimidad y de viudedad, la generalización de
estrategias de parentesco, la influencia de la jefatura familiar femenina
y las relaciones entre niveles socioeconómicos y estructura familiar. Se

ofrecen también recuentos de estudios sobre el tema y perspectivas hacia el futuro.

Ya que las contradicciones entre la legislación y la práctica sólo pueden analizarse a través de un conocimiento preciso de las normas jurídicas, el trabajo de Guillermo Margadant tiene un doble interés: por una parte informa de los elementos constitutivos de la legislación vigente en las Indias y por otro sintetiza las disposiciones relativas a la familia. Las normas procedieron de orígenes diversos y fueron emitidas en momentos diferentes, con distintos fines. El reconocimiento de que fue un complejo de normas destinadas a regir un territorio colonial, nos aleja de la apreciación de algunos historiadores de que el Derecho Indiano surgió en respuesta a una realidad social. Lo que salta a la vista es que España construyó una legislación de añadiduras y enmiendas adecuadas a la resolución de problemas nuevos, que no estaban contemplados en la base doctrinal. La permanente contradicción entre las leyes y la práctica sería buena prueba de un fracaso histórico, en caso de que realmente se hubiera proyectado la norma a partir de la realidad. Lo que vemos es un ejemplo del proceso inverso: el intento de someter la realidad a la ley.

Es de suma utilidad disponer de una síntesis como la que Margadant nos ofrece, en un momento en que importa ya centrarse en la investigación de las contradicciones internas del mismo cuerpo jurídico y de su práctica cotidiana. Un punto que se señaló durante el debate fue el contraste entre la ordenada recopilación de leyes de los primeros tiempos y la falta de información igualmente accesible para los últimos cincuenta años del virreinato.[1]

La influencia del discurso religioso y su relación con las mentalidades se analizó desde diversos puntos de vista. En el artículo de Frederick Schwaller se señala el valor del doble concepto honor-honra que reguló las relaciones sociales en el nivel de la élite media y alta. Es obvio que el prestigio del honor no fue privativo del mundo hispánico; pero, por otra parte, pocos son los pueblos en los que un sector social se ha preocupado a tal grado por la conducta sexual femenina. Esto, sin duda, ha excitado la curiosidad de los no hispánicos. Interesa esclarecer por qué precisamente la intimidad sexual de las hembras podía resquebrajar el honor de la familia, cuando siempre ha existido la opción de imponer otros códigos y de resaltar otros valores, tales

---

[1] El doctor Margadant recomendó como auxiliar la obra *Recopilación de las Leyes del Gobierno Español que rigen en la República, respectivas a los años 1788 y siguientes*, Imprenta de J.M. Lara, México, 1851.

como la lealtad, la bondad, la riqueza, la justicia o la valentía. No debemos aceptar como algo obvio que la sexualidad de las mujeres pudiera ser tan importante.

La asimetría entre varones y mujeres se ve acentuada porque la responsabilidad del honor familiar recaía en la mujer, ya que su "falta" no sólo le incumbía a ella sino que manchaba al padre o al marido. Schwaller advierte que este rígido código de honor afectaba a la élite alta y media; valdría la pena indagar cuáles eran los otros valores vigentes para diferentes grupos de la sociedad. Dado que la moral burguesa defiende su propia posición, el cuadro que nos muestra Schwaller manifiesta que los privilegios económicos de los grupos dominantes se aseguraron a través de las relaciones familiares. La razón del contenido moral puede encontrarse en los intereses de clase. A una conclusión similar se llega a partir del estudio de la vida cotidiana, de acuerdo con las categorías del materialismo histórico.[2]

Una propuesta de estudio de la familia a partir del discurso dominante puede convertirse en algo más cargado de sentido, mientras que el análisis desde la perspectiva de la historia de las mentalidades pondría frente a frente diversas concepciones vitales, cuyos representantes son los protagonistas de las anécdotas que registran los documentos.

Varios de los artículos se refieren a las normas de conducta vigentes para grupos minoritarios y a la pretensión de los contemporáneos de lograr su generalización a todos los niveles. El trabajo de Carmen Castañeda, "La formación de la pareja y el matrimonio en la Nueva Galicia", permite apreciar las contradicciones imperantes en una sociedad sometida a severas normas religiosas y a un control social ineludible. La documentación presentada corresponde a finales del siglo XVIII y comienzos del XIX, cuando la Iglesia y el Estado insistían en el mantenimiento de leyes y prejuicios correspondientes a unos valores que seguían siendo exaltados por el discurso dominante, mientras habían entrado en conflicto con una realidad ajena, a la cual podemos asomarnos a través de algunos de los ejemplos que nos proporciona. Los tribunales eclesiásticos eran reducto de criterios anticuados, que ya no funcionaban en la vida cotidiana, pero a los que se recurría según la conveniencia del momento.

El contraste entre la doctrina religiosa y la vida cotidiana así como

---

[2] Agnes Heller, *Historia y vida cotidiana*, Editorial Grijalbo, México, 1985.

los esfuerzos del clero novohispano por imponer las normas tridentinas se aprecian en los ensayos de Lourdes Villafuerte, Thomas Calvo y Josefina Muriel.

En el análisis de los datos relativos a contrayentes y testigos, proporcionados por informaciones matrimoniales, existe un cierto margen de inseguridad, dependiente de la proporción de los enlaces que no se llevaron a cabo. Los expedientes de ruptura de promesa de matrimonio representan otra interesante fuente de estudio, pese a que no eran muchas las personas (casi siempre mujeres) que llegaban al extremo de la denuncia pública en casos de incumplimiento de la palabra comprometida. Unos y otros documentos, que no podrían usarse con carácter cuantitativo, proporcionan, en cambio, una valiosa información para el estudio cualitativo, tal como plantea la ponencia de Lourdes Villafuerte. No tendremos conocimiento, a través de ellos, del número de parejas que llegó a los altares, pero sí sabremos los criterios que se aplicaban para tomar en cuenta las demandas de liberación de impedimentos por una parte, o de exención de responsabilidades por la opuesta. Que las causas reales en cada caso fueran o no las alegadas no nos importa tanto como apreciar las que la mentalidad de la época consideraba adecuadas y aceptables.

Es inevitable la reiterada mención del Concilio de Trento, en cuyos decretos se fundamentaron las disposiciones eclesiásticas desde mediados del siglo XVI; pero la existencia de la norma no equivale a su cumplimiento, y por ello vale la pena detenerse a valorar la forma en que la iglesia novohispana actuó a lo largo de los siglos para lograr la implantación de las decisiones conciliares.

Esta cuestión constituye parte de las hipótesis planteadas en el trabajo de Thomas Calvo, acerca de los enlaces matrimoniales en la diócesis de Zamora. La diversidad de patrones de comportamiento matrimonial en una pequeña ciudad manifiesta las dificultades que tuvo que superar el clero novohispano para imponer el modelo tridentino de matrimonio. La respuesta dada por los fieles a través del tiempo puede apreciarse en los cuadros estadísticos correspondientes a los nacimientos ilegítimos entre 1645 y 1823. Los datos, procedentes de archivos parroquiales de Zamora, muestran una tendencia hacia la regularización de la situación matrimonial, sólo interrumpida ligeramente durante el periodo de la guerra de la independencia. Pero lo notable es la forma en que los indígenas adoptaron las reglas eclesiásticas, con más sumisión que los españoles cristianos viejos, precisamente durante los primeros tiempos, y que el abandono de las normas se inicia precisamente en época tardía, a partir del siglo XVIII. Las cifras expuestas en el cuadro correspondiente demuestran que la proporción de hijos ilegítimos de los españoles a mediados del siglo XVII era de 13.4 por ciento, al mismo tiempo que el de los indígenas se reducía a 9.1 por ciento. Un siglo más tarde las cifras se invirtieron, para dar 7.37 por ciento entre los españoles y 16.7 por ciento entre los indios.

Josefina Muriel expone la serie de hábitos introducidos por la iglesia católica, el gobierno virreinal y la sociedad española, en relación con la vida familiar. Se refiere a costumbres como la lectura en familia, a ejemplos de armonía y afecto entre parientes y al ejercicio de la autoridad paterna con mesura y comprensión. El retrato que presenta podría definirse como un paradigma respetado por todos, cumplido por muy pocos y, en consecuencia, alejado de la realidad cotidiana, sobre todo entre los grupos populares.

La creación de un entorno social adecuado para el desenvolvimiento familiar y el recurso a instituciones eclesiásticas se ilustra en los ensayos relativos a familias de la élite.

María Urquidi subraya algunos puntos de interés, como el hecho de que las familias españolas o criollas no llegaron completas, en unidades tradicionales, sino disgregadas. Los miembros aislados procedieron a la reconstrucción de su propia familia y tuvieron así la oportunidad de elegirla, al igual que el entorno en que se establecerían. Una familia aseguraba su posición si contaba con una amplia trama social que la sustentase; de modo que los colonizadores procedieron a crear toda una red de mutua asistencia y alianza, a la medida de su capacidad económica y de las pretensiones de nobleza de su linaje. Las familias criollas que superaron la etapa formativa y lograron un caudal digno de consideración, pasaron a la fase de ennoblecimiento mediante el desempeño de cargos honoríficos y en el ejercicio de profesiones tenidas como nobles.

El acceso a los cabildos de las ciudades fue prerrogativa de grupos minoritarios, pero la Iglesia propició la incorporación a formas de participación comunitaria, gracias a las cuales gran parte de la población tuvo a su alcance cierto nivel de prestigio que aseguraba su participación en la vida corporativa y abría cauces de movilidad social. Los artículos de Paul Ganster y Rosalva Loreto se refieren a las estrategias familiares orientadas a la exaltación de los valores religiosos como parte del patrimonio del honor familiar.

No es despreciable la importancia de los nexos con las instituciones eclesiásticas como medio para tener acceso a determinados beneficios económicos, como créditos y administración de censos e inmuebles. Pero también vale la pena señalar lo que no parece tan obvio, pero que tuvo importancia indiscutible durante varios siglos: el hecho de que la afinidad con cabildos eclesiásticos y conventos de regulares aseguraba la posición familiar. Como toda estrategia, la de aproximación al medio eclesiástico resultó bastante compleja y produjo beneficios de diversa índole: en muchos casos el ingreso de las hijas en un convento servía de protección al patrimonio familiar, que sólo quedaba mermado en la cantidad correspondiente a la dote, en otros más, la presencia de algunos vástagos en las órdenes regulares o en el clero secular era tan apreciada, que bien valía el sacrificio de donaciones superiores a la disponibilidad regular. De este modo, el estudio de la familia se relaciona con otros grandes temas fundamentales para la época colonial. El patronazgo de un convento, la adhesión a determinada orden o regla y la reproducción de patrones de religiosidad dentro de determinados grupos, son elementos válidos para definir la articulación de distintos niveles de participación social. Por otra parte, el sistema orgánico de la sociedad colonial tendía a reproducir el modelo familiar en las celdas de las religiosas y en las "casas llenas" de los prebendados.

Dentro del campo de la historia de las mentalidades, los estudios de caso, en situaciones límite, proporcionan excepcionales condiciones de observación de conductas desviadas de las normas y, por consiguiente, de las actitudes asumidas ante estos comportamientos. Un trabajo particular, como el de Dolores Enciso, nos obliga a reiterar la pregunta tantas veces planteada de la validez de los estudios de caso. Dentro de la discusión hay quienes consideran que su interés depende de que puedan ser ilustrativos de una demostración con un sustento más sólido, ya que la confiabilidad de las conclusiones depende en gran parte del número de casos presentados, que pueden llegar a proporcionar elementos para una argumentación que autorice a establecer generalizaciones. Como planteamiento de situaciones límite y como manifestación de tensiones latentes en la sociedad, su capacidad motivadora es indiscutible. Gran parte de los estudios relativos a la vida familiar latinoamericana en la época colonial se apoya precisamente en documentos correspondientes a casos particulares.[3]

---

[3] Se aprecia en los interesantes artículos del libro compilado por Asunción Lavrin, *Sexuality and Marriage in Colonial Latin America*, Nebraska University Press, Lincoln, 1989.

En el ensayo que incluimos, se señala que la bigamia fue una contradictoria forma de aceptación de las normas por las que se regía la sociedad para conceder trato respetable a una pareja. La discusión queda planteada precisamente a partir de la fuerza discutible de una argumentación basada en tres casos, que bien pueden corresponder a personalidades anormales y a situaciones atípicas.

Si los estudios de la familia Urquidi, de los capitulares de México y Lima y de las monjas poblanas, dan motivo para meditar acerca de la creación del entorno social propicio al desenvolvimiento de determinados modelos familiares, el de los Yturbe, Ycaza e Yraeta ofrece amplias perspectivas de estudio de la vida cotidiana. En el artículo de Cristina Torales se pasa revista a una familia que puede considerarse excepcional, tanto por su posición económica como por sus enlaces y supervivencia, pero que, en cambio, es representativa de un modo de vida que fue compartido por algunos de sus contemporáneos y admirado por muchos más.

La vinculación total de los tres apellidos se logró a través de sucesivos matrimonios entre parientes, de manera que los lazos de consanguineidad se estrechasen progresivamente. El mutuo apoyo y la solidaridad en asuntos económicos fue el primer paso para la futura unión. Aunque se trata de un caso extremo de endogamia familiar, no es, en modo alguno, opuesto al criterio predominante, ya que por algo la ley canónica consideraba que la preservación del patrimonio familiar, en caso de grandes fortunas, era motivo suficiente para la concesión de dispensas.

Mercaderes y miembros del Cabildo de la ciudad, los Ycaza participaron también en cofradías, patronatos religiosos, colecturías de diezmos, terceras órdenes regulares y Tribunal del Santo Oficio, como familiares. Ejemplarmente ilustrado, el ámbito de la vida privada manifiesta la puesta en práctica de aquellos ideales que la sociedad criolla asumía como valores universales.

Lejos de la opulencia de los grandes comerciantes, había en las ciudades grupos de mediana posición económica que imitaban en lo posible el comportamiento de aquéllos. El paralelismo entre los comportamientos de la élite y de las familias modestas del medio urbano se resalta en el estudio de Juan Javier Pescador, a partir de la comparación de los matrimonios en la familia distinguida Fagoaga y el promedio de los realizados por los feligreses de la misma parroquia de Santa Catarina.

No son una novedad los estudios acerca de las alianzas matrimoniales de la élite y cada nuevo grupo familiar sujeto a este tipo de análisis parece corroborar las hipótesis originales.[4] Todos los matrimonios de los Fagoaga se realizaron dentro del mismo grupo étnico y social, todos entre mujeres muy jóvenes y hombres maduros, todos redundan en beneficio de las finanzas familiares y todos son bendecidos por un dignatario de la Iglesia, pariente o allegado. También todos pertenecieron a cofradías y tuvieron nexos con el clero. Lo que no se aprecia en ninguna ocasión es el recurso del compadrazgo como medio de obtener ventajas materiales o de dignidad social.

La importante novedad del artículo de Pescador consiste en establecer las directrices generales seguidas por españoles y castas de la ciudad de México, apegadas, en gran parte, al comportamiento de las más encumbradas familias, excepto por alguna diferencia en la edad al matrimonio de unos y otros. Inevitablemente asalta la duda acerca de la validez de esas supuestas estrategias matrimoniales peculiares de la élite, que resultan ser compartidas por toda la población que llega a contraer matrimonio.

La ambigua posición de los grupos criptojudíos nos infunde cierta perplejidad en el momento de apreciar las características de su comportamiento familiar. Caeríamos en la tentación de incluirlos dentro de la élite, porque su posición social y su dedicación preferente al comercio en gran escala así lo autorizarían. Con semejante razón podría tratarse como grupo marginal y desviante, por su permanente inestabilidad y ocultamiento de la verdadera identidad. Un grupo reducido de personas, enfrentado a una dramática situación de rechazo social y de persecución oficial, sería también espléndido ejemplo de estudio de caso para la historia de las mentalidades. Pero el ensayo de Solange Alberro no se detiene en ninguno de estos aspectos y busca, en cambio, la integración de las aparentes particularidades de los judaizantes en el contexto más amplio de la sociedad novohispana del siglo XVII. ¿Cómo señalar el carácter distintivo de la endogamia de este grupo, cuando sabemos que imperaba también en otros? La libertad de costumbres de las mujeres judías es bien conocida por la documentación correspondiente a su proceso inquisitorial, pero antes de éste nadie había reparado en irregularidades notorias, de donde entramos en sospechas acerca del comportamiento de otras señoras y doncellas muy católicas, de quienes no ha quedado testimonio porque proce-

---

[4] Los estudios ya clásicos de David Brading y Doris Ladd anticiparon buena parte de las hipótesis que ahora se discuten.

dían de familias de cristianos viejos. Amplitud de criterio en materia sexual, relaciones ilegítimas frecuentes y uniones inestables por ausencia o muerte de alguno de sus miembros, seguramente no fueron privativas de las familias conversas.

Parece que no es demasiado arriesgado aventurar la hipótesis de que entre las familias medianamente acomodadas de la capital, cualesquiera que fueran sus creencias y ocupaciones, existía una serie de convenciones comunes, a medio camino entre la asimilación de normas religiosas y el ejercicio de prejuicios compartidos.

Lejos de los centros urbanos, en una zona geográfica marginal y con un reducido bagaje cultural, se encontraron los grupos indígenas del noroeste, apenas incorporados a la vida sedentaria, entre quienes habrían de darse formas peculiares de adaptación familiar. La ponencia de Cynthia Radding manifiesta hasta qué punto los cambios familiares están relacionados con otros cambios de organización social, política y de distribución de la tierra. El estudio de indios serranos seminómadas es importante porque permite establecer comparaciones entre mecanismos de supervivencia adoptados por diferentes grupos étnicos durante su proceso de incorporación a comunidades campesinas. Las actitudes adoptadas frente a las exigencias impuestas por las condiciones ambientales, por la organización colonial y por los altos niveles de mortalidad, influyeron en la recomposición de los grupos domésticos.

Los indios de los "pueblos errantes" del noroeste comprendieron la conveniencia de aceptar el matrimonio religioso, que les daría acceso a la propiedad de parcelas cultivables, adjudicadas por las autoridades virreinales a las unidades familiares formalmente reconocidas. Como estrategia propia de la vida nómada, dentro de un territorio limitado, acostumbraron fortalecer los lazos de solidaridad entre comunidades mediante la exogamia y la creación de una amplia red de parentesco. Su paulatina adaptación al sedentarismo y a las duras condiciones de trabajo y salubridad, exigió la perpetuación del ancestral criterio de intercambio humano para la supervivencia con las variaciones necesarias. Los censos de fines del siglo XVIII coinciden con los informes de las visitas pastorales, al señalar el predominio de la comunidad doméstica como unidad productiva, por encima de los lazos de linajes y de familias nucleares. Ya no se trataba tan sólo de intercambiar esposas, sino también hijos niños o mozos, que colaborarían en las tareas laborales y servirían de unión entre distintos grupos familiares.

La carencia de un modelo demográfico adecuado a la sociedad

novohispana, en la que el matrimonio no era el único medio de iniciación de la familia, sirve de estímulo para los trabajos de indagación de estructuras familiares a través de los datos aportados por los censos.

Los estudios relativos a las ciudades de Antequera, Parral y Atlixco, proporcionan interesantes hipótesis y sugerencias. Acentúan el hecho de que la sociedad novohispana no fue ni mucho menos estática sino que estuvo dotada de gran movilidad. Para los tres trabajos se han utilizado censos y padrones de fines del siglo XVIII, época de oro de estos documentos. En un futuro podríamos disponer de estudios semejantes para otras ciudades, lo cual nos llevaría a resolver si puede establecerse uno o varios modelos de organización familiar en las ciudades novohispanas. Parral podría ser ejemplo de real minero, mientras Antequera representaría un crisol, en que se mezclaban supervivencias indígenas con elementos hispánicos y formas de vida familiar propias de mestizos y castas. Atlixco sería ejemplo de pequeña villa, a mitad de camino entre la actividad rural y artesanal.

A partir del censo de 1777, de la ciudad de Antequera, Cecilia Rabell desarrolla varias hipótesis. Su primer objetivo es la búsqueda de patrones de acceso a la jefatura familiar, que aporten nuevos elementos para la identificación de su estructura. El modelo europeo de las sociedades preindustriales, con proporción igualmente alta de mujeres, sirve para orientar la investigación de los comportamientos familiares propios de la vida colonial urbana.

El análisis de las cifras del censo manifiesta un elevado número de mujeres entre las poblaciones española, mestiza y de castas, con mayor proporción de hombres casados y consiguiente abundancia de solteras. Nada de esto se aprecia entre los indígenas. En cuanto al acceso de las mujeres a la jefatura familiar, es clara la incidencia de variables como la edad, el estado civil y, muy especialmente, el grupo étnico. Puede identificarse un "patrón urbano" aplicable a los españoles, otro totalmente diferente entre los indios y un cierto desorden entre las castas. La hipótesis de la convivencia de distintas formas de estructura familiar queda confirmada, a la vez que se insinúa la gestación de otros modos de comportamiento, a partir de la confrontación de tradiciones y realidades difícilmente compatibles.

A partir de un planteamiento igualmente riguroso y con el apoyo de gráficas ilustrativas, se puede apreciar una interesante visión de la sociedad de la ciudad de Parral. El número de mujeres empadronadas como viudas, en Parral como en otras ciudades, ha llamado reiteradamente la atención de los historiadores. Es común advertir una sospechosa abundancia de mujeres viudas, que bien pudo responder a un afán de las madres solteras por encubrir su falta y aparecer con la deseada respetabilidad. Sin embargo, un examen concienzudo de las cifras registradas hasta hoy no dan pie para tales suspicacias, ya que su número, aunque por cierto muy alto, bien puede explicarse por las causas reconocidas de diferencia de edad al matrimonio y de sobremortalidad masculina. Por otra parte, en Parral no sólo había muchas mujeres viudas, sino también doncellas, que superaban ligeramente a los hombres de las mismas edades. Esta circunstancia poco común en un real minero podría explicarse también por tratarse de una zona fronteriza en la que los riesgos de la población dispersa obligaban a las mujeres a refugiarse en el núcleo urbano que ofrecía mayores garantías de seguridad. La biografía de las viudas identificadas en este artículo muestra que compitieron con escaso éxito en el mercado matrimonial. Un factor destacado en la caracterización de las viudas es su escasa oportunidad de contraer ulteriores nupcias en comparación con los varones.

McCaa señala que las diferencias entre viudas reales o ficticias no resultan importantes desde el punto de vista demográfico. Ya fuese que la autodenominación de viudas protegiese su buen nombre o que respondiera a la realidad de la pérdida de un marido, su situación era muy semejante. Unas y otras tenían pocos hijos, su nivel de vida era modesto y sus posibilidades de contraer nuevas nupcias bastante reducidas, con excepción de las acaudaladas propietarias, para quienes fácilmente desaparecían los obstáculos. La dedicación preferente al estudio de las mujeres permite fijarnos en el elemento fundamental de la familia, que es al mismo tiempo el sujeto cautivo de los censos, ya que con frecuencia los hombres se declaran ausentes o se registran como solteros en mucho mayor proporción.

El problema de los varones desaparecidos en los censos se plantea igualmente en el estudio de Agustín Grajales sobre la ciudad de Atlixco. El recelo de la población ante las preguntas de los censores, en el año 1792, estaba más que justificado, por el temor que inspiraba la leva, y ello provocó la reacción inmediata de subregistro de hombres jóvenes que se encontraban en edad militar preferente. Dado el objetivo específico del padrón, y ya que los indígenas estaban exentos del servicio militar, se prescindió de ellos al levantar el censo. Esta debilidad de la fuente afecta en cierto modo a los resultados del estudio, pero no tanto que invalide los datos esenciales relativos a la estructura familiar de los demás grupos.

A partir del estudio de los cabezas de familia no indígenas, Agustín Grajales dibuja un cuadro en el que una gran mayoría de las familias se ajusta al modelo nuclear, con uno o dos hijos en promedio, casi todas habitan viviendas unifamiliares y existe marcada correspondencia entre el nivel socioeconómico y el sexo del cabeza de familia. Como regla general, las mujeres viudas o solteras carentes del apoyo masculino se encuentran en posición inferior a las familias "completas". El elevado índice de este tipo de hogares presididos por mujeres, que alcanza 32 por ciento, es equivalente a los consignados para otras ciudades novohispanas y nuevamente llama la atención acerca de la importancia de su estudio.[5]

Los tres últimos artículos exponen síntesis del estado actual de los estudios sobre temas que atañen a la estructura familiar novohispana y proponen perspectivas abiertas para su estudio.

Pedro Pérez Herrero reflexiona acerca de los estudios realizados hasta el momento y expone el balance de las hipótesis generales que pueden aplicarse al conjunto de la Nueva España y de los casos regionales con características propias. Puede hablarse de etapas sucesivas de crecimiento y descenso de la población y de formas de comportamiento familiar propias de grupos indígenas, españoles y castas, pero reconociendo tal diversidad que en cada caso habría que precisar si se habla de indios vecinos de barrios urbanos, comunidades rurales o haciendas, de españoles habitantes de las regiones centrales o de zonas norteñas fronterizas o de grupos mestizos pertenecientes a niveles económicos muy bajos o relativamente altos.

El planteamiento de Pedro Pérez Herrero nos obliga a meditar en un problema serio: el de la falta de estudios regionales y monográficos, que sirvan de apoyo a futuras investigaciones. Esta dificultad debe de convertirse en acicate para el desarrollo de trabajos en equipo que aprovechen al máximo los recursos disponibles.

Elizabeth Kuznesof combina una revisión de textos selectos acerca del mestizaje con una reflexión sobre su importancia real, las posibles fuentes para su estudio y sus consecuencias demográficas. No es preciso aguzar mucho nuestra sensibilidad histórica para encontrar los nexos entre concubinato, ilegitimidad y mestizaje, pero tampoco po-

---

[5] Además de los datos presentados en otras ponencias del coloquio, contamos con el estudio de Silvia Arrom, *Las mujeres en la ciudad de México, 1790-1857*, Fondo de Cultura Económica, México, 1988.

demos simplificar el problema con la propuesta de que si los mestizos fueron menospreciados por la probabilidad de su origen ilegítimo, los ilegítimos, en conjunto, debieron de ser mestizos. Estudios recientes demuestran que el concubinato no sólo se daba entre parejas de distinto grupo étnico sino, con mayor frecuencia, entre las de uno mismo. Por otra parte, y esto es una cuestión esencial, la pertenencia a un grupo étnico, dentro del mundo colonial, no estaba determinada por factores exclusivamente biológicos, sino socioeconómicos. Un indio letrado y con caudal sería clasificado sin inconveniente como español, del mismo modo que un mulato enriquecido, al menos hasta fines del siglo XVII.

Todas nuestras afirmaciones sobre la familia novohispana quedan en entredicho mientras no logremos encontrar alguna vía de identificación de las uniones consensuales, que constituyeron un elevadísimo porcentaje. Pero los censos y los registros parroquiales nos niegan estos datos. Es interesante la propuesta de que se produjo una cierta homogeneización de comportamientos en el siglo XVIII, pero ni siquiera podría afirmarse de las zonas rurales como de las urbanas ni tenemos seguridad de que la ilegitimidad disminuyese sensiblemente de un modo general. Quedan pendientes dos preguntas relevantes: el significado de la ilegitimidad en términos de los nexos familiares y del apoyo de los parientes, y la fecundidad diferencial según el tipo de unión.

La contradicción entre teoría del discurso religioso sobre el matrimonio y práctica sexual de los novohispanos requiere de explicaciones consistentes. Las cifras nos dan información de hechos y formas de comportamiento dominantes, la interpretación de otro tipo de textos podría apuntar explicaciones a partir de un mejor conocimiento de las mentalidades.

Silvia M. Arrom nos invita a ponernos de acuerdo sobre hipótesis centrales, en las cuales podemos trabajar con diferentes metodologías y desde distintos puntos de vista, en busca de una armonía constructiva para avanzar en el estudio de la historia de la familia. Propone la realización de estudios comparativos, correspondientes a las mismas fechas para distintos lugares o a diferentes épocas para una misma área en similar proceso de desarrollo, ya que no puede prescindirse de la influencia de factores epidemiológicos, económicos y de desarrollo de los medios de producción. Sugiere la comparación de los modelos de familia propuestos por Hajnal para encontrar el adecuado a la América colonial. De este modo quedamos enfrentados a una cuestión clave: la necesidad de disponer de un modelo para dar sentido a nuestros datos. Pero sucede que los modelos europeo y afroasiático de Hajnal son inaplicables en Latinoamérica porque ambos parten del matrimonio como punto inicial de la formación de la familia. Nuestro problema es que un importante número de familias no recurría nunca al matrimonio para reproducirse. La inclusión del factor residencial como parte del análisis, propuesta por Hajnal en estudios recientes, tampoco lo resuelve, ya que dentro de la irregularidad de las uniones no formalizadas tenemos que considerar la variedad de formas de residencia de la pareja.

Otra pregunta clave planteada por Silvia Arrom es si al encontrar diferencias en el patrón de nupcialidad estamos observando diferentes pautas de comportamiento y no una sola. En la medida en que la familia está determinada por condicionantes culturales, económicos y demográficos, es probable que siempre estemos observando una mezcla de todos esos factores, aunque su peso relativo y las formas de interacción sean diferentes en las distintas poblaciones civilizadas. El análisis de esas múltiples realidades podrá enseñarnos mucho sobre la familia en México.

De este modo resulta que los documentos presentados en el coloquio y las discusiones abiertas en torno a ellos proporcionan nuevos temas de interés y modifican la visión de los tradicionales. La endogamia de determinados grupos no es ya causa de sorpresa ni signo característico, puesto que aparece generalizada en todos los estratos de la sociedad. El establecimiento de lazos de parentesco espiritual con personalidades influyentes no podrá seguir considerándose como estrategia propia de la élite, así como la misma relación con los cristianos tampoco se puede catalogar como signo de integración en el caso de los judaizantes. La generalización de los casos de oposición paterna a los matrimonios de los hijos nos habla igualmente de una actitud patriarcal superviviente en cualquier nivel y no necesariamente agudizada durante el siglo XVIII. El papel cohesionador de las mujeres, identificado en grupos subalternos y marginados, como los indígenas y los judaizantes, podría también apreciarse en otros casos. La prematura viudez de las mujeres, proporcional a las esperanzas de vida de ambos sexos, encuentra explicaciones demográficas que la justifican, al menos en una elevada proporción, sin recurrir a la desconfianza radical. El elevado número de hogares encabezados por mujeres es otro aspecto importante, que podrá servir para penetrar en el conocimiento de la estructura familiar.

Aún nos falta hacer un último esfuerzo por comprender las aparentes contradicciones entre las normas legales y los comportamientos cotidianos. Conocemos el discurso cristiano y la legislación civil; sabemos que ambos permearon la mentalidad de todos los grupos, pero que los argumentos empleados como justificación de determinadas actitudes no se llevaron a la práctica en la mayoría de los casos.

En el mundo indígena, la introducción de las normas cristianas fue exclusiva, temprana y congruente con el criterio que se impondría más tardíamente, al finalizar el siglo XVI. Nadie explicó a los indios la forma en que la legislación civil se refería al matrimonio y a los hijos, sino que solamente se les impusieron las reglas que la Iglesia insistía en recomendar durante los últimos doscientos años y que la cristiandad europea aceptaba poco a poco y con escaso entusiasmo. Los frailes mendicantes, fervorosos en el cumplimiento de su misión e imbuidos de la mística prerreformista, exigieron de los neófitos la sumisión a fórmulas reguladoras de la vida familiar.[6] La Iglesia de la Prerreforma y de la Contrarreforma exaltó al máximo el carácter sacramental del matrimonio, de modo que el amor humano pasara a convertirse en reflejo del amor divino y la relación de la pareja o de ésta con sus familias respectivas se convertía en proyección del matrimonio simbólico de Cristo con la Iglesia.[7] Enarbolando estas teorías y en busca de un ideal de perfección cristiana, la implantación de un nuevo modelo familiar parecía al alcance de la jerarquía eclesiástica y se imponía como una necesidad en el nuevo mundo, cuando se promulgaban los decretos del Concilio de Trento. Los resultados fueron muy diferentes de lo previsto. Ciertamente se logró en parte este objetivo, pero a costa de incurrir en profundas contradicciones, que son las reflejadas en la vida familiar colonial.

[6] Los funcionarios reales tuvieron la responsabilidad de instruir a los defensores de los indígenas en todo aquello que la legislación de Indias disponía para ellos, pero es poquísimo lo legislado en materia de vida familiar, que se regía por las leyes de Castilla.

[7] Esta comparación aparece en los catecismos de la primera mitad del siglo XVI, como el del doctor Constantino Pérez de la Fuente, condenado por la Inquisición, y es reiterada por los textos derivados del catecismo de Trento, como Ripalda. En Guerrero, *Catecismos españoles del siglo XVI*, CSIC, Madrid, 1969, p. 97 y Ripalda, 1593 y ediciones subsiguientes, *passim*.

I
LA LEGISLACIÓN

LA FAMILIA EN EL DERECHO NOVOHISPANO*

GUILLERMO F. MARGADANT
UNAM

LAS INSTITUCIONES DEL DERECHO FAMILIAR EN LAS INDIAS

En la Nueva España —como en el México actual— funcionaban, en forma paralela y en diversos niveles sociales, varios sistemas de familia, y para saber cómo funcionaba en realidad cada uno de ellos, el derecho no es la mejor de las guías; es demasiado centralizador,[1] y, además, tiene la tendencia de apuntar más bien hacia lo que debería hacerse que hacia lo que realmente se hacía. Sin embargo, el panorama jurídico del derecho familiar puede servir como fondo general, contra el cual pueden esbozarse los subsistemas que existieron en estas tierras, entre 1521 y 1821, según investigaciones sociológicas, antropológicas e históricas.

Desde luego, aquí en las Indias, en materia de familia se presentaban los problemas generales de que la justicia española ya había

---

* Lamentamos que la falta de espacio nos impida incluir el texto íntegro de la ponencia. Falta un primer apartado esclarecedor del complejo derecho indiano y el punto final sobre alimentos y mayorazgos.

[1] Es conocido que la *Recopilación de Leyes de Indias* (1680) hace concesiones a los derechos consuetudinarios indígenas, siempre que éstos no contravinieran los intereses del Estado y de la Iglesia. Desde luego, precisamente en materia familiar el derecho canónico frenaba la supervivencia de muchas costumbres indígenas —comenzando por la poligamia—, pero no en forma absoluta: para los aspectos patrimoniales del matrimonio, por ejemplo, costumbres indígenas eran habitualmente neutras respecto de los intereses de la Iglesia, y si consideramos el derecho sucesorio como rama del derecho de familia, la supervivencia de costumbres indígenas en cuanto al tema de este coloquio es todavía más frecuente (por ejemplo, hasta la fecha, al margen del derecho civil oficial del Distrito Federal, en familias antiguas de Xochimilco aún sobrevive la costumbre de que las hijas heredan de la madre y los hijos del padre).

tenido que ocuparse desde hacía mucho tiempo; pero además hubo problemas con que tenía que arreglarse por primera vez la política indiana.

Pasando sistemáticamente de un aspecto del derecho familiar a otro, mencionaremos primero el fondo general castellano o, en su caso, canónico-general, para luego hablar de las particularidades que el derecho indiano propiamente dicho (inclusive el canónico-indiano) añadió a aquel fondo general.

LOS ESPONSALES (DESPOSORIOS)

Fondo general castellano

Los esponsales fueron reglamentados básicamente por las Partidas,[2] con algunas enmiendas posteriores, sobre todo aportadas por la Pragmática del 23. III. 1776.

No eran requisito obligatorio para el matrimonio, pero en caso de celebrarse formaban un impedimento para otro matrimonio mientras que no se rescindieran; fueron celebrados por los futuros cónyuges si éstos ya estaban jurídicamente independientes, o en el caso contrario, por los padres, cosa frecuente, ya que la edad mínima de las personas para quienes se arreglaba el futuro matrimonio era de sólo siete años. En caso de esponsales celebrados por el padre de la novia, ésta, de todos modos, debía estar presente y debía dar su consentimiento (regla de P.IV. 1.10 que parece no extenderse simétricamente al novio).

Podían añadirse condiciones a los esponsales, pero las imposibles o "torpes" fueron consideradas como no puestas (por lo tanto, no anulaban los esponsales mismos).

La Pragmática de 23. III. 1776 toma los esponsales muy en serio: requiere para ellos, en caso de un hijo de familia, menor de los 25 años, el consentimiento del padre (o, a falta de éste, de la madre; a falta de ambos, de los abuelos; a falta de éstos, de los dos parientes consanguíneos más cercanos; o del tutor o curador). En caso de la negativa irracional, había recurso ante el poder judicial, tramitado sumariamente. Tratándose de alumnos de colegios administrados bajo el Regio Patronato, el novio necesitaba, además, el permiso regio, y los seminaristas necesitaban permiso del superior eclesiástico.

---

[2] P. IV. 1.1 y ss.

El Real Decreto del 10. IV. 1803 exigía que los esponsales se redactaran en escritura pública.[3]

A menudo, los *sponsalitia* acompañaron los esponsales, regalos entre ambas familias. Si el matrimonio se frustraba por culpa de uno de los novios, debía devolverse lo entregado, mientras que la parte perjudicada podía quedarse con lo recibido. En caso de no mediar culpa, la novia podía quedarse con la mitad de lo recibido, siempre que se hubiera celebrado el noviazgo con la ceremonia especial "del beso", "del ósculo". De lo contrario, todo debía restituirse recíprocamente. La Novísima Recopilación[4] fija como límite de los *sponsalitia* una octava parte (de la que hablaremos abajo).

Añadiduras de derecho indiano propiamente dicho

En las Indias se presentaron a veces problemas curiosos en relación con la prohibición de que soldados y oficiales se casaran sin licencia de parte de sus superiores. Militares enamorados solían celebrar esponsales con sus Dulcineas, y luego, cuando las damas insistieron en el matrimonio, los novios podían esconderse tras el argumento de que no podían obtener la licencia necesaria para casarse. La Corona, el 28. IX. 1774, se dirige al vicario general de los Ejércitos, suplicando que, cuando las novias presentaran en tales casos demandas ante el juez eclesiástico, éste obligara al militar a cumplir su promesa y avisara a la autoridad militar, para que el novio, ahora marido, quedara despedido para siempre de su empleo militar.[5]

De este texto uno puede deducir que el incumplimiento con esponsales no daba simplemente lugar a daños y perjuicios: la decisión dice que "resultando legítima la obligación y declarada como tal en aquel juzgado, sea el oficial compelido a cumplirla", lo cual nos coloca ante la curiosidad jurídica de un matrimonio válidamente celebrado contra la voluntad de uno de los cónyuges. ¡Pobres esposas! (pero se buscaron su desgracia mediante su ciega insistencia).

---

[3] Este decreto, ¿tenía el "pase" necesario para valer en las Indias?

[4] Esta importante compilación, de 1805, carecía del "pase", a pesar de cuyo descuido prestigiados juristas del siglo pasado consideraban que estuvo en vigor en las Indias y en México independiente. Véase Luis Wistano Orozco, *Legislación y jurisprudencia sobre terrenos baldíos*, México, D.F., 1905, I. 12.

[5] Konetzke, II.1.doc.230.

La celebración del matrimonio mismo

Fondo general castellano

Otra vez, las Partidas ofrecen la base general,[6] y presentan en P. IV. 2.1 una definición del matrimonio, como sociedad con el fin de procrear y educar, poniendo como género próximo el concepto de "contrato"; aquella misma Ley de las Partidas prohíbe la poligamia.

Las Partidas presentan una lista de vicios dirimentes[7] (demencia,[8] intimidación,[9] error esencial sobre la persona,[10] y el hecho de que el varón tuviera menos de 14 o la mujer menos de 12 años,[11] el parentesco demasiado cercano,[12] condiciones incompatibles con la esencia del matrimonio,[13] el voto de castidad, el hecho de que el novio se hubiese vuelto homicida para allanarse el camino hacia el matrimonio en cuestión, la diversidad de religión, la impotencia,[14] el adulterio con promesa de futuro matrimonio y el rapto). También los esponsales con otro eran un impedimento.

El matrimonio del tutor con la pupila no era inválido, pero el marido se expuso a la pena de adulterio.[15]

En cuanto a la autorización paterna, las reglas eran finalmente, según el Real Decreto del 10. IV. 1803: hijos hasta los 25 años e hijas hasta los 23 años debían obtener una licencia de su padre, o si éste ya se hubiera muerto, de su madre (en cuyo caso las mencionadas edades se rebajaban a 24 y 22), y a falta de ésta, del abuelo paterno, a falta del cual, del abuelo materno (en cuyo caso las mencionadas edades se

---

[6] P.IV. Títulos 2-4.

[7] O sea vicios que no pueden allanarse mediante dispensa.

[8] Salvo durante un "intervalo de buena razón".

[9] Siempre difícilmente distinguible del temor reverencial hacia el padre.

[10] El error sobre la calidad social del novio o de la novia (por ej., nobleza, etc.) o sobre la cuantía de su patrimonio no fue dirimente.

[11] Salvo en el caso de haberse quedado la novia embarazada —excepción formulada en la graciosa máxima de que *malitia suplet aetatem...*

[12] Consanguineidad por línea recta sin limitación, y por línea transversal hasta el cuarto grado inclusive, además de parentesco por afinidad hasta el cuarto grado. El impedimento por parentesco, nacido de adopción, está sujeto a los mismos principios y grados, y sigue en vigor después de la emancipación, pero sólo respecto de adoptante y adoptado, no en cuanto a los demás parientes (la hija del adoptante podía casarse con el adoptado, por ej.). En caso de ilegitimidad este impedimento sólo funcionaba hasta un segundo grado.

[13] Condiciones simplemente "torpes" fueron consideradas como no puestas.

[14] No la esterilidad.

[15] P.VII. 17.6, confirmado por RI II. 16, 82 y 84.

rebajaban a 23 y 21 años). Y si ni abuelos hubiera, la licencia tenía que darse por el tutor, o en su caso, por el juez (en cuyo caso las mencionadas edades eran de 22 y 20 años). Los parientes mencionados podían negar el permiso secamente: no tenían por qué ofrecer justificaciones. Violaciones de estos preceptos no anulaban el matrimonio, pero sí exponían a castigos (exilio, confiscación). Se había establecido, empero, la posibilidad por parte de novios que querían casarse, de ocurrir a los presidentes de Chancillerías y Audiencias para que éstos suplieran la licencia paterna, si los padres u otros parientes se negasen a otorgarla, sin que hubiera una buena razón para tal actitud.[16]

Al lado del matrimonio plenamente válido, y aunque la Iglesia la reprobara, las Partidas[17] insistieron en reconocer la barraganía, unión monogámica, bastante estable y por largo plazo, no formalizada ante la Iglesia y entre un marido de clase superior y una mujer de rango más humilde.

En lugar de ella, Carlos III quiso crear una institución especial: el matrimonio entre cónyuges de rango social desigual, válido para la Iglesia, y también para el Estado, pero con reducidas consecuencias patrimoniales, sobre todo en cuanto a la herencia; vemos como el rey sugirió convocar al respecto una junta de ministros.[18] No conozco el ulterior desarrollo de esta iniciativa por parte de aquel admirable déspota ilustrado, pero todo indica que, por una vez, su idea se haya quedado sin consecuencias prácticas.

Una importante serie de innovaciones se presentó en la Pragmática Sanción de Matrimonios del 23. III. 1776, que puede consultarse en aquel diccionario jurídico que es el *Teatro de la Legislación Universal de España e Indias*, por Antonio Xavier Pérez y López.[19]

Añadiduras canónicas

El derecho canónico ha mostrado siempre un especial interés en el matrimonio, por ser esta institución, según el catolicismo, un sacramento.[20] Así, el *Corpus Iuris Canonici* (1500) y las posteriores normas

---

[16] J.M. Álvarez, véase Bibliografía, I. 151.

[17] PI. V. 14. pr y 1, 2. Cf. Brundage, J.A. (Véase Bibliografía), *Law, Sex and Christian Society in Medieval Europe*, 1987, pp. 445/6, especialmente nota 151.

[18] Konetzke, III. 1. doc.233 (24. X. 1775).

[19] Véase Bibliografía; se trata de la voz "matrimonio".

[20] Además, ofrecía a los clérigos, célibes y por lo tanto sexualmente frustrados, una

tridentinas (1563) —cuyas normas sobre esta materia fueron incorporadas en el derecho castellano en 1564—[21] aportaron varios elementos al perfil jurídico del matrimonio castellano.

1) El cálculo especial de los grados, en relación con los impedimentos (no subiendo hacia el tronco común y luego bajando, sino subiendo a este tronco desde el punto más lejano del esquema genealógico en cuestión). Tratándose del parentesco por afinidad contamos como una sola estación, la unión de los dos cónyuges que ligan a los parientes por afinidad.

2) La prohibición de la clandestinidad del matrimonio, por el Concilio de Trento: todo matrimonio tenía que celebrarse en presencia del párroco (o de otro sacerdote, pero con autorización del párroco o del ordinario), y con dos o tres testigos.[22] En 1564 la Corona naturalizó las normas tridentinas como derecho castellano, y la Novísima Recopilación contiene en X.2.5 sanciones muy enérgicas contra la clandestinidad del matrimonio.

3) La añadidura al concepto de parentesco, también por el Concilio de Trento, del parentesco espiritual, tanto derivado del bautizo como de la confirmación, medida que vino a agravar el impedimento por parentesco.

4) La proclamación de la intención de casarse, públicamente, tres veces, al tiempo de la misa mayor, en la iglesia de la parroquia (o de ambas parroquias) de los contrayentes. Esta medida servía para dar más eficacia a la reglamentación de los impedimentos.[23]

5) La reducción del impedimento de parentesco por afinidad a sólo dos grados en caso de violación u otra forma de *cópula fornicaria*. Si comprendo bien esta regla, la mujer violada no podía casarse con el violador, ni con su padre, ni con su hermano, pero a partir de allí la familia del violador ofrecía personas casables.[24]

---

magnífica oportunidad para desquitarse: cf. Brundage (véase Bibliografía), por ej. el esquema de la p. 162 sobre la actitud hacia el sexo por parte de los autores de *penitentiales*. Sería difícil explicar a un extraterrestre por qué la humanidad occidental encargó la formación de las normas sobre el matrimonio a una casta profesional que precisamente nunca debía conocer desde dentro la vida matrimonial.

[21] H. Baade, véase Bibliografía, demuestra que para Luisiana y Florida sólo en 1792 tuvo lugar esta incorporación, y que en el norte de la Nueva España, ya infiltrado por anglos y protestantes, hubo muchas violaciones de las normas tridentinas ("*marriage by bond*").

[22] Concilio Tridentino: ses. 24, cap. 1, de Ref.

[23] Concilio Tridentino: ses. 24, cap. 1, de Ref.

[24] Concilio Tridentino: ses. 24, cap. 4.

6) Un impedimento por parentesco dentro de cuatro grados en caso de un matrimonio celebrado pero no consumado.

7) Un impedimento de un solo grado en caso de esponsales no cumplidos (la novia engañada no podía casarse con el padre del novio infiel, pero sí con el hermano de éste).

Añadiduras de derecho propiamente indiano, incluyendo el derecho canónico indiano

De poligamia a monogamia

Un problema típicamente indiano era la reducción de la poligamia precortesiana a la monogamia requerida por el derecho eclesiástico y castellano (aunque no requerida por el derecho natural, ya que el Antiguo Testamento está repleto de hombres —los patriarcas— que, de acuerdo con la creencia cristiana, están sin duda en el cielo, a pesar de haber tenido varias esposas simultáneas).

La poligamia tiene límites naturales, sobre todo: un límite social, consistente en el hecho de que a la edad en que normalmente la gente joven se casa, existe aproximadamente un equilibrio cuantitativo entre ambos sexos, de manera que cada esposa en exceso de la primera, significa que algún otro hombre arriesgue quedarse soltero, y un límite individual, consistente en el hecho de que los gastos domésticos aumentan con cada esposa adicional (aunque generalmente no a ritmo proporcional).

Lo anterior puede crear frenos naturales a una poligamia generalizada, pero no a una poligamia limitada a la élite. "Los de arriba", cuantitativamente, forman un grupo tan reducido que su poligamia no crea peligros de escasez de esposas en los niveles inferiores del cuerpo social; además, el freno individual, económico, es menos estringente para la élite. Y, así, efectivamente, encontramos en la realidad precortesiana una poligamia permitida para la aristocracia, donde este sistema matrimonial nacía, no tanto de la concupiscencia de los ricos, sino de la necesidad por parte de cada poderoso de formar alianzas con otras familias prominentes, selladas por matrimonios: por lo tanto, la poligamia era políticamente conveniente.

Ahora bien: la Corona tenía la intención de seguir gobernando la ingente masa de indios a través de sus tradicionales líderes, los caciques,[25] de manera que hacía un esfuerzo especial para aculturar a éstos y sus descendientes, y los atraía mediante favores especiales. Por lo tanto, no le convenía a la Corona ofender a tales caciques, quitándoles a varias de sus esposas. Así, la Corona dejaba sentir a la Iglesia que agradecería una tolerancia transitoria frente a la poligamia de la aristocracia indígena, y parte de la Iglesia estaba dispuesta a hacerle tal favor a la Corona, para lo cual los ejemplos de poligamia por parte de muy dignos patriarcas del Antiguo Testamento ofrecían buenos argumentos; pero en materia sexual, la Iglesia siempre está más inclinada hacia la austeridad que hacia la libertad,[26] de manera que triunfó la corriente eclesiástica intolerante, lo cual colocó a los caciques ante la necesidad de prescindir de todas sus esposas, menos la primera (a la sazón frecuentemente ya algo marchita y considerablemente menos apetitosa que las últimas añadiduras a la colección), situación poco recomendable ante el deseo justificado de la Corona de llevarse bien con los caciques. La única concesión que la Iglesia en un momento parecía hacer a la realidad fue la de dejar libre al marido polígamo para quedarse con cualquiera de las esposas, en caso de no recordar exactamente cuál había sido la primera, de manera que, supongo, hubo una oleada de amnesia en el mundo de los caciques, que finalmente se quedaban probablemente con alguna de las adquisiciones más recientes; pero también este juego fue echado a perder por elementos austeros dentro de la Iglesia, cuando la decisión sobre la única mujer que quedaría fue entregada a comisiones de indios ancianos, en cada parroquia.[27]

Uniones entre indios cristianos y paganos

Después de mucha discusión, la Iglesia decidió optar por la técnica de cristianización más difícil y honrada, no mediante la fuerza, sino por vía del convencimiento: tuvo el mérito de no forzar a los indios a dejarse bautizar; así, durante mucho tiempo hubo dentro del mundo indígena una convivencia entre cristianos y no-cristianos, de manera que la Iglesia tuvo que decidir cuál actitud adoptaría frente a matrimo-

---

[25] Esta idea se manifestó en la teoría de las dos repúblicas, una de los españoles y otra de los indios, administradas, cuando menos en la base, en forma separada, y luego juntas en los niveles superiores.

[26] Véase la nota 27.

[27] Margadant, G.F., véase Bibliografía.

nios mixtos, cristiano-paganos. Ots Capdequí analiza este tema con fundamento en el Sínodo de los Reyes (Perú), de 1550, y muestra que la Iglesia llegó a un compromiso bastante razonable: si el cónyuge pagano cometiese pecado mortal, el cónyuge cristiano debía requerir tres veces para que rectificara, y en caso de falta de éxito, el cónyuge cristiano podía repudiar a la parte pagana.[28]

Uniones interraciales

A este respecto, la Corona ha vacilado. Al comienzo aplaudía la idea de los matrimonios mixtos, para facilitar la asimilación de la población indígena a la cultura hispana,[29] pero luego la Corona pareció cambiar de opinión, y mandó a las Indias a varias esclavas blancas, para evitar matrimonios de españoles con indias —"gente tan apartada de razón", como dijo el Decreto Real—,[30] pero desde 1514 se resignó ante lo inevitable: ya no puso obstáculos a matrimonios entre blancos e indios[31] y en 1516 el cardenal Cisneros inclusive recomendaba que los españoles se casaran con hijas de caciques que no tuvieran hermanos, para que, en tal caso, los cacicazgos quedaran finalmente en manos españolas.[32]

A pesar de esta tolerancia para matrimonios oficiales entre españoles e indios, la creciente población mestiza (atribuida a la república española, en cuestiones de separación residencial) era generalmente producto de uniones libres, más bien que de matrimonios interraciales, lo cual creaba un impedimento práctico para la separación residencial prevista por la ley:[33] las madres naturales educaban a sus hijos inicialmente en los pueblos de indios, y era irreal suponer que ellos, después

---

[28] Ots Capdequí, véase Bibliografía, II. pp. 235-237.

[29] La Instrucción a Ovando, del 29. III. 1503, ordena que se "procure que algunos cristianos se casen con algunas mujeres indias, y las mujeres cristianas con algunos indios".

[30] Mörner, véase Bibliografía, p. 25.

[31] RCs 19. X. 1514, 5. II. 1515 y 19. III. 1525 permiten esto expresamente y con obvio beneplácito (Konetzke, I. doc. 28, 29 y 37).

[32] Mörner, véase Bibliografía, p. 26.

[33] Esta separación era consecuencia de la "Teoría de las Dos Repúblicas": una república (=estado) de blancos, con sus propias autoridades, y otra de indios, dirigida en la base por sus propios caciques indígenas. Luego, en niveles superiores, las dos repúblicas fueron unidas. Los mestizos, negros y mulatos tenían que vivir en asentamientos pertenecientes a la república de los indios.

de la adolescencia, se separasen de su familia materna para tratar de incorporarse en los asentamientos de los españoles.

Por otra parte, negros y mulatos siguieron siendo objeto de cierto racismo oficial castellano.

Hallamos a este respecto una serie de medidas no siempre muy consistentes. Una RC de 28. VI. 1527 recomienda que los negros se casen, pero otra RC del 11. V. 1526 ya había advertido, con algo de lógica, que el matrimonio no era el camino de los esclavos negros hacia la libertad y que también sus hijos serían esclavos;[34] advertencia repetida en RC del l0. VII. 1538 (y extendida allí hacia los esclavos indios).[35] Luego un claro racismo se manifiesta en una RC del 26. X. 1541, que ordena que los negros se casen dentro del ámbito de su raza, o sea: con negras; y varias ordenanzas municipales castigaban el concubinato afro-indio inclusive mediante castración,[36] y el virrey Martín Enríquez pidió a Felipe II solicitar del papa una prohibición del matrimonio afro-indio, solicitud a la que el rey no accedió.[37]

Restricciones para altos funcionarios indianos

La prohibición de que ciertos altos funcionarios españoles en las Indias se casaran con mujeres arraigadas en el territorio que ellos tuvieron que administrar estuvo basada en la preocupación por la rectitud de la justicia y los intereses hacendarios[38] (en fin, uno no se casa con una mujer, sino con toda una familia, y los cuñados, etc. fácilmente tratarían de ejercer presión sobre la actuación del funcionario). Esta prohibición, empero, podía ser dispensada por la Corona.

Los funcionarios en cuestión fueron: virreyes, presidentes de audiencias, oidores, fiscales de audiencias, gobernadores, corregidores, fiscales, alcaldes mayores y alcaldes del crimen.[39] El matrimonio celebrado en contra de esta prohibición valía, pero el funcionario desobe-

---

[34] Konetzke, I, doc. 41.

[35] Konetzke, I, doc. 109.

[36] Mörner, *op. cit.* en la nota 36, p. 28.

[37] Mörner, *op. cit.* en la nota 36, p. 27.

[38] J.M. Álvarez, véase Bibliografía. Importantes han sido las RC del 26. II. 1582 y del 15. XI. 1592. En la Francia medieval encontramos las restricciones análogas para los *bailliss*.

[39] El 27. VI. 1749 el Consejo de Indias declaró que los protectores de indios no estaban comprendidos en esta lista: Konetzke, III. 1. doc. 149; pero luego cambió de opinión: Konetzke, III. 1. doc. 227 del 10. V. 1773. Cf. también R. Konetzke, *Prohibición*, etc., véase Bibliografía.

diente perdería su cargo, a través de un procedimiento judicial en que tendría derecho de ser oído. Numerosas RCs se refieren a esta prohibición,[40] a cuyo respecto observamos un creciente rigor.

El 7. VI. 1578[41] la actitud de la Corona fue todavía bastante tolerante: encontramos una Consulta del Consejo de Indias sobre la necesidad de cambiar a otras audiencias a los oidores que sin licencia se hubiesen casado con mujeres residentes dentro de su jurisdicción. Pero pocos años después, la Corona se volvió más severa al respecto, anunciando que castigaría mediante privación de su oficio inclusive al alto funcionario que siquiera *prometiera* matrimonio, pensando que en tal caso, delante unos esponsales formales, la Corona ya se dejaría ablandar.[42]

Es curioso que las licencias se dieron, no para casarse con determinada dama, sino en forma relativamente abstracta, para casarse con una mujer *in abstracto*, residente dentro de la jurisdicción del enamorado, y que allí perteneciera a cierto círculo social (así, Miguel de Ubilla pidió licencia para casarse en la Nueva España "con hija o pariente de cualquier ministro...",[43] y Anna María de Castro Córdoba recibió licencia para casarse con cualquiera de los oidores, alcaldes o fiscales de la Audiencia de México).[44]

Flexibilidad en cuanto a la licencia paterna

"Mulatos, negros, coyotes e individuos de castas semejantes" recibieron una exención del deber de presentar la licencia paterna,[45] cosa lógica: la *ratio juris* de aquella licencia era sobre todo la de evitar matrimonios, quizás basados en un fulminante amor inicial, pero de poca perspectiva de estabilidad por tratarse de uniones desiguales, entre niveles sociales disparejos, y en el mundo de las "castas semejantes" a que se refiere la decisión mencionada, todos fueron considerados como de nivel más o menos igual. El legislador no tenía gran

---

[40] Por ej. Konetzke, I, doc. 350.

[41] Konetzke, I, doc. 375.

[42] Para los matrimonios con mujeres de fuera de la jurisdicción del oficial en cuestión, véase Konetzke, III. 1. doc. 193 (Perú), del 2. X. 1764, con una redacción curiosamente confusa.

[43] Konetzke, II. 2. doc. 521, en que la Cámara de Indias reprocha suavemente al rey su malhumorada negativa (14. VII. 1685).

[44] Konetzke, II.2. doc. 553 (19.VI.1688).

[45] Ots Capdequí, véase Bibliografía, II. 230.

interés en lo que sucedía en los niveles inferiores del cosmos social, siempre que la gente allí trabajara en paz y pagara sus impuestos.

Medidas contra indebida presión paterna sobre indias

En sociedades primitivas, es frecuente la venta de la novia por su padre, a menudo contra la voluntad de ella, de manera que una RC del 29. IX. 1623 tuvo que prohibir expresamente esta costumbre,[46] medida que encontramos también en RI VI.1.6.

Medidas contra presión indebida del encomendero o del amo de esclavos negros

Ningún encomendero podía ver con buenos ojos que los indios de su encomienda se casaran con indias de otro encomendero: como en la casi totalidad de las Indias parece haber existido la costumbre de que el marido iría a vivir en el pueblo de su esposa (sistema matrilocal),[47] así el encomendero del novio perdería fuerza laboral: sería mejor que sus propias indias se casaran con sus propios indios.

Una RC del l0. X. 1618 combate la influencia interesada de encomenderos en los matrimonios del mundo indígena, y encarga a los curas que pongan especial cuidado en la libertad del consentimiento cuando el encomendero lleve a los novios de su propia encomienda hacia el altar, idea que fue recogida en RI VI. 9. 21.

Muchos encomenderos también empujaron a sus indios hacia matrimonios juveniles, ya que el indio soltero, por debajo de la edad en que debería comenzar a pagar el tributo anual, mediante matrimonio se volvería tributario. A esta consideración egoísta de ganarse unos años de tributo quizás se debe la RC 17. VI. 1581, que prohíbe que las indias se casen en una edad excesivamente joven, en virtud de que, si hombres muy jóvenes se casan, generalmente han buscado a novias de su propia edad.[48]

Hubo intentos oficiales para evitar que amos de esclavos ejercieran

---

[46] Ots Capdequí, *ibidem*, II. 238.

[47] Solórzano, citado por Ots Capdequí, véase Bibliografía, II. 249, desgraciadamente sin indicación exacta del lugar de la cita dentro de la inmensa *Política Indiana*. Por otra parte, conozco varios documentos que sugieren que es precisamente el novio el que se lleva a la novia a su encomienda (por ej., Konetzke, II. 1, doc. 97, del 4. IV. 1609). Pero también

presión sobre esclavas para casarse con esclavos del mismo amo, ya que si se casaran con esclavos de otro amo, deberían seguir al marido y el dueño de éste pagaría su avalúo, cosa poco conveniente para el ex dueño, en vista de la frecuente escasez de esclavos.[49]

Tolerancia en cuanto al impedimento del parentesco

La tolerancia expresada en el Segundo Concilio Limense, cuando permite a los indios casarse dentro del segundo grado de parentesco por línea transversal y segundo grado por afinidad quizás encuentra su justificación en la dificultad de comprobar parentescos en el mundo indígena.[50] Tratándose de parentesco por afinidad, el diocesano podía otorgar una dispensa.

Generosidad general en cuanto a dispensas

Los prelados indianos recibieron facultades para dispensar impedimentos, mucho más allá de lo que en España hubiera sido el caso.[51] Los litigios en cuestión, ante la justicia eclesiástica, se llamaron "juicios de disenso".[52]

Presión sobre españoles para que se casaran

Ya el 27. III. 1528 comienza la serie de llamadas oficiales en el sentido de que convenga que los españoles solteros se casen, con una RC dirigida al gobernador de la Isla de San Juan,[53] y el 5. VI. 1528 la Corona

en tal caso uno de los dos encomenderos pierde, de lo cual nacen a veces indebidas presiones en contra de ciertos proyectos matrimoniales.

[48] Cuando menos, Ots Capdequí (véase Bibliografía) ve en esto la *ratio iuris* de esta RC: II.239.

[49] Arévalo Vargas, véase Bibliografía, p. 18.

[50] Ses. 3, cap. 69; más concesiones a las Indias figuran en J.M. Álvarez, véase Bibliografía, I. 150, el cual se refiere a una Breve de Pío VI, de 1789. Los datos que allí encuentro no me permiten ver si esta medida fue expedida sólo para indios, o para los habitantes de las Indias en general. Tampoco veo si esta medida papal obtuvo del Consejo de Indias el "pase" necesario para entrar oficialmente en vigor.

[51] Ots Capdequí, véase Bibliografía, p. 232.

[52] Véase sobre este tema los dos estudios de Nelly R. Porro, mencionados en la Bibliografía.

[53] Konetzke, I. doc. 52.

advierte que, en la repartición de empleos públicos, los casados gozarán de preferencia. Colonos que tenían derecho de reclamar obreros de los repartimientos laborales de indios debían casarse.[54] Los encomenderos recibieron el 8. XI. 1539 tres años para casarse (salvo justo impedimento),[55] y varias otras normas indianas apuntan hacia el mismo resultado, contrario a la libertad individual de casarse o no casarse —algo al estilo de la legislación caducaria de tiempos del emperador Augusto, aunque con otra finalidad: aquí se trataba de que la minoría de españoles, que vivían en un nivel social prominente, muy visible para la mayoritaria población indígena, se sometiesen a la disciplina conyugal, en vez de tener sus amores libres con indias.

Encontramos que en la vida militar indiana primero hubo libertad de los soldados para casarse, y en 1679 la Corona todavía insiste en la idea de que a los soldados les compete por derecho toda libertad para el matrimonio.[56] Pero las Ordenanzas Militares de 1728 aportaron un cambio al respecto; según ellas, todo soldado necesitaba una licencia por escrito del capitán de su Regimiento, para poder casarse, y de una RC del 1. XII. 1741[57] vemos inclusive que la Corona misma tenía que ratificar tales licencias. El motivo parecía ser de orden racial: se quería impedir que los soldados se casaran con mulatas, que para el hombre blanco siempre tienen una fuerza atractiva muy especial.[58]

Es interesante que, en su ratificación de los permisos otorgados por el gobernador de la Florida, el rey afirma de estos permisos con gusto, porque le conviene que la población se multiplique, además de que, en este caso de presidios tan aislados, la alternativa de los matrimonios sería el pecado público...

Medidas indianas alrededor de la Pragmática Sanción de 1776

De una Consulta del Consejo de Indias del 27. II. 1783[59] vemos que la famosa Pragmática Sanción de Matrimonios del 23. III. 1776 fue rearre-

---

[54] Konetzke, I. doc. 105.
[55] Konetzke, I. doc. 118; Mörner (véase Bibliografía, p. 26) opina que esta medida produjo cierta cantidad de matrimonios con indias, formalizaciones de concubinatos ya existentes.
[56] Konetzke, II. 2, doc. 464 (2. VIII. 1679).
[57] Konetzke, III. 1, doc. 139 (caso de la Florida).
[58] Konetzke, III. 1, doc. 128 del 4. XII. 1733 (Isla de Sto. Domingo).
[59] Konetzke, II. 2, doc. 464 (2. VIII. 1679).

glada en forma especial para su aplicación en las Indias, y comunicada a las posesiones de ultramar mediante la RC del 7. IV. 1778, "declarando la forma en que se ha de guardar y cumplir en las Indias la Pragmática Sanción de 23. III. 1776 sobre contraer matrimonios".[60]

Son interesantes los estudios monográficos, mencionados en la Bibliografía, que analizan juicios argentinos "de disenso", es decir: sobre la negativa paterna de conceder licencias para matrimonios, sobre todo por el panorama de las motivaciones detrás de tales negativas; un cierto racismo, especialmente en relación con sangre africana, se manifiesta allí con cierta frecuencia.

RELACIONES JURÍDICAS DURANTE EL MATRIMONIO

Fondo general castellano

Situación jurídica de la mujer durante el matrimonio [61]

Para este aspecto del derecho familiar, importantes normas nos llegaron de las Leyes de Toro y de las Nueva y Novísima Recopilaciones.

Evidentemente, la mujer estuvo sometida a la autoridad del marido, cuyo permiso necesitaba para rechazar herencias,[62] o aceptar éstas sin beneficio de inventario, para celebrar o rescindir contratos, reclamar derechos derivados de relaciones cuasi-contractuales, o ejercer una acción.[63] El permiso del marido, empero, podía tomar la forma de una autorización general, y los actos inválidos por falta de tal autorización podían convalidecerse por ratificación.[64] En caso de negativa injustificada por parte del marido, o en ausencia del mismo, el juez podía suplir el permiso necesario.[65]

Unidad residencial de la familia

El derecho castellano había establecido que el domicilio conyugal era

---

[60] Konetzke, III. 1, doc. 247.
[61] Cf. B. Bernal, véase Bibliografía.
[62] Toro, 54; Nov. Rec. X. 1. 10.
[63] Toro, 55; Nov. Rec. X. ll. ll.
[64] Toro, 56, 58; Nov. Rec. X. 1. 12 y 14.
[65] Toro, 57, 59; Nov. Rec. X. 1. 13 y 15.

el del marido, y que la esposa estaba obligada, pero también tenía el derecho, a vivir allí.

Aspectos patrimoniales del matrimonio

El Fuero Real de Alfonso el Sabio debe tomarse en cuenta para esta materia, y además de las Partidas, las Leyes de Toro son relevantes al respecto.[66]

Desde la Edad Media el derecho castellano había adoptado el sistema de los *gananciales*, que hallamos perfilado en el Fuero Real y en las Partidas. Por este sistema, los aumentos del patrimonio de la familia, con ciertas excepciones como eran herencias, legados, donaciones y ganancias castrenses, pertenecían en común a ambos cónyuges, y después de disolverse la unión se distribuían por mitades entre el cónyuge supérstite y los herederos del otro. Lo que cada cónyuge había tenido antes del matrimonio seguía siendo de su propiedad,[67] y lo que cada uno adquiriría durante el matrimonio por herencia, legado, donación o actividad castrense, también era de la propiedad de él; pero los *frutos* de tales bienes individuales, además de los productos netos de la actividad no castrense a que se dedicara el marido (o ambos cónyuges), caían en el *pool* colectivo de las gananciales.

Además, el derecho castellano había recibido de la tradición iusromanista la figura de la *dote* ("que da la mujer al marido por razón del casamiento", como dice P. IV.11.1.),[68] que era profecticia (procedente del padre o abuelo), o adventicia (procedente de la mujer, de su madre, de un pariente de línea transversal o de un extraño), distinción importante para el caso de reversión de la dote. La dote procedente del

---

[66] Consultando estas leyes, siempre es conveniente traer a colación el famoso Comentario de Antonio Gómez.

[67] La esposa, empero, podía entregar sus bienes al marido para que los administrara. En tal caso se habla de bienes parafernales, o extradotales. Además, el marido administraba el patrimonio de la esposa menor de edad, siempre que él mismo ya hubiera alcanzado los 18 años: Nov. Rec. X. 2. 7. En tal caso, entre los 18 y 19s 25 años, en caso de haber sido engañado en tal administración gozaba de la *in integrum restitutio* y de jurisdicción especial, superior a la del alcalde local.

[68] Figuras como la dote o, su figura inversa, la *donatio propter nuptias*, protegieron la oligarquía contra intrusos desde abajo. El hombre o la mujer que no tuviesen suficiente dinero, quedaban fuera del mercado matrimonial de la "gente fina". Jaime Olveda, véase Bibliografía, p. 23.

padre se tomaba después en cuenta para la distribución de la herencia paterna, por vía de colación.

Otra dicotomía era la de dotes estimadas —respecto de las cuales la restitución dotal podía hacerse mediante entrega del valor de la dote— y de las inestimadas, cuya restitución sólo podía hacerse mediante devolución de los bienes dotales mismos.[69]

La cuantía de la dote dependía de las costumbres sociales, hasta que la Novísima Recopilación cuantificaba su valor, prohibiendo al mismo tiempo que la dote fuera otorgada por vía de mejora testamentaria.

Normalmente, en caso de muerte del marido, la esposa recibía la dote, y en caso de muerte de la esposa, el que había otorgado la dote podía recuperarla. Pero había varias excepciones a esta regla sencilla, a veces por convenio, a veces por ley, y en otras ocasiones a la luz de costumbres locales.

El deber del marido de "restituir" la dote quedaba garantizado por una hipoteca legal, tácita, sobre sus bienes.

También del derecho justiniano llegaron a las Partidas las *donationes propter nuptias*, a menudo aproximadamente de la misma cuantía de la dote, pero entregadas por el marido a la esposa. En el Renacimiento, la donación *propter nuptias* había recibido en la práctica el nombre de "arras", término de origen arábigo, y el nombre de donaciones *propter nuptias*, ahora disponible, fue usado en las Leyes de Toro para regalos de los padres a los hijos en ocasión del matrimonio —un curioso caso de confusión terminológico, a través de los siglos.

También estas arras fueron finalmente cuantificadas por la Novísima Recopilación.[70]

Al lado de la donación *propter nuptias*, la práctica continuaba con una institución germánica, la *Morgengabe*—una donación "morganática" que solía darse el día después de la boda, como indemnización de la virginidad perdida.

Donaciones entre cónyuges estuvieron sujetas al mismo régimen fundamental que hallamos en el derecho justiniano: invalidez, pero convalidación por muerte del donante, si éste muriera antes de dar eficacia a su voluntad de recuperar lo donado.

Los *bienes parafernales* pertenecieron a la mujer, pero fueron administrados por el marido. Como en el caso de la dote, para garan-

---

[69] Una especie interesante dentro del género de la dote es ilustrada en M. Isabel Seoane, *Una escritura...* etc.: véase Bibliografía.

[70] El máximo era 10 por ciento del patrimonio del marido.

tizar la restitución de los parafernales hubo una hipoteca legal, tácita, sobre el patrimonio del marido.

Un curioso detalle patrimonial fue que durante los primeros dos años del matrimonio el nuevo hogar estuvo durante años libre de las molestas funciones municipales.

Añadiduras de derecho propiamente indiano

Cuando Cortés vino a México tenía una esposa, enfermiza e irritable, que se había quedado en Cuba. Durante los primeros años en México, Cortés había aprovechado la excelente compañía de la inteligente y atractiva Malinche y de cierta cantidad de otras indias encantadoras, pero finalmente tuvo que dar el buen ejemplo y mandar por Catalina. Poco después Catalina se murió, en circunstancias tales que inmediatamente corrieron los rumores sobre la posibilidad de que Cortés hubiese ayudado un poco a la buena suerte —asunto que nunca se aclaró, ni se aclarará. Pero el caso del gran conquistador era bastante típico; por la larga separación, y la facilidad para encontrarse en el Nuevo Mundo compañeras atractivas y relativamente dóciles, muchos españoles estaban dando largas a la idea de reunirse en su nuevo domicilio con su antigua esposa (que durante la separación no se había vuelto más joven y atractiva), de manera que la Corona, esta vez en plena armonía con la Iglesia, tuvo que intervenir en este asunto mediante medidas de creciente severidad, estableciéndose finalmente un Juzgado especial para este tema; no podía verse con buenos ojos que las esposas oficiales se quedaran amargándose en España, mientras que los conquistadores viviesen en alegres concubinatos con exóticas indígenas, y para el mejor prestigio del español con los ojos del indígena, un colono, disciplinado por su mujer, ofrecía mejor garantía de una fachada de decencia.

Esta materia dio lugar a tal avalancha de medidas, que RI VII.3 está totalmente dedicada a este tema, además de existir otras normas dispersas a través de la RI sobre esta preocupación de la Corona de que los españoles que se arraigaran en las Indias no se olvidasen de sus esposas en España; y la corriente de medidas continúa después de compilarse la RI, en 1680. Todavía el 12. IX. 1772 la Corona decide no dar empleos públicos a españoles que no aseguraran llevar a sus esposas a las Indias.[71]

[71] Konetzke, III.1. doc. 226.

Así, un colono casado que dejara a su esposa en España, tenía que garantizar mediante fianza que la separación no fuera por más de dos años, y un mercader que por negocios viajara a las Indias, sin su esposa, tenía tres años para regresar a su hogar;[72] y si había traído a su esposa, había control que no regresara a España sin ella (RI IX. 26. 30).[73]

La Casa de Contratación, en Sevilla, que se encargaba del transporte de los colonos hacia el Nuevo Mundo, tuvo que indagar en cada caso si el "soltero" no era en realidad un casado que buscaba vacaciones matrimoniales, y si el "casado" no era de hecho un soltero que se llevaba a una amante para distraerse durante el largo viaje (RI IX. 26. 26).

Por otra parte, aunque la esposa estaba obligada a vivir con el marido en el domicilio que éste escogiera, el viajar en aquel entonces no era tan (relativamente) cómodo como lo es ahora, y si ella no aguantaba la idea de aquel terrible y peligroso viaje, había que respetar su actitud, como señala Solórzano de Pereira en aquella mina de datos que es su *Política Indiana*.

Un marido que estuviera solo en las Indias y que se viera en peligro de ser regresado a España en bien de la unidad del hogar, podía alegar que su esposa ya se había muerto, pero su simple afirmación no bastaba: hubiera sido demasiado sencillo. Por lo tanto, se involucraba el Consejo de Indias en la comprobación de tal defunción.[74]

También los indios fueron protegidos contra disgregación de su hogar y en el repartimiento laboral. Los que organizaron este aspecto de la vida colonial tuvieron que respetar el deseo de padre, madre e hijos de quedarse juntos. Inclusive tratándose de esclavos negros, el comercio debía respetar la unidad de familia,[75] y la india viuda, que quisiera regresar a su hogar original, en otra encomienda, podía salir de allí con sus hijos, sin que el encomendero del antiguo hogar matrimonial pudiera oponerse.

Curiosamente, esta preocupación de la Corona por la unidad familiar residencial de españoles,[76] indios e inclusive esclavos negros,

---

[72] RC 19. XI. 1618, Konetzke, II. 2, doc. 138 quiere que las licencias para tales viajes de casados que no lleven a su esposa se den con conocimiento de causa y por tiempo limitado.

[73] Sobre la unidad residencial del matrimonio, también son interesantes los datos de Cuesta Figueroa y Nieto de Matorras, véase Bibliografía.

[74] RI IV. 3. 4. Cf. Pacheco Escobedo, Alberto, véase Bibliografía, especialmente p. 522.

[75] Konetzke, I, doc. 316 (17. I. 1570) y doc. 317 (1. II. 1570).

[76] Esta preocupación se ligaba también a la lucha contra la bigamia: como el traslado a las Indias a menudo provocó un ascenso en prosperidad, muchos colonos, nuevos ricos, prefirieron olvidarse de su esposa humilde en España y casarse con una burguesita. Jaime Olveda aporta datos interesantes al respecto (véase Bibliografía, pp. 16 y ss.)

no se extendió hacia sus propios altos funcionarios, e inclusive los virreyes tenían que obtener un permiso especial si querían llevarse a sus hijos e hijas.[77] Probablemente, la Corona quería proteger las Indias contra el fenómeno tan dudoso de los "juniors": la juventud dorada, hijos de los influyentes.

TERMINACIÓN DEL MATRIMONIO

Fondo general castellano

El matrimonio terminaba por la muerte de cualquiera de los cónyuges, pero el derecho castellano permitía un divorcio no vincular por ciertas causas, como la sevicia, el adulterio y una enfermedad contagiosa.[78] Además, se aceptaba la anulación del matrimonio, y una suspensión de la convivencia (*divortium ad tempus*), en los casos previstos por el derecho canónico.[79] Evidentemente, fueron los tribunales eclesiásticos los que administraron justicia en estos casos.

Añadiduras de derecho propiamente indiano

No he encontrado normas indianas especiales en relación con este tema, fuera del caso de las uniones entre indios cristianos y paganos, ya mencionado, en los que se permitía el repudio unilateral por el cónyuge cristiano, si el obstinado paganismo del otro constituía un peligro para el cristianismo de aquél.

Relaciones entre padres e hijos

La patria potestad

Las Partidas (con claras huellas iusromanistas al respecto) y la Nueva y Novísima Recopilación[80] reglamentan esta materia.

---

[77] Konetzke, II. 2. doc. 325 (11. IV. 1660); doc. 339 (22. XI. 1662).
[78] P. IV. 10. 2. 5.
[79] Un caso de nulidad por temor, de Córdoba (Argentina) ha sido analizado por R.I. Peña Peñaloza (véase Bibliografía).
[80] Sobre todo: P. IV. 17 y Nov. Rec. X. 5.

Las Partidas habían dado al abuelo la patria potestad sobre hijos y nietos, aunque fueran éstos los hijos de hijos *vivos* del abuelo, pero la Nov. Rec.,[81] emancipando al hijo por el hecho de casarse, había cortado esta liga jurídica entre abuelos y nietos.

El padre tenía un derecho de propiedad sobre las adquisiciones de los hijos, pero este arcaico principio quedaba suavizado, en las Partidas, por el sistema de los peculios: el *adventicio*, recibido por donación o vía sucesoria (que correspondía en propiedad al hijo, pero en usufructo al padre), el *castrense* (ganado por actividades militares) y el *cuasi-castrense* (ganado por actividades burocráticas). Estos dos últimos peculios correspondieron en plena propiedad y administración al hijo.[82]

La patria potestad terminaba por muerte o destierro perpetuo ("muerte civil")[83] del padre, por alcanzar el hijo una dignidad oficial de justicia o recaudación de rentas,[84] por emancipación,[85] por dejar el padre al hijo en el desamparo, por muerte del hijo o por entrar éste en una orden religiosa, por exposición del hijo fuera del caso de extrema necesidad[86] y, en cuanto a hijas por el incesto cometido por el padre.[87]

Legitimidad e ilegitimidad

Las Partidas y las Leyes de Toro son relevantes a este respecto, además de un Real Decreto del 5. I. 1794 (=Nov. Rec. VII. 37. 4).

La legitimidad del hijo nacido dentro del matrimonio (o sea el que naciera después de los primeros seis meses del matrimonio, o dentro de los diez meses subsecuentes) se fundó en la presunción *juris et de iure* de que "*pater est quem nuptiae demonstrant*". Sólo en caso de

---

[81] Nov. Rec. X. 5. 3.

[82] P. IV. 17.

[83] Nva. Rec. VII. 24. 13. 5.

[84] Cf. J.M. Álvarez, véase Bibliografía, I. 173.

[85] A esto, excepcionalmente, el padre podía verse judicialmente obligado: P. IV. 181. 18. Para la reglamentación de la emancipación en tiempos de la Nueva España, véase Nva. Rec. III. 9. 20 Auto Acordado. Para un interesante caso de una norma razonable, expedida el 27.X.1800 para España, pero que no tuvo el "pase" de manera que no vale en las Indias, véase J.M. Álvarez, véase Bibliografía, tercera nota de la pág. 174. El matrimonio equivalía a emancipación, salvo que el marido menor de 18 años todavía no podía administrar sus bienes o los de su esposa. Nva. Rec., V. 1. 8 y 14.

[86] RC ll. XII. 1796, art. 25, 26.

[87] P. IV. 18.

ausencia ininterrumpida del marido durante el plazo de la concepción, este adagio no era aplicable.

Al lado de los hijos legítimos existieron:

1) Los hijos *naturales*, que según las Partidas eran hijos de un soltero que viviera con una sola soltera, y que tuviera los hijos con ésta, si no tenían impedimento para casarse. Las Leyes de Toro[88] eran menos estrictas, y consideraban como naturales los hijos de padres solteros que en el momento de la concepción, o del nacimiento, hubieran podido casarse sin necesidad de dispensa (no era necesario que hubiera una unión duradera entre los solteros);

2) los hijos *adulterinos*, o de dañado (punible) ayuntamiento;
3) los hijos *bastardos*, producto de barraganía;
4) los hijos *nefarios*, producto de incesto en línea directa;
5) los hijos *incestuosos*, producto de incesto en línea transversal;
6) los hijos *sacrílegos*, producto de unión con clérigos, y
7) los hijos *manceres*, hijos de prostitutas.

Para las categorías 2-7 se usaba también el término genérico de hijos *espurios*, y para todas las categorías 1-7 el término de hijos *ilegítimos*. Para ilustrar la importancia cuantitativa del fenómeno de la ilegitimidad, quiero sólo mencionar que según Dougnac Rodríguez, en Valparaíso, Chile, entre 1769 y 1800, 40.66 por ciento de los hijos nacidos fueron ilegítimos.[89]

Legitimación

La legitimación podía hacerse, al estilo iusromanista, por subsecuente matrimonio, por ofrecer al hijo para una función de cabildo, afianzando su gestión ("oblación a la Curia"), y por rescripto del soberano, a lo cual el derecho castellano había añadido la legitimación por testamento o acta pública; pero de estas cuatro formas, los intérpretes del derecho castellano rechazaron la segunda (que había tenido su sentido en la realidad postclásica mediterránea,[90] pero no en el sistema muni-

[88] Toro, ll Nov.Rec. X. 5. 1.
[89] Dougnac Rodríguez, Antonio, véase Bibliografía.
[90] Véase Margadant, G.F., "Los sufridos decuriones", en Boletín Mexicano de Derecho Comparado, VII. 20 (mayo-agosto 1974), pp. 45-84.

cipal castellano)[91] y la cuarta fue rechazada por la doctrina y los usos sociales, de manera que en la práctica no quedaron más posibilidades de legitimación que el matrimonio subsecuente y la autorización por la Corona. En cuanto a esta segunda posibilidad: normalmente era necesario pagar derechos por este favor, derechos que, de acuerdo con la REc XII. 2. 1. 1800, art. 17 se graduaban según la importancia y dificultad del caso.

Cabe mencionar que la legitimación por la Corona podía regularizar toda clase de situaciones escabrosas, inclusive la filiación incestuosa,[92] pero que, a pesar de tal legitimización, el hijo, ahora básicamente equiparado a legítimo, todavía sufría ciertas desventajas en materia sucesoria.

Los expósitos

Como la falta de legitimación implicaba una incapacidad para alcanzar ciertas funciones, la Corona expidió el Real Decreto del 5. I. 1794 (Nov. Rec. VII. 37. 4)[93] por el cual todos los expósitos, todavía carentes de padre conocido, recibieron la legitimación. Esto les aliviaba su situación frente al Estado, pero en materia eclesiástica, para poder obtener dignidades eclesiásticas, seguían necesitando la dispensa papal, necesaria para todos los ilegítimos que querían tener éxito en una carrera eclesiástica.[94] Sin embargo, en virtud del Real Patronato, la Corona se arrogó jurisdicción en esta materia eclesiástica.

Añadiduras de derecho propiamente indiano

El fisco y los hijos de negros con indias

Un curioso problema familiar fiscal se presentó en las Indias en relación con los hijos de negros, libres o esclavos, que estuvieran casados con indias, y que alegaran que sus hijos, por no ser indios, no tendrían

---

[91] En la Nueva España, varias veces observamos que los cabildos carecen de ciertos funcionarios, a causa de la falta de interés por los puestos municipales, o inclusive por miedo a ellos —como en tiempos postclásicos mediterráneos. Sin embargo, no regresó la "oblación a la Curia" como medio de legitimación.

[92] J.M. Álvarez, véase Bibliografía, I. 156/7.

[93] J.M. Álvarez, *ibidem*, I. 160, lo menciona como la RC del 20. I. 1794, no del 5. I. 1794.

[94] Un buen ejemplo es el caso de M. Abad y Queipo; cf. Margadant, G.F., "El pensamiento jurídico de Manuel Abad y Queipo", en Cuadernos del Instituto de Investigaciones Jurídicas, II, 4, abril, 1987.

que pagar el tributo, que, efectivamente, era un impuesto específico sólo a cargo de indígenas. Pero la Corona no se dejó impresionar por este tecnicismo y equiparó a tales hijos a la categoría de los indios.[95]

Legitimación

Un grave problema durante las primeras generaciones de la Nueva España era la abundancia de hijos que los españoles habían tenido "por allí" y de los que los padres no cuidaron debidamente; por lo tanto, encontramos varias medidas para obligar a los padres a aceptar las consecuencias de sus amores, o para que las autoridades recogieran a tales hijos.[96]

Aun después de este problema de transición, durante las primeras generaciones, de todos modos, a causa de la mayor libertad sexual que existía en las Indias, había allí en forma perpetua muchos hijos ilegítimos, a los que luego los padres, a menudo ya viejos y carentes de hijos en su matrimonio, o decepcionados de la conducta de sus hijos legítimos, querían legitimar. Para esto tenían que pedir licencia de la Corona y pagar derechos. Parece que muchas licencias para legitimaciones habían sido otorgadas por virreyes, audiencias y gobernadores, y varias veces la Corona insistió en que, salvo delegación expresa, sólo ella —rey con Consejo de Indias— tenía la facultad de autorizar estos actos (quizás con el fin de juzgar cada caso a la luz de su fondo moral). Varias RCs se refieren a este tema, generalmente con decisiones sobre casos individuales,[97] pero a veces con normas generales (como cuando el 1. XI. 1591 el rey autoriza al virrey del Perú para que en un plazo de tres años limpie el panorama de hijos ilegítimos mestizos).[98]

La ilegitimidad traía consigo una discriminación en cuanto a la herencia paterna, además de varias otras incapacidades molestas, no sólo para una carrera estatal o eclesiástica,[99] sino también en cuanto a la actividad agrícola o ganadera, ya que en los repartimientos laborales los trabajadores indios no podían ser atribuidos a personas ilegítimas.[100]

[95] Real Carta a la Audiencia de Guatemala, del 26. V. 1573; Konetzke, I, doc. 340.
[96] Por ej.: Konetzke, I. docs. 80 (8. X. 1533); 93 (17. VIII. 1535); 230 (13. II. 1554).
[97] Konetzke, II. 2. doc. 349 (31. XII. 1663).
[98] Konetzke, I. doc. 474.
[99] Parece que a este respecto, a fines del siglo XVII hubo muchas violaciones de las normas ("el sacerdocio abunda en ilegítimos y expurios" como dice RC del 23.XI.1685: Konetzke, II. 2. doc. 526).
[100] Konetzke, I. docs. 167 (27. II. 1549) y 171 (1. VI. 1549).

Varias RCs ilustran las desventajas de la ilegitimidad, como cuando el 4. XII. 1771 la Corona concede la legitimación a una hija de clérigo, lo cual le permite entrar como religiosa en cualquier convento, pero también recibir bienes por donación y herencia (a cuyo respecto, sin embargo, la Corona le recuerda expresamente que no puede recibir bienes de parte del clérigo que era su padre).[101]

3) Los expósitos en las Indias.[102] Hemos visto que la Corona, en virtud del Real Patronato Indiano, tuvo injerencia en la situación de los expósitos frente a las prebendas eclesiásticas, lo cual dio lugar a un curioso dictamen del 7. IX. 1772, por parte de la Cámara de Indias.

Allí vemos que, tradicionalmente, la actitud de las autoridades frente a los expósitos había sido la de concederles el beneficio de la duda: desde luego, era posible que se tratara de un producto de una unión pecaminosa, inclusive incestuosa; pero también era posible que el niño fuera hijo de un matrimonio perfectamente decente, inclusive que el padre fuera quizás un hidalgo; así, delante de esta duda, el derecho tomaba una actitud generosa y suponía que no era ilegítimo. Pero *en las Indias* era distinto, a causa del variado panorama racial que allí existía, de manera que allí los prelados no debían ordenar a expósitos que "denoten ser mulatos u otras castas[103] igualmente indecorosas...". La misma consulta nos comunica después que la presunción de legitimidad, que era justificada en Europa, no podía aceptarse en las Indias, "a causa de las mezclas de negros, mulatos y otras castas, que suelen salir de tan mala índole que parece son la raíz de todos los mayores excesos en América". Así, la Corona decidió que en las Indias la presunción de legitimidad no funcionaría y que un expósito sólo quedaría habilitado para obtener, dentro del Patronato Real, curatos y prebendas si, en casos excepcionales, algún prelado suplica que la Corona autorizara esto.

Para el acceso a la carrera *monástica*, empero, la Corona era más tolerante, y pocas semanas antes de la decisión anterior, tan "racista", la Corona regañaba a un presbítero de La Habana, que, después del noviciado, quería negar a un joven la calidad de monje por haber descubierto que era expósito.[104]

---

[101] Konetzke, III. 1. doc. 222.
[102] Konetzke, III. 1. doc. 225.
[103] "Casta" no es un término muy preciso, pero suele usarse para razas mixtas.
[104] Konetzke, III. 1, doc. 224 (18. VIII. 1772).

Adopción en sentido genérico

Fondo general castellano

Las Partidas reglamentaron la adopción ("prohijamiento") en sentido muy justiniano. Sólo en su sistemática se aparta de la terminología justiniana, cuando usan el término de "adopción" (en sentido amplio) como concepto genérico, dentro del cual establece la dicotomía de *arrogación* (=adquisición de patria potestad sobre personas que todavía se encontraban bajo ella, de manera que sólo se necesitaba el consentimiento del padre del adoptado).

Arrogación

Para cada arrogación, la Corona tenía que investigar si no había riesgos implícitos en aquel cambio de *status familiae* (no olvidemos que el arrogado ya tenía su propio patrimonio, cuya administración normalmente perdería a causa de la arrogación). En el caso de que alguien, que había sido antes de la arrogación un pupilo bajo tutela, se muriera, ya arrogado, el arrogante tenía que devolver los bienes del arrogado, que ya se habían incorporado en el patrimonio de aquél, como efecto de la arrogación.

La arrogación no podía hacerse con libertos ajenos, con el fin de evitar problemas con los *iura patronatus*.

El arrogante tenía que estar libre de patria potestad, debía tener cuando menos 18 años más que el arrogado ("la adopción[105] imita la naturaleza"), y debía ser capaz de procrear.[106]

El arrogante podía emancipar al arrogado, pero en tal caso debía devolverle su original patrimonio, además de lo cual el arrogado conservaba un derecho a 25 por ciento del valor neto de la herencia del arrogante. En caso de torpeza evidente en su administración patrimonial, el arrogante podía verse obligado judicialmente a emancipar al arrogado.[107]

---

[105] Aunque se use en este brocárdico el término de "adopción", vale también para la arrogación, en vista del uso doble que hace la sistemática de las Partidas del término de "adopción". Cf. J.M. Álvarez, véase Bibliografía, I, p. 161.

[106] Por lo tanto, castrados no podían arrogar o adoptar.

[107] P. IV. 18. 18.

Adopción en sentido estricto

Fundamentalmente, a la adopción en sentido estricto (de personas que todavía estuvieran bajo patria potestad, de manera que sólo cambiara el titular de tal patria potestad), se aplicaban los mismos principios que encontramos en relación con la arrogación. Sin embargo, hay algunas reglas que sólo tuvieron aplicación a esta adopción en sentido estricto.

Una dicotomía fundamental se presentaba en la adopción: en la adopción perfecta el adoptante es el abuelo, el cual adquiere así la patria potestad sobre el adoptado; en cambio, en la adopción imperfecta, el adoptante no adquiere más que un derecho de dirigirle su educación; no la patria potestad, que conserva el padre original. En caso de no tener el adoptante hijos legítimos, el adoptado podía sucederle *ab intestato*, pero si el adoptante hacía un testamento, el adoptado no tenía derecho a una *portio legitima*.

No podían adoptarse personas menores de siete años, aunque su tutor estuviera de acuerdo.

Además, una mujer sólo podía adoptar cuando trataba de sustituir a un hijo que hubiera perdido la vida al servicio del Estado, y, en tal caso, nunca alcanzaría la patria potestad (¡una "matria potestad" no existía!).

Y el tutor/curador que quisiera adoptar al pupilo, tenía que esperar que éste alcanzara los 25 años y que terminara la rendición de cuentas (de manera que entonces la intencionada adopción se convertiría en una arrogación).

Además, mientras que para la arrogación era necesario recurrir a la Corona, la cual tuvo que hacer una verdadera investigación en la que el fiscal tenía que buscar argumentos en contra de la proyectada arrogación, la adopción podía hacerse por el simple hecho de presentarse con el padre de la persona por adoptar, ante la autoridad judicial: un típico caso de justicia administrativa.

Finalmente, mientras que el arrogado tenía que dar su consentimiento (cosa lógica: perdía su independencia jurídica), la persona por adoptar, formalmente incapaz de consentir, no fue interrogada en cuanto a su voluntad al respecto.

Un caso especial, la adopción de expósitos

Paralelamente con la adopción que acabamos de mencionar, surgió un sistema generoso, flexible (con antecedentes en las Partidas) por las RC

2. VI. 1788, 6. III. 1790 y 11. XII. 1796.[108] Tratándose de expósitos bastaba la licencia otorgada por el párroco o por el administrador de la institución en cuestión, para que una persona se encargara de la educación del niño: este buen samaritano podía ser hombre o mujer, y no se exigía una distancia mínima de 18 años. Tal "adoptado" no se encontraba bajo patria potestad del filántropo en cuestión, pero su deber moral de gratitud estuvo jurídicamente sancionado.[109]

Añadiduras de derecho propiamente indiano

Había pensado encontrar al respecto una buena cosecha de medidas, referentes, por ejemplo, a la adopción interracial, pero, curiosamente, hasta ahora no he encontrado ninguna medida específicamente indiana acerca de la adopción. J. María Álvarez afirma que la adopción es "desacostumbrada" en las Indias.[110] Sin embargo, María Isabel Seoane analiza un caso concreto, argentino, de 1787-1788.[111]

BIBLIOGRAFÍA

Legislación y comentarios antiguos

Álvarez, José María, *Instituciones de Derecho Real de Castilla y de Indias*, ed. facsimilar de la reimpresión mexicana de 1826, UNAM, México, 1982.
Cedulario: *Cedulario Americano del Siglo XVIII* (Antonio Muro Orejón), hasta ahora 3 vol. que cubren 1680-1759, Sevilla, 1979.
    Cedulario de Tierras, 1497-1820 (F. de Solano), UNAM, México, D.F., 1984.
Códigos: *Códigos Españoles*, 12 vols., Madrid,[112] 1848-1852.
Pérez y López, A.X., *Teatro de la Legislación Universal de España e Indias*, 27 vol., Madrid, 1791-1798.

[108] Ésta es la corrección necesaria del embrollo causado por unos errores en las dos notas de J.M. Álvarez, véase Bibliografía, p. 169 y la última nota de la p. 170. Añado estas notas con algo de mala conciencia a la presente ponencia, ya que no estoy seguro de que hayan recibido el "pase" necesario para valer en las Indias.

[109] J.M. Álvarez, véase Bibliografía, I, p. 170.

[110] *Instituciones...*, etc., véase Bibliografía, aunque esta vez se trata de la edición de Buenos Aires, 1834, p. 78.

[111] *Expediente...*, etc., véase Bibliografía.

[112] En esta publicación uno encuentra los grandes monumentos del derecho castella-

Recopilación: *Recopilación de Leyes de los Reynos de las Indias*, edición facsimilar de la edición original de Madrid, 1681, 4 vol. más un vol. con Estudios históricos-jurídicos, M.A. Porrúa, México, D.F.,[113] 1987.

Solórzano de Pereira, *Política Indiana*, 2 vol., Madrid, 1646 (versión española de su *De Iure Indiarum*, Madrid 1629 y 1639).

Estudios modernos

Arévalo Vargas, Lucía, "El sistema esclavista en la Nueva España", en *Revista Jalisco*, III. 3 (julio/sept. 1985), pp. 11-22, México, 1985.

Baade, Hans, "The form of marriage in Spanish North America", en 61. 1 Cornell Law Rev., noviembre, 1975.

Bernal, B., "Situación de la mujer en las Indias Occidentales", en *Condición Jurídica de la Mujer en México*, UNAM México, 1975.

Brundage, James A., *Law, Sex and Christian Society in Medieval Europe*, Chicago, 1987.

Cuesta Figueroa, Marta y Silvia Nieto de Matorras, María Helena, "Consideraciones jurídicas acerca de la obligación de los casados de hacer vida maridable, siglos XVII y XVIII", en *Revista Chilena de Historia del Derecho*, 13, Chile, 1987, pp. 129-144.

Dougnac Rodríguez, Antonio, "Estatuto del huérfano en el derecho indiano", en *VI. Anuario Histórico-Jurídico Ecuatoriano*, Quito, 1980, pp. 439-455.

Konetzke, R., *Colección de Documentos para la Historia de la Formación Social de Hispanoamérica, 1493-1810*, 3 vol. en 5 tomos, Madrid, 1953-1962.
"Prohibición de casarse los oidores o sus hijos e hijas con naturales del distrito de la Real Audiencia", en *Homenaje a J. M. de la Peña y Cámara*, Col. Chimalistac, Madrid, 1969. pp. 105-121.

Levaggi, Abelardo, *Esponsales*, Revista del Instituto de Historia del Derecho Ricardo Levene 21, 1970, pp. 11-99.

López Z. *et al.*, "Aplicación de la Legislación sobre Matrimonios de Hijos de Familia en el Río de la Plata; Aporte Documental, 1785-1810", en *Memoria del*

---

no/español, desde el Fuero Juzgo de 694 hasta la Novísima Recopilación de 1805. Sin embargo, para ahorrar espacio se ha reproducido la Nueva Recopilación de 1567 sólo en cuanto a sus diferencias con la Novísima, de manera que para la Nueva Recopilación y sus Autos Acordados es más cómodo usar alguna de las ediciones posteriores. Madrid, 1745, 1772, 1775 o 1777.

[113] Una actualización de la Recopilación ha sido intentada en "Disposiciones Complementarias de las Leyes de Indias", Madrid, 1935, 3 vol., y, sobre todo, en el Cedulario Americano del Siglo XVIII compilado por Antonio Muro Orejón, hasta ahora tres vol., una versión actualizada, de tiempos de Carlos II, publicada en el segundo tomo del Homenaje a A. Muro Orejón, Sevilla, 1979.

III Congreso del Instituto de Historia del Derecho Indiano, Madrid, pp. 779-799.

Margadant, G.F., "Del matrimonio prehispano al matrimonio cristiano", *VI Anuario Histórico-Jurídico Ecuatoriano*, Quito, 1980, pp. 515-528.

Mörner, Magnus, *Estado, Razas y Cambio Social en la Hispanoamérica Colonial*, Sep-Setenta, México, D.F., 1974.

Olveda, Jaime, "El matrimonio y la estructura de la familia oligárquica de la colonia", en *Revista Jalisco*, VI. 2. (Abril/junio, 1988), México, 1988, pp. 15-23.

Ots Capdequí, J.M., *Manual de historia del derecho español en las Indias y del derecho propiamente indiano*, Buenos Aires, 1943.

Pacheco Escobedo, Alberto, *Algunos aspectos del matrimonio en las leyes de Indias*, quinto tomo con estudios histórico-jurídicos, añadido a la edición facsimilar de la *Recopilación de Leyes de los Reynos de las Indias*, M.A. Porrúa, México, D.F., 1987, pp. 515-523.

Peña-Peñaloza, Roberto Ignacio, "Archivo de la Curia Eclesiástica de Córdoba, ...Divorcios y nulidades de matrimonio, 1688-1745"..., en *Revista Chilena de Historia del Derecho*, 13, Chile, 1987, pp. 177-198.

Porro, Nelly R., "Los juicios de disenso en el Río de la Plata", en *V. Anuario Histórico-Jurídico Ecuatoriano*, Quito, 1980, pp. 191-229.

"Extrañamientos y depósitos en los juicios de disenso", en *Revista de Historia del Derecho*, 7, Buenos Aires, 1980, pp. 123-150.

Ricard, R., *Conquete Spirituelle du Mexique*, París, 1933.

Ripodas Ardanqaz, Daisy, La "pragmática de Carlos III sobre matrimonios de hijos de familia en las Indias", en *III Jornadas de Historia del Derecho Argentino*, Rosario, 1970.

Seoane, María Isabel, "La guarda de los huérfanos en el siglo XVIII", en *VI Anuario Histórico-Jurídico Ecuatoriano*, Quito, 1980, pp. 405-438.

"Instituciones tutelares del menor en el s. XVIII", *Revista de Historia del Derecho 5*, Buenos Aires, 1977, pp. 289 y ss.

Expediente sobre adopción de 1787-1788, *Revista de Historia del Derecho 9* pp. 428-439.

"Una escritura del s. XVIII sobre dote condicional", en *Revista de Historia del Derecho*, 405.

Warren, F. Benedict, "The idea of the Pueblos of Santa Fe", en *The Roman Catholic Church in Colonial Latin America*, ed. R.E. Greenleaf, N.Y., 1971.

II
DISCURSO Y MENTALIDADES: IMPOSICIÓN DEL MODELO DE FAMILIA CRISTIANA

LA IDENTIDAD SEXUAL: FAMILIA Y MENTALIDADES A FINES DEL SIGLO XVI[*]

JOHN FREDERICK SCHWALLER
Florida Atlantic University

En la Nueva España a fines del siglo XVI los papeles sociales de los sexos estaban claramente definidos. Las instituciones políticas y sociales intentaron mantener una distinción rígida entre los hombres y las mujeres. El sistema de la identidad sexual tenía como centro el concepto del honor. Más que ninguna otra idea, el sistema del honor en el mundo hispánico ha despertado la curiosidad de los no hispánicos. Ejemplos de esto se encuentran en el interés extranjero por las comedias del siglo de oro, y sobre todo en obras como *El burlador de Sevilla* y las leyendas de don Juan. Entre los investigadores de hoy día también existe este interés.[1]

El concepto general del honor tenía dos aspectos esenciales en el siglo XVI: *honor*, la reputación que el mundo le concedía a una persona, y *honra*, el sentido de dignidad e importancia que uno tenía de sí mismo. El primero es cómo el mundo nos ve, el segundo es cómo nos vemos. Estas cualidades eran muy frágiles y era preciso guardarlas constantemente. Las mujeres se percibían como los depositarios del

[*] Primero quiero dar las gracias a la doctora Nora Erro Orthmann por su ayuda en la afinación de este ensayo.
[1] Sylvia Arrom, *The Women of Mexico City, 1790-1857*, Stanford University Press, Stanford, 1985, pp. 53-97; Sylvia M. Arrom, *La mujer mexicana ante el divorcio eclesiástico, 1800-1857*, SepSetentas, México, 1976, pp. 9-62. También de interés son las obras de Josefina Muriel, *Cultura femenina novohispana*, UNAM, México, 1982 y Asunción Lavrin, comp., *Latin American Women: Historical Perspectives*, CT, Westport, 1978, especialmente su ensayo "In Search of the Colonial Woman in Mexico: The Seventeenth and Eighteenth Centuries", pp. 23-59. Pilar Gonzalbo Aizpuru, *Las mujeres en la Nueva España*, El Colegio de México, México, 1987.

honor general de la familia. Por esto, era de gran importancia proteger-
las de las amenazas del mundo ancho y ajeno. Dentro del esquema del
honor, los hombres fueron los activos y las mujeres las pasivas. En este
ensayo no estudiaremos la cuestión de *honra*, sino los aspectos generales y específicos del honor. En los extremos de la sociedad las reglas
del sistema del honor no regían. En el grupo más pobre no importaba,
y en la élite alta se podía arreglar cualquier irregularidad que se
presentara. Por estas razones, este ensayo tiene que ver con los grupos
de la élite mediana y baja y de los otros grupos hispanizados que
operaban dentro del sistema.

En términos de lo idealizado, la mujer colonial siempre tenía que
sufrir la influencia de algún hombre. Las mujeres o vivían con sus
padres, o marido, u otro pariente masculino. Pero había situaciones en
que el hombre no estaba presente para ejercer su control. Para resolver
esta situación, a fines del siglo XVI se crearon los recogimientos o
emparedamientos para mujeres. Claro que al mismo tiempo había
conventos de monjas, tanto como monasterios para los frailes. Los
recogimientos funcionaban de una manera distinta. En algunos se
posaron prostitutas que se habían reformado, en otros mujeres divorciadas, y en otros hasta familias enteras que carecían por épocas largas
o cortas de la presencia de un hombre.[2]

Uno de los emparedamientos más famosos era la Casa de Santa
Mónica. Isabel de Jesús, la fundadora, lo describía como un lugar
donde se podían depositar mujeres casadas. Específicamente, ella lo
veía como una casa donde se podía recibir a mujeres divorciadas y a
las esposas y familias de hombres de negocios o burócratas que se
ausentaban de la ciudad por periodos largos. En su petición para una
provisión real de subsidio para la sustentación de la casa, Isabel de
Jesús mencionó específicamente a las esposas de mercaderes ausentes
en las Filipinas y de los oficiales del gobierno real como aquéllas a
quienes les hacía falta de una manera aguda la institución. Además,
Isabel notó que su emparedamiento también recibía a mujeres abandonadas por sus maridos y a huérfanas. Como prueba del rendimiento
positivo para la sociedad, Isabel escribió que el divorcio había dismi-
nuido desde que fundó su casa.[3]

Isabel de Jesús se hizo monja en los últimos años de su vida,
probablemente cerca de 1582, cuando se fundó Santa Mónica. Su

---

[2] Josefina Muriel [de la Torre], *Recogimientos de mujeres*, UNAM, México, 1974, p. 45.
[3] *Ibid.*, pp. 72-78; AGI, México, 220, doc. 18.

marido, Pedro de Trujillo, también se hizo religioso, entrando al monasterio de San Agustín de México. Isabel López, como se conocía antes de fundar el recogimiento, fue una persona con una personalidad muy fuerte. Eventualmente, el rey le concedió una merced de 6 000 pesos, pagados mil pesos cada año durante seis años, para el emparedamiento de la casa y la construcción de oficinas. A pesar de esta ayuda, y de la energía de la fundadora, en 1610 la casa tuvo que ser reformada y cambió de identidad, convirtiéndose en convento de San José de Gracia.[4]

Otro ejemplo de una mujer poderosa fue doña Beatriz de Andrada. Juan de Jaramillo, uno de los conquistadores, se casó con ella en segundas nupcias. La primera mujer de Jaramillo era La Malinche, doña Marina, intérprete y amante de Cortés. Con la muerte de doña Marina, Jaramillo y Andrada se casaron. Doña Beatriz era la hija del comendador Leonel de Cervantes, conquistador y supuesto miembro de la orden de Santiago. Con la muerte, eventual, de Jaramillo, la encomienda pasó a doña Beatriz.

Las estancias y haciendas de doña Beatriz figuraban entre las más importantes de la colonia. Los ingresos anuales de la encomienda eran de 7 000 pesos al año.[5] Las estancias se extendían desde el noroeste de México hacia el pueblo de Jilotepec, hasta terminar en el norte cerca de San Juan del Río. Entre ellas había 16 estancias originalmente de Jaramillo dentro del término general de la encomienda, y otras 18 de Velasco, más que nada en el norte.[6] Hay sugerencias en la documentación de que estas estancias rendían sobre diez veces más que la encomienda. Doña Beatriz manejaba sus propios asuntos, pero don Francisco muchas veces participó en los negocios. Con la muerte de Velasco, ella se encargó de la administración total. Como no tenían hijos propios, en sus testamentos, Velasco y Andrada pusieron estas estancias en un mayorazgo para su sobrino.[7]

Un indicio de la riqueza de doña Beatriz, y de la facilidad para su administración, se ve en un contrato hecho con uno de sus sobrinos por parte de su marido don Francisco de Velasco, don Luis de Velasco,

---

[4] Muriel, *Recogimientos*, pp. 77-78.

[5] Del Paso y Troncoso, *Epistolario*, vol. 13, p. 43, refleja el valor de la mitad de Quesada en 6 565 pesos al año.

[6] François Chevalier, *Land and Society in Colonial Mexico*, University of California Press, Berkeley, 1963, p. 118.

[7] José Ignacio Conde, "La familia Cervantes", manuscrito sin publicar, apéndice "Don Francisco de Velasco...", p. 61.

el joven. En 1576, el joven Velasco prestó a su tía la cantidad de 28 454 pesos, en forma de censos que él llevaba en once propiedades. Ella prometió pagarle por el método de imponer los censos en sus propias propiedades. Velasco, a continuación le dio a su tía un ingreso anual de 4 120 pesos, de otro censo, de valor de 57 798, impuesto sobre la hacienda de azúcar e ingenio de su primo, don Rodrigo de Vivero.[8] Había otros contratos de este tipo en que doña Beatriz tuvo un papel importante. En 1578, ella y su hermana, doña Luisa de Lara, aceptaron 4 000 pesos en un censo impuesto sobre varias casas en México. El préstamo vino de doña María de Peralta, la viuda de Juan Vázquez de Lara.[9] Curiosamente, en este último contrato, todas las participantes eran viudas. Demuestra la libertad de acción económica de que disfrutaba la viuda, si tenía los recursos y la voluntad.

Doña Beatriz tomó un papel activo en todos los aspectos del manejo de sus estancias. Durante el virreinato de don Lorenzo Suárez de Mendoza, conde de la Coruña, ella recibió una merced para abrir una venta en el camino real de México a Zacatecas. Era una de varias que ella tenía. Afortunadamente, muchas de las ventas se encontraban en términos de su encomienda: de esta manera los productos que ella recibía en tributo, los podía vender en las ventas.[10]

Había otras mujeres con independencia económica que no eran miembros de la élite. La documentación sugiere que otras mujeres con menos recursos ganaron cierta libertad de acción. Un pleito entre las hijas del conquistador Andrés García nos da indicios de esto.[11] Con un padre conquistador, las hijas bien podían haber sido miembros de la élite; pero, al parecer, fueron hijas naturales de dos indias y reconocidas por García como suyas. En 1580 María García Pareja e Isabel García de Alvarado pleitearon contra la Corona para cobrar una merced de 200 pesos anuales dada a su padre después de la conquista.

Después de la muerte de su padre, María García levantó un pleito contra la real hacienda para cobrar los corridos de la merced de su padre. En 1580, María García demostró que su padre la había legitimado como su hija. La madre era una india Luisa de Tlaxcala. El testimonio presentado llevaba la sugerencia de que Luisa era una pariente de

---

[8] Archivo de Protocolos del Departamento del Distrito Federal, Pedro Sánchez de la Fuente, 9 de marzo de 1575.

[9] AHPDDF, Pedro Sánchez de la Fuente, 26 de febrero de 1578.

[10] Conde, "Familia Cervantes", p. 62.

[11] AGI, México, 107, núm. 15; AGI, México, 115, núm. 54.

Maxixcatzin, uno de los señores de Tlaxcala. Además era conocido que María pasó su niñez en Tlaxcala. Se casó con Juan Gómez de Almazón y se trasladó a México. En 1584, la audiencia real decidió que ella podía recibir la merced.

Cuatro años más tarde, en 1588, Isabel García Alvarado inició un pleito tratando de cobrar una parte de la merced, como hermana de María e hija de Andrés. Su historia, a través del testimonio presentado, era muy triste. Cuando ella era muy pequeña, su padre la envió a Tlaxcala para vivir con unos indios. Después la trasladó a Puebla, para vivir con unos compañeros de él. Y al fin, él arregló un matrimonio para ella con un tal Cristóbal Cotán. Antes de su muerte, el padre se dolió del trato que le había dado y la reconoció como su hija.

El pleito entre hermanas duró unos cuatro años. Durante el pleito ellas se maldijeron y se acusaron una a otra. Al fin la audiencia pronunció su fallo en favor de Isabel, y mandó que María le diera la mitad de su merced. Aunque sabemos poco de la vida de estas mujeres, lo que hemos visto nos muestra que tenían cierta libertad para administrar sus propios negocios. Varios documentos se podían atribuir a sus maridos, pero ellas manejaron·la situación en términos generales. Las cantidades no fueron grandes, pero para mucha gente de aquella época eran importantes adiciones a los ingresos familiares.

La Corona real se erigía en protector de los pobres y miserables. Mujeres, huérfanos e indios muchas veces se contaban entre los miserables. En ausencia de un sistema de pensiones o beneficios para jubilados, los herederos de empleados del gobierno tuvieron que pedir a la Corona pensiones y mercedes para mantenerse después de la muerte del empleado. Entre otras historias, hay muchas muy tristes de viudas y huérfanos aislados en Indias, distantes de los otros miembros de sus familias.

Algunas de las mercedes dadas a herederos de funcionarios reales continuaron muchos años. En 1530, el doctor Francisco de Ceinos, oidor de la Audiencia de México, llegó para empezar a servir en su plaza. Regresó a Castilla en 1546, para servir al rey en Zamora, pero volvió a México en 1560, otra vez como oidor, con toda su antigüedad, es decir como si hubiera sido empleado continuamente en México entre 1530 y 1560. Cuando murió, en 1570, su hija, doña María Vázquez de Ulloa, pidió al rey una merced para sostenerla, ya que era huérfana. El virrey don Martín Enríquez le dio 400 pesos, renovando la merced anualmente. En 1578, se cambió la merced a 300 ducados anuales, más o menos unos 375 pesos, aunque ella pidió 600 pesos. Al fin, la Corona aprobó la menor cantidad y garantizó pagarla anualmente. Doña María la continuó cobrando hasta el fin del siglo.[12]

El estado social de los huérfanos en el siglo xvi era muy precario. Las huérfanas sufrieron más que los huérfanos. Dados los prejuicios sociales, los niños podían salir de las casas familiares para buscar su fortuna más fácilmente que las niñas. La huérfana usualmente se encerraba en un emparedamiento o convento, o se casaba. La sociedad reconocía como huérfanos a los niños que habían perdido a su padre, a pesar de que viviera la madre.[13] El apuro de las huérfanas sin dote para casarse impulsó a un vecino de México, García de Vega, a fundar una obra pía en la catedral para dar dotes a tales huérfanas, nombrando a los miembros del cabildo eclesiástico como administradores. Los prebendados también hacían la selección anual de las ganadoras de las dotes. Había una necesidad grande para esta obra pía, tanta que en 1598 unas 96 jóvenes pusieron una solicitud para las ocho dotes de 300 pesos cada una.[14]

Anualmente dos miembros del cabildo eran nombrados para visitar a las huérfanas que habían pedido dotes, para determinar cuáles tenían la mayor necesidad. Muchas veces los prebendados resolvieron dar dotes a hijas de sus empleados y a hijas de otros con ligas a la catedral y su servicio.[15] A pesar de esto, al parecer, generalmente determinaron las ganadoras por suertes.[16]

Una decisión importante acerca de la herencia racial de las pretendientas a las dotes ocurrió en 1582: el cabildo decidió recibir solicitudes de castizas tanto como de niñas legítimas de pura raza europea. Esto implicaba la aceptación de mestizas e ilegítimas.[17] En 1583 el cabildo aclaró su decisión del año anterior y mandó que todas las niñas buscando dotes tenían que ser legítimas.[18]

Aunque la élite y otros grupos sociales preferían concertar los matrimonios, para la Iglesia la ley era que el matrimonio es un sacramento, y como cualquier otro sacramento era preciso recibirlo libre-

---

[12] AGI, México, 100, ramo 1, núm. 29, 12 de septiembre de 1578.

[13] Se basa esta observación en una de las obras pías más famosas de la época, que se explica más largamente. En el primer sorteo de dotes, de las ocho ganadoras, cinco tenían madres vivas al momento de recibir la dote; Actas, 6 de septiembre de 1576, vol. 3, f. 10.

[14] Actas, 10 de marzo de 1598, vol. 4, 194v; 27 de agosto y 6 de septiembre de 1576, vol. 3, ff. 8v-10.

[15] Actas, 23 de septiembre de 1578, vol. 3, f. 62.

[16] Actas, 20 de marzo de 1582, vol. 3, f. 141v.

[17] Actas, 13 de marzo de 1582, vol. 3, f. 141.

[18] Actas, 3 de septiembre de 1583, vol. 3, f. 181.

mente, sin presión ajena, por libre voluntad.[19] El requisito canónico causó muchas complicaciones en la política social. Los padres se quejaron de que los hijos se fugaban para casarse sin el permiso paterno. A pesar de las quejas, la liberalidad de la práctica del sacramento del matrimonio se mantuvo y causó mucha preocupación.

El impacto de esta política matrimonial se ve en la vida del alcalde de crimen, licenciado Gaspar de Ayala. En la tarde del 28 de julio, su hijo, don Diego de Ayala, huyó de la casa familiar. Llevó consigo a sus esclavos, seis caballos, y sus efectos personales. Pocas horas antes, el joven había conseguido una licencia eclesiástica para casarse. Los sirvientes de la casa notificaron al licenciado Ayala lo ocurrido, y el buen juez inmediatamente envió las noticias al virrey. El alguacil de la audiencia fue enviado a detener al joven, pero sin éxito. El primero de julio de 1600, don Diego de Ayala se casó con doña María de Estrada Guevara, la hija de Alonso Estrada de Sosa y doña Marina de Guevara, ante el canónigo Antonio de Salazar en San Juan del Río.[20]

En noviembre siguiente, el virrey empezó acciones judiciales contra el licenciado Ayala por haber quebrantado una cédula real que prohibía el matrimonio de empleados reales, o sus parientes y familiares con vecinos del territorio en que servían. En su testimonio el licenciado Ayala confesó haber conocido a Estrada de Sosa en una ocasión, unos cinco años antes. Indicó que la opinión pública mostraba que Estrada había perdido mucha de su fortuna y por eso no podía mantenerse a sí mismo ni a su familia en México, y se había retirado a sus estancias. Ayala también testificó que no sabía nada de antemano de los planes de su hijo en cuanto al matrimonio, y que se oponía categóricamente. A pesar de todo esto, el virrey le condenó a privación de su plaza el 23 de noviembre. La audiencia confirmó la sentencia del virrey el 11 de diciembre.

Otros dos matrimonios causaron controversias a fines del siglo XVI. Uno, muy complicado, tenía que ver con la promesa de matrimonio hecha por don Juan de Valdivieso y Turcios a doña Juana Colón de Toledo. Doña Juana era la hija de don Carlos de Luna y Arellano, el mariscal de Castilla, uno de los grandes nobles de la Nueva España. El matrimonio intentaba ligar dos de las familias más importantes y viejas de la colonia, puesto que don Juan era un descendiente de los Sámanos y Turcios, los primeros secretarios de gobierno. Don Francisco Pache-

---

[19] Biblioteca Nacional, Madrid, ms. 7196, ff. 21v-26, esp. f. 25, "el noveno impedimento".
[20] AGI, México, 119, ramo 5, núm. 49.

co de Bocanegra, hijo de otra familia importante novohispana, protestó contra el desposorio, diciendo que doña Juana ya estaba desposaba con él en secreto.[21] El pleito levantado por Pacheco sí tuvo éxito. Doña Juana, llamada doña María en algunos documentos, se casó con Pacheco finalmente.[22]

Las bodas de doña Francisca Infante también causaron gran interés al fin del siglo XVI.[23] Doña Francisca era prima de doña Marina de Estrada Guevara, vista anteriormente. El lío con este matrimonio empezó cuando doña Francisca y don Pedro Farfán se desposaron. Don Pedro era el hijo del oidor doctor Pedro Farfán. A causa de la cédula ya mencionada, era preciso que el doctor Farfán consiguiera licencia real para el matrimonio. Él lo consiguió. Todo resuelto, dos meses antes de cumplir los doce años doña Francisca se desposó con don Pedro.

Este matrimonio concertado no causó alegría entre alguno de los parientes de doña Francisca. Especialmente su abuela, doña Francisca de Estrada, intentó impedir la boda y levantó un pleito ante la Real Audiencia. Específicamente, la abuela quería quitar a la niña de la casa de los Farfanes donde ella quedó bajo las condiciones de un arreglo entre el doctor Farfán y el padre de la chica, Juan Infante. La audiencia reconoció las dificultades del asunto, especialmente por el hecho de que ella vivía bajo el control de los Farfanes, por lo que la trasladó a un convento. Don Pedro Farfán levantó otro pleito en el Provisorato, diciendo que la abuela Estrada quería quebrar el desposorio. El vicario general mandó quitarla del convento y la puso en una casa privada, "honrrada y segura". Los rumores hablaban de un intento por parte del Marqués de Villamanrique para anular el desposorio para que doña Francisca Infante se casara con uno de los miembros de su séquito.

El virrey, Villamanrique, medió en el conflicto entre el Provisorato y la Real Audiencia y ordenó al alguacil mayor, don Diego de Velasco, que recogiera a doña Francisca de Infante de la casa segura y honrada

---

[21] Archivo del Duque de Infantado, Papeles de Montesclaros, México, 3, exps. 6-41.

[22] Don Francisco llegó a recibir el título de primer marqués de Villamayor de las Ibiernas, en 1617. El hijo de doña Juana y don Francisco, don Carlos Pacheco de Córdoba Bocanegra, conocido también como don Carlos Pacheco y Colón, entró en la orden de Santiago en 1631. Otro hijo, don Nuño de Córdoba Bocanegra, entró en la orden de Alcántara en 1627. Leopoldo Martínez Cosío, *Los caballeros de las órdenes militares en México*, Editorial Santiago, México, 1964, 153, *item* 289. Guillermo Lohmann Villena, *Los americanos en las órdenes nobiliarias*, 2 vols., Consejo Superior de Investigaciones Científicas, Madrid, 1957, vol. 1, 309, vol. 2, 176.

[23] El licenciado Zaldierna Mariaca y el licenciado Saavedra Valderrama al rey, AGI, México, 71, ramo 1, 23 de octubre de 1587.

y la dejara en poder de la abuela. Villamanrique suspendió la acción de todos los pleiteantes y tribunales y mandó que el asunto se enviara al Consejo de Indias para resolución. Subrayó que existía en el pleito una ruptura de la comunicación y concordia que debía existir entre los tribunales e instituciones de justicia.

Según se dijo entonces, Villamanrique intentaba casar a doña Francisca con el alguacil mayor, don Diego de Velasco, también conocido como don Diego Fernández de Velasco, viudo, con varios hijos. Mandó Villamanrique que Velasco la devolviera a casa de la abuela. Para conseguir el matrimonio, Villamanrique mandó que un clérigo de la catedral los casara, sin licencia eclesiástica, según dijeron. Al parecer, el virrey tuvo éxito. Según los datos, doña Francisca se casó con don Diego.[24]

El matrimonio era la institución en la que se desarrollaban la mayoría de las manifestaciones de la identidad sexual. Al mismo tiempo, la sociedad mandaba que la identidad sexual se mantuviera constante a través de la cultura en todos los contextos. La reacción social de aquel entonces a varias actividades causa sorpresa en nuestros días entre aquellos que no han tomado en cuenta las implicaciones de ellas. Por ejemplo la cuestión de coches y carrozas causó un debate público en varios foros, y al fin provocó la acción por parte del cabildo y el rey. Al parecer el transporte por carroza era la única manera para la élite de viajar en una ciudad sin empedrado, en que las calles muchas veces estaban llenas de lodo, polvo, basura, o peor.

El 24 de noviembre de 1577 el rey promulgó una cédula prohibiendo a los vecinos de México y otras ciudades viajar en coches y carrozas. La cédula señaló que los jóvenes de la tierra iban perdiendo la habilidad de montar a caballo. Eventualmente, la pérdida de esta habilidad llevaría a la sociedad a la destrucción porque tampoco podrían defender el reino montados a caballo. El virrey y la Audiencia mandaron que todos obedecieran la cédula. En sus cartas de respuesta al rey, ellos anotaron que la costumbre de viajar en coche era algo reciente y que probablemente no había más de diez coches en la ciudad.[25]

La respuesta del virrey y la Audiencia no causó ningún cambio de opinión por parte del rey. En mayo de 1579 el rey contestó a los oficiales de la Nueva España, que a pesar de las protestas tenían que obedecer la cédula original. El virrey y la Audiencia entonces pidieron

---

[24] Gerhard, *Historical Geography*, 345. Dorante de Carranza, *Sumaria relación*, 227.

[25] AGI, México, 70, ramo 1, virrey y la audiencia al rey y el consejo, 24 de diciembre de 1578.

que se relajaran los requisitos de la cédula, dejando a aquellos que tenían coches usarlos hasta que estuvieran consumidos, prohibiendo el uso más tarde. A pesar de estos argumentos, el rey se mantuvo firme.[26]

El impacto de estas cartas en cuanto a la identidad sexual casi no se nota pensando en términos modernos. Parece casi incomprehensible que el rey prohibiera el uso de coches, especialmente por parte de las damas finas. La clave del conflicto está no en el uso de coches por las mujeres, sino por los hombres. La habilidad de montar a caballo era una parte esencial de las maneras de ser de un hombre hispano. Y caballero es, de todos modos, un hombre a caballo. Sin caballo no se podía ser caballero.[27]

La misma precaución acerca de la calidad de los jóvenes alentó la fobia contra la homosexualidad. En 1597, los alcaldes de crimen escribieron al rey que habían descubierto a varios que practicaban la homosexualidad. De estos individuos, llevados ante el tribunal, cuatro o cinco fueron ejecutados. Algunos de ellos eran maestros que daban lecciones de gramática en sus casas. En las casas también practicaron la homosexualidad con varios alumnos. Los alcaldes notaron que a pesar de imponer la pena suprema contra los maestros, y contra otros que habían violado la ley, creyeron que la clemencia era mejor en el caso de los estudiantes.[28]

Aunque la acción contra los adultos en estos casos de homosexualidad era extrema, la respuesta a la condición de los niños era casi moderna. Claro el tribunal no permitía la homosexualidad, pero al mismo tiempo no imponía una pena grave contra los jóvenes. A su manera, intentó cerrar los documentos del evento para proteger el honor de los jóvenes.

A pesar de las restricciones en cuanto a las relaciones sexuales fuera del matrimonio, la infidelidad masculina era prevalente. La Iglesia, por lo normal, decía mucho acerca de la cuestión. La actividad sexual fuera del matrimonio era pecado, pero en el caso de dos personas no casadas, sin votos de religión ni desposados, se podía

---

[26] AGI, México, 70, ramo 1, virrey y la audiencia al rey y consejo, 7 de septiembre de 1579.

[27] Se ve esto claramente en las reglas de la orden de Santiago. Sus miembros eran el epítome de los caballeros e hidalgo españoles. Para calificarse como miembro de la orden era preciso saber montar y poseer un caballo, por lo menos, y en el cuestionario que usaban para investigar los candidatos a ella lo preguntaban a los testigos. Por ejemplo el expediente de don Luis de Velasco, el joven, AHN, Santiago, exp. 8661.

[28] AGI, México, 72, ramo 1, Alcaldes de Crimen to King in Council, 1 de marzo de 1597.

absolver fácilmente. Por otro lado si una de las personas era casada, desposada, o tenía voto de religión la dispensa era reservada. En muchos casos los hijos de tales relaciones no podían ser legitimados.

La cuestión de legitimidad es muy compleja, pero en términos generales los hijos ilegítimos no podían heredar de sus padres, no podían entrar en el clero ni en la religión, y les prohibían muchos oficios. Los clérigos que tenían hijos antes de recibir órdenes sagradas podían pedir la legitimación para ellos. En cambio, la actividad sexual después de entrar en el clero era asunto muy serio y la inquisición y la jerarquía eclesiástica intentaban regularla. Como ejemplo de esto, hay las experiencias de Antón García Endrino de Puebla de los Ángeles. Antón era uno de cinco hermanos, hijos del conquistador Juan Ochoa de Elejalde.[29]

Antes de tomar sus votos como clérigo, Antón tuvo dos hijos. Como parte de sus deseos personales, en 1596, pidió la legitimación de ellos. No era una práctica común, y no debió haber causado ninguna reacción. Pero García Endrino pidió algo más que la sencilla legitimación, él intentó crear dos mayorazgos, uno para cada hijo.[30] Este intento causó una reacción inmediata por parte de su familia. Ellos entendían su interés en la legitimidad de los hijos, pero la creación de mayorazgos para ellos tenía el efecto de reducir la riqueza familiar disponible a los herederos legítimos de la familia. Como era el caso de muchas familias novohispanas de la época, la familia Ochoa de Elejalde sólo tenía un hijo que se casó para tener hijos.[31] A causa de esta práctica, toda la riqueza de la familia se concentró en los hijos del hermano que se casaba y tenía hijos. Las acciones de Antón crearon una amenaza a este plan. Su deseo no se cumplió. El rey asintió únicamente a legitimar a los hijos y no le dio la licencia para crear mayorazgos.

La reacción general social frente a las actividades ilícitas de los clérigos era distinta a la reacción hacia los hombres solteros sin compromiso de voto. Los clérigos que tenían relaciones ilícitas sexuales fueron procesados por el Santo Oficio de la Inquisición. Un caso muy interesante es el de fray Fabián Jiménez, clérigo secular y después fraile franciscano que llegó a ejercer el oficio de confesor nocturno. Sus obligaciones tenían que ver con la confesión a aquellas personas que lo requerían de noche, cuando la iglesia del monasterio estaba cerrada.

[29] AGI, México, 207, núm. 14; AGI, México, 281, Gaspar Ochoa de Elejalde; AGI, México, 285, Gaspar Ochoa de Elejalde y Pedro Ochoa de Elejalde.
[30] AGI, México, 208, núm. 38; AGI, México, 282, Antón García Endrino.
[31] Schwaller, "Tres familias", *Historia Mexicana*, pp. 171-196.

Muchas veces esta obligación le exigía salir de noche para atender a los enfermos en casa propia.

Desafortunadamente, Jiménez usaba su posición de autoridad para tomar ventajas sexuales de varias mujeres que pedían confesión. En la mayoría de los casos, al entrar al cuarto de la enferma Jiménez pedía a los demás que salieran para que la confesión fuera privada y secreta. Se acercaba a la cama empezando la confesión, pero a la vez empezaba a acariciar el cuerpo de la enferma, y en ocasiones a violarla. Una vez terminado, Jiménez la amenazaba de no dar la absolución si ella divulgaba el secreto de la violación. A pesar de estas amenazas, le prendieron, al fin.

Las penas impuestas por la Inquisición contra Jiménez reflejan la importancia que el Santo Oficio atribuía a sus crímenes. Además de decir varias misas, hacer abjuraciones y comprar velas, Jiménez tuvo que sufrir la humillación verbal y corporal a manos de sus hermanos franciscanos. Los clérigos, tanto seculares como regulares, de la ciudad fueron reunidos en el monasterio franciscano, cuando los frailes le humillaron. Él tuvo que salir de la ciudad por un año entero para vivir en un monasterio muy lejano, con ayunos obligatorios cada viernes. Se le prohibió tener cualquier contacto con mujeres y quedó privado permanentemente de su licencia de oír confesión.[32]

El gobierno real también intentaba regular la moralidad pública y con este fin exigía que los hombres vivieran con sus esposas. Las rupturas en la vida familiar causadas por el comercio entre España e Indias, rápidamente llegaron a ser fenómenos comunes en ambos lados del Atlántico. Al fin del siglo XVI y principios de XVII, se promulgaron varias cédulas que mandaban a los maridos reunirse con sus familias dentro de tres años o regresar a España.[33] Dado el énfasis que el rey puso en la cohabitación del matrimonio, no causa ninguna sorpresa encontrar cartas de esposos pidiendo que sus familias vinieran de España para "hacer vida maridable".

Muy común era la situación del curtidor Alonso Ortiz quien escribió a su mujer por 1574. Él escribió de sus aventuras en la Nueva España, y le pidió que viniera a vivir con él. Como muchos otros inmigrantes encontró Ortiz que su nivel de vida en las Indias estaba sensiblemente más alto que en España. Estaba en compañía de otro, y había ganado suficiente dinero para llamar a su esposa. El proceso se

---

[32] AGN, Inquisition, 69, exp. 1; *Libro primero de votos de la Inquisición de México, 1573-1600*, México, Archivo General de la Nación, 1949, p. 86.

[33] *Recopilación de leyes de los reinos de las Indias*, Lib. 7, Tit. 3, leyes 1-4, 7-9.

complicó, de todas maneras, porque había dejado varias deudas en España. Por eso envió el dinero a su mujer en nombre de su compañero para que sus deudores no lo pudieran tomar. Si su mujer, Leonor González no quería ir a México, ella tenía que hacer una declaración formal de tal efecto para que Alonso pudiera quedarse en México.[34]

En 1596 Gaspar Encinas escribió a su mujer, María Gaitán. Encinas vivía en Puebla de los Ángeles, María en el barrio de Triana en Sevilla. Encinas le envió 100 pesos, con un caballero de apellido Carmona, a fin de que se trasladase con sus hijos a la Nueva España. Uno de ellos, Gaspar, estaba en edad de casarse, y Encinas pidió que en caso de que aún no hubiera contraído matrimonio no lo hiciera en la península, ya que él le concertaría un buen matrimonio en la Nueva España. Encinas ya había sido preso por no vivir con su mujer e hijos. Su encarcelamiento le había costado carísimo, y en el caso de que ellos no vinieran estaría perdido. Tuvo que ofrecer fianzas para salir de la cárcel bajo la condición de que ellos efectivamente venían en la primera flota. Anticipando la llegada de su familia había tomado en alquiler una casa por plazo de tres vidas en una de las mejores calles de Puebla. Si por casualidad a ella no le gustara la casa, Encinas perdería unos 400 pesos ya gastados en mejoras, pero para complacer a su mujer lo haría. Más que nada era preciso que tuviera noticias de los planes exactos de su mujer, para mejor organizar su propia vida. La carta demuestra que la ley de los casados bien podía tener el efecto deseado de forzar que el matrimonio viviera junto.[35]

La identidad sexual en la Nueva España fue determinada por dos fuerzas. El sistema social mantenía los rasgos generales, los límites entre los que el individuo podía vivir, mientras que la Iglesia le confería la justificación trascendente. Por eso se puede decir que, bajo la supervisión general de la Iglesia, la sociedad creaba el complejo de la identidad sexual. Las cuestiones específicas y el mantenimiento de las reglas era asunto del gobierno, a través de tres instituciones: el gobierno real mediante tribunales civiles y criminales, el Santo Oficio de la Inquisición, y los tribunales eclesiásticos, como el provisoriato. Pero las reglas sólo se podían mantener dentro de los límites aceptados por la sociedad. Claro que las relaciones sexuales antes de casarse estaban vedadas, pero dentro de un esquema general social, las aceptaban para los

[34] Enrique Otte y James Lockhart, *Letters and People of the Spanish Indies: Sixteenth Century*, Cambridge, Cambridge University Press, 1976, pp. 119-123.
[35] Otte, *Cartas privadas*, pp. 81-82.

hombres. Por otro lado la homosexualidad era una amenaza directa al sistema social y moral, y generalmente no era aceptado. Para mantener las diferencias sexuales era preciso tener leyes pragmáticas que rigieran el vestido, las costumbres y acciones de hombres y mujeres. La fobia contra la homosexualidad era tan fuerte por ser un intento de destruir las diferencias entre los sexos. Por esto la sociedad y las instituciones se oponían fuertemente al trasvestismo. Hay varios casos en los papeles de la Inquisición que tienen que ver el disfraz de otro sexo. Al fin, tenemos una circularidad. La sociedad crea y mantiene las normas de la identidad sexual, las instituciones las ponen en vigor y le dan su estructura legal. Pero a la vez, las restricciones legales, en el ejemplo de la iglesia, son fuentes para el sistema social.

La sociedad novohispana a fines del siglo xvi estaba todavía en una época de cambios. El choque de la conquista ya había pasado, y la colonia estaba entrando en su periodo de desarrollo lento en el siglo xvii. Por eso, la situación que vemos a fines del siglo xvi sirve como base para el resto de la época colonial. El mestizaje, la identidad sexual de los jóvenes, los problemas para la protección del honor familiar para los comerciantes, los emparedamientos, son temas de gran importancia para las últimas décadas del siglo xvi. Al resolver estas cuestiones, el sistema ya está hecho, y no hay cambios importantes por más de un siglo. Lo que vemos es un sistema de identidad sexual al momento de cuajar. Podemos ver los componentes específicos al mismo tiempo que sabemos los resultados. Es una oportunidad de tener un laboratorio social.

LA FORMACIÓN DE LA PAREJA Y EL MATRIMONIO

CARMEN CASTAÑEDA
El Colegio de Jalisco

INTRODUCCIÓN

En 1978, el historiador francés Jean-Louis Flandrin escribió que la historia de la familia, como un nuevo campo de la investigación histórica, había adquirido gran importancia en Francia, en Inglaterra y en los Estados Unidos y que había empezado a practicarse en otros países. También señaló que la historia de la familia era un lugar donde coincidían historiadores de diversos horizontes (cuantitativistas, historiadores de la demografía histórica, de la historia del derecho, de la religión, de las mentalidades), así como especialistas de otras ciencias sociales.[1]

Flandrin indicó que para saber más sobre historia de la familia era necesario utilizar otras fuentes además de los registros parroquiales y otros métodos aparte de los de la demografía histórica. Por ejemplo, en los proyectos de investigación que se han desarrollado en Francia sobre la formación de la pareja se han utilizado dos tipos de documentos: los expedientes de dispensa para matrimonio y los procesos de ruptura de la promesa de matrimonio.

Los dos tipos de documentos atestiguan que en todos los medios, los factores económicos, utilitarios, familiares y de honor guiaban abiertamente a la gente joven y a sus familias en la selección del cónyuge, aunque también la inclinación hacia la futura pareja jugaba un papel que muchas veces era exclusivo. Asimismo estos documentos

---

[1] Jean-Louis Flandrin, "Famille", en *Le Goff*, Jacques, Roger Chartier y Jacques Revel. *La nouvelle histoire. Les idées, les oeuvres, les hommes*, París, CEPL, 1978, Les enciclopédies du savoir moderne, p. 168.

nos informan que el rol de los padres en el matrimonio de sus hijos parece haber variado de acuerdo con las regiones, las épocas y sobre todo en los diferentes medios sociales. También podemos encontrar en estos documentos, datos sobre los ritos profanos y religiosos de la formación de la pareja de los cuales podemos deducir la significación profunda del matrimonio y los papeles impartidos a cada uno de los esposos y además las costumbres del noviazgo antes y después del compromiso de los jóvenes.

FUENTES

Esos documentos se formaron también en Hispanoamérica y se encuentran en los archivos de las diócesis y arquidiócesis como es el caso del Archivo del Arzobispado de Guadalajara. Estos documentos provienen directamente del Archivo del Provisor y Vicario General, quien era y es "un sacerdote legítimamente deputado para ejercer generalmente la jurisdicción graciosa episcopal en vez del obispo, de manera que sus actos se consideren como ejecutados por el obispo mismo".[2]

Los expedientes de dispensa para matrimonio son solicitudes de dispensa de parentesco por consanguinidad o afinidad o parentesco espiritual. Estos expedientes son, como lo ha afirmado el historiador francés André Burguière, muy interesantes por las informaciones demográficas, sociales y genealógicas que contienen: los que solicitaban la dispensa debían presentar cada uno un pequeño árbol genealógico donde especificaban su parentesco. En este sentido proporcionan más información que los libros parroquiales. Por estos documentos podemos conocer las razones por las que la gente se casaba y que aparecen especificadas en el expediente, "estas razones son muy formales y más jurídicas que sinceras", como sucede en los documentos judiciales; pero muestran "la ideología que inspiraba la jurisprudencia".[3]

Los procesos de ruptura de la promesa de matrimonio son demandas de palabra de casamiento o de esponsales que permiten deducir

---

[2] Juan B. Ferreres, S.J., *Instituciones Canónicas con arreglo al Novísimo Código de Pío X promulgado por Benedicto XV y a las prescripciones de la disciplina española y de la América Latina por el P. ...*, 3a. ed., t. I, Barcelona, E. Subirana, Edit. y Lib. Pontificio, 1920, p. 273.

[3] André Burguière, "La historia de la familia en Francia. Problemas y recientes aproximaciones", en *Familia y sexualidad en la Nueva España*, México, SEP-Fondo de Cultura Económica, 1982, p. 20.

los motivos por los que la gente se casaba, así como las razones que exponían para no casarse. Además informan del ritual entre las parejas anterior al matrimonio, en dónde y cómo se conocían y se frecuentaban cuando eran novios, pero sobre todo permiten adentrarnos en la vida cotidiana de los jóvenes que deseaban casarse y en la de sus familias.

EL MATRIMONIO

Uno de los aspectos más tratados en el Concilio de Trento fue el de las reformas matrimoniales que se concentraron en el decreto Tametsi que el Concilio finalmente adoptó después de más de quince años de discusión, en su sesión XXIV del 11 de noviembre de 1563.

El objeto de las reformas matrimoniales fue oponerse a los "hombres impíos" del siglo XVI que habían introducido "la libertad carnal con pretexto del Evangelio". Además estos hombres habían "adoptado por escrito y de palabra muchos asertos contrarios a lo que siente la Iglesia católica, y a la costumbre aprobada desde los tiempos apostólicos, con gravísimo detrimento de los fieles cristianos".[4]

Por esta razón, el concilio tridentino resolvió "exterminar las heregías y errores más sobresalientes (...) para que su pernicioso contagio no inficcione a otros", decretando doce anatemas contra los cismáticos relativos al sacramento del matrimonio y su indisolubilidad, a la prohibición de la poligamia, el incesto, el adulterio y celebrar nupcias solemnes en ciertos tiempos del año, a los impedimentos dirimentes del matrimonio que puede establecer la Iglesia; a la imposibilidad de contraer matrimonio, quien haya hecho voto de castidad; a la preferencia del estado de virginidad y del celibato en relación al matrimonio; a la separación del lecho entre casados que puede decretar la Iglesia y a la competencia de los jueces eclesiásticos en las causas matrimoniales.[5]

Después de la doctrina sobre el sacramento del matrimonio se estableció el decreto de reforma en diez capítulos que abarcan la forma de contraer matrimonio, las restricciones a los impedimentos de parentesco espiritual, de pública honestidad y de afinidad contraída por

---

[4] *El Sacrosanto y Ecuménico Concilio de Trento*, traducido al idioma castellano por don Ignacio López de Ayala. Agrégase el texto latino corregido según la edición auténtica de Roma, publicada en 1564. Séptima edición, Barcelona, Imp. de Sierra y Martí, 1828, pp. 293-295.

[5] *Ibid.*, cánones I-XII, pp. 295-298.

fornicación, las dispensas para contraer matrimonio en grados prohibidos, la cautela para casar los vagos, las penas contra los raptores y contra el concubinato, la libertad de matrimonio y la prohibición de la solemnidad de las nupcias en ciertos tiempos.[6]

El Concilio de Trento reiteraba la vieja doctrina de que la esencia del matrimonio era el librecambio de consentimiento marital entre dos partes competentes para casarse uno con el otro. El Tametsi agregaba que el consentimiento debería ofrecerse ante testigos, incluyendo al cura de la parroquia, y en caso de que así no se hiciera el matrimonio sería nulo e inválido. Esto era para evitar los matrimonios secretos.[7]

El Concilio requirió que se guardara constancia escrita del matrimonio en los archivos parroquiales.

DILIGENCIAS MATRIMONIALES

Para mejor servir a Dios: ésta era la fórmula con la que se presentaba el hombre ante el cura de una parroquia cuando quería contraer "matrimonio según el orden de nuestra Santa Madre Iglesia". Por su parte, el cura le explicaba "la gravedad del juramento y de la materia, obligación de decir verdad en el caso", pecados en que incurría y penas eternas y temporales a que de lo contrario se sujetaba. Enseguida le recibía el juramento por Dios Nuestro Señor y la Santa Cruz y le preguntaba de dónde era originario, de dónde era vecino, su calidad, su estado, su legitimidad, su edad, el nombre de la mujer con la que deseaba casarse, así como el origen, la vecindad, la calidad, el estado y la legitimidad de ésta. Después de consignar estos datos en el libro respectivo pasaba a preguntarle si no tenía con la pretensa "vínculo de algún parentesco por consaguinidad o afinidad de cópula lícita o ilícita", parentesco espiritual, o tenía esponsales pendientes con alguna persona, o si los había celebrado con la hermana de su novia.

El cura también le preguntaba si había hecho voto simple o solemne de castidad o religión o si estaba ligado con el vínculo de otro matrimonio o tenía impedimento de crimen o de honestidad. El hombre tenía que declarar igualmente si sabía de algún "impedimento canónico" para el matrimonio que tuviera su futura esposa. Lo último

---

[6] *Ibid.*, capítulos I-X, pp. 298-309.
[7] James A. Brundage, *Law, Sex, and Christian Society in Medieval Europe*, Chicago y Londres, The University of Chicago Press, 1987, pp. 562 y 563.

que declaraba se refería a la "libre y espontánea voluntad" que tenía para contraer matrimonio lo mismo que su pretensa, quien tampoco había sido engañada, forzada o compelida para casarse.

Después de la declaración del hombre venía la de la mujer que era similar y sólo añadía el dato de su edad. Los dos tenían que firmar sus declaraciones. A continuación el hombre presentaba a tres testigos, quienes corroboraban los datos que habían dado los futuros cónyuges.

Con base en las informaciones matrimoniales que habían proporcionado los que deseaban casarse y después de su aprobación, los curas amonestaban a los pretendientes, es decir, se publicaba el matrimonio *Inter Missarum solemnia* en tres días festivos, según lo dispuesto por el Concilio de Trento. Si no resultaba ningún impedimento para el matrimonio en la parroquia o parroquias de los pretendientes se les declaraba hábiles para casarse y para que se les velara en el tiempo debido.

Cuando desde un principio existía un impedimento para casarse, ya fuera por el parentesco o por incumplimiento de los esponsales o porque alguno de los novios no se casaba libremente o era engañado o forzado a casarse, entonces estas diligencias matrimoniales se hacían ante el provisor y vicario general del obispado. Estas informaciones, exigidas por la Iglesia a quienes deseaban casarse, nos permiten acercarnos a las parejas y a los matrimonios que creaban y perpetuaban las familias en la época colonial.

LUGAR DE ORIGEN, VECINDAD Y RESIDENCIA

Linda Greenow en el ensayo "Marriage Patterns and Regional Interaction in Late Colonial Nueva Galicia"[8] utilizó los registros de matrimonios, en especial los datos sobre el lugar de origen y lugar de residencia, para analizar la migración matrimonial y medir la interacción social y espacial entre grupos raciales de ocho parroquias de la Nueva Galicia, en tres periodos, de 1759 a 1763, de 1790 a 1794 y de 1805 a 1809. Descubrió que había diferencias fundamentales entre las parroquias indígenas y aquellas con población mixta y que los matrimonios

---

[8] Linda Greenow, "Marriage Patterns and Regional Interaction in Late Colonial Nueva Galicia", en *Studies in Spanish American Population History*, ed. by David J. Robinson, Boulder, Colorado, Westview Press, 1981, pp. 119-147. (Dellplain Latin American Studies; 8).

interraciales fueron menores en las comunidades con población relativamente homogénea.

Mucho menos evidente es el casi inexistente nivel de interacción entre los pueblos indígenas y el centro regional más cercano: Guadalajara. Existían ligas administrativas y eclesiásticas y, con mucha probabilidad, relaciones económicas funcionales entre estos pueblos y Guadalajara; pero en esencia estos pueblos (Tonalá, Tlaquepaque y Zapopan) estaban aislados de la principal corriente de interacción social.

Más sorprendente es el hecho del aislamiento de los pueblos dentro de las parroquias indígenas. No era simplemente el caso de que los indios, como grupo social, no se movieran. En Tequila y en Tepic llegaban a constituir un tercio de todas las parejas que venían de fuera de la parroquia, mientras que en Ameca, Chapala y Compostela eran apenas el tres o cuatro por ciento. Los esquemas y principios de los matrimonios interraciales bien pueden no ser comparables con otras zonas con alta concentración de población negra o de cualquiera de los tres grupos raciales. Por su parte, el relativo aislamiento de las comunidades indígenas puede no ser típico de la población indígena en su totalidad. Si estableciéramos una jerarquía de parroquias, con los distritos indígenas aislados en el primer nivel y los distritos de población mixta con un campo de acción social y económica localizada en el segundo nivel, entonces tendríamos el siguiente panorama; Chapala es un buen ejemplo de la segunda configuración. Su base económica está atada a Guadalajara y sus lazos sociales se desarrollan con la capital y Ocotlán y otros pueblos locales. En el caso de Ameca, Tequila y Compostela sus campos matrimoniales se complementan unos a otros al igual que sus *hinterlands* económicos. Ameca y Tequila ven hacia el este para su campo matrimonial. En la década de 1790 el campo matrimonial de Ameca se expandió hacia el norte y el noroeste mientras que el de Compostela se contraía y los cercanos pueblos de indios formaban el núcleo del campo matrimonial.

En el caso de Tepic, importante centro regional, ejercía su influencia en los más apartados pueblos (sus ligas económicas se extendían hasta España). En Tepic, sin embargo, las haciendas locales aportaban un escasísimo número de parejas matrimoniales, por lo que es imposible medir la endogamia espacial, por debajo del nivel del pueblo. No hay forma de averiguar si esto se debía a la incapacidad del entorno natural para sostener unidades agrícolas densamente pobladas o si se debía a que el cura no siempre distinguía las diferentes haciendas por su nombre.

CALIDAD

Robert McCaa en un excelente ensayo *"Calidad, Clase,* and Marriage in Colonial Mexico: The Case of Parral, 1788-90"[9] utilizó los registros de 174 matrimonios, celebrados en Parral en 1788 y 1789 y comparó los datos con los de un censo anterior al matrimonio (información de novios y novias) para sopesar el impacto de la raza, la ocupación y el "escape racial" en las alternativas matrimoniales. Encontró que el matrimonio era una institución muy importante para unir a la gente dentro del orden social aunque existía mucha ilegitimidad y unión libre. La igualdad de la pareja era una consideración que tenía peso aunque estaba limitada por la pasión y cierta permisividad que variaba según la calidad de una persona. La igualdad como la belleza radica en el ojo de quien la ve, lo mismo sucedía con la calidad de las personas.

La comparación reveló un sistema sofisticado de diferenciación social. La oportunidad de contraer matrimonio, su momento y selección de la pareja estaban fuertemente influidos por la calidad y la clase. Aunque la calidad se refería sobre todo al aspecto racial, el status social de una persona dependía principalmente de su ascendencia, pero también de su actividad económica. El prestigio social no se derivaba de cada factor individual independientemente, sino que estaba determinado por la combinación de todos ellos. En Parral, para los hombres, la calidad de la mujer era tan importante como la clase; mientras que para las mujeres la clave era la calidad. La raza y la edad al matrimonio de una mujer estaban determinadas por el status del novio. La calidad de la familia determinaba sustancialmente las oportunidades matrimoniales y la posición social. Tanto hombres como mujeres podían perder calidad con el matrimonio casándose en lo bajo de la pirámide social; pero las mujeres corrían riesgos más grandes. Veamos un ejemplo:

Una pareja de Guadalajara, Joseph María Cayeros Vizcarra, mestizo, y Ana de Herrera y Sisto, española, se enfrentó a la oposición de la madre de Ana, quien pretendía deshacer el noviazgo porque el novio era de inferior calidad y la muchacha de mejor. Joseph María indicó que la madre recurría a la cuestión de la calidad "para impedir una cosa tan justa y mui acepta a los ojos de Dios como es el matrimonio y

---

[9] Robert McCaa, *"Calidad, Clase,* and Marriage in Colonial Mexico: The Case of Parral, 1788-90", en *The Hispanic American Historical Review*, vol. 64, núm. 3, agosto de 1984, pp. 477-501.

estando las voluntades unidas, siendo iguales en calidad como so-
mos... pero admitiendo el que la pretensa sea de buena calidad y yo de
inferior no ay quien pueda que sea bueno y lícito el desvaratar un
matrimonio". Por su parte, la madre de Ana presentó una carta, supuestamente escrita por esta última, donde exponía que el pretenso era
"muy muchacho, de notoria pobreza, de ínfima calidad a la mía, de
infame oficio e incapaz de mantener casa y muger".

Cuando Calleros leyó la carta anterior dijo que "las obras (ablando
con el respeto debido) y no el naser ase ydalgos a los hombres". Ante
la insistencia del novio, la madre de Ana envió al provisor otro escrito
en donde insistía sobre el asunto de la calidad, declaraba que el padre
de Calleros era indio y la madre mulata y "mi hija española conocida
(por lo tanto), queda manifiesta i probada la desigualdad que media
entre persona i persona".

La solución que el provisor dio a este caso fue la siguiente: mandó
que la muchacha fuera trasladada a la Casa de Recogidas "en donde
Josseph María Cayeros ministrará diariamente a la rectora un real para
la manutención de la susodicha".[10]

ESTADO

En la investigación "Violación, estupro y sexualidad en la Nueva
Galicia, 1790-1821" estudié a los hombres y mujeres que establecían
relaciones a partir de una violación o de un estupro y me pregunté por
el estado de ambos. El de la mujer antes de casarse dependía de su
edad y virginidad, aunque también influía la calidad y el status social
de su familia. Las mujeres vírgenes declaraban su estado de doncellas.
Para nombrar a las doncellas españolas se utilizaba la palabra niña
aunque tuvieran entre doce y veinte años. Por ejemplo, quedó asentado que doña Ignacia Otero, española de Guadalajara, era

> una niña de diecisiete años de edad, doncella, de distinguida calidad y de
> correspondiente concepto, recogimiento y educación... cuios respectos atro-
> pelló (un fraile franciscano) y a fuerza de engaños, ceducciones y falsas
> promesas inclinó la honrradez por nacimiento y crianza de una niña doncella

[10] Archivo del Arzobispado de Guadalajara. (En adelante AAG). Diligencias matrimoniales. Demanda de palabra de casamiento puesta por Joseph María Calleros a Anna de
Herrera y Sixto, vecinos de esta ciudad. 1753. Caja 1, carpeta 1, expediente 1.

recogida...al estupro y rapto que cometió y que tenía trazado continuar en su ofensa y de una familia de la primer distinción.[11]

A las mujeres que no eran vírgenes y que no se habían casado se les llamaba solteras, en algunos casos. En cambio, el estado de los hombres dependía únicamente de su matrimonio: soltero, casado o viudo. Silvia Arrom examinó el significado de las tres categorías de estado utilizadas en el censo de 1811: soltero, casado y viudo. En primer lugar, los encuestadores no tomaban en cuenta las definiciones legales de esas categorías. El término casado incluía también a los que vivían en uniones consensuales y el de viuda a las madres solteras. Además es probable que las madres solteras se declaraban viudas porque ese estado tenía más prestigio y era más conveniente.[12]

LEGITIMIDAD Y EDAD AL MATRIMONIO

Thomas Calvo en su libro *La Nueva Galicia en los siglos XVI y XVII*,[13] en la primera parte "Demografía y sociedad", utiliza los registros de los matrimonios de la parroquia del Sagrario de Guadalajara de 1666 a 1675 y analiza entre otras cuestiones la edad al matrimonio y el fenómeno de la ilegitimidad.

En su primer acercamiento a la demografía de Guadalajara en el siglo XVII, uno de los aspectos que más llamó la atención de Thomas Calvo fue la amplitud del fenómeno de la ilegitimidad ya que encontró entre 40 y 60 por ciento de niños bautizados con padres desconocidos. Calvo plantea si la causa de la ilegitimidad pudo haber sido el concubinato y si éste era urbano y si estaba relacionado con el mestizaje. Para entender este problema analizó·los comportamientos femenino y masculino y descubrió que el fenómeno de la ilegitimidad responde a una actitud de toda la población al matrimonio. En Guadalajara el matrimonio no tenía tanta importancia. Se creía que era "mejor estar bien amancebado que mal casado". Los tapatíos se instalaban en el concu-

[11] Biblioteca Pública del Estado. (En adelante BPE Guadalajara.) Fondos Especiales. Colección de Manuscritos. Ms. núm. 300, t. I. Papeles de Derecho. Respuesta fiscal y providencia contra el lego raptor y estuprante de doña María Ignacia Otero, 1791, fs. 197-222 v.

[12] Silvia Marina Arrom, *Las mujeres de la ciudad de México. 1790-1857*, México, Siglo XXI Editores, 1988, pp. 139 y 140.

[13] Thomas Calvo, *La Nueva Galicia en los siglos XVI y XVII*, Pres. de Carmen Castañeda, Guadalajara, El Colegio de Jalisco, CEMCA, 1989, 199 pp.

binato sin reservas mentales, situación que yo también encontré y que muestro en *Violación, estupro y sexualidad en la Nueva Galicia, 1790-1821*. Calvo descubre una especie de complicidad en el clero ante el concubinato a la que yo agrego una actitud de benevolencia.

En Guadalajara, la esclavitud aparecía superpuesta a la ilegitimidad, y ambas como resultantes del concubinato. Fenómeno que no incomodó a los tapatíos de siglo XVII y a través del cual prosiguió el mestizaje. El concubinato y la ilegitimidad se encontraban en todos los grupos sociales, tanto en los españoles y criollos como entre los mestizos y negros.

Calvo también destaca la importancia del estudio de la familia en tres aspectos: el matrimonio, la ilegitimidad y el tamaño de la familia. Insiste en que el matrimonio en Guadalajara y durante el siglo XVII no tenía mucho prestigio; pero que las actas matrimoniales muestran "vínculos familiares y sociales precisos", sobre todo vínculos de clientela, es decir, había tendencias endogámicas muy fuertes en el pequeño círculo de la aristocracia.

La edad al matrimonio variaba, los hombres se casaban a los 24 años y las mujeres a los 22 años y 9 meses. Pero, en realidad detrás de esas medias se escondía una doble disparidad: los matrimonios precoces, a los 18 años para las mujeres, 19 para los hombres, y otros más tardíos hacia los 25 para el sexo femenino, más de 30 para el masculino. Las edades promedio de los indígenas y mulatos eran tres años menos que las de los españoles. La mujer criolla se casaba muy pronto hacia los 18 años, "solicitada y protegida por todo el grupo; en cuanto a la mujer perteneciente a las castas, dado que ha perdido un tiempo precioso en el concubinato o en la servidumbre, no llega al altar sino a los 25 años".

NOVIAZGO

No sabemos casi nada sobre las costumbres del noviazgo. Las diligencias matrimoniales ofrecen algunas pistas. Por ejemplo, doña Margarita Gutiérrez de Ceballos Villaseñor, española, vecina de la jurisdicción del pueblo de Xala, hija legítima de legítimo matrimonio, conoció a don Diego Zertuche, español, en la hacienda de sus padres "en donde se halla inmediatamente la del dicho Zertuche". La cercanía de las dos haciendas permitió que se frecuentaran, pues en una ocasión a los dos ó tres días de haber llegado doña Margarita de Guadalajara "con sus padres a su hacienda de la labor, estando en su casa dicho Zertuche en concurrencia de otras personas", éste le preguntó que si se casaría con él, a lo que doña Margarita le contestó que siempre y cuando fuera con gusto de sus padres.

Don Diego y doña Margarita durante un año tuvieron conversaciones, se enviaron correspondencia y recados con ayuda de los criados y además se intercambiaron algunas prendas. Todo esto más las "calidades" de doña Margarita animaron a don Diego a exponer ante el provisor y vicario general que tenía "ajustado y concertado contraher matrimonio con doña Margarita". Pedía que "extrahendo de su cassa a dicha doña Margarita se le tomasse su declaración y constando de ella su voluntad se procediese a la celebración del matrimonio".[14]

En otro caso volvemos a encontrar las características del noviazgo: conversaciones, cartas, prendas, intermediarios y lugares donde se frecuentaban. Tadea Dolores Carbajal de Villaseñor, viuda y vecina de Guadalajara, hija legítima, expuso que

> viviendo en mi casa, quieta y honestamente ha el lado de ... mis padres, Juan Joseph Reynaga /vecino de Guadalajara/ se balió de su comadre María para que me hablase y formalisase que el dicho Reynaga quería cassarse conmigo, a cullas instancias i empeño ube de ablar con el dicho quedando en el seguro que pidiéndome a mis padres me casaría con él y para mayor firmesa me dio por prenda un rosario con una medalla... dándole yo a él otro rosario de corales en señal y firmeza de esponsales.[15]

Otra pareja de Guadalajara, Luis Lino Casillas y Margarita Rivera, españoles, durante su noviazgo, se vieron diariamente y Margarita aceptó dinero del novio y "acarició" a Luis Lino "con rrepetidos papeles de amor". Cuando decidieron casarse se dispusieron a celebrar esponsales.

ESPONSALES

La celebración de esponsales era una costumbre frecuente entre los novios durante la época colonial. Para que hubiera esponsales se

[14] AAG. Diligencias matrimoniales. Autos seguidos por don Diego Zertuche con Doña Margarita Gutiérrez sobre esponsales. Caja 1, carpeta 1, expediente 3.

[15] AAG. Diligencias matrimoniales. Demanda puesta por Thadea Dolores de Villaseñor, vezina de esta ciudad a Juan Joseph Reinaga sobre esponsales. Caja 1, carpeta 1, expediente 4.

necesitaba una promesa verdadera (exenta de toda ficción), libre, mutua o recíproca y expresada por algún signo externo, de contraer matrimonio entre personas hábiles, es decir que reunieran las condiciones que el derecho canónico exigía.[16]

Las parejas generalmente celebraban esponsales ante el párroco aunque podían celebrarlos en cualquier forma. Acudían a presentarse a una iglesia como Luis Lino y Margarita, quienes efectuaron su presentación "por su espontáneo querer /de Margarita/ y estimación de /Luis Lino/ para ejercer lo prometido entre ambos". Para ratificar el cumplimiento de su contrato matrimonial se entregaron prendas.[17]

Otra pareja, María Marcelina Josefa Espinosa y Pérez y don José María Gazano Gallo, españoles, decidieron contraer matrimonio "y combenidos mutuamente en ello /selebraron/ exponsales por escrito y authorisados con prehenda que se entregaron/".[18]

La costumbre de celebrar esponsales no era exclusiva de los españoles, una pareja de esclavos, María Francisca Saucedo, mulata, y Jeorgue Gutiérres y Saucedo, mulato, ambos esclavos del mismo amo, don Martín Saucedo, celebraron esponsales y se dieron rosarios.[19]

Una vez celebrados los esponsales había obligación de cumplir lo prometido, contrayendo matrimonio en tiempo oportuno, y en caso de que alguna de las partes se resistiese se podía acudir a la autoridad competente, el provisor y vicario general, para que alentara al renuente a casarse. Los medios que el provisor empleaba para hacer efectivo ese deber dependían de los casos.

Violación de virginidad

Cuando se desfloraba a una mujer en ocasión de los esponsales, la actitud de la Iglesia era facilitar el matrimonio de la pareja como en los casos de solicitud de dispensa para contraer matrimonio. Generalmente las parejas tenían relaciones sexuales antes de casarse y las mujeres

[16] Niceto Alonso Perujo y Juan Pérez Angulo, *Diccionario de Ciencias Eclesiásticas*, Barcelona, Lib. de Subirana hnos., editores, 1886, t. IV, pp. 290-292.

[17] AAG. Informaciones matrimoniales de Luis Lino Casillas y de Margarita de Rivera.

[18] AAG. Diligencias matrimoniales. Sobre el matrimonio que pretende contraer don Jossé María Gazano y Marcelina Josefa Espinosa. Caja 1, carpeta 6, expediente 1.

[19] AAG. Diligencias matrimoniales. Demanda puesta por María Francisca Zauzeda a Jeorge Gutiérrez y Saucedo, ambos esclavos de Martín Zauzedo, sobre palabra de casamiento. Caja 1, carpeta 4, expediente 1.

quedaban embarazadas, una razón más para efectuar el matrimonio. Veamos uno de estos casos.

María Marcelina Josefa Espinosa y Pérez, natural de Guadalajara, vecina de la feligresía del Sagrario, española, de diecisiete años, hija legítima, escribió una carta al provisor y vicario general, donde exponía que "haviendo conocido" a don José María Gazano Gallo, originario y vecino de la ciudad de México, cadete del regimiento de dragones que estaba en la ciudad, de veintiocho años,

> lo hisse dueño de mi honor con palabra y prenda de casamiento y haiandome en el día embarazada y estar temerosa del castigo de mis padres como desonor de mi persona; suplico a V.S. se sirba llamar a dicho cadete para que me cumpla la palabra que me dio para que con esto se consiga lo principal que es ponenernos en gracia de Dios y evitar los daños que me pueden sobrevenir...[20]

Inmediatamente, el provisor mandó el escrito de María Marcelina al cadete, quien lo leyó y declaró que hacía seis meses que la conocía y que era cierto todo el contenido del escrito. Con esta declaración, el provisor ordenó que se procediera a efectuar las diligencias matrimoniales, las cuales fueron aprobadas. Enseguida despachó una boleta al cura rector del Sagrario para que amonestara a los pretendientes en tres días festivos *inter missarum solemnia*, según lo dispuesto por el Concilio de Trento. También se mandaron leer las amonestaciones en la Iglesia Catedral Metropolitana de la ciudad de México.

PÚBLICA HONESTIDAD

Además del impedimento anterior, los esponsales producían el dirimente de pública honestidad como en el caso de Antonio Lázaro Temblador Ynungaran, morisco, originario de Izatlán, vecino de la jurisdicción de Zapopan en la Barranca de San José de Aguacatlán y residente en Guadalajara, quien deseaba casarse con Rosalía Josepha Plasencia Espinosa, española, originaria y vecina de Guadalajara.[21]

[20] AAG. Diligencias matrimoniales. Sobre el matrimonio que pretender contraer don Jossé María Gazano y Marcelina Josefa Espinosa. 1784. Caja 1, carpeta 6, expediente 1.
[21] AAG. Diligencias matrimoniales. Autos seguidos por Phelipa Navarro contra Antonio Lázaro sobre palabra de casamiento. Caja 1, carpeta 2, expediente 1.

Cuando se presentaron, el novio informó que había dado palabra de casamiento a dos mujeres, una a Phelipa Navarro, vecina de la jurisdicción de Cuquío, en el Puesto de Santo Domingo, hacía dos años. Antonio le había dicho que si no se casaba con la mujer que estaba pretendiendo se casaría con ella. Phelipa respondió que sí.

También le dio palabra de casamiento a Theresa Navarro, vecina de esta ciudad, quien no quiso ir con Antonio a su tierra y por tanto se frustró el matrimonio. Además Theresa le había dicho a Antonio "que se casaría con él de chansa y que así de ninguna manera ha querido ni quiere casarse". Por su parte, Phelipa declaró que era cierto que Antonio le tenía dada palabra de casamiento. Antonio pidió que se le absolviera de este impedimento de "pública honestidad" y se procediera a las demás diligencias para el matrimonio con Rosalía de Plascencia porque:

> de no casarme con ella; en ella si verificará la difamación, que presume el derecho, por havernos pressentado y que siendo española, superior a mí en calidad, ninguno se ha de perssuadir, que de bien a bien se pretende cassar conmigo, sino por subsanar caida o fragilidad.

PARENTESCO

En los casos de violación, estupro y solicitudes de dispensa de matrimonio estudiados descubrimos a familias donde la sexualidad tiene un lugar privilegiado. En primer lugar encontramos a numerosas familias incestuosas ya que de 31 expedientes sobre violación, en 23 aparecen relaciones de incesto. Según Foucault, el incesto ocupa un lugar central en la familia; "sin cesar es solicitado y rechazado, objeto de obsesión y llamado, secreto temido y juntura indispensable. Aparece como lo prohibidísimo en la familia mientras ésta actúa como dispositivo de alianza; pero también como lo continuamente requerido para que la familia sea un foco de incitación permanente de sexualidad".[22]

En la doctrina de los impedimentos de parentesco y en la práctica de las dispensas encontramos la manipulación que ejercía la Iglesia en relación a los matrimonios como en el ejemplo siguiente. En 1786, don José Mais, español, originario de los Reynos de Castilla y vecino

---

[22] Michel Foucault, *Historia de la sexualidad*. 1, *La voluntad de saber*, México, Siglo XXI Editores, 1977, pp. 130 y 131.

durante nueve años del Real de Veta Grande, Feligresía de San Juan Bautista, jurisdicción de Pánuco, solicitó dispensa para contraer matrimonio con doña Petra de Prieto, española, originaria de Aguascalientes, y vecina del Real de Veta Grande, viuda de don Juan de Ignacio Mais, enterrado en el mismo Real. Doña Petra era cuñada de don José y también su comadre porque él les había bautizado una hija.[23]

El cura interino del Real escribió al obispo de Guadalajara, fray Antonio Alcalde, para comunicarle que personas fidedignas habían denunciado que don José Mais "trataba ilícitamente a su cuñada doña Petra Prieto". Agregaba que él "con el fin de poner remedio" procuró indagar la verdad y encontró en ellos "un vínculo muy estrecho de amor", el que no pudo desbaneser por más diligencias que hizo". De esto había informado al cura anterior, quien les facilitó la dispensa del parentesco de afinidad y la del parentesco espiritual. Como los escándalos no terminaban procuró separarlos. A doña Petra la puso en un depósito "en una casa honrrada" y a don José le indicó hiciera las diligencias necesarias para casarse. El cura interino también informó al obispo que doña Petra estaba embarazada y presentó como atenuantes, por parte de la mujer, el embarazo que traería un escándalo si no se llegaba al matrimonio; y por el lado del hombre, el que era un vecino que ayudaba económicamente a la iglesia. ¿Cuál fue la respuesta de la Iglesia?

El obispo "multó al pretendiente en quinientos pesos que por vía de limosnas ha exhivido, aplicados a obras pías al arvitrio de su Ilustrísima".

Con esta solución, la Iglesia reconocía a la pareja del Real de Veta Grande el derecho a la endogamia, lo que significa que reconocía el derecho de casarse con una persona cercana, alguien de la misma parroquia. Además concedía la dispensa de impedimentos para contraer matrimonio imponiendo una cuantiosa multa de quinientos cincuenta pesos. Aquí se comprueba lo que afirma Burguière: "la Iglesia se halla enredada en las contradicciones de su propio código".[24]

LIBRE Y ESPONTÁNEA VOLUNTAD

Recordemos que el Concilio de Trento reiteró la vieja doctrina que la esencia del matrimonio era el librecambio de consentimiento marital

---

[23] AAG. Información matrimonial de don José de Mais y doña Petra Prieto, 1786.
[24] Burguière, *op. cit.*, p. 321.

entre dos partes competentes para casarse una con la otra. Algunas parejas tuvieron obstáculos para expresar su libre y espontánea voluntad para casarse como en el caso de la pareja formada por los españoles don Diego Zertuche y doña Margarita Gutiérrez de Ceballos, quienes se enfrentaron a la oposición del padre de ésta.[25]

Patricia Seed en su libro *To Love, Honor, and Obey in Colonial Mexico: Conflicts over Marriage Choice, 1574-1821*[26] rastrea la cuestión de la libertad para escoger pareja en el matrimonio junto con los asuntos relacionados con la autoridad paterna, los valores sociales, el honor y el amor en el arzobispado de México durante buena parte del periodo colonial. En el siglo XVI, la Iglesia en forma activa protegía los derechos de una persona a casarse con la persona que eligiera, incluso ante la oposición de sus padres. En el siglo XVII, la Iglesia moderó su apoyo a dicha libertad y en el siglo XVIII, la Iglesia, el Estado y la sociedad establecieron la supremacía de la autoridad paterna sobre la libertad de sus hijos para escoger pareja. Esta tesis desafía a la historiografía europea en el tema del desarrollo de la familia patriarcal, el crecimiento del individualismo y la cuestión del amor y el matrimonio.

¿POR QUÉ SE CASABAN?

"Inclinación que tengo al estado del matrimonio". Cuando el licenciado don Ignacio Cuervo y Valdés, vecino de Zacatecas, asesor del Ayuntamiento e hijo legítimo del ministro tesorero, viudo de cinco meses, se presentó en abril de 1792 ante el provisor y vicario general del obispado de Guadalajara para que le dispensara el parentesco de afinidad que tenía con la mujer con la que deseaba casarse expuso los siguientes motivos:

porque mi viudez me ha constituido en un total desamparo, por la asistencia de mi persona de que necesito más que otros, por los quebrantos de mi salud,

[25] AAG. Diligencias matrimoniales. Autos seguidos por don Diego Zertucha con doña Margarita Gutiérrez sobre esponsales. Caja 1, carpeta 1, expediente 3.
[26] Patricia Seed, *To Love, Honor, and Obey in Colonial Mexico: Conflicts over Marriage Choice, 1574-1821*, Stanford University Press, 1988, Reseña de Susan M. Socolow en HAHR, vol. 69, núm. 3, agosto, 1989, p. 5.

delicadeza de mi naturaleza, como por la inclinación que tengo al estado del matrimonio, me es absolutamente necesario contraerlo.[27]

Don Ignacio eligió a su cuñada para casarse, doña Josefa Galarza, española de 23 años, la hermana menor de su difunta mujer. También planteó al provisor la ayuda que le había brindado a su cuñada y que era urgente casarse con ella porque:

mi fragilidad y miseria me hisieron acceder a ella carnalmente, sobre palavra y esperansas de contraher matrimonio y como en el día, según señales nada equívocas se siente emvarazada, la aflije el que al vulto de la barriga se hará pública su miseria con notable quebranto de su *honor*, pues ha estado públicamente reputada por doncella.

Reparar el honor de una muchacha fue una de las causas más frecuentes que exponían los hombres cuando querían casarse. En otros casos como el anterior aparecen las relaciones estrechas entre matrimonio-honor-virginidad-embarazo así como entre matrimonio-parentesco-protección económica. Igualmente se mezclan los factores que guiaban a las parejas en la selección del cónyuge: el económico, el de honor y el familiar. Aunque en teoría el matrimonio era un asunto exclusivo de los dos jóvenes, no podían desligarse de la influencia de la familia.

¿POR QUÉ NO QUERÍAN CASARSE?

La virginidad de una mujer era un requisito indispensable para el matrimonio y su falta podía ser causa de la disolución de los esponsales como en el caso del bachiller don Ignacio Brizuela, médico examinado y aprobado por el Real Tribunal del Protomedicato de la ciudad de México, originario de Guadalajara y residente en ella en 1783, quien contrajo esponsales en 1777 en la ciudad de México "con doña Joaquina García del Valle y Sigüenza, hija legítima del doctor don José Tomás García del Valle, prothomédico que fue de aquel tribunal y de doña Lugarda Sigüenza".[28]

---

[27] AAG. Informaciones matrimoniales del licenciado don Ignacio Cuervo y doña Josefa Galarza, 1792.

[28] AAG. Diligencias matrimoniales. El bachiller don José Ignacio Brizuela, médico, sobre esponsales contra doña Joaquina García del Valle de la ciudad de México, 1781. Caja 1, carpeta 5, expediente 1.

Don Ignacio planteó su problema al provisor y vicario del obispado de Guadalajara. Dijo que no quería casarse, en primer lugar, porque sus "cortas facultades" no le alcanzaban ni para mantenerse él solo, pero que el principal motivo de su "repugnancia en efectuar el matrimonio" era que doña Joaquina estaba "perdida", es decir que no era virgen.

Don Ignacio le confesó al provisor que para no llevarse de "aquel ligero juicio" se puso "a estudiar el tratado de Matrimonio del Padre Tomás Sánchez y otros", y ratificó lo que presumía "desistiendo ya por lo claro" de casarse. Le solicitó que declarara "por írrita la tal obligación, librando el correspondiente despacho a la ciudad de México" para anular los esponsales con doña Joaquina.

Este caso que ejemplifica la pérdida de la virginidad como causa de la ruptura de los esponsales también ilustra cuál era la teología y ley canónica empleada después del Concilio de Trento. El pensamiento del jesuita español Tomás Sánchez (1550-1610) en su *De sancti matrimonii sacramento* dominó los cánones del matrimonio y su obra se convirtió en la guía católica del matrimonio desde el siglo XVI hasta bien entrado el siglo XX.[29]

---

[29] Brundage, *op. cit.*, pp. 562-565.

EL MATRIMONIO COMO PUNTO DE PARTIDA PARA LA FORMACIÓN DE LA FAMILIA. CIUDAD DE MÉXICO, SIGLO XVII

LOURDES VILLAFUERTE GARCÍA
Dirección de Estudios Históricos. INAH

En esta ponencia trataré el tema de la elección de la pareja para contraer matrimonio en la ciudad de México a principios del siglo XVII, específicamente entre los años 1628 y 1634.

La fuente de la que he obtenido los datos es la información matrimonial que las parejas de novios presentaban ante el juez provisor con el fin de obtener la licencia necesaria para casarse en las parroquias de El Sagrario, Santa Catalina Mártir y Santa Veracruz. Esta documentación se conserva en la serie Matrimonios del Archivo General de la Nación. Cada expediente contiene los datos tanto de los contrayentes como de los testigos: nombre, calidad (español, negro, mulato, mestizo, castizo, etcétera), edad (sólo en el caso de los españoles), lugar de origen y de residencia, nombre de los padres. En este trabajo pondré especial atención al rubro calidad, ya que es el dato más útil para el análisis que me he propuesto.

Es necesario señalar las limitaciones que he tenido en esta investigación debido a las características de la fuente. Una limitación consiste en que debido a que los expedientes analizados provienen del archivo del Provisorato Ordinario, no encontré, sino muy rara vez datos acerca de los individuos del grupo indígena, ya que los casos de justicia eclesiástica se llevaban ante el Provisorato de Naturales. Otra limitación consiste en que no me ha sido posible medir la importancia del matrimonio con respecto a otras formas de relación, específicamente con el amancebamiento, que posiblemente fue un fenómeno importante. Una tercera limitación es que, por las características de la fuente, no llego a saber con certeza si este primer trámite que es la información matrimonial devino efectivamente en casamiento. No obstante, la documentación da una idea real de la manera en que se establecían las relaciones de pareja en las que se pretendía una relación permanente.

La importancia de la alianza matrimonial

Contraer matrimonio era (y es) un evento importante en la vida de las personas; ya que para los contrayentes significaba un cambio de estado, pues en adelante tendrían que compartir la vida con otra persona. El casamiento de los hijos era también importante para la familia, debido a que con el enlace se establecían lazos de parentesco entre los padres y hermanos de los contrayentes, con lo cual podían crearse lazos de solidaridad. Entre las familias de los grupos de élite un enlace era importante, además, porque era el momento propicio para hacer alianzas con otras familias, lo cual posiblemente redundaba en el incremento de las fortunas, del poder y del prestigio.

El fundamento del matrimonio, aun como sacramento, es un contrato que se establece libremente entre un hombre y una mujer, por medio del cual se comprometen a vivir juntos, ayudarse mutuamente, cohabitar, guardarse fidelidad y hacerse cargo de la posible prole. Este contrato-sacramento tiene la característica de ser un acto público, lo cual permite que, sabiendo del compromiso que tienen los cónyuges, no haya confusión entre los miembros de la sociedad, sobre qué hombre tiene compromiso con qué mujer (y viceversa), estableciéndose que la cópula, por la norma de la fidelidad, sólo ha de realizarse con la mujer o el hombre propio, lo cual asegura la certeza de la paternidad de los hijos. Así, la institución matrimonial contribuye a asegurar el orden social.[1]

Tanto la Iglesia como la Corona consideraban como su deber velar por el orden social; la primera, estableciendo con puntualidad las normas eclesiásticas que regían (y rigen) el matrimonio cristiano; la segunda también pretendía ser la salvaguarda del orden social, aunque desde el punto de vista temporal, ya que de la alianza matrimonial y de la certeza de la paternidad; es decir, de la legitimidad de los hijos,

---

[1] Sergio Ortega Noriega, "El discurso teológico de Santo Tomás de Aquino sobre el matrimonio, la familia y los comportamientos sexuales", en Seminario de Historia de las Mentalidades. El placer de pecar y el afán de normar, México, Joaquín Mortiz/Dirección de Estudios Históricos, INAH, 1988, pp. 36-37.

derivaban diversas consecuencias sociales, tales como la distribución de las herencias, los derechos de sucesión en honores y canonjías (mayorazgos, títulos, etc.), así como el acceso a ciertos cargos y oficios.

LA ELECCIÓN DE LA PAREJA A PRINCIPIOS DEL SIGLO XVII

La ciudad de México a principios del siglo XVII era no sólo la sede del gobierno virreinal y del arzobispado, sino que era un importante centro comercial y manufacturero, además de ocupar un lugar destacado como centro académico. En esta gran ciudad convivían diferentes grupos étnico-sociales,[2] tales como españoles, indios, negros y castas, quienes entablaban, en su vida diaria, diversas formas de relación, desde las relaciones de vecindad, de amistad, de trabajo, familiares y de parentesco, hasta las relaciones amorosas y, por supuesto, matrimoniales.

He realizado un muestreo analizando 848 informaciones matrimoniales que se llevaron a cabo en la ciudad de México entre 1628 y 1634. La razón por la que escogí este periodo es que en él se localiza la documentación más abundante de la primera mitad del siglo XVII.

En esta muestra formada por 1 696 individuos, encontré datos principalmente para los grupos español, negro, mulato y mestizo.[3] El número de individuos por cada grupo y su proporción puede verse en el cuadro de la página siguiente.

Al buscar pareja para casarse, encuentro que entre los individuos del grupo español[4] 96 por ciento pretendía casarse con personas de su propio grupo; es decir, entre 785 españoles (hombres y mujeres) sólo 29 (4 por ciento) pretendían a personas fuera del grupo español. Entre las mujeres se observa una actitud más drástica, pues de 379 que están registradas en la muestra, sólo una intenta casarse con un mulato.

[2] Entiendo por grupo étnico-social al conjunto de individuos que coinciden, en cierta medida, en las características físicas, pero plenamente en lo que se refiere al lugar que ocupan en la sociedad tanto en términos económicos como culturales.

[3] En la muestra, encontramos personas de los grupos indio, castizo, chino, morisco y lobo, en una proporción muy baja, pues sólo representan 3.4 por ciento en conjunto, razón por la cual no hablo de ellos, pues no sería posible indicar con seguridad cuál era la tendencia de estos grupos al formar pareja para casarse.

[4] Dentro del grupo español estaban considerados tanto los peninsulares como los criollos, así como los mestizos que proviniesen de matrimonios legítimos, o bien, hijos ilegítimos de español con india cacica y todos aquellos que fueron reconocidos por sus padres y que vivían a la manera española.

Hombres			Mujeres			Totales	
Grupo	Núm.	%	Grupo	Núm.	%	Total	%
Españoles	406	48.0	Españolas	379	44.7	785	46.3
Negros	325	38.4	Negras	299	35.3	624	36.7
Mulatos	68	8.0	Mulatas	61	7.1	129	7.6
Mestizos	41	4.8	Mestizas	58	6.8	99	6.0
Otros	8	0.8	Otras	51	6.1	59	3.4
Total	848	100	Total	848	100	1696	100

Fuente: AGNM, Serie Matrimonios.

Entre los individuos del grupo negro, he encontrado que en 92% de los casos pretendían un enlace con personas de su propio grupo. Sólo 50 entre 624 individuos de este grupo trataban de casarse fuera de él. Por otro lado, es importante señalar que fueron muy escasas las ocasiones en que los integrantes del grupo negro, quienes en su gran mayoría eran esclavos, intentaron contraer matrimonio con personas que gozaban del estatuto de libertad. De los 325 varones negros, sólo 34 (10.4 por ciento) pretendían a mujeres libres, entre las que destacan 20 indias, y de las 299 mujeres negras que aparecen en la muestra, únicamente nueve (3 por ciento) tenían intención de casarse con personas libres.

En los grupos mestizo y mulato encuentro una actitud más laxa, ya que es mucho más frecuente el matrimonio con personas de otros grupos. Poco más de la mitad (53 por ciento en promedio) pretendían matrimonio al interior de su grupo: entre los mulatos llega a 54 por ciento y entre los mestizos la proporción es de 53 por ciento. Ciertamente, ese 47 por ciento de mestizos y mulatos que quieren casarse fuera de su grupo es un porcentaje muy alto, pero es necesario destacar que la relación con españoles fue muy rara y con negros alcanzó proporciones muy bajas (12.4 por ciento entre los mulatos y 7 por ciento entre los mestizos). Lo que resulta importante de señalar es que tanto mestizos como mulatos muestran una marcada tendencia a relacionarse con personas que tuviesen estatuto de libertad; entre los individuos del grupo mulato 67 por ciento busca que su pareja sea libre y entre los del grupo mestizo el porcentaje es de 86 por ciento.

¿Cuáles eran las posibles razones para que la elección de la pareja se diera de esta forma?

POSIBLES RAZONES PARA EL MATRIMONIO DENTRO DEL PROPIO GRUPO

Los miembros del grupo español tenían como un valor muy importante el honor;[5] es decir, la fama, la buena reputación, la cual se debía defender aun cuando esto significase arriesgar la vida. Entre los grupos de élite era necesario defender no sólo el honor sino también la hacienda. Así, en el grupo español he notado que se manifiestan prejuicios no sólo ante casamientos desiguales desde el punto de vista étnico, sino desde el punto de vista económico.

En la muestra existen 79 casos de informaciones matrimoniales de españoles en las que se manifiesta oposición por parte de los padres de familia a un enlace deseado por sus hijos; en 34.2 por ciento de las ocasiones la causa de la oposición es de tipo económico, siendo la mayor parte de éstas, casos de desigualdad económica entre las partes (por ser pobre, por querer casarle con persona "de más caudal"). Los casos en que la causa de la oposición fue por diferencia de grupo étnico representan sólo 6.3 por ciento, esta escasez se debe posiblemente a la rareza de este tipo de parejas.[6]

El valor que se daba al honor era compartido tanto por los españoles ricos como por los pobres, pues si bien éstos no tenían hacienda, tenían al menos su fama que defender. El viajero Thomas Gage nos da un ejemplo de esto al contarnos que los españoles que encontraba en América, aunque estuviesen vestidos de harapos se consideraban hidalgos.

> ¿Dónde está la hacienda de vuestra merced?, preguntaron a uno de estos caballeros andantes que infectan el país. La fortuna se la ha llevado; pero toda la adversidad del mundo no podrá llevarse una brizna de mi honra ni de mi nobleza.[7]

[5] Honor. "Reputación y lustre de una familia". Real Academia Española, *Diccionario de Autoridades*, Madrid, Gredos, 1976. (Biblioteca Románica Hispánica. V. Diccionarios, 3).

[6] Este tema está tratado con más detalle en Patricia Pauline, SEED. *Parents versus children. Marriage oppositions in colonial Mexico, 1610-1779*, Ann Arbor, Michigan, University Microfilms International, 1980. (Tesis de doctorado. University of Wisconsin.) Véase también María de Lourdes Villafuerte García. "Casar y compadrar cada uno con su igual: Casos de oposición al matrimonio en la ciudad de México, 1628-1634", en Seminario de Historia de las Mentalidades. *Del dicho al hecho...Transgresiones y pautas culturales en Nueva España*, México, Instituto Nacional de Antropología e Historia, 1989.

[7] Thomas Gage, *Nuevo reconocimiento de las Indias Occidentales*, México, Secretaría de Educación Pública, 1982 (Sep Ochentas, 38), p. 176.

Los negros, es decir, los esclavos[8] eran considerados como una mercancía que se podía comprar, vender o prestar, no obstante se procuraba cristianizarlos, por lo que en teoría, estaban sujetos a las obligaciones y derechos que tenía todo cristiano. En lo que se refiere al sacramento del matrimonio, tenían derecho a consentir libremente en contraerlo y tenían el derecho de cohabitar.

Entre los miembros del grupo negro era poco frecuente la pretensión de contraer matrimonio fuera de su grupo. ¿Cuáles eran las razones para este comportamiento? Una razón podría ser que la real cédula del 11 de mayo de 1527, que recomendaba que los negros se casaran con negras, seguía vigente a pesar de que contravenía la norma tridentina del libre consentimiento para contraer matrimonio. Esta real cédula era muy conveniente para los intereses de los dueños de esclavos, pues daba a éstos la oportunidad de concertar los casamientos de sus esclavos a su conveniencia.[9]

La defensa y conservación del honor por parte de los españoles suponía no hacer un matrimonio con personas que pudiesen mancharlo; de manera que pretender casarse con elementos de sangre africana, quienes tenían el estigma de la esclavitud, era algo que podía introducir una mácula en la fama de un español, por lo tanto este tipo de uniones eran censuradas y combatidas.

Los españoles no eran los únicos que rehuían la relación matrimonial con los negros; los mestizos y los mulatos, es decir, aquéllos que no tenían ni hacienda ni honor que cuidar, también lo hacían.

Tanto los mulatos como los mestizos eran, en su mayoría, producto de relaciones ocasionales, de amancebamiento "o de otros ilícitos y punibles ayuntamientos",[10] es decir, eran hijos ilegítimos, razón por la cual se les consideraba infames. El mulato tenía además el estigma de la esclavitud; aun cuando éste fuese libre no dejaba de ser considerado infame, ya que por sus venas corría sangre de esclavos.

Los individuos de los grupos de casta que hemos tratado, en muy

[8] "Si no todos los africanos eran negros, lo cierto es que fueron tan numerosos los esclavos de este color introducidos a América que en la práctica negro, africano y esclavo, venían a resultar sinónimos". Gonzalo Aguirre Beltrán, *La población negra de México*, México, Fondo de Cultura Económica, 1984, p. 157.

[9] María Elena Cortés Jácome, "El matrimonio y la familia negra en las legislaciones civil y eclesiástica coloniales. Siglos XVI-XIX", en Seminario de Historia de las Mentalidades, *op. cit., El placer de pecar...*, p. 223.

[10] Juan de Solórzano y Pereira, *Política Indiana*, Libro II, capítulo XXX, citado por Angel Rosenblat, *La población indígena y el mestizaje en América*, vol.2, Buenos Aires, Nova, 1954, p. 165.

raras ocasiones se relacionaron con españoles y su relación con negros tenía una proporción muy baja. Tanto los mulatos como los mestizos, según he dicho antes, preferían a las personas libres, ya que la relación con esclavos entrañaba serias dificultades.

Según Aguirre Beltrán, la convivencia conyugal y la cohabitación —que eran no sólo derechos, sino obligaciones de los cónyuges— estaban limitados a días y horas determinadas para los esclavos.[11] Por otra parte existía el peligro de que el esclavo o esclava fuesen vendidos o trasladados a otros lugares, con lo cual era factible la disgregación de la familia. Si la pareja estaba constituida por un hombre libre y una mujer esclava, la situación se agravaba, ya que el estatuto de esclavitud o libertad de los hijos dependía del que tuviese la madre; de tal suerte que casarse con una mujer esclava significaba que los hijos que llegasen a tener nacerían, asimismo, esclavos. Todas estas circunstancias hacían que la relación con personas que tuviese estatuto de esclavitud resultara muy poco atractiva.

Se observa en la muestra una ausencia casi total de informaciones matrimoniales de indígenas debido a que, como ya he apuntado, los individuos de este grupo presentaban sus informaciones matrimoniales ante el provisorato de naturales. En la muestra analizada, cuyos documentos provienen del archivo del provisorato ordinario, encontré sólo 33 muchachas indias, pero todas pretendían casarse con hombres no indios. Es preciso aclarar que quien presentaba la información matrimonial era el hombre (sólo en casos excepcionales lo hacía la mujer), lo cual me hace suponer que el provisorato ante el que se realizaba la información dependía del grupo al que pertenecía el varón. De manera que los casos de los hombres indígenas que pretendían desposar a mujeres no indias, seguramente se ventilaron en el provisorato de naturales, cuyo archivo no fue posible consultar.

Según lo datos aportados por los investigadores Dennis Nodin Valdes y Edgar Love, quienes han hecho muestreos con base en libros parroquiales, a mediados del siglo XVII (1646-1670) el matrimonio de españoles, negros y castas con indígenas era poco frecuente.[12] Si

<hr>

[11] "A los esclavos no se les permitía dormir juntos aun cuando fuesen esclavos del mismo amo, debido a que no tenían lugares reservados para las parejas. Así que para poder cohabitar tenían que hacerlo a una hora y día determinados, según un señor inquisidor los sábados por la noche." Aguirre Beltrán, *op.cit.*, pp. 254-255.

[12] Edgar F. Love, "Marriage Patterns of Persons of African Descent in a Colonial Mexico City Parish", *Hispanic American Historical Review*, vol. 51 (1), febrero, 1971, pp. 79-91. Dennis Nodin Valdés, *The decline of the Sociedad de Castas in Mexico City*, Ann Arbor, Michigan, University Microfilms International, 1978, pp. 35, 37, 39 y 41.

tomamos en cuenta que, según los datos que arroja la muestra analizada, las mujeres españolas contraían matrimonio fuera de su grupo de
manera excepcional y que las mulatas y mestizas, aunque tenían una
actitud más laxa, en la mayor parte de los casos contraían matrimonio
con hombres de su propio grupo, es muy posible que los indígenas,
también hayan preferido el matrimonio dentro de su grupo.

Así, podemos ver que los grupos español, negro y, según deduci-
mos, el indígena tenían una actitud endogámica en lo que se refiere a
las relaciones con fines matrimoniales.

Los mecanismos utilizados por los españoles para impedir el acceso de personas de otros grupos al suyo, eran muy variados, pues iban
desde la persuasión y las amenazas hasta métodos tan graves como la
violencia física y la desheredación. Pero probablemente el método más
efectivo y sutil fue la educación que se transmitía en la casa; junto con
valores y costumbres el niño aprendía también prejuicios sociales que
lo orillaban a la defensa de su honor aun cuando esto significara el
riesgo de su vida. Es fácil imaginar que entre los muchos elementos
culturales que proporcionaba la madre española al educar a sus hijos,
estaba la convicción de que la honra y la hacienda eran valores que
debían respetar y defender. Tal convicción era transmitida de generación en generación, reproduciéndose así una forma de concebir la
estructura social.

Por otro lado, los miembros de los otros grupos de la sociedad
(negros, mulatos, mestizos, indios) al ser víctimas de la explotación y
los prejuicios sociales de los españoles, quizá llegaron a asimilarse a su
situación y con ello, de alguna manera, reforzar esta visión de la
estructura social novohispana.

Por último, es necesario poner atención en la contradicción que
había entre la norma eclesiástica del libre consentimiento para contraer
matrimonio, que posibilitaba la libre elección de la pareja y una norma
consensual de la sociedad novohispana que ejercía una fuerte influencia entre las personas que intentaban contraer matrimonio a principios
del siglo xvii en la ciudad de México. Esta norma no escrita es la que
censura y condena los matrimonios desiguales. Entre los integrantes
del grupo español, ya lo hemos dicho, significaba la deshonra y
seguramente la marginación del que se salía de esta norma consensual;
pero ¿acaso entre los miembros de los otros grupos no se censuraba
también a aquéllos que pretendían un matrimonio ventajoso?, ¿acaso
tendrían también un sistema de valores que ha quedado oculto para
nosotros? Quizás algún día podrá responderse a estas preguntas.

El matrimonio, pues, era el punto de partida para la formación de la familia, al menos de un cierto tipo. Una pareja al unirse, forma ya una familia, y al tener hijos da lugar a la reproducción, no sólo de los seres humanos que han de reemplazar a los que mueren, sino que, al educar a los hijos, se reproducen ciertas formas de pensar y de actuar, costumbres, tradiciones, valores morales y religiosos, en fin, la cultura. Así, con la reproducción biológica y cultural que se da en la familia, se reproduce la sociedad misma.

MATRIMONIO, IGLESIA Y SOCIEDAD EN EL OCCIDENTE DE MÉXICO: ZAMORA (SIGLOS XVII A XIX)

THOMAS CALVO
Escuela de Altos Estudios. París

Hay un hecho que sorprende siempre a los no especialistas del tema de la familia latinoamericana: ¿pero cómo es posible que, tratándose de sociedades tan apegadas a la religión católica, puedan tolerar que el concubinato y la ilegitimidad revistan tal magnitud? Por supuesto, el tema, expuesto así, es muy amplio, y por lo demás, mal planteado: la realidad religiosa no basta para entender estos hechos, y la problemática cambió desde el siglo XIX.

Por nuestra parte, hemos preferido perder en amplitud, y ganar en precisión. A partir de una fuente privilegiada, el registro parroquial de Zamora hasta finales de la época colonial, pretendemos medir la importancia del matrimonio, y sobre todo acercarnos a la dialéctica que existió entre casamiento, acto social y velación, acto sacramental. En conclusión, lo que nos interesa ver aquí es la estrategia de la Iglesia, dentro de una comunidad representativa del Occidente rural de México, frente a los diversos grupos que constituyen esa entidad. Y también señalar puntos de inflexión que, comparados con otros, permitirán seguir una evolución, y comprender mejor ciertos fenómenos, sobre todo del siglo XVIII. Es decir, que en ningún momento pretendemos que investigar sobre matrimonio e Iglesia en Zamora nos encierra dentro de la microhistoria: la institución eclesiástica tenía tal coherencia que desde cualquier enfoque es la totalidad de su acción lo que se evalúa.

Este estudio sólo puede ser introductorio a otro más amplio que llevamos a cabo sobre la sociedad colonial zamorana. Por falta de espacio no lo podremos desarrollar aquí; simplemente diremos que trata de dar profundidad al esbozo de esa sociedad, que hizo un poeta anónimo de la Zamora del XVIII:

"Sin hacienda, ricos,
Sin hazañas, Godos.
Entre sí parientes
Y enemigos todos."[1]

¿Hay manera de valorar la importancia (en primer lugar social) del matrimonio dentro de esa sociedad? Algunas cifras nos pueden ayudar, como por ejemplo la tasa de nupcialidad: desde mediados del XVII hasta 1828, gira alrededor de 10 por mil.[2] Esto refleja una actitud relativamente favorable a este tipo de unión, más inclusive que en comunidades mejor "vigiladas", como lo podía ser San Luis de la Paz.[3] Más certera sería la tasa de celibato definitivo: por desgracia ninguna estadística permite calcularla para la Zamora colonial. Si tomamos como punto de referencia la población vecina de La Barca (1791-1793), las tasas irían de 6.5 por ciento para los hombres a 8.6 por ciento para las mujeres, bastante similares a las de San Luis de la Paz.[4] Todo esto podría confirmar que existe un modelo nupcial dentro del Occidente rural, bastante favorable al matrimonio, y del cual el Bajío zamorano sería un buen intérprete.

Es decir: ¿sin demasiado laxismo? Comparándolo con el México urbano, sin lugar a dudas. Basta tomar en cuenta la curva de la ilegitimidad. De mediados del XVII, hasta 1820-1823, pasamos de 25 por ciento a 15.4 por ciento (con un mínimo, a finales del XVIII, de 12.6 por ciento). ¿Es necesario recordar que por la misma época, en Guadalaja-

---

[1] "Estado en que se hallaba la juridicción de Zamora en el año de 1789", introducción y notas de Heriberto Moreno García, *Relaciones, estudios de historia y sociedad*, núm. 1 (invierno de 1980), p. 99.

[2] Para el XVII el cálculo se efectuó gracias a la media de los matrimonios de 1667-1669, y de la lista para la comunión de Pascua comunicada por J.P. Berthe, "Padrón donde se ban asentado todos los feligreses que tocan a la administrasion de la villa de Zamora para que cumplan con el precepto de la iglesia este año de 1668", 8 folios, *Archivo Histórico de la Casa de Morelos*, legajo 42. A los 663 habitantes del censo hemos añadido un 50 por mil. para tomar en cuenta los no-pascualizantes; o sea un total de 1 000 almas. Para 1824-1828 no hay censo válido, y hemos optado por el método del cociente población-nacimientos, usando una tasa de natalidad tal vez un poco alta, de 50 por mil.

[3] Más vigiladas porque menos mestizadas. Y esto teniendo en cuenta que la edad al matrimonio, un poco más elevada en Zamora, debiera traer una tasa más baja. Ver C. Rabell, "El padrón de nupcialidad en una parroquia rural novohispana, San Luis de la Paz, Guanajuato, siglo XVIII", en *Investigación demográfica en México*, México, 1978, p. 424.

[4] Ya más al norte, en Aguascalientes, las tasas son respectivamente de 8.8 y 14.3 por ciento; cálculos a partir de J. Menéndez Valdés, *Descripción y censo general de la Intendencia de Guadalajara, 1789-1793*, Guadalajara, 1980, pp. 150 y 153.

ra, apreciamos un descenso de 60 a 21.5 por ciento, y que en el Sagrario de la ciudad de México (de 1724 a 1811), se navega entre 26.9 y 27 por ciento?[5]

Sin embargo se toman ciertas libertades con el matrimonio. ¿Quién se muestra más libre? El registro de bautismos da algunas respuestas, a través de la fisionomía del niño ilegítimo. Nos enteramos, sin sorpresa, que 22 por ciento de las castas son de origen ilegítimo, mientras sólo 15 por ciento de los indígenas y 9 por ciento de los españoles y mestizos lo son (ver cuadro). Esto a nivel étnico. La diferencia existe también a nivel "legal": de hecho, los que nacieron fuera del matrimonio se mantendrán apartados del sacramento con mayor frecuencia. Entre 1821 y 1824, la tasa de ilegitimidad de los jóvenes casados, nativos de Zamora (por lo tanto sin poder engañar al cura), es apenas de 4.5 por ciento, inferior de más de la mitad a la de los bautizados de su generación. Como siempre, tratándose de segregación, la sociedad es más exigente con las mujeres: su tasa es de 3.6 por ciento de ilegitimidad, contra 5.5 por ciento para los varones.

En realidad, a través de esas cifras sólo tocamos, de un modo muy superficial, un aspecto esencial de esa sociedad nacida con la Reforma católica. ¿Cuál es el peso religioso del matrimonio? Aquí, sólo el estudio de la evolución del ritual permite acercarse a esa realidad. Una realidad que no sigue forzosamente los textos originales es, por lo demás, la diferencia entre los textos conciliares y edictos episcopales y la práctica en Zamora, donde las actas de matrimonio toman su relieve. La formulación que aparece, durante un corto tiempo (hacia 1665), demuestra que el acto debe ser separado en dos partes. Una de ellas es el *casamiento*, ceremonia laica ante todo, concluida delante de 6 testigos citados (el cura, dos padrinos y tres testigos simples).[6] Contrato social,

---

[5] Ver T. Calvo, "Familia y registro parroquial: el caso tapatío en el siglo XVII", *Relaciones*, núm. 10, p. 55; M. González Navarro, "Mestizaje in Mexico During the National Period", en M. Morner (ed.), *Race and class in Latin America*, New York, 1970, pp. 158-159; D.N. Valdez, *The Decline of the Sociedad de Castas in Mexico City*, Ann Harbor, 1978, p. 33.

[6] Hasta hubo partes, como en Guadalajara, donde los padrinos no aparecen.

[7] Por ejemplo: "en la villa de Zamora y casa de Francisca de los Reyes... despossee por palabras de presente, a Nicolas Lopez, natural de la villa de Los Lagos, con Nicolassa de los Reyes, vecina desta villa...", *Archivo parroquial de Zamora*, 8 APZ, lib. núm. 1 de matrimonios, fol. 45v.

[8] Ver R. Boyer, "Juan Vázquez. Muleteer of Seventeenth-Century Mexico", *The Americas*, abril de 1980, p. 432. La ceremonia de los esponsales laicos sabe a medieval: el cura juntando simplemente las manos de la pareja delante de los testigos, a Taximaroa (Michoacán), en casa del patrono del arriero (p. 430).

FAMILIAS NOVOHISPANAS

con ese momento preciso, la alianza adopta un marco laico, llevándose a cabo en una casa particular, perteneciente a algún pariente.[7] Notemos que para laicos y clérigos la fecha del matrimonio difiere: para la *vox populi*, la fecha del matrimonio de Juan Vázquez, arriero arrestado por bigamia, es 1604, momento del casamiento; para la Iglesia es 1607, cuando los esposos se velaron.[8] Por razones de decoro u otras, era poco común que la ceremonia tuviera lugar dentro de alguno de los jacales de los mulatos o de lo que era entonces el pueblo indígena (barrio en realidad) de San Francisco de los Tecos. De forma paradójica, la unión de los grupos dominados tenía un carácter más solemne, realizándose en la iglesia, o mejor dicho, en la entrada de la iglesia. Aun entonces, el criterio laico, la publicidad también, conservan sus derechos.

En este caso preciso, de inmediato, sigue el segundo acto, la velación.[9] Es evidente que la Iglesia de la Reforma católica no podía admitir que se le apartase de uno de los principales rituales. Y en segundo lugar retomaba sus derechos por medio de la velación matrimonial; aparentemente ésta se celebraba también en el atrio de la iglesia. "En la puerta principal de la yglesia parrochial", o dentro de la iglesia: el matiz es importante.[10] Es toda la distancia que podía existir entre simples "bendiciones nupciales" y una verdadera "misa de velación". Que aparezcan las dos fórmulas dentro de la misma acta de matrimonio demuestra que los dos ritos son individualizados.

Todas esas incertidumbres, todas esas ambigüedades dentro de las ceremonias matrimoniales del siglo XVII no hacen más que traducir las dificultades de la Iglesia para imponer sus reglas de conducta. Con un retraso de más de un siglo sobre su "programa" de Trento, la Iglesia conquistaba con paciencia el terreno, hasta lograr, a mediados del XVIII, hacer coincidir lo más posible casamiento y velación. Así, la ceremonia religiosa no sería un simple añadido un hecho ya consumado, el casamiento, como lo había sido durante buena parte del XVII.[11] Ya una

[9] "En la villa de Zamora... case y vele in facie eclesis a la puerta principal de la parochial...", APZ, *Idem*, Fol. 68v.

[10] Sin embargo no se debe exagerar demasiado la distinción atrium-iglesia. El atrio es, dentro de la tradición mexicana una área con fuerte carga de sacralidad, donde a veces se podía celebrar misa, sobre todo en el medio indígena. Por 1600, en las cercanías de Zamora, "en el pueblo de Jacona no hay iglesia acabada en que se digan misa, por lo que los oficios divinos se hacen en la portería de la misma iglesia", y que la mitad de la gente "oyen misa al aire y al sol", ver A. Rodríguez Zetina, *Jacona y Zamora, datos históricos útiles y curiosos*, México, 1956, p. 122.

[11] Ver el acta de visita del 8 de julio de 1642, en el libro núm. 1 de matrimonios de

ordenanza del obispo de Michoacán, de la primera mitad del siglo XVII recomienda:

> Y porque somos informados que algunos Españoles, Mestizos, Negros y Mulatos se desposan solamente, y por descuido, o que sea por menosprecio de las bendiciones de la Iglesia, están mucho tiempo sin velarse, mandamos que los suso dichos junto con el desposorio se velen, habiendoles examinado en la doctrina christiana, confesadoles y comulgadoles.[12]

Pero en la unidad de tiempo sólo se entiende con la unidad de lugar, y por lo tanto los obispos de Michoacán añadieron:

> Y porque de celebrar los desposorios indistintamente en las casas, habemos experimentado retardarse mucho tiempo los que así se desposan en ir a velarse a la iglesia, y recibir las bendiciones nupciales.[13]

Y pidieron a sus curas que tales conductas fueron sólo autorizadas a

> Personas principales y de autoridad, y en quienes se crea sera seguro el velarse con brevedad, y a los demas obliguen que juntamente con desposarse se velen.[14]

Ese esfuerzo paciente, esas recomendaciones ¿dieron algún fruto? Después de una muy larga laguna, de cerca de 40 años, el segundo libro de matrimonios, que empieza en 1727, permite controlar el final de la evolución: las actas de velación aisladas son ahora poco frecuentes. Sin embargo se mantiene un hiato entre casamiento y velación, celebrados a un día de distancia: algunos recalcitrantes (de todo origen) todavía tardan mucho más, algunas veces más allá de los 40 días autorizados. Pero esto ya es de poca importancia. Más allá, es decir en la segunda mitad del siglo XVIII, el "case y vele", que aparece en casi todas las actas, demuestra que la fusión de los dos momentos en un mismo ritual ya es un hecho, y que el elemento sacramental se impone sobre el social (por lo menos dentro de la ceremonia). Por esas fechas,

---

Zamora: "y que si los desposare y no se velaren luego siendo capaces, les ynponga pena de sensura para que dentro de quarenta días se velen y resivan las vendiziones de la Yglesia y sino lo cumplieren lo fixe por publicos excomulgados".

[12] Se incluye en *Colección de las Ordenanzas que para el buen gobierno de el obispado de Michoacán hicieron y promulgaron con real aprobación sus illmos señores prelados, de buena memoria, d. fr. Marcos Ramírez de Prado y d. Juan de Ortega Montañez*, México, 1776, p. 8.

[13] *Idem*, p. 219.

[14] *Idem*, p. 220.

y en este rincón provincial, la Iglesia ganó su reto. Esto puede explicar que a partir de ese momento las autoridades eclesiásticas se desinteresen un tanto de la cuestión matrimonial, dejen la sociedad y al Estado imponer nuevas normas.[15]

Para la Iglesia las metas son claras: defender a la vez la sacralidad, la indisolubilidad del matrimonio y la monogamia supone al tiempo imponer un tipo de familia restringida que le es favorable, así como imponer su control sobre una institución central de la sociedad.[16] Pero imponer el modelo tridentino frente a la alianza laica es también valorar el matrimonio, defender ciertas normas sociales y reducir las prácticas extra-conyugales, elemento de perturbación, tanto social como religioso. Por lo tanto, la aparente paradoja, señalada por J. Revel, entre una sociedad sumamente inestable y la defensa de un modelo ideológico singularmente abstracto —el sacramento del matrimonio—, se aclara con el ejemplo de Zamora.[17] En primer lugar no se trata de defensa, sino de una verdadera "conquista", a partir de una institución en un principio esencialmente laica, a la cual se trata de dar fuerza a través de un armazón religioso, y un aura más mística. Pero misticismo no significa abstracción, ¡al contrario! La misión del ritual fue precisamente la de encarnar y concretizar el modelo abstracto, valiéndose de los dos conceptos de espacio y tiempo.

La vertiente social de los diversos ritos matrimoniales es más difícil de interpretar, sobre todo esa resistencia a la amalgama entre ceremonia "civil" y ceremonia religiosa. ¿Se trata del reflejo de la independencia de una sociedad libre frente a todo poder? Tal interpretación roza el anacronismo. ¿No se trata, más bien, en pleno XVII, de la supervivencia de una actitud de "vieja cristiandad", que está librando un último combate frente a las normas que impone la Iglesia de la Reforma católica? Es más verosímil. Falta por explicar las razones de tal supervivencia, hasta muy entrado el siglo XVIII. Por supuesto, existe el hecho de que estamos en un medio profundamente hispanizado, y que los indios (cuando permanecen en comunidades estructuradas) son más dóciles en manos del clero, como lo recuerdan las ordenanzas episcopales citadas.

---

[15] Sobre esos cambios, ver P. Seed, *To Love, Honor, and Obey in Colonial Mexico, Conflicts over Marriage Chose, 1574-1821*, Stanford, 322 pp.

[16] Sobre esos aspectos ver J. Goody, *The Development of the Family and Marriage in Europe*, Cambridge, 1983.

[17] J. Revel, "La recuperación y apropiación de los modelos culturales", *Familia y sexualidad en Nueva España*, México, 1982, p. 309.

Pero profundicemos en una pregunta única: ¿por qué el matrimonio conservó tanto tiempo ese carácter civil, reduciendo al clérigo a un simple papel de garante, similar al de un notario?[18] ¿Por falta de un juridismo escrito? *A priori* la cosa resulta difícil de concebir: el recurso al escribano público es general, por tradición, en aquella sociedad. Pero no tanto como se podría pensar: por ejemplo el simple vale, documento sin respaldo oficial, está mucho más extendido que la obligación, escritura firmada ante notario; la memoria, a menudo, reemplaza al testamento... Sobre todo, la ley hace que testamento y carta de dote sean relativamente inútiles (en cuanto a sus efectos sociales y económicos): existe cierta igualdad entre los herederos; la dote es un simple adelanto sobre la herencia (la legítima). Cuando en ciertas partes de Europa una mayoría de parejas firmaban un "contrato de matrimonio" antes del casamiento, en México sólo una minoría otorgaba una carta de dote, a veces muchos años después de la boda.[19] Faltándole al matrimonio el apoyo del escribano, no le quedaba más que anunciarse, con tambores y violines, hasta en la puerta de la iglesia, así como se puede ver en algún cuadro de Jan Brueghel:[20] en esto hubo poca diferencia entre Flandes, España y ciertos lugares de Nueva España.

La Iglesia no pretendía forzosamente librarse de los tambores y violines, ni tampoco de las demás obligaciones sociales y étnicas que acompañaban al matrimonio, pero sí, repetimos, hacerlo entrar dentro de la iglesia. Y lo logró, aunque le costó cerca de dos siglos. Por otra parte, el triunfo del matrimonio tridentino, con sus criterios absolutos, significó la creación de otra barrera más, que se añadía a las étnicas, sociales y económicas: ya en el siglo XVII, dentro de las comunidades indígenas (por lo menos del Centro-Oeste) se señalaba, se marginaba, y hasta se expulsaba a los amancebados. Probablemente, durante el siglo siguiente, algo así ocurrió dentro de las ciudades, contribuyendo a hacer todavía más difícil el terrible siglo XVIII.[21]

---

[18] Aquí, sin embargo, no hay que olvidar que el matrimonio es un sacramento un tanto diferente de los otros, siendo los esposos quienes pronuncian las palabras sacramentales.

[19] En París, durante la primera mitad del siglo XVIII, cerca de 70 por ciento de los matrimonios van acompañados de contratos, ver A. Daumard y F. Furet, *Structures et relations sociales a Paris au XVIIIe siècle,* Paris, 1961, p. 8. En la Guadalajara del siglo XVII, donde se celebran millares de bodas, sólo hemos podido rastrear en los archivos notariales unas 40 cartas de dote.

[20] Ver su *Boda Campestre,* Museo de Bellas Artes de Sevilla (depósito del Prado).

[21] Terrible en cuanto a sus aspectos demográficos y sociales, aunque todavía queda mucho por estudiar sobre esa centuria.

BAUTISMOS EN ZAMORA (1645-1823)

A-1645-1654

	Españoles	Mestizos	Castas	Mulatos	Esclavos	Indios	Desconocidos	Total
Legítimos	141	7	3	8	2	79	—	240
Ilegítimos	22	1	2	7	32	8	—	72
Total	163	8	5	15	34	87	—	312

B -1730-1734

	Españoles	Mestizos	Castas	Mulatos	Esclavos	Indios	Desconocidos	Total
Legítimos	317	82	17	209	32	96	12	765
Ilegítimos	13	13	3	58	69	7	2	165
Expuestos	4	1	—	3	—	2	18	28
Total	334	96	20	270	101	105	32	958

C-1795-1799

	Españoles	Mestizos	Castas	Mulatos	Esclavos	Indios	Desconocidos	Total
Legítimos	678	86	8	737	39	164	—	1 712
Ilegítimos	41	3	1	135	19	33	—	232
Expuestos	13	—	—	3	—	—	—	16
Total	732	89	9	875	58	197	—	1 960

D-1820-1823

	Españoles y mestizos	Castas y mulatos	Indios	Desconocidos	Total
Legítimos	773	375	338	—	1 486
Ilegítimos	99	92	67	—	258
Expuestos	10	1	2	—	13
Total	882	468	407	—	1 757

Fuente: APZ, varios libros de bautismos.

LA TRANSMISIÓN CULTURAL EN LA FAMILIA CRIOLLA NOVOHISPANA

JOSEFINA MURIEL
Instituto de Investigaciones Históricas
Universidad Nacional Autónoma de México

BASES DE LA FAMILIA. ORGANIZACIÓN Y DEFENSA DE SU ESTABILIDAD

La familia en la América hispana de los siglo XVI al XVIII, como en España, tuvo por base legal el matrimonio, constituido de acuerdo con las disposiciones del derecho canónico, vigentes desde la Edad Antigua y repetidas en los concilios medievales, especialmente en el de Letrán del siglo IV y reiteradas en la Edad Moderna por el de Trento en 1562.[1]

El matrimonio cristiano, único reconocido por el Estado era *monógamo* e *indisoluble* (salvo condiciones de anulación que el propio derecho fija). La finalidad del matrimonio fue la unión de los cónyuges para amarse, procrear hijos y educarlos cristianamente, dejándoles libertad para escoger el estado.

Obra del Concilio de Trento fue intentar relacionar intrínsecamente los elementos jurídico-teológicos del matrimonio (contrato-sacramento) dando con ello base para la jurisdicción eclesiástica del matrimonio.[2] Éste fue el reconocido por la iglesia, el Estado y el pueblo cristiano como única base legal de la familia y en todo el mundo hispánico, durante los tres siglos coloniales y aún en los primeros cincuenta años del siglo XIX. Bajo sus condiciones se constituyeron los matrimonios de

---

[1] José María Ots Capdequí, *El Estado español en las Indias*, México, El Colegio de México, 1941, p. 62. Llorca Bernardino, S.J. *Manual de Historia Eclesiástica*, Barcelona-Madrid, Labor, 1946, p. 278 y ss., 355, 442 y ss., 751 y 644.

[2] Josef Deus-Von Wert, "El matrimonio como sacramento", en *Mysterium Salutis,* la. ed. Cristianidad, Madrid, 1975, vol. IV, t. II, pp. 410-422.

españoles, criollos, indios, mestizos y mezclas. Sin embargo, no hay que olvidar a las que se constituyeron al margen de la ley.

El control de la validez, nulidad y divorcio (separación de cuerpos), quedó a cargo del obispo diocesano y los párrocos a la vez que las sanciones por su defecto, se sujetaron también al derecho canónico.

Al mismo tiempo el Estado, o sea el rey a través de sus reales cédulas que conforman el derecho indiano, intervenía en la constitución de los matrimonios y en la protección de la familia, mediante disposiciones terminantes para asegurar su validez, en defensa de la libertad de los contrayentes, su capacidad física y su dignidad de personas.

Respecto a las mujeres indias exigió que las autoridades tanto civiles como religiosas averiguasen "si van atemorizadas o con plena libertad" al matrimonio[3] y vigilasen que ninguna niña sin edad competente fuera obligada a casarse o vendida en matrimonio.[4]

Tal vez las más importantes cédulas referentes al matrimonio fueron las referentes al reconocimiento de la plena libertad que tiene toda persona humana para casarse con quien lo desee, sin importar raza o condición social, porque al hacerlo quedó liquidada la base de todo racismo. La ley dice textualmente que nada ni nadie "pueda impedir ni impida el matrimonio entre los indios e indias con españoles o españolas", y que todos tengan plena libertad de casarse con quien quisieren.[5] Esto hizo de México una nación mestiza dentro de la ley. Por eso existieron las castas, esas que en las tablas pictográficas de museos hoy vemos con sus distintos coloridos y característicos vestuarios que distinguen los diferentes estamentos sociales del sistema económico reinante.

A estas básicas disposiciones siguieron otras muchas entre las cuales sólo citaremos, por ejemplo, la que se dio para que los encomenderos no impidieran el matrimonio de los indios de sus encomiendas.[6]

La autoridad paterna ante la realidad de América hubo de modificarse. Para ello hubo real cédula, dada para que el requisito de la previa licencia paterna no lo fuese de manera tan precisa y rigurosa, en

---

[3] Real Cédula del 18 de oct. de 1618. Citada por Ots Capdequí, p. 70.

[4] Archivo Histórico Nacional de Madrid. (En lo sucesivo AHNM.) Diccionario de Gobierno y Legislación, t. 34, fol. 2, núm. 4, del 17 de abril de 1581 ésta es después II y III. Lib. VI, Tít. I.

[5] Recopilación de 1680. Ley II, Lib. VI, Tít. I. Alude a las Reales Cédulas de don Fernando y doña Juana de 1514 y 1515; de Felipe II y la princesa gobernadora de 1560.

[6] Ots Capdequí, op. cit., p. 70. Real Cédula 10 oct. 1618. Ley XXI, Tít. IX, Lib. VI de la Novisma de 1860.

especial, por la ausencia de los padres y dificultad en las comunicaciones. Se autorizó que las autoridades civiles o eclesiásticas los suplieran.

Hubo otras referentes a dejar sin vigor muchos de los impedimentos de parentesco entre los indígenas, ya que ellos tenían otros conceptos de parentesco que no fue fácil abolir[7] (matrimonios ya consumados entre hermanos, primos, cuñados).

Los reyes intervinieron también prohibiendo la celebración de algunos matrimonios como lo fueron los de virreyes, oidores, presidentes, gobernadores, corregidores, fiscales, alcaldes mayores y del crimen, con mujeres residentes en sus jurisdicciones. Esto se hizo a fin de evitar la corrupción administrativa. Sin embargo la aplicación de esta real cédula quedaba sujeta a la voluntad del contrayente que podía someterse al castigo de pérdida del oficio para casarse con quien lo deseaba.[8]

El problema básico de los indígenas en relación al matrimonio fue la poligamia que era practicada ampliamente por los reyes, caciques y señores principales y en menor escala por el pueblo. En este campo fueron los misioneros quienes al realizar el proceso de evangelización y explicar a los indígenas que el matrimonio, en la cultura a la que ellos entraban, era un sacramento de unión entre un hombre y una sola mujer.

De acuerdo con las disposiciones dadas ante este problema por el papa Paulo III, se les casaba con la que había sido la primera.

En este caso para que las demás esposas y los hijos no quedasen desamparados se disponía para ellos una dotación suficiente.[9] A la constitución del matrimonio monógamo cuyo control quedaba bajo la jurisdicción eclesiástica, los reyes añadieron una serie de disposiciones contra la poligamia que muestran una vez más ese apoyo recíproco Iglesia-Estado para constituir una sociedad.[10]

Estructurado el matrimonio de los indígenas bajo todas estas bases que hemos venido señalando, la política de los monarcas fue procurar la unidad familiar. Así encontramos numerosas leyes dadas en los siglos XVI y XVII mediante las cuales se va disponiendo que las mujeres vivan en los sitios donde estén sus maridos, que las viudas puedan

---

[7] Ots Capdequí, *op. cit*, 63-64.
[8] Solórzano y Pereyra, *Política Indiana*, Lib. V, cap. IX.
[9] Ots Capdequí, *op. cit*, pp. 67-69.
[10] Por ejemplo las Reales Cédulas del emperador don Carlos y la emperatriz dada en 1530 y la del mismo y los reyes de Bohemia dada en 1551 que aparecen en las leyes IV y V del Lib. VI, Tít. I.

volver a los puebl   ilias, que los hijos "no se dividan de sus padres" y que las indi..   as con españoles y sus hijos (los mestizos) puedan irse a vivir a España si lo desean.[11]

La disgregación de la familia indígena ocurría ya por una serie de motivos, de los cuales señalaremos entre los varones el traslado temporal o perpetuo a centros de trabajo lejanos a sus lugares de origen, tales como obras públicas, ingenios azucareros, minas, etc., o bien por su incorporación a expediciones de conquista y descubrimiento, y entre las mujeres el alejamiento de sus hogares con abandono de los maridos y aun de los hijos, por un forzado servicio doméstico a los encomenderos o bien por encerrárseles en los talleres para que hilaran y tejieran ininterrumpidamente, para cobrar de ellas los altos tributos que se exigían a sus maridos y aun por obligárseles a ir como "compañeras" o servidoras de los hombres en expediciones de conquista. Contra todos estos atropellos a la familia indígena los reyes lucharon dando reales cédulas, que lo prohibían repetidamente.[12]

A la familia española y criolla le afectaba negativamente todo este movimiento de grupos humanos que se involucraron en la conquista y colonización presentándose numerosos y complejos problemas de desmembramiento entre los cuales señalaremos algunos: el abandono de la esposa e hijos en España, el adulterio o bigamia con mujeres indias o españolas residentes en América, la suplantación de la esposa que allá quedaba por la amante o concubina, o bien, la unión libre de muchos que vivían amancebados con indias jóvenes sin casarse nunca con ellas, pese a los hijos procreados.

Para controlar aquellas situaciones que, atacando la vida matrimonial, afectaban directamente a la familia en todo el mundo hispánico, se dictaron un sinnúmero de cédulas que constituyeron en la Recopilación de 1680 todo el capítulo III del Libro VII titulado "De los casados y desposados en España que estén ausentes de sus mujeres y esposas", dentro del cual, en nueve leyes se resumen las diferentes reales cédulas que se dieron desde tiempos del emperador don Carlos hasta el rey Felipe IV. En ellas se evidencia la lucha constante de los monarcas por

[11] Recopilación de 1680. Leyes VII, VIII, IX, X. del Lib. IV. Tít. I. Acogidas a esta última muchas indias(os) de la nobleza indígena se asentaron en Extremadura y otras partes de España.

[12] AHNM, Diccionario de Gobierno y Legislación. T. 36, fol. 242. núm. 227. Real Cédula 30 mayo 1541. T. 10, fol. 347. núm. 598. Real Cédula 9 oct. 1549. T. 36, fol. 186. núm. 165. Real Cédula 5 jun. 1609. En la recopilación de 1680, la ley XV, Tít. XVI, Lib. VI.

defender a la familia durante las épocas en que el problema de su disgregación fue más agudo que son el siglo XVI y el XVII.

Para la aplicación efectiva de estas leyes los monarcas pidieron y tuvieron el apoyo de las autoridades religiosas, obispos, curas y prelados de las órdenes. Ordenaron el fiel cumplimiento de ellas con el determinado castigo a sus infracciones a las autoridades mayores y menores en sus dominios, así como a la Casa de Contratación de Sevilla que tenía el control migratorio entre España, Hispanoamérica y Filipinas.

Entre estas disposiciones tenemos la que exigió a los españoles volver al lugar donde residían sus esposas, ya fuese en las Indias o en Filipinas. Que los viajes que los separaban de ellas no rebasasen el término de tres años. Que los españoles casados en las Indias no pudiesen regresar a la península dejando abandonadas a sus mujeres e hijos. También se ordenó que al salir de viaje les dejasen lo suficiente para sustento de la familia. Para lograrlo desde el siglo XVII, se estableció por ejemplo un sistema de fianza para los que iban a Filipinas.

LA FAMILIA. FUNCIONAMIENTO, ACCIÓN INTERNA Y EXTERNA

a) De la familia indígena sólo señalaremos algunos rasgos que corresponden a las zonas tenochcas por ser, al efectuarse la conquista, las más importantes.

Entre los tenochcas existía la familia nuclear (padre, madre, hijo) pero no aisladamente, sino unida por lazos familiares patrilineales con la comunidad, que con ellos se constituía en determinado sitio o patrilocalmente. De aquí la importancia de la filiación en la formación de esas comunidades, calpullis o clanes y de allí también la importancia que tenía la unidad familiar nuclear y la conciencia de familia en sentido amplio que hubo entre ellos.

En los hospitales-pueblos de Michoacán y México formados por el obispo Vasco de Quiroga la unidad familiar se conservó a través de esos agrupamientos o comunidades constituidos por familias (padres, hijos, nietos, bisnietos) que habitaban comunalmente un solo edificio titulado "Familia".

Cada "familia" albergaba un número de ocho a doce familias de casados, en orden patrilineal. Del funcionamiento específico de la familia indígena durante la Colonia, sólo señalaremos rasgos generales, pues su importante estudio demandaría un espacio imposible de tener aquí.

b) Para entender cómo era la vida de la familia (española, criolla y mestiza) en México, vamos a tratar de conocerla a través de desarrollo de la convivencia tal y como surge de la lectura de documentos biográficos, autobiográficos, procesos judiciales, crónicas, sermones fúnebres, etc., porque en ellos está el juicio de los que constituían aquellas familias.

El padre tenía la máxima autoridad reconocida y respetada por la madre y los hijos, salvo que sus mandatos fueran contra la ley de Dios o los derechos de la persona humana; en estos casos de abusos graves de poder, la inobediencia de los hijos y la esposa era apoyada por la Iglesia y el Estado. Existen innumerables ejemplos de ello, los unos referentes a la negativa a contraer matrimonio con la persona designada por los padres, o bien ingresar a conventos cuando los padres, violentando la voluntad de los hijos, querían enclaustrarlos o casarlos con determinada persona para establecer alianzas familiares de tipo económico o lograr ennoblecimiento de la estirpe. También las hay en sentido contrario cuando el padre quiere enclaustrar en los conventos a las hijas e incluso a la suegra y a la esposa, o hacer al hijo fraile o clérigo, y éstos contrariando la autoridad paterna se niegan con apoyo del obispo. Ejemplo de ello son por una parte la anulación de matrimonios contraídos por miedo a los padres, que existen en la sección Divorcios del Archivo General de la Nación, y por otra parte los relatos de escapatorias de jóvenes que ingresan a escondidas en los conventos. El más notorio fue el de María de Jesús de Puebla en el que hubo ruegos de pretendientes, órdenes conminantes y aun intento de asesinato del autoritario progenitor, al que se enfrentó diciendo que "gozaba del derecho de una suma libertad de la cual no merecía ser defraudada". El abandono del claustro queda constatado numerosas veces en los libros de Ingresos y profesiones de los conventos con estas simples palabras: "Salió, no profesó".

El padre dirigía básicamente la cultura en su hogar ya que era quien seleccionaba los libros, que constituían la pequeña o gran biblioteca. Libros que generalmente eran obras formativas, de meditación o de moral cristiana, sagradas escrituras, padres de la Iglesia o las vidas ejemplares contenidas en el *Flos Sanctorum*, el Año cristiano y las biografías de los santos recién canonizados que se ponían de moda, como Ignacio de Loyola, Teresa de Jesús, Francisco Xavier, o bien poesía y libros históricos, etcétera

Este tipo de obras las leía el padre en voz alta en la tertulia que después de la cena reunía a la familia.

Oigamos lo que al respecto nos dice en su autobiografía Juana Palacios Solórzano, joven criolla nacida en Puebla y avecindada en su hacienda de Tepeaca a mediados del siglo XVII.

Quiero poner aquí algunas cosas buenas que conocí en mi padre en el poco tiempo que llegué a tratarlo. Conocí en él un profundo silencio, un no hablar mal de nadie, sino bien de todos. Los ratos de tiempo que le quedaban del trabajo que tenía en la hacienda, los gastaba en leer vidas de santos. Mi hermano salió gran lector y muy aficionado a leer libros buenos, con ser de poca edad, jamás se inclinó a leer en libro que no fuese muy provechoso. Lo tenía mi padre todo el tiempo que estaba en casa leyendo, y mi madre y todas nosotras en el estrado, una cosiendo, otras hilando, otras tejiendo, sin que hubiese ruido, ni una palabra se hablaba, para que todas atendiésemos a lo que se leía. Fue mucho lo que me aprovecho el oír los hechos de los santos, y en especial los martirios de los santos mártires. Mi padre ayunaba todos los viernes y sábados del año, fuera de las Cuaresmas y Vigilias. Gastaba la mayor parte de la noche en estar de rodillas en oración.[13]

De la amplísima bibliografía biográfica y autobiográfica leída hay bases suficientes para afirmar que en la gran mayoría de las familias, aun en las de escasos recursos, se leía en familia y con frecuencia se repasaba el catecismo cristiano a la par que el silabario. Todo lo cual contribuía a unificar los criterios de valoración moral en el ámbito familiar, reforzados constantemente por el ejemplo.

La obra educacional del padre era muy importante con los hijos varones. En los pueblos, él les enseñaba el cultivo de la tierra; en los talleres paternos el oficio de artesano que heredarían y en las altas esferas socioeconómicas los enviaban, según sus capacidades intelectuales, a los colegios y universidades.

El padre además tenía la responsabilidad moral de cuidar su "buen nombre cristiano" y el honor o aprecio que la sociedad diera a la familia por sus buenas costumbres. Hacia el exterior del hogar, el padre se hacía figura ejemplar al participar en obras de religión y confraternidad, con lo cual enseñaba a sus hijos a vivir el cristianismo, formando en ellos una conciencia de responsabilidad comunitaria a la vez que de solidaridad familiar para continuar las obras emprendidas por los padres.

No es esto mera literatura. Si estudiamos instituciones coloniales

---

[13] María de San José, *Autobiografía*, manuscrito original en la John Carter Brown. Versión paleográfica de Kathlen Myers, en la tesis: "Becoming a Nun in Seventeenth Century Mexico: The Spiritual Autobiography of Maria de Joseph", pp. 78-79.

tales como colegios, hospitales y conventos, encontraremos que en la gran mayoría fueron obras de familia. El padre o la madre las fundaban, creando patronatos familiares para sostenerlas, y luego los hijos y descendientes las sostenían durante siglos, cumpliendo las obligaciones de patronos que sus abuelos les habían legado.[14]

El propósito de formar una conciencia familiar de responsabilidad comunitaria se realizó entre los indígenas plenamente durante los siglos XVI, XVII y en forma decadente en el XVIII, a través de los hospitales-pueblos de México y Michoacán, fundados por Vasco de Quiroga y en todos los pueblos establecidos por los franciscanos y agustinos mediante la institución de cofradías hospitalarias encargadas de sostenerlos y atenderlos bajo el sistema familiar rotativo. Estos funcionaron en Colima, Guanajuato, Guerrero, Jalisco, Michoacán, Oaxaca, Puebla, Tlaxcala y Yucatán, rebasando su número el centenar. Allí las familias una a una, iban sirviendo a los enfermos trabajando las sementeras del hospital, rezando el rosario y repasando la doctrina cristiana después de la cena, en tanto las madres y sus hijos hilaban y cosían para la institución, como las criollas en "el estrado" de sus casas.

La madre tenía, después del padre, la responsabilidad moral de la familia. Además de las consabidas obligaciones de atención al marido, crianza de los hijos y cuidado del hogar, tenía sobre sí muchas de las responsabilidades del padre, aunque esto lo fuera generalmente en forma supletoria o complementaria por la ausencia, la incapacidad o muerte.

En la madre se reconocía a la educadora nata de los hijos por la convivencia constante con ellos. Esto implicaba educación y enseñanza de acuerdo con la capacidad y preparación cultural de ella. Las criollas frecuentemente enseñaban el catecismo a la vez que la lectura,

---

[14] Ejemplos de ello son los casos del doctor Pedro López fundador insigne de los Hospitales de los Desamparados, la Epifanía y el de San Lázaro, obra continuada por su hijo y nietos, de Hernán Cortés fundador sostenedor del Hospital de Nuestra Señora, vulgo de Jesús, a través del 2o. marqués del Valle y sus descendientes. En el siglo XVII las familias del capitán don José de Retes que erige el templo de San Bernardo, inaugurado por sus hijos. Los Medina Picazo, en el XVIII, que tras erigir el padre don Pedro a su costa el templo de Tepotzotlan, la esposa y su hijo don Buenaventura levantan el nuevo de San Lázaro y luego la preciosa capilla en el Convento de Regina; o bien el ejemplo de la familia de Manuel Aldaco y don Francisco de Fagoaga fundadores del Colegio de Vizcaínas cuyos descendientes continúan con nuevas dotaciones las obras del padre. Los indígenas también participan en estas obras, por ejemplo don Mateo y don Antonio de la Cerda caciques de Pátzcuaro, quienes a su costa levantaron la iglesia de Ntra. Sra. de Casamaluapan en Morelia, la que años después serviría al convento de las indias caciques. Las citas serían interminables.

escritura y cuentas a sus hijos; los introducían en las costumbres religiosas externas como la práctica de los sacramentos, y las internas del hogar como las oraciones en familia, bendición de la mesa, el rosario, etc. Con sus juicios, reflexiones, opiniones y también represiones, les iban presentando una escala de valores acordes con la formación de una conciencia cristiana, que fue de enorme trascendencia.

Confirmaremos esto con el juicio de algunos hijos sobre ellos. En el siglo XVII Juana de Palacio dice de su madre la criolla Antonia Berruecos que nació y se crió en la Puebla de los Ángeles, hacia 1650.

> Crió mi madre a sus ocho hijas y un hijo con mucho recogimiento, y mi padre le ayudaba a enseñarlos a ser buenos cristianos. Ambos eran amigos de la virtud y de buenos libros, en que les hacían leer. A mi madre le había Dios dado gran ingenio de saber hacer cosas curiosas y todo aquello que es necesario saber a una madre para enseñar a sus hijos. A todas nos enseñó a leer, y en fin, no hubo menester maestro ni maestra que nos enseñase nada, salvo a mi hermano Thomas, que, luego que tuvo edad, lo envió mi padre a la ciudad de Puebla en casa de uno de sus deudos para que estudiase.[15]

Claro que los sólidos cimientos de una buena educación no se pierden fácilmente y nuestra informante termina siendo la gran mística Sor María de San José, fundadora de los conventos de Santa Mónica de Puebla y la Soledad de Oaxaca.[16]

Del siglo XVI tenemos a Bernardino Álvarez, hijo de Luis Álvarez y Ana de Herrera. Lo mandaron a "la escuela de aprender a leer, escribir y contar" y en el hogar le enseñaron, dice su biógrafo, la religión cristiana procurando que sus costumbres fuesen el ejemplo, "para que anduviese en el amor y temor de Dios". Tras una vida de aventuras en la Nueva España y en el Perú, regresó a México desde donde escribió a su madre viniese a disfrutar de su enorme fortuna. La respuesta materna informándole cómo ella había despreciado todo lujo vistiendo hábito de beata y exhortándole a emplear toda la riqueza que tenía, en lo que más agradaba a Dios, tuvo en tal fuerza de autoridad moral, que lo frenó súbitamente en su frívola vida, transformándola en entrega al desvalido.[17] De allí nacería la orden de los Hermanos de la Caridad de

---

[15] María de San José, *Autobiografía, op. cit.*, pp. 79 y sigs.

[16] Santander y Torres. Vida de la V.M. María de San José. Fray Sebastián. Imp. Herederos de la Vda. de Miguel de Rivera. 1723.

[17] Díaz de Arce Juan. Libro de la vida del próximo evangélico Bernardino Álvarez, Imprenta Nueva Anteurpiana... pp. 13-15.

San Hipólito y su red de hospitales que abarcaron del Golfo de México al Pacífico y aun se extendieron hacia las demás provincias de la Nueva España, dando servicio a los pobres durante tres siglos.[18]

El historiador Francisco de Burgoa en su obra *Palestra Historial* menciona a su madre, criolla oaxaqueña, como a la gran educadora, la que trasmitió a sus hijos los valores básicos de la cultura occidental, no sólo en doctrina, sino en la convivencia con ellos, siendo mujer ejemplar, de generosidad, contagiosa piedad, modestia y firmeza de carácter para educar a sus hijos varones.

En la vida de María Ignacia de Azlor se presenta a su madre la condesa de San Miguel de Aguayo y Santa Olaya como quien enseñó a todos sus hijos desde pequeños, que más plenamente se realiza la persona en el dar que en el tener, valores humanos y cristianos que se van mostrando en el amor a los necesitados, en desprecios a los lujos que su riqueza le permite y su clase le demanda, a no ostentar ese poderío que el dinero conlleva siendo ofensa a la pobreza del pueblo. De esa educación su hija María Ignacia dedujo su propia escala de valores, esa que la llevó a entregarse a sí misma con toda cuanta riqueza tenía a subsanar lo que le pareciera la necesidad mayor en la Nueva España: la educación de las mujeres.

Desde el siglo XVI se reconoció la importancia de la educación familiar indígena en la transmisión de los nuevos valores culturales y por esto, reyes, obispos y frailes, pusieron gran empeño en educar a las niñas indias para que fueran después de sus familias, las divulgadoras de la nueva cultura que se imponía. A fin de asegurar esas bases en las jóvenes familias de nativos, evitaron cuidadosamente las nocivas discrepancias de pensamiento entre los cónyuges, casándolas ya doncellas, con jóvenes indígenas que habían sido igualmente instruidos por religiosos.[19] Con esto perseguían la unidad de la familia indígena y la homogénea educación de los hijos.

c) La madre y la manutención de la familia. La madre cooperaba al sustento de la familia desde el día del matrimonio por medio de la dote. Ésta que todos los maridos reclamaban, servía lo mismo para montar el taller del artesano, que para incrementar la empresa minera o hacendaria del marido, en fin, acrecentar un capital que permitiera a la

---

[18] Josefina Muriel, *Hospitales de la Nueva España*, México, UNAM, Instituto de Investigaciones Históricas, 1956, t. I, pp. 187-231.

[19] Lino Gómez Canedo, *La educación de los marginados en la época colonial*, México, Porrúa, 1982, pp. 217-296.

nueva familia mantenerse en el nivel acostumbrado. La dote era considerada de tal importancia para la estabilidad del hogar, como base firme de la economía familiar, que tanto entre indígenas como entre españoles, desde los inicios de la vida colonial, se luchó por darla a los jóvenes casaderos. Así vemos al emperador don Carlos otorgando el pueblo de Ocuituco al arzobispo Zumárraga para el sostenimiento y "dotación de las doncellas indias del Colegio de la Madre de Dios de México".

Respecto a las doncellas mestizas y españolas se constituyeron por parte de generosos hombres y mujeres innumerables "obras pías" para dotarlas. El estudio de ellas nos permite conocer cómo fue estableciéndose esta clase media de artesanos españoles y criollos con una base económica que les permitía el sostenimiento de sus familias. Conocemos ya a muchas de ellas y estamos formando listas de jóvenes huérfanas que gozando de los beneficios de "obras pías" fundaron familias de artesanos y agricultores.[20]

Las dotes entre nobles, mineros y comerciantes alcanzaron sumas fabulosas. A ello se añadían las arras, regalos que el novio entregaba a la novia. Como ejemplo citaremos la de extraordinario valor que dio Pedro Romero de Terreros[21] a su prometida. Los archivos notariales están pletóricos de este tipo de noticias, ya que las dotes y arras se escrituran ante notario.

Existió otra aportación de la madre al hogar, cuando las entradas del marido eran insuficientes, ella trabajaba dentro de la casa haciendo labores de manos, las cuales se aprendían con finalidad económica en todos los colegios, conventos y escuelas "amigas". También hacían servicio doméstico, y el comercio al menudeo en mercados y tiendas de toda la Nueva España. Ayudaban al marido en el campo o hilando y tejiendo mantas para pagar diversos impuestos que pesaban sobre la familia indígena. En los talleres aprendieron prácticamente el oficio que heredarían en su viudez y que luego pasaría a los hijos varones. Así, por ejemplo las hemos hallado dirigiendo las imprentas de sus difuntos maridos, notables tipógrafos coloniales[22] y atendiendo las boticas que sus padres o maridos tenían.[23]

[20] Josefina Muriel, *Educación de las mujeres en la época colonial* (en preparación).

[21] Francisco Canterla y Martín Farías, *Vida y obra del conde de Regla*, Sevilla, Escuela de Estudios Hispanoamericanos, 1975.

[22] Carolina Amor de Fournier, *La mujer en la tipografía mexicana*, México, La Prensa Médica Mexicana, 1972.

[23] ACV. E2-T3. Recetarios y Boticarios. Archivo del Colegio de Vizcaínas.

Es importante hacer notar que parte de ese trabajo se hacía en ese local que era la accesoria habitacional (taza y plato del XVIII), hogar-taller que no disgregaba a la familia. Sin embargo, esto no ocurría siempre, pues muchas mujeres trabajaban en fábricas, como las de cigarros, en las de hilados y tejidos; también como enfermeras en todos los hospitales de México, como maestras en sus escuelas "Amigas" y en las casas particulares como maestras de primeras letras y de música. No es posible a la altura en que están ya los estudios sobre las mujeres novohispanas y las publicaciones hechas, minimizar la acción materna en el sostenimiento de la familia.

El estado de viudez daba a la mujer una gran libertad de acción que compartía en responsabilidad con el hijo mayor o la hija mayor y el yerno.

Primeramente señalaremos que las viudas eran altamente apreciadas como buenos partidos, pues los bienes propios y los heredados del marido les daba una posición económica que superaba a la dotación usual de las doncellas. Por esto las vemos casarse una y otra vez, sobre todo en el siglo XVI.[24]

La libertad en el manejo de sus bienes dio oportunidad a las más pudientes de establecer con ellos numerosas "obras pías" y convertirse en patronas de instituciones y mecenas de los artistas.[25]

Para proteger de la miseria a las viudas carentes de recursos y sus hijos, la sociedad estableció formas de hacerlo, como fueron las cofradías gremiales, que pasaban una pensión a la viuda pobre con hijos menores, a los huérfanos les daba también ayuda económica mientras aprendían un oficio y a las doncellas huérfanas las dotaban para que pudieran casarse.[26]

---

[24] Guillermo Porras Muñoz, *El gobierno de la ciudad de México en el siglo XVI*, México, UNAM, Instituto de Investigaciones Históricas, 1982, pp. 175-478.

[25] Ejemplos de ello son doña Beatriz de Miranda, viuda del Apartador de Oro de la Casa de Moneda que dio los dineros con que se edificó en 1667 la iglesia del convento de Balbanera; doña Isabel Barrera patrona con su marido, el generoso Simón de Haro, del convento de la Concepción, quien, al morir éste en 1655, edificó a su costa la parroquia de Santa Catarina en 1662. El noviciado jesuita de San Andrés, edificado en 1665 se debió a la viuda doña María de Aguilar y Niño. El convento de San Jerónimo, fundado en 1585 se debió a la viuda doña Isabel de Guevara. Y la marquesa de Selva Nevada ya de viuda estableció a su costa el convento de las Carmelitas de Querétaro en el siglo XVIII. Dulce nombre de Jesús, dado con este y otras muchas obras oportunidad a don Manuel Tolsa de lucir su genio como arquitecto. Muriel Josefina, *Conventos de Monjas en la Nueva España*, México, Editorial Santiago, 1946 y *La marquesa de Selva Nevada, sus conventos y sus arquitectos*. México, UNAM, Instituto de Investigaciones Históricas, 1970.

[26] Manuel Carrera Stampa, *Los gremios mexicanos*, México, Ediapsa, 1954, pp. 113-122.

También se erigieron para su protección dos grandes colegios, el de San Miguel de Belem y el de Las Vizcaínas, orientados al amparo de las viudas. Existieron además en todas las provincias "obras pías", cuya finalidad era sostenerlas y aun enterrarlas.

Algunas ordenanzas de ciudades, como por ejemplo las de Zacatecas, dispusieron que los vecinos de cada manzana se ocupasen de ayudar a las viudas, les proporcionasen materiales de trabajo y tomasen a su cargo a los niños huérfanos.

d) Los hijos. En la familia novohispana los hijos tenían distintas prerrogativas y responsabilidades de acuerdo al lugar que ocupan en ella y aun al sexo.

En cuanto al hijo mayor, su preeminencia estaba legalizada en las clases social y económicamente poderosas por la institución del mayorazgo. Esto le aseguraba a él y a sus propios descendientes el goce total de una fortuna indivisible representada en los bienes vinculados y a la cual los demás hermanos no podían tener acceso. Los demás hijos heredaban los bienes libres del vínculo.

El primogénito además de bienes, títulos y preeminencias heredaba responsabilidades. Las responsabilidades de los hijos mayores, comunes en todas las clases sociales, eran velar por el sustento de la familia, por esto administraba el patrimonio familiar, ya se tratase de modestas o de grandes fortunas. El primogénito cuidaba el buen nombre de la familia, el honor de las hermanas, procuraba los buenos matrimonios, dotes para ingresar a conventos o tenerlas bajo su custodia si permanecían solteras.

Los hermanos menores respetaban al mayor como imagen paterna. Por ello aunque al casarse formaran su propia familia nuclear, los hermanos, tíos de sus hijos seguían formando con él la familia en sentido amplio.

Esta unión entre los miembros de ella tuvo una importancia que se manifestó en las grandes organizaciones económicas que se constituyen como empresas familiares tanto en la minería como en el comercio, en la agricultura,[27] en las obras sociales, religiosas y aun en la arquitectura civil de las ciudades, en la cual el característico entresuelo responde a la necesidad de albergar en un mismo inmueble a toda la

---

[27] D.A. Brading, *Mineros y comerciantes en el México borbónico (1763-1810)*, México, Fondo de Cultura Económica, 1975. John E. Kicza, *Empresarios coloniales, familias y negocios en la ciudad de México durante los borbones*, México, Fondo de Cultura Económica.

"familia", en el sentido amplio. Disposición arquitectónica que podemos ver en las grandes residencias que aún quedan en México y algunos estados.

Había otros hijos, los ilegítimos, los que no formaban parte de la familia, los que habían nacido fuera del matrimonio.

Éstos tenían en la sociedad novohispana un lugar reconocido social y jurídicamente. Era éste un reconocimiento que no entrañaba la equiparación con el legítimo, pero que sí daba al hijo el sitio que le correspondía de acuerdo a su dignidad de persona e importancia del progenitor.

El bastardo podía ser reconocido por el padre como tal, y aun ser legitimado por el papa y por los obispos. Esta legislación les daba derecho a ascender a las altas dignidades eclesiásticas, oficiales y aun títulos y herencias.

El elevado número de hijos naturales no reconocidos, o "hijos de la iglesia", título con el que aparecen en los registros parroquiales, nos está indicando que la sociedad colonial a pesar de sus bases de fe y moral cristiana, tenían sus grandes fallas humanas, aunque la tónica familiar nunca fue amoral. Fue humilde y valiente a la vez para reconocer sus faltas y puso asimismo los medios para repararlas, ya fuera personalmente o creando instituciones que subsanaran sus errores y dieran mayor solidez a la familia. De entre ellas para los "hijos de la Iglesia" y huérfanos se establecieron durante la colonia casas de cuna en la ciudad de México y capitales de provincia, por ejemplo Nuestra Señora de los Desamparados de México, siglo XVI; San Cristóbal en Puebla, siglo XVII; Hospicio Ruiz Cabañas en Guadalajara, siglo XVIII, etc., a las que se suman los departamentos de huérfanos anexos a numerosos hospitales. Para las mujeres se crearon: Las casas de Recogidas, para mujeres que estaban tramitando divorcio (separación diríamos hoy) Ejemplo la Misericordia de la Ciudad de México, y las casas de Recogidas para mujeres culpadas, como La Magdalena de México, Santa María Egipciaca de Puebla, la de San Luis Potosí, etcétera.[28]

---

[28] Josefina, Muriel, *Los recogimientos de mujeres*, México, UNAM, Instituto de Investigaciones Históricas, 1974.

MATRIMONIO Y BIGAMIA EN LA CAPITAL DEL VIRREINATO. DOS ALTERNATIVAS QUE FAVORECÍAN LA INTEGRACIÓN DEL INDIVIDUO A LA VIDA FAMILIAR SOCIAL

DOLORES ENCISO ROJAS
INAH

En esta ocasión analizo tres casos de bigamia acaecidos en la ciudad de México, durante el siglo XVIII. Y dado que los bígamos se casaban sucesivamente en forma lícita e ilícita, con estos ejemplos muestro cómo el matrimonio era una opción que les permitía la formación de una familia y la vinculación social o familiar con nuevos grupos de personas. También explico cómo, para estos maridos, la bigamia se convertía en una alternativa que les posibilitaba la reincorporación a la vida conyugal, familiar y social.

El casamiento ante la Iglesia, además de ser un evento santificado y un acto socialmente memorable, era el medio de que se valían los bígamos para vivir familiarmente y relacionarse con las personas que les rodeaban. El sacramento del matrimonio podía administrarse a todos los fieles cristianos sin importar la etnia o el estatuto socioeconómico. Y según los mandatos establecidos por el Concilio de Trento, para celebrar un matrimonio se debían seguir uno a uno los pasos de un ritual que, entre otras cosas, fijaba la participación de testigos en la información matrimonial y permitía la intervención de padrinos en la ceremonia del casamiento.[1]

---

[1] "Doctrina sobre el sacramento del matrimonio", en *El Sacrosanto y Ecuménico Concilio de Trento*, tr. Ignacio López de Ayala, según la edición auténtica de Roma publicada en 1564. París, Librería de Rosa y Bouret, 1857, pp. 300-302. Todos los aspectos normativos de la doctirna y del ritual matrimonial cristiano quedaron definidos a partir de Trento. En este Concilio también se establecieron una serie de recomendaciones, como por ejemplo,

Por supuesto que al testificar o apadrinar se aceptaba una responsabilidad ante la Iglesia y la sociedad, pero también se adquiría una distinción muy especial que honraba por igual a testigos, padrinos y novios. Así las cosas, al cumplir con la información, las amonestaciones, el casamiento y la velación, la pareja se integraba al grupo de los "bien casados" cuyos testigos y padrinos daban fe de la legitimidad del matrimonio celebrado de acuerdo al ritual. Estos cónyuges podían ostentar el estatuto de esposos legítimos, y cuando iniciaban la convivencia conyugal no tenían tropiezos ya que sus familiares y vecinos aceptaban con beneplácito que hicieran "vida maridable" y "que se tratasen como marido y mujer públicamente".

Pero aunque la convivencia marital de los cónyuges era uno de los preceptos fundamentales del sacramento del matrimonio, ciertos esposos como los futuros bígamos, no acataban esta disposición. Las evidencias históricas localizadas en los procesos inquisitoriales contra la bigamia, nos permiten confirmar que en las parejas estudiadas, los maridos vivían temporal o definitivamente separados de las esposas. Y a pesar de las normas civiles y eclesiásticas, no existía autoridad capaz de reunir a los compañeros distantes. Sin duda, la separación voluntaria o involuntaria del marido puede considerarse como una conducta que generaba el rompimiento con las raíces familiares propias y con la familia que se había fundado a partir del matrimonio.

Cabe aclarar que el desarraigo hacia la relación familiar se registraba con mayor frecuencia entre la población masculina. El matrimonio cristiano sólo podía celebrarse entre un hombre y una mujer y ordinariamente no se permitía la anulación del vínculo, por lo tanto, era delito contraer un nuevo matrimonio estando vigente el primer enlace. Resulta evidente que por la rigidez de las normas, los bígamos desplegaban actitudes paradójicas y para cumplir con el ritual, violaban los fundamentos del sacramento del matrimonio.

Estos infractores, eran esposos que sin enviudar se casaban dos o más veces, transgredían los preceptos matrimoniales para vivir integrados a un núcleo social determinado, aparentando ser fieles cristianos que cumplían los mandatos del sacramento del matrimonio. Conviene destacar que, para estos maridos transgresores era importante aparentar el estatuto de cónyuges legítimos aunque, en su fuero interno, estuvieran conscientes del delito cometido.

---

el evitar la convivencia íntima de los desposados hasta que éstos santificaran su unión ante la Iglesia. También se respetó la costumbre de apadrinar los matrimonios.

Así pues, a partir del comportamiento típico de los bígamos, o sea, el cumplimiento de las formalidades externas y la violación de los mandatos profundos del sacramento del matrimonio, analizo la importancia que tenía el cumplimiento del ritual matrimonial para ciertos grupos de familias. También examino cómo mediante este evento el individuo se integraba al grupo de los esposos cristianos y fieles creyentes. Para este trabajo seleccioné el ejemplo de un mestizo, un criollo y un peninsular, pero quiero subrayar que, en todos los casos de bigamia se manifestaban las características anteriormente señaladas.

Matrimonio e incorporación a la vida familiar y social

Tengo presente que las tres historias conyugales analizadas tuvieron un desenlace desafortunado pues los bígamos fueron procesados por el Tribunal del Santo Oficio. Pero como los pormenores de sus juicios corresponden a otra temática, me concreto a mencionar lo relacionado con los lances matrimoniales del mestizo José de la Peña, del criollo Antonio Ramírez de Prado y del peninsular José Pérez de Ayala.[2] Afortunadamente de ellos se tienen suficientes datos. Por eso se sabe que el mestizo José nació en Coyoacán en el año de 1682. Por su parte, el criollo Antonio era originario de Puebla y había nacido por 1716. En cuanto al peninsular José Pérez de Ayala, oriundo de Melexis en el obispado de Granada, su nacimiento y bautizo se consignaron en el año de 1698.

Se sabe que, según los mandatos conciliares la vida matrimonial se iniciaba por la libre decisión de los contrayentes. Pero en algunos casos los desposados eran presionados por imperativos de diversa índole y por ello llegaban al altar. Tal cosa ocurrió a los personajes cuyas vidas analizo. En primer término veamos lo acontecido al mestizo José. Cuando tenía 19 años conoció a Josefa Antonia Saldaña, una doncella de 10 años, originaria del pueblo de Tololapan perteneciente a Chalco. El encuentro se efectuó en Coyoacán ya que la joven estaba viviendo temporalmente en casa de unos parientes suyos.

Como Josefa Antonia regresó a vivir al lado de sus padres, el mestizo José decidió ir a pedirla en matrimonio y en compañía de sus

---

[2] Los procesos analizados en este trabajo se localizan en el Archivo General de la Nación, Ramo de Inquisición. En el v. 782, leg. 2, f. 6-75 se localiza el proceso contra José de la Peña; en el v. 811, leg. 2, f. 120-215 el del peninsular José Pérez de Ayala; y en el v. 1341, leg. 6, f. 2-111 está el proceso contra Antonio Ramírez.

progenitores se dirigieron a Tololapan para solicitar la mano de la novia. Pero el padre de la joven se opuso y ante la negativa ambos prometidos aparentaron acatar la orden. Para entonces Josefa contaba con 11 años. Tiempos después, por 1701 sobrevino la fuga y la pareja se dirigió a Coyoacán, alojándose por una noche en el hogar de los padres de José. Al día siguiente, en compañía de un hermano del mestizo, partieron con rumbo a la ciudad de México en donde permanecieron ocultos.

Por iniciativa de los padres de la joven se les localizó y fueron denunciados ante las autoridades eclesiásticas del Provisorato, que intervinieron rápidamente ordenando la aprehensión de la pareja. Al cumplirse la disposición a ella se le colocó en "las Recogidas" y a él en la "Cárcel Eclesiástica". Sin duda el objetivo de la detención era la celebración del matrimonio, ya que los preparativos para casarlos se hicieron con toda rapidez, y por ello ambos fueron liberados. La boda se celebró el 19 de febrero de 1702 en el Sagrario de la Catedral de México.

El caso del criollo Antonio Ramírez es distinto; sin embargo, en él también se perciben ciertos imperativos que lo condicionaron para el matrimonio, veamos cuáles fueron. Los padres y parientes de este criollo radicaban en Puebla ahí, siguiendo la tradición familiar, los varones se dedicaban a la sastrería lo que les permitía vivir con desahogo. Cuando Antonio tenía 10 años, se alejó del hogar paterno, según parece, movido por el espíritu aventurero de un primo suyo. Ambos caminantes se dirigieron a Veracruz, finalmente se establecieron en el puerto de Alvarado y ahí trabajaron un tiempo como ayudantes de sastre, más tarde aprendieron el oficio de pescador. Al no querer seguir la aventura de su primo, Antonio permaneció en Alvarado viviendo arrimado con algún pescador o en el sitio donde se destazaba el pescado.

El criollo vivió cerca de 7 años en condiciones lamentables y cuando tenía aproximadamente 17 años, el 24 de junio de 1733 contrajo matrimonio con una viuda que, al parecer de los vecinos, le doblaba la edad. El difunto marido de esta "parda libre" había sido un pescador de cierto caudal y a su muerte, la viuda heredó algún dinero y una casa, lo que le permitió vivir con desahogo. Las evidencias nos permiten afirmar que Antonio decidió unirse en matrimonio con la viuda María de la Cruz Valdivia porque no tenía más hogar que "las pesquerías". Y como el trabajo que desempeñaba era mal remunerado tampoco tenía recursos económicos, así con el enlace logró una vida familiar, pero sobre todo un sitio donde habitar y un beneficio económico.

Del peninsular José Pérez de Ayala, se sabe que él y su familia gozaban de cierto prestigio en Melexis. A la muerte de la madre el caudal y los bienes de ella pasaron a ser herencia de los hijos, en tanto el marido quedó como albacea. Ya viudo, don Juan Pérez de Ayala decidió abrazar el sacerdocio llegando a ser presbítero de su pueblo y quería que su hijo José siguiera sus pasos. Pero las inquietudes del joven lo llevarían por otros caminos ya que él no tenía la intención de iniciar su preparación sacerdotal. Así cuando tenía 20 años sostuvo una "ilícita amistad con Salvadora Román".

Salvadora Román era una viuda de 40 años, cuyo finado marido por ser comerciante y productor de azúcar había logrado reunir una buena fortuna. A la muerte del esposo, la mujer heredó un capital considerable y varias propiedades, una de ellas destinada a la renta de viviendas y otras al cultivo. La viuda aceptaba la relación íntima con el mozo. Pero un día, aparentemente Salvadora enfermó de gravedad, a tal punto que se temió por su vida. Ante tales sucesos, su sirvienta más cercana organizó los preparativos para que se celebrara el enlace "en artículo de muerte para que su ama no muriera en pecado", celebrándose el matrimonio el 21 de julio de 1718 en la casa de la moribunda, que sanó días después del enlace.

Sin duda, la presión moral que se ejerció sobre José influyó en su ánimo y por ello decidió casarse con la supuesta moribunda, pues años después declaró que "la razón por la que se casó con doña Salvadora Román, estando en cama... fue por la de estar con dicha señora en mal estado y hallarse en peligro de muerte". Pero no se debe soslayar que el mozo carecía de capital ya que su padre controlaba la herencia, y en tales condiciones, el matrimonio con la enferma acaudalada representaba una oportunidad para disponer de algunos recursos económicos.

A partir de los ejemplos seleccionados hemos visto cómo mediante el matrimonio eclesiástico los individuos se agrupaban familiar y socialmente, o bien cómo se reconciliaban con la grey católica. También observamos cómo se casaban para dejar de "estar en mal estado" o porque así lo habían decidido. De lo antes mencionado nos interesa destacar que, al santificar y legalizar su unión, las parejas ya formaban parte del grupo de los "bien casados", es decir de los esposos legítimos cuyos derechos y obligaciones estaban sancionados por la Iglesia, la Corona y por el consenso de la comunidad.

En algunas familias el cumplimiento del ritual matrimonial y de la ceremonia del casamiento eran la única forma aceptada para la formación de una nueva familia. Sin este antecedente las parejas no tenían la venía para hacer vida conyugal, ya que a los padres se les otorgaba el poder para obligar a los vástagos a legalizar públicamente su relación marital. Por otra parte, el matrimonio eclesiástico era un acto que daba lustre social a la pareja de recién casados y a sus familiares. De ahí que, en ocasiones se presionara a los enamorados renuentes para que llegaran ante el altar según lo mandaba "la Santa Iglesia Católica".

Es evidente que en la legalización de la vida matrimonial tenían injerencia distintos poderes y que la santificación de la unión se hacía públicamente. Pero la vida íntima de los esposos era privada, por ello, en la resolución de las vivencias conyugales de la pareja poco figuraba la autoridad paterna y era nula la intervención de los magistrados eclesiásticos y reales. Por lo tanto, los cónyuges eran los que decidían vivir unidos y "aceptar las pesadas cargas del matrimonio", o por el contrario separarse, aunque con ello infringieran los preceptos de la convivencia conyugal, del respeto mutuo o de la protección.

Entre los futuros bígamos, la convivencia marital legítima duraba algún tiempo. Pero en su caso, era imposible lograr la separación legal, porque no existía motivo alguno para permitirles la disolución del vínculo matrimonial. Por eso, estos maridos elegían la separación y el consiguiente abandono de la esposa. Veamos cómo actuaron los tres maridos cuyas vidas narramos.

El mestizo José de la Peña instaló su hogar en Coyoacán cerca de sus familiares y después lo trasladó a Xochimilco. La convivencia marital duró tres años y se distinguió por los malos tratos que el marido daba a la joven compañera. Después de ciertas desavenencias el mestizo abandonó a su esposa y emigró a la ciudad de México. Ella fiel a los preceptos matrimoniales siguió el rastro del marido e intentó la reconciliación, pero todo fue en vano. Así ambos cónyuges permanecieron en la capital haciendo vidas independientes.

Algo semejante ejecutó el criollo Antonio Ramírez en el puerto de Alvarado. Casi al año de casado se endeudó y sin decir nada a María de la Cruz se alejó de su lado, sin importarle la situación comprometida de la esposa. Ella tuvo que pagar la deuda, por ello perdió la casa que había heredado y ya sin caudal no pudo investigar el paradero del marido. En tanto el criollo se dirigió a la capital del virreinato en busca de su hermano mayor, que para entonces ya estaba instalado en la ciudad de México.

En su terruño, el peninsular José Pérez de Ayala también tenía diferencias con su esposa. La herencia de Salvadora Román fue malgastada por el marido que vendió "la casa de vecindad" e intentaba rematar las últimas propiedades. Este hecho motivó la intervención de los hermanos de Salvadora, que se opusieron a la transacción. El joven marido se alteró y al pelear con ellos hirió a uno. Ante el temor de ser encarcelado, en compañía de su esposa huyó a Granada y ahí la abandonó. El se trasladó a Cádiz y se enroló como soldado en un navío que tenía por destino la Nueva España.

Notemos que la convivencia conyugal de estas parejas eran un tanto frágil y que el varón podía abandonar fácilmente a la esposa. Esto sucedía en la Nueva España y en la Metrópoli porque, en ambos sitios los maridos sabían que no existía autoridad civil o eclesiástica que tuviera el poder para obligarlos a reunirse con sus compañeras. Estos hechos nos permiten destacar los límites de los mandatos matrimoniales y los de la autoridad familiar, ya que en asuntos maritales sólo los interesados decidían la continuación de la convivencia conyugal o la separación temporal o definitiva.

BIGAMIA E INTEGRACIÓN A UN NUEVO GRUPO FAMILIAR Y SOCIAL

El futuro bígamo, al abandonar a la esposa, desintegraba la familia que había fundado al recibir el sacramento del matrimonio. Ahora siguiendo el rastro de los tres maridos los localizamos en la ciudad de México, en donde cometerían el delito de "dúplice matrimonio". Pero antes de continuar con la narración de las andanzas conyugales de estos esposos, conviene mencionar que, en el candidato a bígamo era una persona que al arribar a una región desconocida se adaptaba fácilmente al medio social imperante.

Poco se sabe de lo ocurrido al mestizo José de la Peña durante 19 años, sólo se tienen algunas referencias de su actividad laboral como "cuidador de llaves en la Cárcel Real" y como sobreestante de obras". También se tienen noticias sobre su relación amistosa con personas de origen hispano y del cambio de su apellido. En 1724, se hacía llamar "José de Olivera" y contaba aproximadamente con 44 años de edad.

Por ese tiempo conoció a María Gómez, una criolla pobre que tenía 20 años. Ambos mantuvieron "una ilícita amistad" por varios meses. José pretendía casarse con ella pero el padre de la joven se opuso. Como él no estaba dispuesto a separarse de ella, decidió engañarla diciéndole que era hombre soltero que "tenía casas en diferentes pueblos de estas cercanías y doscientos pesos en dinero, y con ello facilitó el sacarla de la casa de sus padres y llevarla a otra, tres días".

Después de la fuga los familiares de María emprendieron la búsqueda. Al ser localizados, a María se le depositó en la casa de uno de sus hermanos, de oficio "soldado de a caballo"; en tanto, José realizaba las diligencias para el casamiento. Obviamente actuó presionado por los familiares de la criolla y principalmente "para que los hermanos de María Gómez no le persiguiesen y ocasionasen el que perdiese su conveniencia". María desde su depósito presentó la información matrimonial y en ella declaró que "se quería casar con José por serle deudor de su virginidad", celebrándose la boda el 20 de marzo de 1725 en el Sagrario de la Catedral.

El criollo Antonio Ramírez se instaló cerca de la vivienda de su hermano mayor y trató de ocultar su enlace, haciéndose pasar por soltero; sin embargo, el hermano escuchó algunos rumores del primero enlace de Antonio. Se sabe que por 1735, Antonio Ramírez entró en contacto con José Díaz, un criollo citadino dedicado a la crianza de vacas que también era propietario de "mulas de recua". Este ganadero tenía varias hijas y una aún estaba soltera. Los testimonios indican que el inicio de la amistad fue el trabajo y como Antonio resultó buen empleado, se pensó en él como un excelente candidato para yerno. Motivo por el cual el patrón le propuso mejoras en su relación laboral y el matrimonio con la hija soltera.

Antonio aceptó y se iniciaron los preparativos de la boda. Al saber esto su hermano mayor se entrevistó con los padres de la desposada y les comentó lo que sabía, pero por falta de recursos no pudo comprobar su dicho. La duda quedó en el ánimo de los progenitores de María Díaz, y por ello cancelaron lo hecho y se opusieron al enlace.

A pesar del despido laboral y de la inconformidad manifestada por los padres de la joven, la pareja siguió con el noviazgo. Con la plena aceptación de ella tuvieron relaciones premaritales. Después de esto, Antonio solicitó el depósito de la desposada, en casa de unos familiares que, reprobaban la oposición, les ayudaron en sus planes. En tanto, él realizaba los trámites para la información matrimonial y preparaba la ceremonia del enlace que se efectuó el 5 de noviembre de 1736 en la Santa Veracruz.

A pesar de la duda los padres de María no impidieron la boda, sin embargo, evitaron cualquier comunicación con la pareja que se esforzaba por lograr el perdón y, para ello, recurría a intermediarios. La relación conyugal duró casi cuatro años y durante ese tiempo la pareja se distinguió por su armonía y su fervor cristiano, sobre todo Antonio, que ayudaba en los oficios eclesiásticos y pugnaba por demostrar que era "caritativo y fiel cristiano", buen marido y amoroso padre de tres hijas.

El peninsular José Pérez de Ayala, después de desembarcar mediante ciertas argucias logró dejar el servicio en el ejército y se dirigió a la capital del virreinato. Para 1721 ya se encontraba en la urbe y se había relacionado con criollos dedicados al negocio de la cerería. En noviembre de ese año, se presentó en la Catedral y aparentando ser un peninsular soltero de apellido "Bilchis" solicitó se le recibiera la información matrimonial para contraer enlace con doña Juana Antonia de Vargas y Astudillo, hija de un criollo acaudalado que comerciaba la cera. El peninsular José tenía 25 años y doña Juana 22, y era la única soltera de su familia. Debido a la condición social de la novia, ella y sus testigos rindieron el testimonio de la información matrimonial en el domicilio de la desposada y el enlace se efectuó el 14 de diciembre de 1721 en la casa de un amigo de los familiares de la novia.

Doña Juana llevó dote al matrimonio y desde el inicio de su vida conyugal "no le conoció oficio alguno" a su marido, motivo por el cual la pareja de recién casados permaneció en el domicilio del suegro. A pesar de la vigilancia del padre de doña Juana, el marido malgastó la dote y se endeudó frecuentemente. Más aún, en varias ocasiones intentó hacer negocios con la venta de cera, aprovechando la cercanía de alguna festividad religiosa y como referencias para lograr algún crédito informaba ser "hijo de don Alonso de Astudillo por haberse casado legítimamente con su hija doña Juana".

Cerca de tres años vivieron maritalmente y en ese lapso procrearon una hija. Pero los malos manejos de dinero siempre estuvieron presentes y después de disponer de mil pesos del suegro y perderlos en el juego, José abandonó el hogar y se retiró a Taxco. Él, pretendía radicarse en Zacatecas y llevarse a su mujer e hija, pero el suegro se lo impidió y doña Juana estuvo de acuerdo porque "no a de volverse con él hasta que tenga forma de mantenerla".

Dejamos en este punto la narración de las vivencias de los tres maridos transgresores; y con base en lo anteriormente expuesto destacamos que, para los bígamos era importante ser reconocidos por la comunidad como fieles cristianos que se unían en matrimonio y formaban una familia. También subrayamos que a partir del cumplimiento del ritual matrimonial y de la ceremonia eclesiástica los bígamos se reincorporaban a la vida familiar y social.

Sin duda, los bígamos aceptaban casarse ilícitamente a sabiendas de que tal comportamiento era delictivo. Pero no debemos perder de vista que lo hacían presionados por imperativos de diversa índole como, por ejemplo, el haber dado palabra de matrimonio a una doncella con el fin de tener relaciones carnales; el querer lograr el beneficio económico y el afecto de una familia; o el necesitar de la dote y fortuna de la futura esposa para solventar los requerimientos urgentes; o necesitar de los cuidados femeninos y de la convivencia familiar para sobrevivir.

En fin, notemos que para estas familias novohispanas era imprescindible el matrimonio, por ello propiciaban el enlace de las hijas solteras. También es digno de señalar que, a pesar de las disposiciones canónicas tendientes a impedir los matrimonios ilícitos, los bígamos eludían fácilmente tales medidas preventivas. Las circunstancias anteriormente mencionadas las vimos claramente con los tres casos de bigamia. De igual manera, nos percatamos del silencio que en ciertos casos guardaban los familiares de los novios, que faltando al deber cristiano, no acudían ante la autoridad eclesiástica para informar de la posible existencia de un impedimento canónico.

Conclusión

A partir del análisis de las andanzas conyugales de los bígamos apreciamos que, para ellos y para sus cónyuges, el matrimonio ante la Iglesia era el medio que les permitía seguir siendo parte activa de la grey católica con todos los derechos y obligaciones de los esposos legítimos. Algunas parejas al dejar de "vivir en mala amistad" se reconciliaban con la Iglesia, con sus familiares y con la sociedad. Otras, simplemente seguían fieles a los mandatos eclesiásticos que les habían inculcado.

Para estas parejas y los familiares de ambas partes, el ritual matrimonial era el paso obligado para formar una familia, procrear o ejercer los derechos de una herencia o una dote. Por otra parte, el ritual matrimonial también era una forma de comunicación familiar y social, ya que los novios y los familiares de éstos se relacionaban entre sí con nuevos lazos de parentesco. Además los novios se vinculaban amistosamente con aquellos que atestiguaban en la información matrimonial y fincaban relaciones de parentesco espiritual con las personas que participaban como padrinos.

El comportamiento característico de los bígamos llevaba implícita una paradoja, pues este esposo transgredía los preceptos de la unicidad indisolubilidad, convivencia conyugal y protección a la prole; y simultáneamente, aparentaba ser un fiel creyente que se unía en matrimonio. Así sólo cumplía con el ritual matrimonial y violaba los fundamentos del sacramento del matrimonio.

Para finalizar subrayo que el bígamo era una persona adaptada al medio social imperante, que acataba y desvirtuaba las normas matrimoniales según su conveniencia. Así, ante el fracaso de la relación conyugal legítima y la imposibilidad de disolver el vínculo matrimonial, se veía en la urgencia de manipular las normas vigentes. En síntesis, la conducta delictiva manifestada por el bígamo era una vía alterna que le posibilitaba la reincorporación a un nuevo grupo familiar y social.

III
LA CREACIÓN DEL ENTORNO FAMILIAR

DE LA "FAMILIA INTERRUMPIDA" A LA FAMILIA NOVOHISPANA. FORMACIÓN Y TRANSFORMACIÓN DE LA FAMILIA URQUIDI DE CHIHUAHUA

MARÍA URQUIDI

> Entre el americano y el europeo tiene que haber siempre una diferencia fundamental. Mientras que el europeo presenta con orgullo las obras acabadas de su civilización ...el americano se detiene en los indicios de la vida que nace.
>
> GERMÁN DE ARCINIEGAS, *América, tierra firme*

Cuando se habla de la familia criolla novohispana hay que pensar que en términos generales ésta se inició como resultado de un rompimiento generalmente radical con el orden establecido; es decir que a diferencia de las familias españolas o europeas de la época, en las que se sucedían las generaciones dentro de una comunidad o región, y en las que los miembros de unas familias se casaban con miembros de otras familias vecinas y establecían a su vez nuevas familias que se interrelacionaba, etc., en la Nueva España tuvieron que nacer en un medio desgajado en el que las interrelaciones familiares y comunitarias estaban desenchufadas, por así decirlo.

En esa gran aventura que fue la creación de una Nueva España en este continente, las familias no llegaron ya hechas; no vinieron, salvo en raras excepciones, en unidades tradicionales compuestas de padre, madre, hijos, tíos, y abuelos. En la generalidad de los casos, quienes vinieron al nuevo continente fueron personas que, precisamente porque habían roto radicalmente con la comunidad familiar de su lugar de origen, tuvieron que empezar por crear nuevas unidades familiares.

Sin embargo, una vez iniciada o formada la nueva familia, ésta empezaba a adquirir y a reproducir, en una segunda etapa y con las modificaciones que dictaba este nuevo medio, las principales características de su contraparte en España, produciendo a veces cambios aparentemente contradictorios en los intereses y actividades de la familia fundadora. Tal, por lo menos, es lo que se desprende de un análisis de la familia Urquidi de Chihuahua, que es a la que me refiero en esta ponencia.

La familia a la que se refiere este trabajo, en el lenguaje común, "viene" de Chihuahua. En términos de las familias novohispanas,[1] esto quiere decir que la familia Urquidi se estableció en Chihuahua en la época de la Colonia.[2]

Pero ¿qué hay tras este comentario lacónico? ¿Qué significa que una familia se establezca en Chihuahua —o en cualquier parte de este continente— en la época de la Colonia, y especialmente en los siglos XVI a XVIII? ¿Significa acaso que una familia entera, o sea una unidad familiar, se transportó de alguna parte de España (en este caso Vizcaya) al Nuevo Mundo, sentó sus reales y, haciendo ajustes para adaptarse al nuevo medio, siguió desenvolviéndose familiarmente como lo hacía en su lugar de origen?

Toda la información histórica indica que, salvo en contadas excepciones, no fue eso lo que ocurrió en la América hispana (ni en la anglosajona ni en la francesa). Lo que nos dice la historia es que quienes se trasladaban del Viejo Mundo al Nuevo eran personas aisladas: muchos hombres, menos mujeres,[3] generalmente muy jóvenes y casi siempre solteros, que se separaban de sus unidades familiares para cruzar el océano y llegar, cada quien persiguiendo su propia quimera, a estas lejanas tierras.[4]

---

[1] En este trabajo me refiero exclusivamente a familias criollas, o que por lo menos en su inicio novohispánico fueron criollas. Las familias que se iniciaron como mestizas tienen otras características especiales que son del dominio de otros investigadores, entre los que se cuentan Eva A. Uchmany, "El mestizaje en el siglo XVI novohispano", *Historia Mexicana*, núm. 145, 37:1 (julio-septiembre de 1987), pp. 29-48; Magnus Morner, *Race Mixture in the History of Latin America* (Boston: Little Brown, 1967), y muchos otros.

[2] Aunque propiamente dicho la familia Urquidi se fundó en el XVIII al casarse Agustín de Urquidi con Bárbara Jugo, me remonto a sus orígenes en el siglo XVII para incluir a las familias Orrantia y Jugo que son el antecedente de la de Urquidi.

[3] Arciniegas, *op. cit.* (p. 147) dice que "duda bastante de que corrieran a meterse entre las barcas de las más pulidas y remilgadas señores de la península. En un principio sólo viajaron los varones... Pero luego sí fueron llegando pandillas de cinco, de diez, de veinte mozas...". Sería interesante que se estudiara a fondo esta cuestión.

[4] William A. Douglass y Jon Bilbao, *Amerikanuak, Basques in the New World* (Reno,

Estas personas por lo regular no volvían a su lugar de origen, o sea que no se reincorporaban al núcleo familiar del cual se habían desprendido; ni hacían venir más adelante a todos los demás miembros de su familia inmediata, excepción hecha de un pequeño porcentaje de personas ya casadas que después mandaban por sus cónyuges.

Es comprensible que una vez abierta la brecha ya no se reunificara de uno u otro lado del Atlántico la familia desmembrada.[5] Los que ya se habían establecido aquí generalmente tenían intereses diversos a los de sus allegados en España, y en cuanto a traer acá al grupo medular de la familia de origen, aun en el caso de que ésta quisiera desarraigarse, simplemente en términos de costo y viaje, era toda una odisea venir al Nuevo Mundo.

Pero a pesar de las dificultades del viaje, existe otro elemento que habría que tomar en cuenta de haber sucedido que algunas o muchas familias enteras se hubiesen trasladado al Nuevo Mundo, y éste es que una familia no se compone únicamente de las personas que viven bajo un mismo techo, ni es una entidad totalmente aislada de otras entidades semejantes.[6] Coinciden en este punto Burguiére y Goodi. El primero dice que la familia "se define igualmente por las relaciones entre los cohabitantes como por las que mantienen éstos con el vecindario", y el segundo piensa que aunque se compone de personas individuales, la familia es parte de una red social más amplia; y que sólo puede perdurar aquélla si cuenta con una comunidad de apoyo, o sea esa amplia red social.[7]

Nevada: University of Nevada Press, 1975), pp. 342-343, dicen que la mayoría llegaba contando entre 15 y 20 años.

[5] No me refiero aquí a los hermanos, primos, sobrinos, ahijados que llegaban después a auxiliar a los que ya se habían establecido, o a buscar su propia fortuna bajo los auspicios de éstos; según dice Pierre Lhande en su trabajo sobre *L'Emigration Basque*, 1909 (en William A. Douglass y Jon Bilbao, *Amerikanuak, op. cit.*, pp. 342-343) para ser un vasco auténtico se necesita, entre otras cosas, tener un tío en América. Edith Boortein Couturier (*La hacienda de Hueyapan, 1550-1936*, México: SepSetentas 103, 1976, p. 30) habla de los hombres que llegaban sin contactos importantes y sin fortuna, para apegarse a la economía familiar de algún compatriota más afortunado, para convertirse en criados o dependientes.

[6] Para algunos estudios interesantes sobre la familia véanse por ejemplo, Michael Anderson, *Approaches to the History of the Western Familiy, 1500-1914* (London: Macmillan, 1980); Larissa Adler Lomnitz y Marisol Pérez-Lizaur, *A Mexican Elite Family, 1820-1980: Kinship, Class, and Culture* (Princeton, N.J.: Princeton University Press, 1987); Christopher Lasch, *Haven in a Heartless World: The Family Besieged* (Nueva York: Basic Books, 1977); y Peter Laslett, *Family Life and Illicit Love in Earlier Generations* (Cambridge: Cambridge University Press, 1977).

[7] André Burguière, "La historia de la familia en Francia, problemas y recientes aproximaciones", en *Familia y Sexualidad en Nueva España*; memoria del primer simposio de historia de las mentalidades (México: Fondo de Cultura Económica, 1982), p. 17; y William

Entonces, si se quisiera pensar en la familia novohispana en términos de una simple proyección de la familia española, o de una familia española trasplantada al Nuevo Continente, y haciendo caso omiso de todos los demás factores de diferencia entre el Nuevo y el Viejo Mundo, habría que pensar en que se trasladasen ya no sólo familias enteras, sino comunidades enteras.

Pero como en términos generales ni se dio la inmigración de núcleos familiares al por mayor, ni por mucho menos la de comunidades enteras, y sin embargo la familia novohispana pudo persistir a pesar de haberse desprendido de sus nexos directos y de su comunidad de apoyo, es evidente que hubo que crear una propia comunidad de apoyo en este continente, y que fue necesario construir toda una nueva trama social que hiciera posible la persistencia de la familia novohispana.

Y es precisamente debido a su condición *sui generis*, o sea que no tiene igual en el Viejo Mundo, esta primera familia,[8] la que se crea en este continente desprendida de su lugar de origen, y a la que yo llamo "la familia interrumpida" (y tomada cuenta de la multiplicidad de tipos familiares), tuvo que desarrollarse en dos etapas, que yo planteo como sigue, y que se repitieron una y otra vez hasta que en el transcurso del tiempo se multiplicó suficientemente la población y quedaron debidamente estructuradas las bases socioeconómicas de apoyo para las familias novohispanas.

1. La primera etapa, o sea la etapa de formación de la nueva familia, es producto generalmente de la unión de dos personas que respectivamente se han desgajado de su núcleo familiar tradicional y que, aunque cuenten ya en este continente con uno o dos familiares o una pequeña comunidad familiar, no cuentan con toda la extensa y compleja telaraña de relaciones familiares y comunitarias de su lugar de origen, ni con la estructura de apoyo de las muchísimas generaciones entretejidas que los anteceden.

Es a esta nueva familia, la familia interrumpida, a la que le toca empezar a crear su (o la) nueva urdimbre familiar y comunitaria, y a formar toda una nueva estructura de apoyo.

---

historia de las mentalidades (México: Fondo de Cultura Económica, 1982), p. 17; y William J. Goodi, *The Family* (Englewood Cliffs, N.J.: Prentice-Hall, 1964), pp. 2-3.

[8] "Primera familia" se usa para significar la familia fundadora en cada caso, pero tipificada en el sentido que se ha venido discutiendo, o sea la que se forma por la unión de dos personas que por alguna circunstancia se encuentran en este continente aisladas de su núcleo familiar tradicional.

Esta primera etapa de formación de la familia es, además, la etapa en la que los fundadores de la familia desarrollan la o las actividades que habrán de servirles para establecer el modus vivendi familiar y para crear las bases socioeconómicas de su familia. Los cambios sociales no se dan automáticamente, sino que requieren de una actividad humana muy intensiva, dice Lasch, y éste es el momento en que el hombre produce su propia historia, aun cuando la esté produciendo en circunstancias ajenas a él y a veces con resultados contrarios a los que se había propuesto.[9]

En esta etapa no sólo hay que superar la resquebrajadura de la familia interrumpida e iniciar su reordenación, sino que también hay que superar factores materiales que incluyen abrir brecha en lugares desconocidos, adaptarse a nuevos climas, y enfrentarse a riesgos y a peligros desacostumbrados.

2. En la segunda etapa, o sea la de la transformación de la familia, algunas generaciones subsiguientes buscan o persiguen otros intereses, que suelen ser diferentes a los de la familia fundadora, lo cual a veces produce los cambios generacionales que en algunas de las familias novohispanas —por ejemplo, de abuelos dedicados a la agricultura/minería/comercio y a la vida rural, a nietos citadinos dedicados a la política/cultura.

Éste es un esquema que se empieza a dar en las familias novohispanas, pues el sistema tradicional europeo, por demás estabilizador, era que las generaciones sucesivas siguieran la ocupación paterna —padre agricultor, hijo agricultor. Sin embargo, el cambio de ocupación generacional en la Colonia no es una regla absoluta, y tan frecuente puede ser el caso anterior que tipifica, por ejemplo, a la familia Urquidi, como el opuesto, que se da en otra familia novohispana, la familia Gómez, en la que los descendientes de un comerciante de Puebla siguen los pasos del fundador de su familia.[10]

En todo caso, podría decirse que son tres los factores principales que influyen en el proceso de transformación generacional de la familia novohispana.

Primero se encuentran las circunstancias coyunturales que se van presentando en el lugar de asentamiento de ésta, o que teniendo un carácter regional o nacional más amplio, repercuten en las decisiones familiares.

[9] Lasch, *op. cit.*, p. xxi.
[10] Lomnitz y Pérez-Lizaur, *op. cit.*, p. 4.

El segundo factor es un elemento que no es coyuntural sino que es netamente de carácter familiar. Pasada la etapa de formación, una vez creada la nueva familia e iniciado el proceso de aglutinación de la estructura familiar y comunitaria, empiezan a reflejarse en el núcleo familiar las ideas, los ideales, los mitos y las tradiciones familiares que eran parte inherente de los fundadores y que se han ido filtrando a través del nuevo quehacer familiar. En este sentido hay que pensar en que el fundador de la familia, en el momento coyuntural de la primera etapa de formación de ésta, tuvo que definir objetivos inmediatos que no necesariamente coincidían con sus metas de mediano y largo plazo, las que consciente o inconscientemente le transmite a sus hijos.

La ideología familiar, dice Lomnitz y Pérez-Lizaur es el conjunto de ideas, creencias y valores que representan la estima u opinión que tiene en sí misma una familia, y al mismo tiempo esa autoestima es producto de la interacción de esa familia entre la continuidad y el cambio.[11] Lasch, por ejemplo, explica que la familia, por ser el principal agente de socialización, reproduce en sus miembros sus propios patrones culturales, y que debido a la enorme carga emocional que le transmite el medio familiar a los niños, éstos aprenden inconscientemente lecciones que jamás olvidarán y que tenderán a aplicar a lo largo de su vida.[12]

Sucede entonces que el fundador de la nueva familiar, que ahora, por ejemplo, se dice "labrador" en función de sus nuevas ocupaciones agrícolas, transmite a sus herederos, junto con los bienes materiales que ha adquirido desde su arribo en estas tierras, el orgullo de una antigua familia intelectual, idealista o aristocrática que dejó del otro lado del Atlántico. O bien el fundador que ahora se dice minero, o comerciante, le transmite a sus herederos no sólo las minas y los comercios que ha obtenido desde su llegada, sino que también les inculca la astucia y la sagacidad política de sus propios antepasados que lucharon por mantener su independencia regional en la madre patria.

Finalmente, el tercer factor que influye en esta etapa de transformación de la familia, es la disparidad que con frecuencia se encuentra en las parejas que conforman la primera familia o familia fundadora. Aunque, como en el caso de los vascos, la tendencia hacia la endogamia podía producir cierto grado de homogeneidad entre los cónyuges fundadores de las familias novohispanas, por el mero hecho de estar

---

[11] *Ibid.*, p. 9.
[12] Lasch, *op. cit.*, p. 3.

fuera del medio ambiente provinciano o regional del lugar de origen, en el que los matrimonios solían hacerse entre miembros de determinado grupo socioeconómico, en este Nuevo Mundo se unían personas muy disímbolas, creando características poco homogéneas y contradicciones en los descendientes de esas uniones.

El fundador de San José del Parral, Francisco de Ibarra fue "uno de los que jugó su suerte contra las sierras del norte". Tenía 16 o 17 años cuando "salió de Zacatecas con Juan de Tolosa y unos veinticinco jinetes... en septiembre de 1554".[13] Ya para 1563 empezaban a establecerse otros españoles, principalmente vascos, no sólo en Parral sino también en el cercano Valle de San Bartolomé,[14] y aunque es relativamente poco lo que se conoce de las familias que poblaron esos territorios en los siguientes cien años, es evidente que se siguió el modelo arriba descrito, pues existen listas de pobladores y de familias establecidas en las que los dos cónyuges son españoles.[15]

Ciertamente aquellos tempranos pobladores del norte traían el respaldo de una arraigada cultura hispana que incluía todo un complejo sistema político y administrativo, y los hijos de un sistema de redes familiares y comerciales que les permitieron, a lo largo del tiempo, conectarse con círculos más amplios que el inmediato, y crear en él nuevas redes y relaciones.

Fue en el Valle de San Bartolomé (hoy Valle de Allende) donde "sentó sus reales" la familia Urquidi, aunque los fundadores o formadores iniciales de esta familia no fueron los Urquidi sin los Jugo y los Orrantia, todas ellas, en su momento, familias interrumpidas.[16]

Puesto que el texto que antecede es lo que se desprende de un análisis de esa familia, los datos familiares que siguen serán expresados en forma muy escueta y simplemente a guisa de corroboración.

[13] Guillermo Porras Muñoz, *El descubrimiento de San José del Parral* (México: UNAM, 1988), p. 17.

[14] Hay controversia en cuanto a la fecha, que fluctúa entre 1560 y 1570, en que se otorgó Cédula Real al Valle de San Bartolomé (ahora Valle de Allende), y sobre si se le otorgó primero a éste o a Parral; pero existe en la parroquia del Valle un documento firmado el 16 de mayo de 1560 por Francisco de Ybarra concediéndole a Juan de la Parra cuatro caballerías de tierra "que son en el dicho san bartolome las dos dellas", agregando que "soys el primer poblador... que las teneys sembradas e labradas".

[15] Porras, *op. cit.*, pp. 67, 219-233. Véase también abundante información acerca de familias españolas radicadas en el Valle de San Bartolomé y en Parral, en Keith Wayne Algier, *Feudalism on New spain's Northern Frontier: Valle de San Bartolomé, A Case Study* (tesis de doctorado, copiada de microfilm, Universidad de Nuevo México, 1966).

[16] Casi todo lo que aquí se mencione de las familias Orrantia, Jugo y Urquidi está en datos dispersos de sus cartas y memoriales.

La familia Urquidi de Chihuahua arranca, entonces, de dos enlaces anteriores, ambos en la región de Parral y del Valle de San Bartolomé, y ambos producto de familias interrumpidas. Esta zona minera, ganadera y agrícola, desde principios de 1560 se convirtió en centro de atracción para nuevos inmigrantes con el descubrimiento de grandes yacimientos de oro y plata en 1631. Los hermanos Antonio y Cristóbal de Orrantia, mineros y comerciantes, llegaron a Parral a fines de 1670. Cristóbal de Orrantia, ya importante terrateniente y destacado comerciante de Parral y Valle cuando llegó allí Pedro Domingo de Jugo, se casó con María Teresa Montenegro y Sanxirjo. Sus hijos, entre ellos María, nacieron en Parral.

Pedro Domingo de Jugo Amézaga y Sáenz de Cortázar, que se decía "labrador", era descendiente de familia que se había "distinguido en las guerras de Flandes, Alemania, Italia, Portugal, Cataluña y otras, y en los descubrimientos y conquistas del Nuevo Mundo".[17] Nació en Vizcaya en 1695 y llegó a San Felipe el Real de Chihuahua en 1715, a los 16 años de edad, con dos hermanos. Ninguno de ellos volvió a ver a su madre viva, aunque uno de los hermanos volvió a Vizcaya a recibir la herencia que ella les dejó.

Cuando se casó en 1722 (a los 23 años de edad) con la rica heredera María de Orrantia y Montenegro Sanxirjo, hija de Cristóbal de Orrantia, Jugo ya tenía fortuna propia, extensas propiedades, y prestigiosa posición social. Cuando murió en 1762, a los dos años de haber muerto su esposa María, era dueño de una gran extensión de tierras que abarcaba cinco haciendas, y era, después de Valerio Cortés del Rey, de Parral, el hombre más rico de la región.[18] Según la memoria testamentaria, Jugo dejó "en el rincón del mundo en donde estaba establecido", una biblioteca de más de 500 tomos, "muchos de a folio y otros novísimos y distinguidos", y 17 casacas de todo lujo con innumerables chupas.

Algier dice que no era raro encontrar bibliotecas u objetos de gran lujo en los inventarios de otros vecinos del lugar como Simón de Talamantes, Bernardo de Ascue y Armendáriz, o Joaquín de Amézquita, dueño también de grandes haciendas, y más tarde esposo de la hija mayor de Agustín de Urquidi.[19]

---

[17] Datos tomados de la Certificación de Hidalguía otorgada a Jugo en 1749 en la Real Cancillería de la ciudad de Valladolid.

[18] Algier, *op. cit.*, tiene datos interesantes sobre las propiedades y finanzas de muchos de los coterráneos de Jugo y Urquidi.

[19] Algier, *op. cit.*

De los cuatro hijos que tuvieron los esposos Jugo, todos nacidos en el Valle de San Bartolomé, sólo Bárbara heredó la fortuna de su padre. Bárbara Jugo y Orrantia, de 20 años de edad, se casó con Agustín de Urquidi y Oñaderra en 1762, de aproximadamente 30 años, que se decía "comerciante".[20] Los dos hermanos mayores de Bárbara Jugo, habían pasado de la Universidad de México, adonde también estudiaron varios de los Orrantia y Urquidi, al Colegio de San Pedro y San Pablo, siendo expulsados de México en 1768 con los demás jesuitas; y su hermana Agripina murió joven y sin dejar descendientes, de manera que la familia Jugo allí quedó trunca y se convirtió en familia Urquidi.

Urquidi a su vez se había separado del núcleo familiar en Vizcaya, y también había hecho fortuna en Chihuahua, adonde había vivido algún tiempo con su hermano Manuel antes de establecerse en el Valle de San Bartolomé. Propietarios ambos de tierras, les pertenecía el Obraje de Chihuahua que tenían establecido para utilizar parte de las enormes cantidades de lana que producían las esquilmas de sus borregos. La demás la exportaban, con borregos y otras mercancías, a Santa Fe en Nuevo México, y a la ciudad de México.

El matrimonio Urquidi tuvo siete hijos. De éstos, algunos se casaron con personas de nueva inmigración, recién venidas de España, o sea que nuevamente formaron familias interrumpidas: Petra, por ejemplo, se casó con Diego de Amézquita; María Magdalena se casó en 1779 a los 14 años de edad con el teniente coronel Diego de Borica, a quien acompañó cuando fue nombrado gobernador de las Californias en 1790; Juana Manuela, también a los 14 años, se casó con Ramiro Bagues, tesorero de la Real Hacienda en Durango, y se estableció en la hacienda de Río Florido, una de las propiedades de Agustín de Urquidi. En cambio Juan José, el hijo menor, se casó con Concepción Cardeña de Jalapa, nacida en México y por lo tanto ya no producto de familia interrumpida, sino de familia en la segunda etapa de transformación. Ninguno de los demás se casó o tuvo descendientes.

En esta generación, en la de los hijos de Bárbara y Agustín, se empiezan a percibir los cambios y las contradicciones y se inicia la transformación de la familia. Por ejemplo, entre las variantes circunstanciales que provocaron cambios se pueden contar los constantes ataques de los indios, que incluso obligaron a varios de los miembros

[20] No se sabe a ciencia cierta en qué año nació Agustín de Urquidi, aunque se conjetura que pudo haber sido hacia 1730.

de la familia, empezando por Agustín, a formar parte de la milicia de la región. Por otra parte, su importancia socioeconómica en la zona los llevó a ocupar puestos políticos (Agustín y su hermano Manuel fueron en diferente época, alcalde menor y alcalde mayor de sus respectivas localidades). Lo mismo ocurrió con los yernos de Urquidi, Amézquita, Bagues y Borica. La tendencia familiar se iba encaminando hacia actividades militares y políticas. Éstas, a su vez, impulsaron el cambio de familia rural a familia urbana, de familia agrícola a familia político/intelectual.

Por ejemplo, el penúltimo hijo del matrimonio Urquidi-Jugo, José Ignacio, nació en el Valle en 1772. Apenas adolescente, y siguiendo los pasos de antepasados, primos y amigos, ingresó formalmente al mundo militar cuando "benefició una compañía en Puebla". Se retiró del ejército después de la Independencia y fue diputado al primer Congreso Nacional, nombrado luego jefe político de la provincia de Chihuahua, y establecida ésta como Estado de la Federación, su primer gobernador constitucional.

Su hermano menor Juan José Urquidi Jugo, también "tomó los cordones en el Regimiento de la Corona", después de graduarse de bachiller en la Universidad de México. Con el grado de teniente fue con su regimiento al Cantón que en 1808 estableció en Jalapa el Virrey Iturrigaray, y allí conoció a su futura esposa, Concepción Cardeña, con la que regresó a Chihuahua para recibir su herencia y la de su hermano José Ignacio, para luego volverse a incorporar en las campañas militares de la época. Sin embargo, convencido de "la justicia de la independencia nacional", cortó su carrera militar y regresó como civil a la capital, adonde ya se desarrollaba su vida familiar.

Cuando murió Juan José en México en 1821, a la edad de 45 años, su viuda Concepción Cardeña, hizo un viaje a las haciendas para atender los negocios que había dejado pendientes allí su marido, pero regresó en 1826 para que sus hijos continuaran su educación en la Escuela de Minería. Sin embargo, al morir ese año su cuñado José Ignacio, y empeñada en que sus hijos no perdieran su herencia, realizó un nuevo viaje a "tierra adentro" para litigar y sostener "la igualdad del derecho de sus hijos con el que tenían los Bagues a la herencia...", terminado "el litis por medio de una transacción en 2 de agosto de 1829".

Estos breves datos familiares de la segunda etapa de la familia Urquidi de Chihuahua muestran el cambio radical que se dio en una rama de la familia. En tanto que la rama Bagues, producto del matrimonio de una de las hijas del primer Urquidi con el tesorero real de Durango, permaneció en la provincia y siguió ocupándose de las labores agrícola-ganaderas, mineras y comerciales que habían hecho la fortuna de sus tres antepasados —Orrantia, Jugo y Urquidi— y pese a que los hijos de ese matrimonio también asistieron a la Universidad de México, los dos hijos menores del matrimonio Urquidi Jugo prefirieron la vida citadina a la de las haciendas, limitándose a obtener de ellas los ingresos que les permitían vivir, muy desahogadamente, principalmente en la ciudad de México, donde podían ocuparse de quehaceres políticos e intelectuales, y asociarse con los personajes importantes de la época.

Se observa que confluyen en la formación de esta familia varias corrientes contrarias, producto sin duda del tipo de interrelaciones y matrimonios que se dieron en la Colonia como consecuencia de "la familia interrumpida". Por un lado se tiene la influencia indudablemente aristocrática e intelectual de un Pedro Domingo Jugo que, aunque se diga labrador, es un hombre de mucho abolengo y orgullo familiar; y la de su hija Bárbara, rica y gastadora al grado de crearse la fama de ser "inagotablemente caritativa". Por el otro lado se tiene la influencia del minero y comerciante Orrantia que amasa grandes fortunas y transmite, sin duda, el sentido comercial que hereda su hija María, quien a pesar de estar casada con el hombre riquísimo que es Jugo, mantiene en su casa de Valle de Allende un comercio en el que vende telas y otras cosas. Es una yuxtaposición interesante: en un rincón de la casa una riquísima biblioteca y en otro rincón un comercio. Y de Agustín, el sagaz político y comerciante, reciben los hijos el idealismo, la rebeldía y la fuerza que los lleva a la lucha por la independencia, mientras que de su mamá aprenden que la cultura y la vida fina y rica es más importante que los negocios. En casa de los Bagues, el tesorero real de Durango les enseña a sus hijos que hay que valorar el dinero y sacarle réditos a cualquier cosa.

Y así, unas en la política y en el quehacer intelectual, otras en el comercio y la agricultura, cada rama, a su manera, se ha transformado en esta segunda etapa; pero todas ellas tienen en común que ya están firmemente arraigadas en la gran comunidad novohispana que entre todas forjaron, y que si bien ésta tiene semejanzas con la comunidad hispana de la cual salieron, es también fundamentalmente distinta de aquélla.

MIEMBROS DE LOS CABILDOS ECLESIÁSTICOS Y SUS FAMILIAS EN LIMA Y LA CIUDAD DE MÉXICO EN EL SIGLO XVIII

PAUL GANSTER
Institute for Regional Studies of the Californias
San Diego State University

En este estudio se examinan las vidas y contextos familiares de los hombres que formaron los cabildos eclesiásticos de Lima y la ciudad de México durante el siglo dieciocho, un grupo de unos 280 individuos.[1] Entre las preguntas generales que se formulan figuran las siguientes: ¿quiénes ocuparon los puestos superiores de la administración de la iglesia, cómo se relacionaban sus carreras con sus propias familias, y cómo se adaptaron ellos y sus familias a las sociedades de Lima y México del siglo dieciocho? Desde un principio, fue claro que la situación de cada clérigo se comprendía mejor dentro del contexto multigeneracional de la familia extensa a que pertenecía.

[1] Este ensayo está basado en los resultados de investigaciones en el Archivo Arzobispal de Lima, la Biblioteca Nacional del Perú, el Archivo General de la Nación en Lima, el Archivo General de la Nación en México, el Archivo Norarial de la Ciudad de México, la Biblioteca Nacional de México, y los archivos eclesiásticos del Arzobispado de México. Entre los archivos españoles utilazados incluyeron el Archivo General de Indias, el Archivo Histórico Nacional en Madrid y Simancas. Las conclusiones presentadas aquí en este ensayo provenían de biografías de clérigos y sus familias formados por el investigador, juntando pequeños detalles de fuentes muy dispersas. Por lo tanto, no es factible citar aquí las miles de referencias empleadas en el análisis. Para indicaciones específicas de fuentes para la historia del clero secular de Lima y México, ver Paul Ganster, "A Social History of the Secular Clergy of Lima during the Middle Decades of the Eighteenth Century" (Ph.D. dissertation, University of California, Los Ángeles, 1974); Paul Ganster, "Social Origins and Career Patterns of the Upper Levels of the Secular Clergy in Eighteeth-Century Peru and Mexico," *Proceedings of the American Historical Association, 1976* (Ann Arbor, Michigan: University Microfilms, 1977); "La familia Gómez de Cervantes: linaje y sociedad en México colonial," *Historia Mexicana*, 122 (1981), pp. 197-232.

Los matrimonios eran alianzas estratégicas y del mismo modo, las decisiones en cuanto a qué carreras debían seguir los hijos de familia eran cuestiones de mucho interés y cuidadosa consideración. La sociedad colonial estaba obsesionada con los linajes, y el jefe de familia del siglo dieciocho no sólo pensaba en el bienestar de sus hijos y nietos, sino que también tomaba medidas para asegurarse de que las generaciones sucesivas tuvieran todo lo necesario. Títulos de nobleza, mayorazgos, y algunos tipos de *capellanías* (las cuales eran en realidad mini-mayorazgos), ilustran esta preocupación por asegurar el mantenimiento perpetuo de la familia en un nivel socioeconómico igual o mejor. La familia o linaje constituía un *continuum* extendido desde el distante pasado hasta el futuro.

Podemos comprender mejor a los miembros de los cabildos de Lima y la ciudad de México si los vemos dentro de su contexto familiar. La mayoría de las familias coloniales necesitaba quizá sólo un hijo y una hija o dos para continuar con la herencia social y biológica. El hijo era necesario para perpetuar el apellido y los títulos y heredar una importante porción de las propiedades. Mientras tanto, las hijas eran usadas para promover alianzas estratégicas con otras familias por cuestiones sociales y económicas. El resto de los hijos, después de este mínimo necesario, podrían representar una carga para las familias, ya que el proveerlos con una profesión adecuada y dotes podría desgastar peligrosamente los recursos familiares. El mejor medio para neutralizar esta amenaza a la continuidad del linaje era orientar a estos hijos sobrantes a seguir carreras en la iglesia. Así el fin se lograba con una pérdida mínima de recursos familiares en comparación con otras alternativas abiertas a las familias de status prominente. En algunos casos, el colocar muchos hijos en carreras eclesiásticas era parte de los esfuerzos familiares por realzar el status y ascender en la escala social; en otros casos este fenómeno era una respuesta a las fortunas en decadencia.

Generalmente, las familias con mayor prestigio estaban ampliamente representadas en la vida social y en la vida corporativa. Por lo tanto, las familias con suficientes recursos promovían vigorosamente las carreras de más de un hijo e intentaban colocarlos en los niveles más elevados de las instituciones de los centros metropolitanos. La iglesia secular era una institución de suprema importancia. Los hijos que llegaban a ser miembros del cabildo o párrocos podían contribuir significativamente al prestigio y, en ocasiones, a la riqueza de la familia.

Se debe notar que existían ciertas variaciones regionales en Hispanoamérica colonial con respecto a los intereses que las familias tenían en las carreras eclesiásticas de sus hijos. John Tutino, en su estudio de fines del México colonial, señala la existencia de un grupo de familias excepcionalmente ricas, en la cumbre de la sociedad mexicana, que mostraban poco deseo de colocar a sus hijos en puestos importantes en los gobiernos civiles o religiosos. Asimismo, Susan Socolow demuestra que los hijos de comerciantes del próspero Buenos Aires, de fines del periodo colonial mostraban muy poco interés por seguir carreras en la iglesia.[2]

El costo de la educación, los ingresos de toda una vida requeridos para la ordenación (usualmente cubiertos por las capellanías en una familia extensa), y los gastos que los aspirantes al cabildo tenían que afrontar al emplear agentes en la corte o al viajar a España, casi automáticamente limitaban los puestos en los cabildos en Lima y México a los hijos de las familias de la elite.[3] Lo mismo se puede decir de los clérigos que servían en las parroquias urbanas prestigiosas. Esto contrasta fuertemente con la membresía en muchas de las órdenes regulares. Por ejemplo, los franciscanos del Santo Evangelio de México tenían muchos hombres provenientes de capas humildes de la sociedad —incluyendo entre otros los oficiales más humildes, artesanos, y pequeños negociantes.[4]

Aunque la vasta mayoría de los sacerdotes asociados a los cabildos era de origen claramente elitista, en la literatura que trata sobre el tema no se encuentra una definición precisa de lo que significaba la élite. Las definiciones ocupacionales incluyen tantas excepciones que son de poca utilidad para tal propósito. Las riquezas y propiedades no siempre sirven como buenos indicadores de la posición social, ya que este criterio con frecuencia incluye a los nuevos ricos que son socialmente inaceptables y excluye a la antigua nobleza que se ha empobre-

[2] Ver John Mark Tutino, "Creole Mexico: Spanish Elites, Haciendas, and Indian Towns, 1750-1810" (Ph.D. dissertation, University of Texas, 1978) y Susan Migden Socolow, *The Merchants of Buenos Aires, 1778-1810. Family and Commerce* (Cambridge: Cambridge University Press, 1978).

[3] Mi ensayo, "Churchmen", en Louisa Hoberman y Susan Socolow, eds., *Cities and Society in Colonial Latin America* (Albuquerque, NM: University of New Mexico Press, 1986), da una visión general de la estructura de la iglesia y de puestos y carreras dentro de la iglesia secular.

[4] Ver Francisco Morales, *Ethnic and Social Background of Franciscan Friars in Seventeenth Century Mexico* (Washington, D.C.: Academy of American Franciscan History, 1973).

cido. El usar títulos de nobleza como una medida exclusiva de status como élite presenta dificultades, ya que individuos y familias con o sin título eran a menudo difícilmente diferenciables excepto por el título formal de nobleza.

Un problema que se presenta al usar los criterios de ocupación, prestigio o propiedad para definir el status social es que, a menudo, aplicamos estos conceptos a individuos. Pero es mi sentir que las personas que vivieron en la Hispanoamérica colonial, al menos entre los niveles superiores, no se veían a sí mismas como individuos aislados dentro de la sociedad. En vez de ello, se concebían como parte de una unidad familiar más grande. Además, miraban a otras personas como componentes de sus respectivos grupos familiares. El estatus de cualquier persona reflejaba el de su familia y viceversa. Es por esta razón que los documentos coloniales están repletos con referencias a familias. Por consiguiente, cualquier intento por definir o fijar parámetros al grupo conocido como la élite debe por lo menos tomar en consideración el fenómeno de la familia.

Quizá una característica clave de las élites coloniales era que compartían un conjunto de valores o metas, el cual no estaba necesariamente articulado por alguien y, sin embargo, puede verse en los patrones que emergen al examinar las decisiones grandes o pequeñas así como las acciones de corto o largo plazo que constituyen la historia de la familia o el linaje. Los rasgos comunes de las élites mexicanas y limeñas incluían entre otros, características claras como propiedad de tierras, nacimiento noble, puestos y títulos de honor, intereses serios en la minería, el comercio, o la industria (como obrajes textiles), mayorazgos y suntuosos estilos de vida urbana.

Los subgrupos identificables de la élite, formados por varias combinaciones de esas características, eran, por orden descendiente de importancia o prestigio los siguientes: nobleza titulada, antiguas familias aristocráticas, miembros de las órdenes militares, burócratas prominentes, y miembros del gremio de comerciantes, particularmente los poderosos mayoristas. Estas categorías se entremezclaban, y a través de su vida un individuo podía con frecuencia pasar de una a otra, o hasta pertenecer a varias de ellas al mismo tiempo. Además, varios de estos tipos podían ser encontrados dentro de una sola familia colonial extensa multigeneracional. La movilidad ascendente que llevaba la incorporación dentro de las élites y la movilidad dentro de sus rangos, dependía de adquirir las más de esas características que fuera posible, ya que eran altamente estimadas; la movilidad descendente reflejaba las tendencias opuestas. Por ejemplo, la familia de un comerciante mayorista o un minero de plata podía comprar puestos importantes en el gobierno y un título de nobleza, y así sus miembros serían aceptados como oficiales y nobles importantes, independientemente de que sus actividades económicas básicas continuaran.

El factor fundamental que influía la movilidad social vertical en la escala social era la riqueza. Ésta se hizo más aceptable con el transcurso del tiempo y se convirtió en el elemento fundamental que preservaba el status social. Las sociedades coloniales de México y Lima eran dinámicas y siempre existía en ellas una cierta cantidad de movimiento ascendente y descendente. La proporción de movimiento variaba, influida en gran parte por la expansión o la disminución de la economía. Este modelo de movilidad para la sociedad presenta un grupo de élite bastante grande, en el que individuos y familias pueden ser categorizados entre ellos mismos por medio del análisis de sus características más sobresalientes. Las élites de la parte inferior de la escala se mezclaban con los grupos medios de artesanos, pequeños rancheros, comerciantes menores y demás.

Los miembros de cabildos eclesiásticos de Lima y la ciudad de México durante el periodo 1700-1799 fueron abrumadoramente criollos, como se puede ver en el cuadro 1.

Aunque el origen regional del 7 por ciento de los capitulares de Lima y el 28 por ciento de los de México no ha sido determinado, es claro que la mayoría eran criollos. De los 141 hombres que sirvieron en el cabildo de Lima, el 80 por ciento eran criollos y el 7 por ciento españoles, aunque no se ha determinado el origen regional del 13 por ciento restante. Las cifras para México son comparables, aunque la mayoría criolla no era tan grande —56 por ciento eran criollos y el 30 por ciento restante, peninsulares. Si se asume que la mitad de los hombres de origen regional desconocido eran criollos y la mitad eran españoles, los porcentajes modificados para México serían del 70 por ciento americanos y el 30 por ciento españoles. El dominio criollo de los cabildos de Lima y México fue permanente a lo largo del siglo.

El control criollo fue aún más grande que el que pueden sugerir las cifras. Los puestos más altos de los cabildos fueron generalmente ocupados por quienes eran promovidos desde abajo, y la antigüedad era el criterio más importante. Y puesto que más criollos eran nombrados para los cabildos, más criollos sobrevivían para ocupar los puestos de *decano*, *arcediano*, *chantre*, *maestrescuela* y *tesorero*, colectivamente conocidos como *dignidades*. Los criollos también tendieron a

CUADRO 1

ORÍGENES REGIONALES DE CAPITULARES DE LIMA Y MÉXICO, 1700-1799

	Lima		México	
	Ajustado %	Real	Ajustado	Real
Antes de 1700*	C94.1	87.5	76	74
	P 6.9	12.5	24	13
1700-1709	C71.4	71.4	57	38
	P28.6	28.6	43	21
1710-1719	C81.3	81.3	77	50
	P18.7	18.7	23	5
1720-1729	C92.3	84.6	63	47
	P 7.7	0	37	20
1730-1739	C95.0	90.0	55	30
	P 5.0	0	45	20
1740-1749	C72.7	72.7	67	67
	P27.3	27.3	33	33
1750-1759	C88.2	88.2	78	75
	P11.8	11.8	22	18
1760-1769	C89.3	85.7	85	80
	P10.3	7.1	15	10
1770-1779	C60.7	57.1	68	45
	P39.3	33.7	32	9
1780-1789	C87.5	75.0	65	52
	P12.5	0	35	22
1790-1799	C90.9	90.9	70	65
	P 9.1	9.1	30	15

C = Criollo
P = Peninsular
*Incluye los que sirvieron en el cabildo en 1700.

una posesión más duradera de los cabildos que sus contrapartes peninsulares. Por ejemplo, en el periodo 1730-1761, las dignidades criollas de Lima promediaban casi 30 años de servicio mientras que sus colegas españoles promediaban solo 10 años.

Los efectos del decreto real de 1776 inspirado por José de Gálvez que tanto alboroto causó en Indias porque reservaba sólo un tercio de los puestos en los cabildos para los criollos e invitaba a los americanos a competir por los puestos peninsulares, fueron insignificantes en cuanto a la composición de los cabildos de Lima y México. El continuo dominio criollo contrastaba marcadamente con la situación de las audiencias americanas tal y como las describen Burkholder y Chandler.[5]

La explicación de por qué más españoles llegaron al cabildo mexicano que al de Lima se encuentra en las muy significativas diferencias regionales. México era económicamente más activo que el Perú y por consiguiente mucho más atractivo para los inmigrantes peninsulares, incluyendo los sacerdotes. El valor y las rentas de los beneficios mexicanos eran mayores, y los centros eclesiásticos provinciales de la Nueva España ofrecían más a esos españoles dispuestos a trabajar que buscaran ascender desde un cabildo de provincia hasta llegar al cabildo metropolitano. Los mayores cabildos provinciales de la Nueva España —Guadalajara, Valladolid y Puebla— estaban agrupados en la parte sur de la meseta central, cerca de la capital, mientras que las sedes provinciales del Perú —Arequipa, Cuzco y Trujillo— estaban muy aisladas del centro metropolitano de Lima. Por otra parte, las ciudades provinciales de Guadalajara y Puebla estaban más desarrolladas en términos de vida social y cultural que sus contrapartes peruanas, y por consiguiente eran mucho más interesantes para el español. Finalmente, el viaje a México era menos arriesgado que el viaje al Perú.

Otras razones por las cuales más españoles viajaban a la Nueva España están ligadas a las diferencias entre las sociedades mexicana y limeña. Aunque ambas sociedades demostraron mecanismos similares para incorporar personas con nueva riqueza dentro de los grupos elitistas establecidos, el monto de la riqueza y el número de "nuevos ricos" eran significativamente mayores en la Nueva España. La sociedad limeña era más estable y más cerrada que la de México. Eran más las familias peruanas que podían trazar sus linajes hasta los conquistadores y los "primeros pobladores", y por lo tanto tenían mayores

[5] Mark A. Burkholder and D.S. Chandler, "From Impotence to Authority: The Spanish Crown and the American Audiencias", 1687-1808 (Columbia and London: University of Missouri Press, 1977).

reclamos que los mexicanos frente a la corona con los que aspirar a nombramientos en el cabildo eclesiástico. Los limeños tendían a recurrir a factores de prestigio para asegurar nombramientos; los mexicanos más a menudo dependían de su riqueza y lo que ésta les aportaría de inmediato.

Se han reunido datos biográficos de los clérigos que sirvieron en los cabildos de Lima y México en el siglo dieciocho, y de ellos se desprende que al parecer la mayoría de los peninsulares eran los hijos menores de familias de cierta prominencia. "Prominencia", por supuesto, es algo vago, pero incluiría comerciantes respetados (frecuentemente de la región Sevilla-Cádiz), profesionistas, altos burócratas, familias con mayorazgos, y así por el estilo. Hubo varias vías para colocar a individuos con estos antecedentes sociales en los cabildos americanos. Algunos tuvieron protectores poderosos o se unieron al cortejo de algún sacerdote importante en ruta a Perú o México. Otros dependieron de servicios previos en la península. Los patrones típicos de la carrera de los españoles antes de un nombramiento incluyen el servir en un cabildo español o en un elevado puesto eclesiástico, así como la afiliación con una universidad española en calidad de estudiante, profesor o rector.

Puede esbozarse claramente cuáles eran los orígenes sociales de los miembros criollos del cabildo. Conocemos el status de las familias inmediatas de 38 miembros criollos limeños del cabildo en el periodo 1730-1761, como se puede ver en el cuadro 2.

Estas categorías son algo arbitrarias, ya que las familias criollas

CUADRO 2
ORÍGENES SOCIALES DE CAPITULARES CRIOLLOS DE LIMA, 1730-1761

Categoría social	Número	%
Títulos de Castilla	10	17.9
Viejas fam. aristocráticas	4	7.1
Órdenes militares	3	5.4
Burócratas importantes	12	21.4
Mercaderes	9	16.1
subtotal	38	67.9
No conocida	18	16.1
Total	56	100.0

generalmente tenían metas similares, como adquirir títulos de nobleza, altos puestos en el gobierno y la iglesia, conexión con linajes antiguos, membresía en órdenes militares, y adquisición de haciendas. El vehículo hacia estas metas lo daba, por supuesto, la riqueza, que en Lima se derivaba principalmente del comercio. La mayoría de las familias limeñas extensas de alta categoría se involucraban con el comercio de una u otra manera, pero las actividades mercantiles rápidamente se opacaban ante posiciones burocráticas, títulos de nobleza y actividades semejantes. Aun cuando el ser propietarias de haciendas era una característica bastante común en estas familias, raramente era ésta la característica más notable. Generalmente, las haciendas en el Lima colonial no servían como la base financiera para ascender y mantener un alto nivel en la sociedad de la misma manera que el involucramiento en el comercio lo hacía. Esto contrasta con la situación de México al final de la colonia.

Los orígenes sociales han sido establecidos para las familias de 79 de los 120 criollos que sirvieron en el cabildo mexicano del siglo XVIII, como es evidente en el cuadro 3.

La comparación de los datos de Lima y México revela algunas diferencias regionales significativas. Hay porcentajes más altos de

CUADRO 3

ORÍGENES SOCIALES DE CAPITULARES CRIOLLOS DE MÉXICO, 1700-1799

Categoría social	Número	%
Títulos de Castilla	6	5.0
Viejas fam. aristocráticas	7	5.8
Órdenes militares	3	2.5
Burócratas importantes	20	16.7
Mineros	3	2.5
Mercaderes	17	14.2
Hacendados	6	5.0
Oficiales menores	9	7.5
Alcalde de México	2	1.7
Subtotal	79	65.9
No conocida	41	34.1
Total	120	100

nobleza titulada, antiguos linajes aristocráticos y membresía en las órdenes militares para las familias de los prebendados de Lima. El cuadro mexicano demuestra mayor complejidad con la presencia de tipos ausentes en Lima, incluyendo a mineros, hacendados, profesionistas militares y oficiales menores.

La homogeneidad vista en los orígenes sociales de los miembros del cabildo de Lima también se refleja en sus antecedentes educativos. Mientras que aquellos prebendados llegados de España mostraban una diversidad en experiencias educativas, las opciones para los criollos peruanos estaban bastante limitadas. La educación secundaria de la mayoría de los miembros criollos limeños del cabildo se llevó a cabo en tres colegios de Lima, mientras que los títulos más elevados eran invariablemente seguidos en la Universidad de San Marcos en Lima. Los criollos que no eran limeños por lo general asistían a estos mismos colegios y universidad, ya que no solo estaban más limitadas las oportunidades educativas en las provincias peruanas, sino por razones políticas, sociales y profesionales, era más prudente para el clérigo ambicioso pasar el mayor tiempo posible en el centro metropolitano.

Los patrones educativos de los prebendados mexicanos muestran mayor variedad que los de Lima. Tres colegios en México educaban a la mayoría de los futuros miembros del cabildo aunque algunos de estos clérigos asistían a más de una de estas instituciones. Un número significativo (11) de los clérigos primero asistieron a un colegio de provincia antes de continuar sus estudios en la ciudad de México. Algunos de los futuros miembros del cabildo (10), después de estudios preliminares en la Nueva España, continuaron en universidades españolas para obtener títulos superiores. En contraste con Lima donde los títulos españoles eran poco frecuentes, algunos 27 capitulares mexicanos poseían 30 títulos de 11 instituciones peninsulares. ·

Un análisis de las carreras iniciales de los prebendados limeños revelan no tanta similitud con las experiencias educativas, pero aún así aparece un patrón definitivo. La mayoría de estos clérigos limeños aspiraban primero a obtener un beneficio parroquial, pero normalmente pasaban unos cuantos años después de la terminación de su educación y ordenación antes de que esto fuera posible. Entretanto, encontraban un empleo adecuado enseñando en los colegios o universidades, sirviendo como interino o coadjutor para el poseedor de un beneficio parroquial, cantando misas para el poseedor de una capellanía, sirviendo en puestos menores en la estructura eclesiástica o trabajando como abogado en las cortes civiles y de la iglesia. Después de que un futuro miembro del cabildo eclesiástico era nombrado a un beneficio parroquial, él por lo general cambiaba de parroquia algunas veces, invariablemente acercándose al centro metropolitano. A menudo el patrón de involucramiento simultáneo en varias actividades persistía a través de la vida del clérigo.

En México, un empleo interino y después servir como sacerdote parroquial era también el escalón más común hacia el cabildo, pero el cuadro en la Nueva España muestra más variación. Un 28 por ciento de los sacerdotes en México fue directamente de sus beneficios parroquiales hacia el cabildo pero en Lima el total fue como del 41 por ciento. Al mismo tiempo, porcentajes más altos de miembros mexicanos del cabildo venían de cabildos provinciales, donde habían servido en puestos legales y educativos, se habían transferido hacia cabildos peninsulares, y se encontraban en España cuando sus nombramientos fueron hechos. Estas diferencias sugieren que la competencia para los puestos mexicanos era mayor. Más individuos estaban dispuestos a dejar sus puestos peninsulares para ir a la Nueva España que a Perú. Al mismo tiempo, más mexicanos que limeños encontraron la necesidad de viajar a España en búsqueda de nombramientos.

Tanto para Lima como para México, la mayoría de los nombramientos iniciales fueron para los dos puestos más bajos en el cabildo. Después, el patrón fue de promoción interna a través de un ascenso ordenado por antigüedad, o un sistema de ascenso similar al descrito por Burkholder y Chandler para las audiencias americanas.[6]

En ambas arquidiócesis, los clérigos de familias muy prominentes eran asignados al cabildo a una edad más temprana, avanzaban más rápidamente, y eran promovidos a los beneficios de obispos con más frecuencia que sus colegas de orígenes más modestos. Por supuesto, factores tales como el desempeño laboral, estilo de vida personal y semejantes afectaban la rapidez de una promoción.

Nombramientos y promociones muestran algunas diferencias entre Lima y México. Aproximadamente un 23 por ciento de los criollos que se unieron al cabildo mexicano encontraron la necesidad de viajar a la corte para obtener estos puestos; la cantidad para Perú a lo máximo sería del 10 por ciento. En Lima, los españoles eran asignados con más frecuencia a puestos iniciales más elevados que los americanos, pero en México hay una marcada diferencia, allí, solo el 36 por ciento de los nombramientos iniciales de los españoles eran para los dos puestos

---

[6] Burkholder and Chandler.

más bajos, mientras que el 64 por ciento eran para posiciones de canónigos y superiores. Significativamente, 14 por ciento de los españoles eran nombrados dignatarios mientras que ninguno era nombrado como dignidad en el Perú. El *establishment* criollo de Lima mantenía más exitosamente su poder en el cabildo eclesiástico de lo que lo hacía la estructura de poder del criollo mexicano.

Las actividades de los miembros de estos dos cabildos iban más allá de los asuntos eclesiásticos. Muchos capitulares estaban involucrados en actividades económicas particulares, aunque habían límites legales e informales para tales actividades. En general, éstos eran impuestos cuando la habilidad de un prebendado para llevar a cabo sus deberes eclesiásticos era seria y escandalosamente comprometida.

Está claro que para fines del periodo colonial, la mayoría de las actividades económicas en general y los miembros del cabildo en particular fueron concentradas en propiedades reales. Muchos tenían capellanías cuyos capitales eran invertidos en censos en propiedades urbanas y rurales. La recaudación de los ingresos de estos censos era muchas veces una tarea que requería bastante trabajo y tiempo. Muchos sacerdotes fueron puestos a cargo de la administración de las fincas y propiedades de sus familias mientras muchos invertían en propiedades rurales de todos tamaños. En parte, esto se hacía para tener un lugar cercano en el campo para vacaciones o para el fin de semana, en parte se hacía por el prestigio de poseer tierras y en parte eran inversiones de negocios. A veces, el clérigo administraba la propiedad él mismo y tomaba gran interés en los detalles diarios de su operación. De otra manera, un socio o administrador contratado se hacía cargo de las actividades en los negocios.

En ocasiones los clérigos también invertían en propiedades urbanas e inclusive existían casos de prebendados que eran el equivalente a dueños de barrios ("slum lords"), poseyendo propiedades de alta densidad de población que se rentaban a mucha gente, las cuales aportaban un alto ingreso con respecto a la inversión. Miembros del cabildo estaban muy involucrados en prestar dinero con interés y también invertían en una amplia gama de actividades desde minas hasta panaderías.

Los estilos de vida de los miembros de los cabildos mostraban una extensión y diversidad similar a la de las actividades económicas de los sacerdotes. Unos vivían suntuosamente de la misma manera que los ricos nobles y comerciantes. Eran dueños de casas principales que estaban equipadas con capillas privadas, extensas bibliotecas, grandes colecciones de pinturas y esculturas, finas vajillas de porcelana y cubiertos de plata sólida, muebles ricamente ornamentados y tapices raros. Una hacienda rural o casa de campo proveía la alternativa al polvo y ruido de la ciudad. Los prebendados viajaban en finas carrozas, vestían con finas ropas y tenían gran equipos de sirvientes. Otros sacerdotes ricos rehuían las posesiones materiales y vivían con sencillez mientras donaban sumas considerables a propósitos caritativos. La mayoría, sin embargo, no vivía con lujos sino que simplemente disfrutaban de ingresos adecuados de varios recursos, se vestían bien pero con modestia y tenían viviendas cómodas y suficiente de comer y beber.

Los prebendados criollos por lo general se mantenían bastante enredados en asuntos familiares. Con frecuencia el sacerdote era el hombre mayor en una familia colonial y asumía tareas que pertenecían al patriarca. Administraba la riqueza de la familia, se encargaba de la educación de los jóvenes, negociaba las alianzas matrimoniales y ayudaba a establecer a los hombres más jóvenes en carreras apropiadas. Muchos capitulares, tanto criollos como peninsulares, creaban establecimientos que sumaban a grandes familias. Con frecuencia, un canónigo de vida acomodada compraba una casa principal grande, traía a sus hermanas, sobrinos y sobrinas a vivir con él, tenía esclavos y sirvientes con sus hijos, parientes distantes de otra colonia o España o jóvenes clérigos —todos viviendo juntos bajo el mismo techo y todos dependiendo de él de alguna manera. Hombres, mujeres, niños y bebés de una variedad de tipos sociales y raciales vivían todos juntos en una gran casa, en una gran unidad patriarcal. De esta manera, el clérigo establecía lo que equivalía a una casa poblada, institución social presente en las Indias desde el periodo de la conquista y la cual representaba un ideal social hispano perdurable. En muchos respectos estas unidades eran indistinguibles de otras casas élites.

La extensión de lo que se puede llamar actividades sociales de los prebendados era grande. Las catedrales tenían un rito religioso diario y estas ceremonias religiosas públicas eran también ocasiones sociales públicas. Éstas brindaban la oportunidad para que todos los grupos sociales asistieran y aquellos de pretensiones sociales podían exhibir su estatus a través de sus ropas finas o las localidades de sus asientos.

Los miembros del cabildo con frecuencia se encontraban entre las concurrencias vespertinas de los residentes urbanos quienes se reunían en las plazas o en las avenidas alineadas de árboles como la alameda en Lima para observar y ser vistos, para platicar e intercambiar chismes. Asistían al teatro, corridas de toros y discusiones académicas en las universidades. Visitaban a los amigos para tomar una taza de chocolate por la mañana o en la tarde para discutir los eventos del día. Iban a meriendas y excursiones al campo. También compartían con los hombres ordinarios que fracasaban por causas del juego y de la bebida, y trataban con mujeres de reputación sospechosa.

El propósito general de este estudio ha sido el mostrar que las carreras de los prebendados de Lima y México en el siglo XVIII son más entendibles y significativas cuando son vistas dentro del contexto familiar y social. Quizá, también se debe hacer notar que las energías mayores de muchos prebendados eran dirigidas hacia la familia y la sociedad y que sus deberes eclesiásticos eran de importancia secundaria.

Este estudio comparativo enfatiza las diferencias en las sociedades de la Nueva España y el Perú. La gran variedad en los antecedentes familiares, la educación, y los patrones de las carreras iniciales entre los prebendados criollos mexicanos, así como la gran diversidad de orígenes regionales de quienes sirvieron en el cabildo de México, señalan hacia las diferencias importantes entre las sociedades de México y Lima. México, debido a las oportunidades económicas y un desarrollo regional más diversificado, era una sociedad más abierta y por lo tanto más atractiva para los grupos inmigrantes, incluyendo aquellos españoles en búsqueda de puestos en la iglesia americana. Lima, por otra parte, era en mayor grado un establecimiento criollo cerrado, el cual podía dominar más completamente la iglesia colonial al contrario de su contraparte mexicana. Las presiones sociales y económicas, entonces, fueron las responsables de la gran representación peninsular en el cabildo mexicano.

LA FUNDACIÓN DEL CONVENTO DE LA CONCEPCIÓN. IDENTIDAD Y FAMILIAS EN LA SOCIEDAD POBLANA (1593-1643)

Rosalva Loreto López
Centro de Estudios Históricos
El Colegio de México.

Introducción

En este trabajo nos proponemos analizar la fundación del convento de la Concepción en Puebla (1593) y sus primeros cincuenta años de existencia a través de la perspectiva del enfoque familiar y del parentesco. La principal pregunta que nos planteamos es cómo se puede explicar esta fundación, qué relación tiene con algunos grupos familiares pertenecientes a la élite en Puebla y cuál fue su función social. Para esto nos hemos valido de las nociones de parentesco e identidad.

El análisis se centra en las familias de las religiosas, reconstruidas a partir del Libro de Profesiones del convento. Esta información se complementa con el acta de fundación y con actas del Archivo del Ayuntamiento y de Notarías, que nos han servido para ubicar la importancia y las actividades de las familias.

La base familiar del convento

En 1568 se fundó el convento de Santa Catalina de Sena, primero de la ciudad de los Ángeles y de dominicas en toda la Nueva España. La erección de este monasterio en 1568 inició la etapa de fundaciones conventuales en Puebla. La incapacidad de una sola institución para cubrir las necesidades sociales de monasterios femeninos se manifestó un poco más tarde. Veinticinco años después, Santa Catalina no podía albergar a una monja más y se fundó un nuevo convento, el de la Pura y Limpia Concepción de María en 1593.

La Concepción surgió en Puebla por las necesidades engendradas por una sociedad hispánica en crecimiento.[1] Según referencias de la época, entre 1534 y 1629 tuvieron el estatuto de "vecinos" de la ciudad 825 personas, mismas a quienes "se les mercedaron solares, huertas, suertes y caballerías de tierra según sus calidades".[2]

En los cien años que siguieron a la fundación de Puebla (1531-1631), varias "calidades de gentes" llegaron a la ciudad. De acuerdo con la información fragmentaria que se posee es probable que al principio los pobladores más antiguos ocuparan puestos como funcionarios, encomenderos y corregidores. En este primer momento tuvieron también importancia los artesanos, maestros de molinos, curtidores, zapateros, etc., y de manera creciente los comerciantes. A este grupo se incorporaron obrajeros, que tuvieron un gran éxito en la formación de las principales fortunas de la ciudad. A todo ello debemos añadir la particular importancia que tuvo la producción agrícola. De esta manera, los conventos de mujeres surgieron como producto de una determinada madurez de la sociedad urbana de la Nueva España.

La creación de los monasterios significó la apertura de un nuevo espacio social que constituyó, en algunos casos, el complemento de una heterogénea riqueza hispana ya en proceso de consolidación. Una vez terminada la conquista y establecidos los términos de la nueva sociedad, una de las principales necesidades de los españoles fue la de reconstruir su propia *identidad como grupo* étnico en el Nuevo Mun-

[1] Ideada como una ciudad de españoles, Puebla fue fundada en 1531. Varios factores incentivaron a la residencia en esta ciudad, entre los que destaca la exención que la Corona hizo a sus vecinos de todo impuesto personal durante los treinta años posteriores a la fundación. Para entonces, hacia 1560, la ciudad ya no necesitaba de privilegios reales para crecer. Su emplazamiento entre México y Veracruz la había convertido en un centro de distribución de mercancías importadas favorable para comerciantes; el estar rodeada de aproximadamente cuarenta poblados indígenas, había facilitado el abastecimiento de mano de obra nativa y la división del trabajo se realizó rápida y exitosamente. Para el último tercio del siglo XVI numerosos obrajes textiles funcionaban dentro de la ciudad y sus alrededores junto con la copiosa producción de jabón y otros productos de cerdo principalmente, destinados al comercio interregional.

[2] Véase López de Villaseñor, 1961, pp. 242 -258 . Es probable que tras de cada uno de estos emigrados se construyera, años más tarde, una familia, pues para ser considerado "vecino" de la ciudad y gozar sus prerrogativas las ordenanzas exigían que residiera en la ciudad por "tiempo y espacio de seis años, con su casa poblada, para ver de ganar las cosas que por esta ciudad fueren dadas". AAP. Libro de Ordenanzas de 1544, f.5.

do. En pocas décadas estaban conviviendo conquistadores y nuevos emigrados, todos con al ansia de hacer fortuna por el camino más rápido y seguro. Gran parte de los establecidos originalmente había ya engendrado la primera generación de españoles americanos. La fundación de los conventos de mujeres respondió sin duda, al igual que la existencia de otras corporaciones, a la necesidad de homogeneizar culturalmente al nuevo sector dominante. Reproducían en cada fundación los patrones de religiosidad hispanos y los hacían suyos colocando a sus hijas en los conventos. Fortunas creadas por diferentes caminos y orígenes sociales diversos ahora se unificaban bajo el símbolo religioso de la vida conventual. La fundación de los conventos de mujeres fueron parte de este proceso de definición de un grupo social a la vez que imponían un rasgo que los distinguía de los demás.[3]

La situación de Puebla a fines del siglo XVI con respecto a las necesidades de erigir un nuevo convento de mujeres, fue expresada por su fundador en 1593:

> De esta ciudad de los Angeles aydo y va en mucho acrecentamiento , de tal manera que un monasterio de monjas advocación de Santa Catalina de Sena que en ella esta fundado en no mas de treynta años a esta parte no es suficiente para todas las mujeres que desean tomar el estado de religión y dexar el mundo, por ser mucha cantidad las que lo pretenden (...) por lo cual e acordado de muy agradable y espontanea voluntad de fundar otro monasterio...[4]

La fundación fue apoyada de inmediato por otras familias poblanas y ya para 1609 ochenta mujeres habían profesado en el nuevo convento, así en tan sólo 16 años alcanzó el número máximo de religiosas que se permitieron desde la fundación.

De las primeras dos décadas tenemos datos fragmentarios sobre las dotes; las cifras a partir de 1615 sugieren que el valor de ellas fue en aumento hasta 1647 cuando casi alcanzó el promedio de 3 000 pesos por monja. Este hecho nos indica que la mayoría de las familias de las religiosas tenían la solvencia suficiente para pagar la dote.

El análisis del origen familiar de las monjas profesas durante este

---

[3] La idea de identificación de grupos sociales está asociada a la construcción de la identidad como una representación de la existencia social de individuos o grupos y su lugar dentro de la sociedad. Esta nueva creación trata de imponer una visión del mundo a través de principios que los unifican y diferencian respecto de otros. Véase Bourdieu, 1988.

[4] AGNP, Not. 3, 1586, s.f. Testamento de Leonardo Ruiz de la Peña.

periodo (1593-1647) nos muestra una característica singular: de las 190 religiosas registradas, 107 (el 56 %) provienen tan sólo de 37 linajes diferentes.[5] Este dato nos indica que hubo familias que recurrentemente hicieron ingresar a sus hijas, hermanas o sobrinas en el monasterio en el curso de cincuenta años . Gran parte de la motivación de fundar el convento de la Concepción provenía de este tipo de núcleos, que en promedio hicieron ingresar a tres de sus descendientes en el convento en menos de dos generaciones. El resultado fue que, de hecho, hubo dos o más hermanas o primas dentro del mismo convento y que una misma familia tuvo que sufragar varias dotes . De esta manera, por ejemplo, profesaron las tres hijas de Antonio Sedano en 1595 y siete de las descendientes de la familia del fundador en varias fechas.

Esta situación sugiere que el análisis del convento desde la perspectiva del parentesco es válido e importante. Por otra parte nos está indicando que llegó a haber un comportamiento similar hasta de tres núcleos familiares provenientes de un mismo origen inmediato. En este sentido, a través del convento se constituyó un elemento de *identidad de grupos familiares.*

Este primer análisis nos lleva a plantearnos algunas preguntas: ¿por qué ingresaron en un solo convento varias mujeres procedentes de un mismo linaje[6] o con lazos de parentesco inmediatos?[7] ¿Qué significó para una persona o para la familia el hecho de sufragar varias dotes?

Para algunas familias colocar a una o varias de sus hijas o parientes como monjas, al igual que casarlas, formó parte de una estrategia familiar que buscaba la conservación y aumento del patrimonio material y simbólico del linaje;[8] por otro lado es muy probable que el convento haya representado el resguardo del honor del prestigio y

[5] Cuando nos referimos a un grupo familiar se está hablando no de una familia nuclear o forzosamente corresidente, sino a individuos ligados por parentesco consanguíneo. Un grupo familiar está compuesto de varias familias nucleares con un mismo origen.

[6] El linaje se entiende aquí como la identificación de un grupo de personas atendiendo al mismo origen de consanguinidad, "se basa más en los vínculos de sangre que en la conservación del vínculo ancestral". Véase Flandrin, 1979, pp. 102.

[7] Partimos de la idea de que el parentesco en la sociedad colonial novohispana no se restringía sólo al núcleo familiar. Frecuencia, intensidad, propósito, utilidad y el valor de la interacción entre los parientes dependió de determinadas estrategias familiares, mismas que dimensionaron los lazos de parentesco. Véase Cressy, 1986 y Bourdieu, 1972.

[8] Las estrategias matrimoniales son el resultado de predisposiciones inculcadas por las circunstancias materiales y por la educación familiar (habitus). El Habitus tiende a reproducir prácticas en las cuales los individuos reproducen, por iniciativa consciente o subconsciente, comportamientos orientados a salvaguardar su linaje y patrimonio. Vease Bourdieu, 1972.

piedad familiar y ante todo una garantía de la preservación del ideal femenino.[9]

Resulta interesante pensar en qué medida los grupos enriquecidos de diferente origen, obrajeros, comerciantes, hacendados y funcionarios hicieron del ingreso al convento de alguna de sus parientes una práctica en común. De esta manera el convento actuó como factor de cohesión más allá del parentesco. Así la religiosidad familiar y femenina, materializada en él, contribuyó a crear una visión homogénea de la élite, una forma de religiosidad que difundieron e impusieron como un modelo de comportamiento y de prestigio a la sociedad completa.

Es significativo el hecho de que una persona o una sola familia sufragara el gasto de una o varias dotes; es probable que ello, lejos de aparecer como un gasto infructuoso, representara en algunos casos una inversión necesaria para definir la pertenencia de la familia o del individuo a un determinado grupo dentro de la sociedad.[10]

La importancia del parentesco fue observada desde la misma fundación. En 1576 la hija de Juan Ruiz de Rojas y de Isabel de Zúñiga, ingresó al convento de Santa Catalina de Sena cuando tenía 18 años. Su hermano, Leonardo Ruiz de la Peña, era presbítero y en esa misma fecha obtuvo el nombramiento de cura beneficiario del partido de Jonotla, en el obispado de Puebla.

A los 17 años de ser párroco, decidió fundar el convento de la Concepción. Al nuevo monasterio pasó su hermana como fundadora y los términos de la sucesión fueron expresados en la constitución del patronazgo del monasterio:

> Yo el dicho Leonardo Ruiz de la Peña me nombro patrón del monasterio por todos los días de mi vida, con todas las calidades, prerrogativas y preeminencias, voz y título honorífico y real que el derecho me concede (...) después de mis días nombro por patrón que me suceda en el patronazgo a Diego Maldonado, mi cuñado casado con doña Agustina de Zúñiga mi hermana legítima, para después de sus días del dicho Diego Maldonado vayan subcediendo los nietos y descendientes legítimos y naturales de los dichos Diego Maldonado y Agustina de Zúñiga, prefiriéndose el mayor aunque fuere clérigo y el varón a la hembra perpetuamente y a falta de sucesor por línea recta entre subcediendo el pariente mas propincomio y a este tal le vayan

---

[9] El ideal religioso femenino se reproduce mediante la educación, está concebida como un conjunto de prácticas y actitudes cotidianas que empiezan en el hogar. Vease Gonzalbo, 1987.

[10] Véase Elías, 1975, pp. 60-158.

subcediendo sus descendientes legítimos y naturales por la orden dicha y a falta de subcesor nombro al obispo...[11]

Llama la atención en el texto anterior que el linaje de la familia expresado en el patronazgo se continuó por vía masculina. Aunque la hermana de Leonardo Ruiz de la Peña fue la religiosa que salió de Santa Catalina para fundar la Concepción , ni sobre ella ni sobre la otra hermana recayó el patronato del convento, sino sobre el cuñado del presbítero, un pariente no consanguíneo. Éste era el lugar de la religiosa en las reglas de sucesión y la estructura familiar, en ella recaerían otro tipo de funciones no menos importantes, como representar el honor y la religiosidad de la familia. En algunos casos las monjas además de ser depositarias de tales atributos continuaron participando en la distribución de la riqueza familiar al ser contempladas en los testamentos de sus padres y hermanos en igualdad de condiciones, en otros, la dote representó la parte de la herencia asignada por sus progenitores y no sería considerada en la final repartición de los bienes de la familia.

Aparte de la transmisión del prestigio familiar por vía masculina a través del patronazgo del convento, la distición del linaje se preservó sosteniendo descendientes femeninos dentro del monasterio a lo largo de los siglos. Esto quedó señalado cuando Leonardo Ruiz de la Peña dicto una cláusula de su testamento:

..tengo la libertad y voluntad para meter en el dicho monasterio cuatro monjas sin dote alguno , estas han de ser las que yo eligiere y nombrare y si muriese antes las dejare nombradas en mi testamento y si no las nombrare las elija y meta el patrón e patrones que me subsedieren con que habiendo parientas mías que quieran no puedan elegir otras que no lo sean...[12]

De esta manera aparte de la hermana del fundador, Beatriz de Santo Thomás, ingresarían al convento entre 1594 y 1596 cuatro sobrinas, hijas de Diego Maldonado y Agustina de Zúñiga y para 1605 ingresarían dos sobrinas más. En total 7 religiosas del mismo origen familiar.

Así, el concepto de familia-asociación, basado en los lazos de parentesco, quedó establecido mediante la fundación y el patronazgo del convento y reforzado dentro del mismo donde las monjas son

---

[11] AGNP, Not. 3, 1586, s.f. Testamento de Leonardo Ruiz de la Peña.
[12] *Ibid.*

depositarias de valores religiosos familiares cubriendo la parte "honorable" de la familia de donde proceden. La desvinculación por parte de las religiosas del núcleo familiar, podía ser relativamente temprana en este período, ya que la Constitución y Regla del convento en 1630 especifica que no se podían recibir ninguna "que aya menos edad de onze años, ni tanta edad que no puedan con graveza llevar la aspereza de este vida".[13] Ya dentro del convento, entre 1593 y 1647 estas mujeres vivieron su vida religiosa un promedio de 39 años.

Algunos ejemplos nos servirán para mostrar a algunas de las familias que estuvieron interesadas en tener hijas o parientas monjas. Pedro Fernández de Asperilla se avecindó en la ciudad de Puebla en 1585, y fue notable por su riqueza apenas transcurridos quince años de su llegada. Casado con Ana Gómez Vasconcelos, miembro de una de las familias más importantes de la ciudad, promovió el ingreso de cuatro de sus hijas en el convento de la Concepción. La base de la riqueza de Fernández de Asperilla era la crianza de ovejas en una hacienda de Tlaxcala por cuya importancia llegó a ser Alcalde de Mesta del Obispado de Puebla y cuatro veces regidor del Ayuntamiento de la ciudad. La dotación de sus hijas religiosas fue mediante la hipoteca de su casa con cinco tiendas que tenía en la céntrica calle de Mercaderes en Puebla.

De manera similar el Lic. Francisco de Merlo dotó a sus tres hermanas y tres sobrinas para ingresar al convento y el regidor Martínez de Aguayo lo hizo para cinco de sus hijas.

Se puede decir que la fundación del convento tuvo plena aceptación y promoción por parte de familias importantes de Puebla e incluso del entorno regional. De las primeras 80 monjas que profesaron, el 22.5 por ciento no nació en la ciudad, sino en sus alrededores como Cholula, Tepeaca, Atlixco, Tlaxcala y Tehuacán o incluso de más lejos como algunos casos que provienen de Veracruz, México, Zacatecas y Guadalajara. Al parecer esto coincide con la procedencia criolla de muchas de las monjas. Este hecho nos hace pensar también en que la falta de espacios sociales con estas mismas funciones o un particular interés en la ciudad atrajeron la atención de estos grupo de gentes foráneas, definiendo este fenómeno entre otros, la influencia cultural que empezaba a caracterizar a Puebla. Ésta es una diferencia importante con respecto a la fundación del convento de Santa Catalina de Sena,

---

[13] ACCP, *Regla y modo de vida de las monjas de la Inmaculada Concepción*. Agosto de 1630.

que abrió sus puertas 25 años antes en la ciudad de Puebla. Las novicias y monjas de Santa Catalina en su primera generación eran todas vecinas de la ciudad donde el convento estaba emplazado, en cambio las monjas de La Concepción sin dejar de tener en su seno a hijas de notables familias poblanas, amplió su influencia mucho más allá, integrando grupos pudientes a un nivel regional, contribuyendo a unificar un espacio culturalmente.

Cabría preguntarse qué significaba para estas familias el tener una o más hijas dentro del convento. Se podría hablar del honor,[14] pero también estaba en juego la conformación de una determinada *identidad cultural* construida simbólica y materialmente a partir de representaciones y creencias que conformaban un "nosotros" perfectamente diferenciado del resto de la sociedad , pero a su vez efectivo por la sanción que daban determinados actos como la fundación de un convento y tener parientes dentro de él.[15] Desde el nacimiento del monasterio también quedaron plasmados elementos de distinción étnica. En este sentido, en la fundación quedó especificado quiénes estaban imposibilitadas de ingresar y pertenecer a él: "...no podran entrar ni profesar en el dicho monasterio mujeres mestizas, ni indias ni mulatas..."[16]

Casi la totalidad de las aspirantes a ingresar al monasterio cubrieron cierto tipo de requisitos; "informaciones de pureza" que acreditaban su candidatura, suficiente solvencia económica para pagar el importe de la dote y una serie de gastos que representaban formas de reconocimiento social.[17] Al respecto podemos ver una muestra de cómo la profesión de una monja significaba, en algunos casos, un importante gasto familiar. En el testamento de la madre María Luisa de San Bartholome señaló que :

..el dicho capitán Diego de Andrada Peralta mi padre a pagado la dotte por que fui admitida y a echo los gastos de mi entrada y ha de hazer los de mi sagrada profesión pagando propinas pupilaje y pisos y otros gastos que han importado mas de sinco mil pesos de oro común (...) Prometiendome el dicho mi padre comprar ademas una selda dezente y capaz en este convento...[18]

[14] Se podría definir el honor como el reconocimiento del valor de una persona ante sí misma y ante la sociedad.Véase Peristiany, 1968, pp. 22.

[15] Véase además de Bourdieu, 1988, Fossaert, 1983 y Llewellyn, 1986.

[16] AGNP, Not. 3, testamento de Leonardo Ruiz de la Peña.

[17] Elías señala la necesidad de los gastos de prestigio y representación como un instrumento indispensable de autoafirmación social que materializa finalmente en el capital simbólico del linaje familiar.Ver Elías, 1975, pp. 60-158.

[18] ACCP, Testamento de la madre María Luisa de San Bartholome, 1686 . En el mismo

No obstante tener orígenes familiares diversos, hijas de hacendados, obrajeros, comerciantes y funcionarios tenían algo en común que orillaba a las diferentes familias a integrarse en una institución conventual. El monasterio en este sentido contribuyó a homogenizar las diferencias culturales y sociales de los grupos que habían ascendido económicamente y buscaban reconocimiento como parte de una élite .

LOS GRUPOS FAMILIARES Y EL CONVENTO

Un ejemplo de como los grupos familiares guardaron como un elemento de igualdad y de integración la entrada al convento de sus descendientes, lo tenemos en el caso de los Díaz de Vargas. En la década de 1530, Gonzalo Díaz de Vargas había sido encomendero, regidor, alguacil mayor, corregidor y procurador en la ciudad de Puebla.[19] Dos de sus nietas profesaron en el convento de Santa Catalina a fines del siglo XVI y cuatro de sus bisnietas fueron monjas del convento de La Concepción en 1604, 1622, 1633 y 1635.

La primera descendiente de este grupo familiar que ingresó en la Concepción fue, en 1604, Leonor de San Joseph, hija de Estefanía Mafra y Joseph de Sandoval. Entre los bienes de esta familia estaban dos haciendas de labor en los términos de la ciudad, tenían además 20 caballerías y dos sitios de ganado menor. Sandoval se había distinguido por ser alcalde de mesta del obispado y miembro del ayuntamiento de la ciudad. En 1622 y en 1635 profesaron María de San Francisco y Luisa de la Resurrección, ambas hijas de María Mont y Francisco Méndez, fundadores de uno de los mayorazgos más importantes de la región, que contaba entre sus bienes 16 casas en la misma, un molino y una hacienda en Jalapa. Además de tener la familia Méndez Mont un papel muy activo en el ayuntamiento de la ciudad por varias generaciones. Isabel de la Cruz, hija de Sebastián de Vargas Formicedo y Catalina de Zúñiga Maldonado, sobrina ésta del fundador del convento, ingresó en él poco antes de 1633. El origen de la riqueza de este núcleo familiar parece provenir de los obrajes y de un molino que tenían en los límites de la ciudad.

---

testamento consta que los tres mil pesos que fueron de su peculio, después de sus días y los de sus parientas se ha de fundar una capellanía para sus hermanos y demás decendientes. La madre Josefa del Corazón de María, sobrina nieta de la madre María Luisa fue la última que gozó el peculio, falleciendo en abril de 1795.

[19] Boyd-Bowman, 1968, pp. 153 y 154.

El caso de las monjas descendientes de Díaz de Vargas nos muestra cómo el ingreso de una mujer al convento no era un hecho aislado dentro del parentesco sino más bien una característica de él.[20]

La diversidad de la riqueza, el ser miembro "reconocido" por la sociedad desde una o dos generaciones anteriores y el tener un comportamiento religioso similar fueron características de los grupos familiares que decidieron introducir a sus hijas dentro del monasterio.

Para analizar estos y otros elementos comunes, hemos recolectado información sobre el origen y parentesco de 33 monjas que ingresaron al convento de la Concepción entre 1593 y 1647. Estas 33 monjas descendían directamente de catorce núcleos familiares diferentes, con quienes conservaron una relación de parentesco cercana. Estas familias colocaron de una hasta siete de sus hijas o parientas en el convento.

Riqueza y prestigio

El origen de la riqueza de las catorce familias que estudiamos es diverso, entre molineros, obrajeros, hacendados, mercaderes, funcionarios y casatenientes. Casi la totalidad de ellos tenían una fortuna consolidada para fines del siglo XVI, ya que poseían bienes inmuebles de considerable valor, sea en haciendas o en casas. Este hecho coincide con el reconocimiento que habían alcanzado al lograr mantener a uno o varios de sus miembros en el ayuntamiento de la ciudad como regidores y alcaldes.

Alcanzar un puesto en el cabildo de Puebla representaba la culminación de toda una carrera de prestigio. Ya hacia 1639 la misma corporación se ufanaba al declarar que "los regidores de ella son caballeros, nobles hijosdalgos, beneméritos descendientes de los primeros conquistadores y pobladores de las Indias, añadiendo que su cristiandad viene de antiguo".[21]

El cabildo era una institución cerrada que controlaba su membresía y para cuyo acceso se requería además de una trayectoria social

---

[20] Cabe aclarar que otras mujeres de este grupo familiar profesaron en el convento de Santa Catarina de Sena en 1594 y 1595. Ellas fueron hijas de Francisco Díaz de Vargas, el heredero del mayorazgo.

[21] "Comunicación de la ciudad de los Ángeles al rey, 1639", citado por Gantes Téllez, 1983, pp. 509-510.

conveniente, la compra del cargo. Ser miembro del ayuntamiento significaba pertenecer a la corporación secular más importante de la ciudad. Ellos detentaban y determinaban los puestos de gobierno como el de alcalde de la ciudad, alcalde de mesta del obispado y otros más. La distinción de pertenecer a él quedó manifiesta al denominarse sus integrantes a sí mismos como miembros de la "Santa hermandad". Gozaban además de algunos otros privilegios como el de obtener mercedes. Todo esto favoreció a las hijas de regidores que ingresaron al monasterio y en general a toda su familia.[22]

Aparte de la regiduría y la alcaldía, otro puesto importante en el ayuntamiento era el de escribano de cabildo, para ejercerlo se necesitaba tener nombramiento real y tener un cierto grado de instrucción. Al igual que en el caso de los regidores, se percibe la tendencia a ocupar este puesto por unas cuantas familias por largos periodos. Éste fue el caso de Marcos Rodríguez Zapata y el de sus descendientes, mismo que también tuvo parientes en el citado convento de la Concepción. Posiblemente en estos casos el parentesco contribuía a consolidar y extender las relaciones sociales.[23]

Por último al referirnos al origen de la riqueza de las familias de algunas de las monjas conviene hacer notar que en varios casos aparecen como una constante mayorazgos o vínculos, hecho que nos obliga a repensar en la existencia del convento como una alternativa a las estrategias familiares de preservación del patrimonio.

[22] Otras prerrogativas de los cabildantes eran el tener derecho a que se les mercedaran solares, sacar de las pedreras de la ciudad el material para la construcción de sus casas y de obtener mercedes de agua para las mismas o para sus molinos y huertas. Ya en 1580 Juan López Mellado declaró que "es costumbre antigua y aseptada dar una paja de agua a todos los regidores para sus casas". AAPT, 1605, f. 314 v. De esta manera los regidores acrecentaron su posición ventajosa en la ciudad, como fue el caso de Francisco Díaz de Vargas que en 1596 obtuvo una merced de "un sitio para el molino de trigo que hay en el barrio de Analco y de las aguas de la fuente de Francisco de Aguilar". Los padres de algunas de las religiosas obtuvieron mercedes por el hecho de pertenecer al cabildo. AAPT, 1596, s.f

[23] Así como los lazos de parentesco beneficiaban en la mayoría de los casos, también pudieron ejercer efectos contrarios. Llegaron a darse casos en que cuando uno de los miembros era afectado, toda la parentela podía cargar con las consecuencias. Por ejemplo, como producto del desacato que el alguacil mayor Francisco Díaz de Vargas (cfr. p. 13) tuvo con el alcalde mayor de la ciudad, se le privó de su oficio y a su hermano Martín de Mafra Vargas, se le suspendió por dos años del mismo, igual suerte que sufrió el esposo de su hermana Juan de Formicedo, véase López de Villaseñor, 1961, p. 302 . Esto refuerza aún más la idea del carácter corporativo de la sociedad y del parentesco.

El comportamiento religioso familiar

Paralelamente al proceso de ingreso de mujeres al convento, correspondieron otras pautas de religiosidad familiar. Este comportamiento se manifestó al fundar capellanías o tener parientes cercanos dentro del clero secular.[24]

El apoyo que los parientes daban para que ingresaran al convento religiosas puede ser también percibido como formas de esta actitud que se complementaba con otras manifestaciones, de tal manera que dentro de las familias de las monjas no era raro que hubiese un presbítero o que alguno de sus miembros fundase una capellanía. Por ejemplo, el licenciado Francisco de Merlo dotó a tres de sus hermanas y a tres sobrinas para que pudieran profesar en el monasterio. Un sobrino suyo, Juan de Merlo, fue un importante canónigo que llegó a ser auxiliar del obispo Juan de Palafox y Mendoza, este último lo nombró vicario general de la diócesis de Puebla antes de regresar a España.[25]

Destacan familias que incluso llegaron a tener parientes dentro del cabildo eclesiástico. Nueve de las catorce familias estudiadas contaban en común con parientes canónigos. Alcanzar una canongía en la catedral de Puebla implicaba contar con un amplio apoyo social. Varias candidaturas fueron impulsadas por el ayuntamiento de la ciudad, recomendando a presbíteros para ello, sin embargo no todas tuvieron éxito. Un ejemplo de estas recomendaciones fue dada a Nicolás Fernández de Asperilla, con cuatro hermanas monjas dentro del convento de la Concepción y de cuya familia se decía que :

> ...eran personas nobles y principales y por tanto han sido reputados en ella [la ciudad]...y como persona noble por sí y por sus deudos y parientes el tuvo siempre la estimación que merecía y ellos los cargos mejores de la república siendo alcaldes ordinarios, regidores u depositarios como lo fueron Diego de Carmona y Tamariz (...) Gaspar Gómez Vasconcelos, Pedro de la Irala...todos parientes muy cercanos...[26]

[24] Además de tener parientes presbíteros, las monjas y sus familias estuvieron interesadas en fundar capellanías y obras pías. Una capellanía se fundaba con el objeto de que se dijeran misas por el alma del fundador. Aquel que daba el dinero para su establecimiento tenía el derecho a nombrar al beneficiario encargado de rezar por su alma a cambio de una retribución monetaria. Este beneficiario, conocido como capellán, era frecuentemente un pariente del fundador.

[25] Israel J., 1980, pp. 249.

[26] Documento citado por Gantes Téllez , 1983, pp. 519.

Esta familia tenía previamente otras distinciones sociales. Este núcleo familiar, el de Pedro Fernández de Asperilla y Ana Gómez Vasconcelos (cfr. p.10), quienes desde 1598 habían sido nombrados Familiares del Santo Oficio "por su limpieza de sangre y demás calidades",[27] había dado a la Iglesia varias monjas y presbíteros. Fernández de Asperilla fundó además una capellanía de 10 000 pesos, una cantidad bastante considerable para la época. Sin embargo llama nuestra atención que para 1633 las casas que impuso a censo en favor de cuatro religiosas del convento, entraron en remate público, justo cuando Nicolás Fernández de Asperilla tuvo que hacer alusión a la importancia de sus antepasados para conseguir la recomendación del cabildo de la ciudad.

En resumen, los catorce grupos escogidos se podrían reducir a cuatro o cinco grandes familias de tres o cuatro generaciones cada una. Este dato coincide con el señalamiento de que en varios casos ya los abuelos de las monjas eran miembros distinguidos de la ciudad por su riqueza y prestigio.

La vida familiar y la vida conventual

Las diversas manifestaciones de la religiosidad familiar y entre ellas la presencia de monjas sugiere que los valores y las normas de su comportamiento religioso se originaron dentro de las mismas estructuras de su vida familiar. Después de todo Swift señala que la religión es tan íntima como la vida familiar.[28]

El ingreso de mujeres al convento dependió de determinados objetivos y estrategias familiares. Algunos de estos grupos se podrían caracterizar por ser miembros de la élite que buscaron por diferentes medios concentrar su fortuna y acrecentar su riqueza.

Otros núcleos se podrían definir porque, además de poseer una base económica importante, sobresalen en él patrones de religiosidad que implican a todos y a cada uno de los miembros de la familia. Estas manifestaciones conformaron el capital simbólico del linaje representando el rango de éste en la sociedad.[29]

[27] AAPT, 1598, f.48.
[28] Swift, 1986, pp. 107.
[29] El rango es una categoría social asociada al estatus y dignidad, que obliga a que las personas pertenecientes o aspirantes a él expresen todo su comportamiento social y en especial el gasto y el consumo de acuerdo al estamento al que pertenecen. Elías, 1975, pp. 68 ss.

Las religiosas por su parte, se integraron de hecho a un nuevo grupo doméstico y con una gran unidad cubrieron funciones de corresidencia, de sociabilidad y educativas en una escala diferente, pero similar a la del tipo de familia del que provenían. Se convirtieron en una especie de "gran familia" donde religiosas que no eran parientes se llegaron a educar juntas y a heredar, aunque su reproducción dependió por entero de las familias de fuera del convento. Por su parte, el régimen interno conventual, expresado en su Constitución y Regla hizo que se reprodujeran superlativamente valores familiares como la obediencia y el honor.

Conclusiones

Este acercamiento nos ha permitido ver la importancia del enfoque familiar y del parentesco para el análisis de la fundación y desarrollo de los conventos de mujeres. Las estructuras familiares y de parentesco tienen un fuerte valor explicativo para abordar el problema de quiénes eran las mujeres que ingresaron a los monasterios y por qué lo hicieron.

Algunas de las religiosas se caracterizaban por ser hijas de familias que eran o pretendían ser de la élite, que tenían más de una generación de avecindadas en Puebla y una riqueza considerable y consolidada, aunque de origen diverso. Grupos nucleares que provenían de un mismo origen tendieron a colocar por igual a sus hijas en el convento, de esta manera aparece un número considerable de primas directas y primas segundas, además de hermanas y tías en el mismo monasterio.

Otros patrones de comportamiento religioso de las familias de las monjas, como el tener parientes presbíteros o fundar capellanías, muestran que el hacer ingresar a alguna de sus hijas al convento no era un hecho aislado.

Detectar el tipo de comportamiento común a varios núcleos familiares contribuye a su vez a definir los alcances reales del parentesco, que a su vez debe considerarse como una forma de comportamiento. Al conservar ciertos patrones, como el tener hijas monjas, se producía una forma de identificación familiar que es necesario asociar con otras conductas sociales. El hecho de compartir manifestaciones de religiosidad nos hace considerar que después de todo fueron las prácticas reales las que contribuyeron a definir el linaje más que la simple continuidad de un apellido.

En resumen, la vida conventual y el parentesco podrían estudiarse mejor desde una perspectiva de interdependencia al menos para ciertos grupos familiares. El caso del convento de la Concepción muestra cómo tener hijas monjas fue un elemento, entre otros, que contribuyó a definir actitudes familiares, a establecer un elemento de cohesión con otros grupos y a marcar una distinción del lugar que ocupaban en la sociedad en su conjunto.

Siglas y bibliografía

AAP   Archivo del Ayuntamiento de Puebla.
ACC   Archivo del Convento de la Concepción de Puebla.
AGNEP   Archivo General de Notarías del Estado de Puebla.

Albi Romero, Guadalupe, "La sociedad de Puebla de los Ángeles en el siglo XVI", en *Jahrbuch fur Geschichte von Staat.*, vol. 7, pp. 76-145, 1970.
Bourdieu, Pierre, "Les stratégies matrimoniales dans le systéme de reprodutión", en *Annales E.S.C.*27 (45), pp. 1105-1125, 1972.
———— , *La distinción*, España, Taurus, Serie ensayistas núm.259, 1988.
Boyd-Bowman, *Peter, Índice geobiográfico de cuarenta mil pobladores españoles de América en el siglo XVI*, México, Jus, t. II, 1988.
Cressy, David, "Kin and Kinship interactión in early modern England", en *Past and Present* núm. 113, pp. 38-60, 1986.
Elias, Norbert, *La sociedad cortesana*, México, FCE, 1975.
Fernández de Echeverría y Veytia, Mariano, *Historia de la fundación de la ciudad de Puebla de los Ángeles*, Puebla, Ed. Altiplano, 1962.
Fossaert, Robert, "Las identidades", en *La teoría del análisis de la cultura*, México, COMECSO, 1983.
Flandrin, Jean L., *Orígenes de la familia moderna*, Barcelona, Edit. Crítica, 1979.
Gantes Téllez, María, "Aspectos socio-económicos de Puebla de los Ángeles (1624-1650)", en *Anuario de Estudios Americanos*. XL, pp. 497-613, 1983.
Gonzalbo Aizpiru, Pilar, *Las mujeres en la Nueva España. Educación y vida cotidiana*, El Colegio de México, 1987.
Hirschberg, Julia, "Social Experiment in New Spain: A Prosopographical Study of the Early Settlement at Puebla de los Angeles, 1531-1534, " en *H.A.H.R.* 59 (1), pp.1-33, 1979.
Israel, Jonathan, *Razas, clases sociales y vida política en México Colonial*, México, FCE, 1980.
Lavrin, Asunción, "Women in Spanish American Colonial society", en *The Cambridge History of Latin America*. vol. II. pp. 322-356, 1984.
Leicht, Hugo, *Las calles de Puebla*, Puebla, Imprenta de Mijares y Hno., 1934.
López de Villaseñor, Pedro, *Cartilla Vieja de la nobilísima ciudad de Puebla*, México, Imprenta Universitaria, 1961.

Llewellyn, Karl, "La educación y la familia", en *La familia,* Barcelona, Península, 1986.

Muriel, Josefina, *Conventos de monjas en la Nueva España,* México, Santiago, 1946.

Peña, José de la, *Oligarquía y propiedad en la Nueva España,* México FCE, 1983.

Peristiany, Jean, *El concepto del honor en la sociedad mediterránea,* Barcelona, Labor, 1968.

Swift, Artur, "Los valores religiosos", en *La familia,* Barcelona, Península, 1986.

IV
LA VIDA PRIVADA
Y LAS ESTRATEGIAS
DEL PARENTESCO

LA FAMILIA YRAETA, YTURBE E YCAZA

CRISTINA TORALES
Universidad Iberoamericana

La aproximación a la vida familiar en la Nueva España del siglo XVIII a través de un estudio de caso: Yraeta, Yturbe e Ycaza, tres cabezas de familia, tiene múltiples delimitaciones.

1. Los límites impuestos por las fuentes documentales, el espacio en este foro, el nivel de avance de nuestra investigación, nos llevan tan sólo a apuntar algunas características de la vida familiar en el siglo XVIII novohispano.

2. La selección de las familias, motivada por las fuentes, nos obliga a tratar la vida en familia en una sociedad urbana. Yraeta, Yturbe e Ycaza son tres de los 20 925 hombres españoles y son tres del total de 104 935 habitantes registrados en el censo de la ciudad de México de 1790.[1]

3. Se trata de las peculiaridades familiares de una parte de la élite novohispana. Puede aseverarse así, si consideramos que de ésta formaban parte los 130 comerciantes mayoristas que integraban el Consulado de la ciudad de México,[2] y se les considera élite ya por su relación estrecha con la nobleza novohispana, ya por sus fortunas e inversiones en las principales ramas de la economía, la agricultura, la ganadería, la minería, la incipiente industria y el comercio tanto de importación como de exportación.[3]

[1] "Estado reducido de los habitantes de México empadronados en el año de 1790", B.N.M., ms. 458 (1395), apud John E. Kicza, 1986, p. 17

[2] Para una definición amplia de los miembros del Consulado de la ciudad de México, vid. C.R. Borchart de Moreno, 1984, 306 pp.

[3] La relación de la nobleza novohispana del siglo XVIII con la actividad mercantil puede apreciarse en la obra de Doris M. Ladd, 1984.

Debe advertirse que, a fines del siglo XVIII, en Nueva España hay 63 títulos de nobleza,

Ahora bien, no obstante que el estudio se restringe a la familia de la élite urbana en la ciudad de México, su importancia estriba en que las manifestaciones de los Yraeta, Yturbe e Ycaza, además de constituir modelos de prácticas familiares propias de dicha élite, permite identificar formas de comportamiento familiar que fueron comunes a la población española y constituyeron un ejemplo a seguir por la sociedad mestiza de la urbe novohispana. En adición a ello, cabe aclarar que tales actitudes de la élite capitalina se reproduce en las élites regionales.

ORIGEN, MATRIMONIOS Y DESCENDENCIA

Si nos referimos a la familia nuclear, podemos hablar de tres familias: la de Francisco Ignacio de Yraeta, la de Gabriel de Yturbe su sobrino y la de Isidro Antonio de Ycaza; pero si optamos por proponer un estudio de la familia extensa, pueden ser analizados como una familia, que, procedente de dos núcleos españoles completamente distintos en el siglo XVII, en la segunda mitad del siglo XVIII se fusionan en México y mantienen estrechos vínculos en los siglos XIX y XX.

EL ORIGEN Y LOS MATRIMONIOS

Yraeta e Yturbe. Aunque carecemos de fechas precisas de los nacimientos y defunciones de los progenitores de Yraeta e Yturbe, es posible reconstruir su ascendencia: cuatro generaciones para Francisco Ignacio, cinco para Gabriel, lo cual nos permite identificar las casas de procedencia a partir del fin del siglo XVI.

Ambos son originarios de Anzuola, jurisdicción de Vergara, pequeña población en la provincia de Guipúzcoa; descendientes de las "viejas y notables casas, solares y armeras de Yraeta y Vizcalaza, Yraeta

---

de los cuales cuatro se registraron como comerciantes en prioridad: conde de Agreda (1811), marqués de Altamira (1704), conde de la Cortina (1788), marqués de Inguanzó (1792); comerciantes que invirtieron en la agricultura: conde de Jala (1743), conde de Rábago (1774), marqués de Rivas Cacho (1764), conde de Tepa (1775), marqués de Castañiza (1771), conde de la Torre de Cosío (1773) y conde de Bassoco (1811); por último los comerciantes que vincularon la minería, la agricultura y el financiamiento, como medio de inversión fueron el marqués de Aguayo, conde del Álamo (1632, 1734), el conde de Regla (1768) y los Fagoaga, marqueses del Apartado (1771).

e Ybarra y Azcárate en Anzuola, la de Eguiara en el partido de Vergara y en el caso de Yturbe de la casa de Ynurrigarro. Todas de caballeros hijosdalgos".[4]

Tío y sobrino forman parte de familias de cinco hijos, lo cual los obliga a buscar fortuna fuera de su villa natal. Ambos se valen del mismo procedimiento para cruzar el Atlántico. Francisco Ignacio, a la edad de 12 años, seguramente apoyado por sus parientes, los Eguiara y Eguren, ya radicados en México.[5] En 1763, después de haber estado en las Filipinas varios años, se casa con María Josefa, joven criolla, heredera del comerciante Pedro de Ganuza. En 1769, al morir éste, Yraeta lo sucede en la administración de su empresa, pues el único hijo varón del comerciante Ganuza era jesuita y había sido expulsado unos años antes de la muerte de su padre.[6]

No está por demás señalar aquí que Pedro de Ganuza, al igual que Yraeta e Yturbe, era de origen peninsular: pero él, natural de Bustos, en el reino de Navarra y habíase casado con una joven criolla. (Yraeta e Yturbe hicieron lo mismo después.) La esposa de Ganuza, Ana Gómez de Valencia, era, a su vez, hija de Francisco Gómez de Valencia, natural de Granada, y de Catarina, natural de México, hija de Leandro Carrillo, relator de la Real Audiencia de México.[7]

Gabriel de Yturbe, hijo de Prudenciana, hermana de Francisco Ignacio, había nacido en 1753; emigró a Nueva España cuando tenía cerca de 16 años, a solicitud de su tío quien, carente de hijos varones que continuaran su empresa, lo habilitó en el comercio, lo casó quince años después de su llegada con su segunda hija, Margarita, y lo mantuvo a su lado en compañía comercial.[8]

Isidro Antonio de Ycaza. A diferencia de Yraeta e Yturbe, Isidro Antonio es americano, originario de Santiago de Veraguas. Es representativo del criollo, cuyos antecedentes se encuentran en los funcionarios reales españoles que llegan a tierras americanas al servicio de su rey. Isidro Antonio, con base en su iniciativa en el comercio en Tierra Firme, llega a la capital mexicana con prestigio y caudal. En

---

[4] *Vid.* Cristina Torales, "Vida y relaciones de Francisco Antonio de Yraeta", en Torales *et al.*, 1985, vol. 1, pp. 21-22.

[5] *Ibidem*, p. 23.

[6] *Ibidem*, p. 24.

[7] *Ibidem*, pp. 25-28.

[8] *Ibidem*, p. 30. Se cita la carta que Yraeta escribe a Juan de Dios Valles, vecino de Cádiz, en 27 de julio de 1784: "el día 8 de éste puse en estado a mi hija segunda, María Margarita, con mi sobrino don Gabriel, con gusto de ellos, mío y de todos los interesados (...) dicho mi sobrino queda a mi lado interesado con compañía que formamos en esta mi casa.

efecto, nacido y bautizado en el reino de Tierra Firme, se traslada junto con su hermano Martín a México en 1780 para desarrollarse en el tráfico de cacao.[9] Al fin del año siguiente, Yraeta comunicó a su socio en Guatemala, José Fernández Gil: "Tengo tratado de casar a mi hija María Rosa, con su gusto, de su abuela y mío con don Ysidro Antonio de Ycaza, mozo de caudal y que merece la mayor atención en esta ciudad."[10]

LOS MATRIMONIOS Y SUS DESCENDIENTES

Yraeta, como jefe de familia, sin descendencia masculina, procura el casamiento de su hija mayor Rosa, a los 18 años, con Isidro Antonio, de edad de 37 años. Con este vínculo se inicia la fusión de los Yraeta, Yturbe e Ycaza. Sin embargo, en vida de Yraeta, se mantuvieron independientes como dos cabezas de familia, con residencia y negocios aparte no obstante el apoyo que se brindaban y alguna compañía eventual para el tráfico de cacao. Este matrimonio tuvo tres hijos: Isidro,[11] Mariano y Antonio. El primero habría de distinguirse en los ámbitos intelectuales y políticos del México virreinal y de las primeras décadas que siguieron a su Independencia.[12] El segundo, Antonio,

[9] Isidro Antonio, procedente de las casas de Ycaza, Urigoytia y Vázquez de Gortaire, del señorío de Vizcaya, y por ende noble e hijodalgo. Hijo de Juan Martín de Ycaza Urigoytia Udondo y Basaguren, natural de la villa de Ochandiano, capitán de los reales ejércitos, quien casó en el obispado de Panamá con Juana Caparroso Vázquez de Gortayre Martínez y Enríquez, criolla nacida en Panamá. Para mayor detalle vid. Icaza e Icaza, 1936, 116 pp.

[10] Carta del 12 de diciembre de 1781, UIA, 2.1.8, ff. 264r-265 v, publicado en Torales et al., 1985, Apéndices, vol. II, pp. 239-241.

[11] Nació el año de 1783. Sobre éste, Yraeta, en su carta del 3 de marzo de 1784 comenta a Juan Pablo de Lara, residente en Manila: "A mí me quedaron tres niñas y la mayor la casé con don Isidro Antonio de Ycaza, sujeto de buena conducta y principal, este año lo ha elegido el Ayuntamiento del alcalde de primer voto, ya tiene un niño con cerca de seis meses, muy robusto, lo pasan bien contentos y yo de verlos, las otras dos aún permanecen en mi compañía, ofreciendo a vuestra merced este nuevo servidor, para que lo mande con satisfacción". UIA, 2.1.9 ff. 124r-127r. Publicado en Torales, 1985, Apéndices, vol. II, pp. 243-247.

[12] Isidro Antonio obtuvo los grados de maestro en Artes en 1803 y doctor en Teología en 1806, en la Real Universidad de México. Fue electo rector de ésta en 1815, renunció en 1816 para ingresar a la Compañía de Jesús. Participó en el Plan de la Profesa y firmó el Acta de Independencia. En el efímero imperio de Iturbide, Isidro Ignacio fue nombrado maestro de ceremonias de la corte imperial, predicador mayor y capellán de honor. Su hermano Antonio y su medio hermano José María de Ycaza y Jiménez del Arenal ocuparon los cargos de mayordomos de semana. En 1825 fue designado director del Museo Nacional. Mayores referencias en Pinal Icaza, 1988

habría de contribuir a la fusión Ycaza e Yturbe, al casarse con su prima hermana Ignacia Yturbe.[13] El tercero acrecentaría los vínculos con la burocracia borbónica, procedente de la Península Ibérica, al casarse con Teresa Mora Fernández de Córdoba, hija del intendente de Oaxaca, Antonio de Mora y Peysal, ex regidor de Málaga.

Rosa, de endeble constitución, murió en 1788; su padre, en carta a Ignacio Amenabar, residente en Cádiz, lo informa así "...nos hallamos con el pesar de haber fallecido mi hija María Rosa el día 3 de diciembre próximo pasado, dejando tres niños pequeños, con cuyo golpe ya puede nuestra merced considerar al pobre de Ycaza y mis dos hijas..."[14]

Isidro Antonio casó en segundas nupcias con Micaela Jiménez del Arenal, con quien tuvo cuatro hijos: José María, Juan, Manuel (que murió sin sucesión) y Dolores, quien se casó con Pedro Lascuráin y Mendizábal. José María también habría de unir los apellidos Ycaza-Yturbe e Yraeta; el 16 de agosto de 1813 casó con su prima hermana María Josefa de Yturbe, hija de Gabriel y Margarita.[15]

Los hijos de Ycaza tuvieron una descendencia prolífica, en contraste con Gabriel de Yturbe y Margarita, quienes sólo tuvieron dos hijos varones: Manuel Gabriel, casado, pero sin descendencia,[16] y Francisco Sixto, "falto de entendimiento". Sin embargo, fue a través de los matrimonios de sus hijas Ignacia y María Josefa con dos de los Ycaza, como habrían de mantenerse los vínculos y la descendencia de Yraeta e Yturbe hasta el siglo xx.[17]

[13] Icaza, 1936, p. 24.

[14] UIA, 2.1.12, f. 70v.

[15] José María de Ycaza, "Arras y donación propter nupcias", A. del A. de M. Francisco Calapiz, not. 155, v. 924, ff. 398-399.

[16] "Testamento de María de Jesús González Garay". En la cláusula tercera manifiesta ser casada con el coronel Gabriel de Iturbe e Iraeta "de cuyo matrimonio no hemos tenido hijo alguno". A. del A. de M. not. 240, 1o de julio de 1837.

[17] En los sucesores de los siglos xix y xx se pueden apreciar los múltiples matrimonios entre primos hermanos, lo cual contribuyó a la vinculación familiar. Así también, es posible observar la cohesión social de los Yraeta, Yturbe e Ycaza con los descendientes de las oligarquías mercantiles y terratenientes del México virreinal, que sobrevivieron a la Independencia. En las generaciones correspondientes a la segunda mitad del siglo xix y principios del xx, además de los matrimonios que los vinculan con las oligarquías de referencia, aparecen las relaciones con extranjeros. Ejemplos de estos matrimonios son los de Ana María Icaza con Arturo Bush, Rosario Carral con Roberto Kinsey, María de Icaza con Rafael Sein, Dolores Sein Icaza con Guillermo Wulff, María de la Luz Díaz e Icaza con Emilio Bersinger.

Su vida pública

Enunciados el origen y sucesión de los Yraeta, Yturbe e Ycaza, paso a hacer referencia a algunos de los aspectos familiares en los ámbitos público y privado.

En el orden público debe resaltarse aquí el papel y las relaciones que tuvieron en las instituciones políticas, económicas y sociales de la segunda mitad del siglo XVIII los tres cabezas de familia: Francisco Ignacio de Yraeta, Gabriel de Yturbe e Isidro Antonio de Ycaza.

Los tres cuentan entre sus ascendientes, con antecedentes de cargos en el gobierno. Tan sólo baste mencionar que por la línea Yraeta, Francisco Ignacio y Gabriel tuvieron a sus ascendientes en el Cabildo de Anzuola, su villa natal, desde 1667, como alcaldes, regidores y síndicos procuradores.[19] Por parte de Isidro Antonio, su abuelo materno, Miguel de Caparroso aceptó el cargo de alcalde ordinario en Santiago de Veraguas en 1736; su abuelo paterno, Juan de Ycaza, natural de la villa de Ochandiano, ocupó ahí el cargo de regidor capitular; su padre, Juan Martín, emigró de Ochandiano a la ciudad de Santiago de Veraguas, donde fue electo alcalde en 1751, juez subdelegado en 1759 y en 1761 lo designaron teniente gobernador de la provincia de Veraguas. Por ser la participación en los ayuntamientos un símbolo honorífico ante la sociedad urbana, los tres personajes en cuestión registraron su limpieza de sangre y procuraron su presencia en el Ayuntamiento de México como alcaldes y regidores. Así también lo hicieron sus descendientes Gabriel Manuel y Antonio Icaza en las primeras décadas del. XIX.

A manera de ilustración del sentido honorífico que conceden a estos cargos, baste citar aquí la notificación que hace Yraeta de su nombramiento a Francisco Javier Toyos, canónigo de la catedral de Toledo, en carta del 24 de mayo de 1773:

Participo a vuestra merced cómo ésta [Ciudad] me honra el día primero de enero con la vara de alcalde ordinario de segundo voto, cuyo empleo ofrezco a vuestra merced para que, en él y en mi persona, mande con satisfacción.[20]

[18] Cargos ocupados en el cabildo de la villa de Anzuola, 1667-1765, en Torales, 1985, vol. I, p. 23.

[19] Icaza, 1936, pp. 15-17.

[20] UIA, 2.1.2 ff. 132v-134r, publicado en Torales, 1985, vol. II, pp. 192-194.

No obstante que los cargos concejiles les permitían a los mercaderes defender sus intereses económicos, además del prestigio que les representaba en la sociedad urbana, eran cargos que les significaban inversiones de capital y tiempo; esto último en ocasiones en detrimento de sus negocios. Testimonio de esto lo da el mismo Yraeta, quien invirtió 1 500 pesos en la vara de alcalde en 1773 y en octubre de ese mismo año se queja con su hermano Cristóbal Antonio, residente en Anzuola:

> Veo cómo nuestro sobrino Gabriel le escribió a su padre me habían elegido de alcalde ordinario de esta ciudad en compañía del marqués de Valleameno y que te habían dado el parabién los parientes y amigos, yo estoy en que te avisé, es un empleo de mucho trabajo, pues como esta ciudad es tan grande hay mucha plebe y ésta da quehacer bastante, ya me faltan, a Dios Gracias, dos meses.[21]

En 1778, presenta su renuncia como regidor honorario:

> ...después de haber cumplido mis dos años, me hallo también mortificado por la precisa necesidad de exponer a Nuestra excelencia que para desempeñar como debo aquel honroso empleo, me es indispensable abandonar muchos de los negocios de mi casa y muchos más en las presentes circunstancias, que por las ocurrencias que han recaído en ella me veo en la precisión de más asistencia personal.[22]

Con respecto a su participación en los organismos de carácter económico, debe mencionarse que nuestros tres estudiados y sus descendientes tuvieron presencia en el Consulado de México y en la Real Compañía de Filipinas. Así también fueron miembros de importantes asociaciones religiosas que si bien tenían un objetivo piadoso, igualmente es sabido que fungían como instituciones financieras de la economía novohispana.

Junto con los beneficios económicos que dichos cargos representaron para sus personas, sus familias y corresponsales, debemos resaltar aquí el prestigio que obtuvieron con ello en el ámbito social. En una población que asumía como fin último la voluntad divina y la salvación del alma, de manera pública se favorecían y propiciaban las

---

[21] UIA, 2.1.2, ff. 178v-180r. Publicado en Torales, 1985, vol. II, pp. 199-201.

[22] AAM, Acta de Cabildo de 27 de noviembre de 1778. Publicada en Torales, 1985, vol. II, p. 132.

acciones filantrópicas y piadosas. Nuestros personajes aparecen como rectores, hermanos y tesoreros de asociaciones religiosas tales como las cofradías, así como directores de instituciones de educación y salud tales como el Colegio de San Pedro y San Pablo y el Hospital de Terceros. Sus acciones se hacen públicas en las procesiones y ceremonias, donde son exhibidos ante toda la población urbana como hombres notables, y este señalamiento alcanza también a la familia.[23] Las actitudes filantrópicas y piadosas en el orden público habrían de caracterizar también a los descendientes de los Yraeta, Yturbe e Ycaza en los siglos XIX y XX.

No podemos omitir la deferencia social que implicó en la sociedad novohispana la vinculación con la Inquisición.[24] Al respecto, los parientes (padre y abuelo) de Josefa, esposa de Francisco Ignacio, así como éste, fueron familiares del Santo Oficio, y sus descendientes, tal es el caso de Isidro Ignacio, quien fue designado comisario del Santo Oficio, en los últimos días de vida de esa institución.

Si bien en la sociedad novohispana de la segunda mitad del XVIII está vigente en las familias de la élite, la aspiración a los títulos nobiliarios, éstos no fueron solicitados por Yraeta, Yturbe e Ycaza. Como símbolo de distinción regia optaron mediante sus relaciones políticas y recursos económicos, por la obtención de la Real Orden de Carlos III, insignia que a decir de Yraeta era un reconocimiento a los servicios y lealtad al rey. Así lo expresó el 1o. de septiembre de 1791 en carta al conde de Floridablanca.

Excelentísimo señor: la noticia que vuestra excelencia, por su oficio de 16 de mayo del presente año, se sirve comunicarme de haberse dignado la piedad del Rey premiar mi corto mérito con merced de la Cruz de Carlos III, me deja tan lleno de júbilo y reconocimiento que no alcanzo a explicarlo, pero sí aseguro que Su Majestad tiene en mí un fiel vasallo que, si hasta aquí ha manifestado con su persona y bienes cuánto ama a su soberano, con más razón procurará hacerlo con la distinción con que lo ha condecorado y contemplando lo mucho que había contribuido el superior influjo de vuestra excelencia, le tributo las más expresivas gracias, asegurándole que será en mí

[23] Además de participar en las cofradías, Yraete colaboró con el virrey Bucareli como administrador del Colegio de San Pedro y San Pablo; en 1776 como depositario de la colecta para reconstrucción de la ciudad de Guatemala; en 1791 síndico de los Santos Lugares de la provincia de San Diego de México, y en 1796 como Ministro Hermano Mayor de la Tercera Orden de San Francisco. Vid. Torales, 1985, vol. I.

[24] Pinal Icaza, 1988 ("El fundador..."), p. 21.

eterno el agradecimiento y que en todos tiempos tendrá vuestra excelencia mi pequeñez a su disposición.[25]

También debemos reafirmar aquí que en las Cortes española y novohispana las relaciones familiares de compadrazgo y amistad tuvieron un papel fundamental. Por medio de éstas se adquieren privilegios, se confieren cargos, se resuelven conflictos, etc. Por ello, tanto Yraeta, como Yturbe e Ycaza, procuraron ganarse el afecto de funcionarios civiles y eclesiásticos. Contaron entre sus amistades y compadres a consejeros reales, virreyes, gobernadores, miembros de los ayuntamientos regionales, arzobispos, canónigos, sacerdotes y frailes en España. Todos ellos habrían de reportar sus beneficios a la familia extensa. En otro lugar se han expresado de manera ejemplar dichos vínculos; aquí tan sólo cabe citar la carta que Isidro Ignacio, sobrino de Yraeta recién llegado a tierras novohispanas en 1791, le envió desde Acapulco.

DE LA INTIMIDAD FAMILIAR

Además de que la familia representa un móvil prioritario para generar las acciones políticas, económicas y sociales expresadas en el ámbito de lo público, es indudable que, para la segunda mitad del siglo XVIII en la Nueva España la familia representa un oasis para los individuos de la élite. Es en ella donde se promueve la continuidad de la sangre y el apellido. Es en ella donde se expresan los sentimientos de afecto, protección y solidaridad. Es en ella donde se cultivan las formas de vida, las costumbres, los valores, por medio de la educación y el ejemplo. Es en ella donde el individuo se recrea, expresa sus alegrías en los nacimientos, los matrimonios, los onomásticos y las órdenes sacerdotales. Es en ella donde el individuo llora y padece ante la enfermedad o la muerte de un ser querido. Es en ella donde el individuo expresa y propone el amor a la patria, la fidelidad al rey y el temor y amor a su Dios.

[25] Torales, 1985, vol. II, pp. 275-276. Obtuvieron la cruz de Carlos III: Francisco Ignacio en 1791, Gabriel en 1792, Isidro Antonio en 1791. Torales, 1985, vol I, p. 81 y Archivo de Notarías, Calapiz, not. 144, v. 908, ff. 295-296.

CASA Y SUSTENTO

Aquí apenas apuntaremos algunos aspectos de esa intimidad casa, vestido, sustento, educación y prácticas religiosas. Los hechos seleccionados en razón de disponer mayor información sobre ellos. Empecemos por señalar que la familia cuenta con una ubicación espacial. Yraeta, Yturbe e Ycaza viven en la ciudad de México en la época de las grandes reformas urbanas. Toca a ellos observar y trabajar en beneficio de su ciudad. Son testigos del empedrado, de la iluminación, de la división en cuarteles, del embellecimiento de las plazas públicas, de la ampliación de la Alameda. A manera de ejemplo, cabe citar los comentarios de Yraeta a Francisco de Zalvide, residente en Madrid, el 26 de agosto de 1790 al referirse al virrey.

> ...el actual [virrey] es por otro término por muy proficuo a el reino, de modo que, según va, en algún tiempo no conocerán a México, luego que llegó promovió varieda[d] de cosas, despejó la Plaza Mayor y la dejó libre, que es gusto verla, quitó todas las sombras y a ratas, de que resultó mucho desembarazo y hermosura en las calles, trató de iluminación general y ha conseguido, y aunque ha sido muy costosa, pues llegan a 1200 faroles, asegura él mismo que ni en Londres están lucida y para su cuidado dispuso serenos que hicieron novedad, pero se ha visto que son utilísimos y que se liberta la Ciudad de malhechores, como los del Suceso de Dango. Ha hecho aderezar a el palacio, los empedrados; limpia las calles, por remate conservación de paseos, por lo mismo, y uno nuevo que por disposición suya se está haciendo muy hermoso a la orilla de la acequia, camino de Ixtacalco...[26]

Nuestros personajes viven como la mayoría de los comerciantes, cerca de la Plaza Mayor. Yraeta e Yturbe, juntos en la calle de Palma, frente a la imprenta Ontiveros, cerca del nicho de Nuestra Señora del Refugio. En la planta baja tienen, como muchos de los comerciantes, un almacén y las bodegas.[27] El piso de arriba lo reservan para la vida en familia. Ahí se encuentran las habitaciones en las que cada miembro cuenta con su espacio para el recogimiento, además de las áreas comunes como son el comedor, el salón en el que seguramente fueron colocados los retratos de Yraeta y Gabriel, y la cocina. Todas ellas decoradas con rico mobiliario cuyo valor ascendía a 3 839 uno y medio

[26] En las cartas de Yraeta se encuentran mútiples referencias a los cambios que se realizan en la ciudad de México. Publicadas en Torales, 1985, vol. II, Apéndices, pp. 31-115. Referencias a los cambios realizados por Revillagigedo en pp. 269-270.

[27] Archivo de Notarías, Francisco Calapiz, not. 155, vol. 909, ff. 129-131.

reales.[28] Un lugar especial debieron tener: la pintura de la Virgen de Guadalupe que compró la abuela Gómez de Valencia en 22 pesos,[29] los dos relojes de sala, valuados en 450 pesos, los libros que a la muerte de Yraeta fueron valuados en 197 pesos, 4 reales, el forte piano que Francisco Ignacio compró para Ana María, su hija menor y predilecta, en 1788,[30] y la plata labrada valuada en 41 412 pesos por el platero José Mariano de Ávila. En palabras de Francisco Ignacio, estaban decorados los salones "con papeles para colgaduras de galas que sean iguales de montería con pájaros de los qe hay en Asia, aves y animales..." En las habitaciones, sobresalientes se pusieron las chitas orientales, los rasos de cantón color cereza, azul celeste y verde manzana.[31]

Además de los integrantes de la familia, habitaban la casa los criados, algunos de ellos esclavos. De éstos se encuentra noticia del escribano, la esclava Alejandra, valuada en 200 pesos, el negro peluquero, del cual se lamentaba Yraeta que no sabía afeitar, la negra María Francisca, adquirida en Veracruz por 250 pesos, y el esclavo cochero, que murió en la epidemia de viruela en 1779. Las habitaciones de todos ellos estaban en la planta baja alrededor del patio. En el patio de servicio se guardaban "...los tres coches que tenía la casa...", los cuales debieron ser de calidad pues hacia 1797 estaban valuados en 1 100 pesos. Para jalarlos se contaba con ocho mulas.[32]

Otro espacio íntimo lo constituían la casa en Coyoacán y la haciendita Nuestra Señora de Guadalupe, la pionera, ésta, además de contar con suficientes habitaciones para la familia, parientes y amigos, tenía su capilla, para la cual se habían adquirido cáliz, casulla, alba, misal y vinajera. A ésta se retiraban con frecuencia, por largas temporadas, la abuela, Ana Gómez de Valencia, con las nietas Rosa, Margarita y Ana María, en especial "...por señora Santa Ana..."; algunas veces les hacía compañía Francisco Ignacio, en particular cuando deseaba un descanso de sus tareas. A manera de ejemplo, en 1778, puede mencionarse que Yraeta justificaba su estancia en Coyoacán porque "...deseo libertarme de los quehaceres que me acarrea el empleo de síndico del común". Ahí se celebraban las ceremonias íntimas familiares, como lo

---

[28] Inventario a cuenta general de los bienes de Francisco Ignacio de Yraeta, UIA, Papeles sueltos. En Torales, 1985, vol. II, pp. 158-166.

[29] Torales, 1985, vol. I, p. 125.

[30] UIA, 2.1.12, ff. 29v-32r.

[31] Carta a Juan Pablo de Lara, Manila, 3 de marzo de 1784.Torales, 1985, vol. II, p. 247.

[32] Carta a José Fernández Gil, en 10 de noviembre de 1779, pp. 230-235. Torales, 1985, vol. II, Apéndices, pp. 158-166.

fue la boda de Margarita y Gabriel, cuya bendición la dio el compadre Dimas Diez de Lara. Servía esa casa también para consolidar relaciones de amistad, como lo fue cuando se la prestaron al virrey Antonio Flores por tres meses, para restablecerse de su enfermedad.[33]

La haciendita Nuestra Señora de Guadalupe en Soctepingo, jurisdicción de Coyoacán, fue menos frecuentada por la familia, sin embargo, a la muerte de Yraeta habría de servir como casa de campo a los herederos.

Es importante resaltar que los peninsulares que hacen fortuna en la Nueva España tienen presente su patria, y además del espacio americano que procuran para sí y su familia, promueven la adquisición de bienes inmuebles en su tierra, ya por la remota esperanza de retornar, ya por favorecer a sus parientes, asumiendo una actitud patriarcal. Representa también un móvil para ellos el ser reconocidos y enaltecidos en su villa, vista la solidez y grandeza de su casa natal y de sus tierras. Así Yraeta, una vez que tiene garantizada su solvencia económica en Nueva España, envía fuertes cantidades de dinero a Anzuola para reedificar su casa nativa, para construir el camino y ampliar sus tierras con el propósito de concentrar en ella a todos sus parientes, en el ánimo de evitarles penurias.[34]

EL VESTIDO

Por lo que se refiere al vestido, debe apuntarse desde luego que uno de los renglones de egresos de las familias de la élite corresponde a este concepto. La mayoría de la ropa era de hechura mexicana, pero con telas y accesorios importados. Ilustran esto, las relaciones de gastos personales, los inventarios de bienes, las cartas de dote, etc. A manera de ejemplo, contamos con múltiples referencias de los pagos de Yraeta a sus sastres, al Vizcaíno, al Andaluz y al maestro Miler, su preferido; pagos que van de 1 peso 6 reales hasta 153 pesos 1 real. Las telas que prefiere para sus trajes son: paño de Bretaña, quimonos, tafetán, terciopelo y raso; complemento de sus trajes son las mascadas toledanas, ribetones y flecos de plata, medias de seda, botas de casquillo y sombrero de vicuña. No puede faltar la mención aquí de la peluca que le costó 12 ps, ni del reloj de bolsillo que compró en 500 pesos.[35]

[33] UIA, 2.1.9. f. 157r y 2.1.12, f. 24; Torales, 1985, vol. I, p. 136 y vol. II p. 220.
[34] Cartas de 28 de febrero de 1770, 24 de octubre de 1773 y 4 de marzo de 1780, en Torales, 1985, vol. II, pp. 183-184, 199-201 y 238.
[35] Relación de gastos de Yraeta, en Torales, 1985, vol. I, pp. 137-138.

El comerciante habría de heredar toda su ropa a sus nietos, los niños Ycaza y los Yturbe.[36]

Los gastos de la abuela y el avalúo del vestuario de Ana María nos ejemplifican el tipo de desembolsos efectuados para adquirir prendas femeninas. Doña Ana mandaba hacer sus vestidos de sasaya, raso, espolín y terciopelo, de colores azul, morado y grana; acompañaba éstos con sus paños de rebozo de seda, sus cabriolés, sus delantales de cambray, sus guantes de seda y sus medias color nácar. Portaba también reloj de pulsera de cuyas frecuentes descomposturas nos ha llegado noticia. Nos ofrece una apreciación del valor de los vestuarios y aderezos femeninos el hecho de que a la muerte de Yraeta en la relación de sus bienes se incluyan 1 206 pesos 2 reales por concepto de la ropa de Ana María, su hija menor, soltera en ese entonces, y que en su herencia se incluyan 17 194 pesos en alhajas.[37]

Del placer de comer

Con respecto a los alimentos, debe señalarse que son múltiples las personas que comen en la casa. Los miembros de la familia, los criados y esclavos, el socio encargado del almacén y el escribano y, de vez en vez, los amigos y los ahijados cuando salen del colegio. No es difícil imaginar los platillos que se preparan, pues en casa de comerciante hay garantía del abasto tanto de productos de la tierra como de los procedentes de Europa y Asia. Por la relación del surtimiento del almacén con el gasto de la casa de Yraeta sabemos que se abastecía de pescados tales como: bacalao, pámpano en escabeche, salmón, atún, pescado blanco y robalo fresco de Campeche.[38] Las frutas que les surtía el almacén: naranjas, limones, higos, plátanos y tunas. Entre los abarrotes estaban: arroz, lentejas, garbanzos, habas y frijoles; fideos, aceite y vinagre; almendras, pasas, alcaparras y aceitunas; entre las especias: la canela, el clavo, la pimienta, sin faltar el azafrán; muy apreciados también eran el chorizón de Toluca y el queso adobero. Pedían también cacao de Caracas, peras, duraznos, almendras y nueces cubiertas, los dulces de Querétaro y Michoacán, sin faltar azúcar entreverada y blanca de la que producían en el ingenio de San Nicolás, en Izúcar. Para beber: vino blanco, vino corlón, aguardiente y hasta cervezas

---

[36] Cláusula 21 del testamento, Torales, 1985, vol. II, p. 162.
[37] Torales, 1985, vol. I, pp. 123-128 y vol. II, p. 161.
[38] Torales, 1985, vol. I, pp. 139-143.

holandesas tan del agrado de Yraeta. "...Para la digestión... de cualquier cosa pesada, especialmente, para cosa de carne fresca de puerco..." se preparaban un "...té o chaá muy superior, tanto, afirma Yraeta que lo dudo que tenga este señor virrey ni otro alguno como él..."[39] El costo mensual de los alimentos por persona era de 15 pesos hacia 1798.

En torno de la educación

Es el padre, el suegro, el tío o el hermano, quien asume el compromiso del sustento diario, quien propone y dispone de la educación y profesión de los miembros de la familia extensa. En el caso que estudiamos, Francisco Ignacio se encargó de esa función con respecto a sus hijas y sobrinos. Así también apoyó a sus amigos, compadres y corresponsales en la educación de sus hijos. A través de sus acciones al respecto podemos acercarnos a los propósitos educativos de las familias de la élite novohispana del siglo XVIII.

Para la mujer está en prioridad el camino al matrimonio determinado por el padre, y la vida en el convento, opción que toma por voluntad o presionada por sus padres para evitar las desintegraciones de los capitales. La educación de la mujer se da en el interior del hogar, cuando los padres prefieren asumirla; para quien procede de la provincia o cuyos padres no pueden atenderla en casa, están los colegios. Los comerciantes de la nación vizcaína procuran la incorporación de sus hijas al Colegio de San Ignacio o en su defecto al de Belén de las Mochas.

Como sus "tres Marías" de Yraeta quedan huérfanas de madre desde muy pequeñas, las confía a la abuela Gómez de Valencia con el fin de ser educadas para el matrimonio. Las niñas aprenden a leer y a coser con la "amiga" y practican el bordado y la doctrina con el ejemplo de doña Ana y con una beata dominica de las "que llaman de Santa Rosa". Yraeta afirma de ella: "...virtuosa y de habilidad en primores mujeriles, les está enseñando dentro de casa, rezan con ella diariamente la hora". Añade también, cuando esto expresa al tío Juan José de Gamuza, residente en Guatemala, que "...a la calle las lleva su merced, esto es a la iglesia y al paseo." No está por demás señalar que también las acompaña a Coyoacán, a donde frecuentemente acudían a recrear-

---

[39] Carta a Juan Francisco Survarán, publicada en Torales, 1985, vol. II, pp. 186-192.

se con su abuela. Al cumplir los 18 años, Rosa y Margarita fueron dispuestas al matrimonio. Estos enlaces, aunque del gusto de los contrayentes y de su abuela, fueron determinados por Yraeta. Acciones que tuvo para con sus hijas las procuró también para sus sobrinos en España. En efecto, por correspondencia exigía a sus parientes desde la introducción de sus sobrinas a las primeras letras, hasta el que se les concertarán un buen matrimonio, con la amenaza de que si no era de su gusto, no contribuiría con la dote. No obstante que no favoreció a sus hijas para la vida religiosa, consideraba ésta una vocación recomendable que a un padre de familia le aseguraba contar con "capellana". Esta opción solía ser por elección, según lo afirma Yraeta cuando le escribe a Juan Pablo de Lara, residente en Manila:

> Mucho me alegro de la satisfacción que le ofrece la vocación de mi señora doña María Teresa, cuyos pies beso, pues habiendo elegido el de ser religiosa en el convento de Santa Clara de esa ciudad, había de tomar el santo hábito en todo el citado mes de julio de 83. Dios la haga una santa y a vuestra merced dé el consuelo de verla profesa para que sea su capellana...[40]

Los varones, según el pensar de Yraeta, deberían ser orientados a los negocios familiares; de no tener habilidad para ello quedaba la vida religiosa o la carrera militar. Testimonio de lo anterior fueron la preparación de Gabriel, su sobrino, para heredarlo en su empresa; lo induce al comercio en la adolescencia; empieza como ayudante de almacén y más tarde lo hace su socio. Como tal, funge como su mano derecha; a él le confía sus transacciones en Acapulco para el surtimiento de productos orientales, la administración del ingenio, la atención de la correspondencia cuando se ausenta de la ciudad o cae enfermo.[41]

A varios de sus sobrinos, a algunos ahijados e hijos de amistades, los apoya para la vida sacerdotal. Los introduce al Colegio de San Ildefonso para que culminen sus estudios de gramática, filosofía y teología, pues no desea que sean "clérigos míseros" con sólo el dominio de la gramática y moral.[42]

No repara en verlos como a hijos; los trata "...ya con rigor, ya con amor, según lo que pidiese el caso o la necesidad...". Los provee de manto, beca, turca de paño, bonete y solideo, camisas sin holanes, "porque es irregular y colegial con vuelos, es lo mismo que mujer con

---

[40] Torales, 1985, vol. II, pp. 184-186, 218 y 245.
[41] Torales, 1985, vol. I, pp. 30-31.
[42] Torales, 1985, vol. I, pp. 35-37 y 41, vol. II, p. 201.

calzones". Los provee de ropa limpia, lavada, almidonada y planchada por su lavandera; así también, de buen chocolate, del que muele en casa. Les proporciona asimismo, para sus gastos extraordinarios, de 7 a 12 reales al mes, según la disposición de sus padres. Hay quienes son acompañados por un paje mulato, sin embargo, a los estudiantes de gramática sólo les permiten como criado a un "indio racional vivo y ladino". A éstos, sus amos les dan 4 reales al mes y comida. Ya ordenados sacerdotes sus sobrinos, les procuró capellanía a su favor y no descuidó el envío de dinero para un sustento decoroso. Entre sus sobrinos sacerdotes se puede mencionar a Francisco María de Mendizábal y los hermanos de Gabriel, José Ignacio y Francisco. No obstante que la carrera militar no le era grata para sí,[43] apoyó de manera espléndida la incorporación a ella de su sobrino Gabriel María de Mendizabal, hijo de su hermana Juana Gabriela. Con sus relaciones en la Corte, las aportaciones monetarias frecuentes y sus sabios consejos favoreció sus múltiples ascensos y culminó este apoyo consiguiéndole el hábito de caballero de la Orden de Calatrava.

A Manuel, hermano también de Gabriel de Yturbe, primero intentó habilitarlo en el comercio como "copiador de cartas", mas por no tener éxito y ser atraído también por el ejército, fue apoyado desde México por su tío. Más tarde habría de arribar a la Nueva España como comandante general de las Provincias Internas de Oriente, a principios del siglo XIX.

Entre las formas de comportamiento valoradas en los hombres, está el buen juicio y el carácter dócil, el alejamiento de los vicios, los cuales son propiciados por el ocio y el paseo en las calles sin obligación alguna. Yraeta recomienda a su sobrino Gabriel que en los negocios·hay que proceder con seguridad, sin perjudicar al otro, siguiendo los principios del honor. A manera de ilustración bastan dos párrafos de la carta que le envía a Acapulco el 17 de marzo de 1779. Al referirse al maltrato y proceder con Gabriel de otros comerciantes, el tío afirma: " ...como otras veces te he dicho a todos los hombres le son muy pesados los principios, no te debe desmayar esto p[orque], habiendo salud y procediendo con honor, antes sirven de beneficio estos golpes, pues nos enseñan a saber cómo hemos de vivir con las gentes..."[44] Más adelante le asegura:

[43] Torales, 1985, vol. II, pp. 187 y 191.
[44] Torales, 1985, vol. I, pp. 35-37 y 40, vol. II, p. 200

Tu buen porte y hombría de bien, tienes manifestados en el público y, así no te debe dar cuidado de nadie; procede con modestia y humildad en todo, sin querer sobresalir, pretendiendo ser el último en todas las cosas y verás cómo llevarás el lauro, no hables mal de Elizalde, ni de otro que te haga los mayores agravios, pues nada se saca y llevando todo por Dios se consique todo.[45]

Al referirse al maltrato y proceder con Gabriel de otros comerciantes Yraeta afirma "...como otras veces te he dicho a todos los hombreizalde, ni de otro que te haga los mayores agravios, pues nada se saca y llevando todo por Dios se consique todo".[46]

Se inculca también en la familia la lealtad y servicio al rey así como el amor a Dios. En carta a su cuñado Manuel José Mendizábal el año de 1794, fecha en que los franceses invadían la provincia de Guipúzcoa, le dice:

La entrega de esa provincia a el francés me ha sido de mayor dolor y seguramente diera todos mis bienes por la reconquista, por las armas de nuestro soberano que nos mira con tanta piedad; Dios le dé la más cumplida salud y también a su real familia. Espero que, en su defensa y en la ley de Dios, perderá vuestra merced y todos los míos la vida.[47]

Aferrados los comerciantes novohispanos a sus creencias religiosas, comulgan una concepción providencialista que los lleva a aceptar sus acciones y sus consecuencias como productos de la voluntad divina. Del nacimiento a la muerte en la familia está presente la dedicación a Dios y la preocupación por la salvación del alma. Todas sus acciones las ofrecen a su divinidad. Son múltiples las devociones familiares: San Francisco, San Ignacio, el arcángel Gabriel y el patriarca San José. Sin embargo, en los Yraeta, Yturbe e Ycaza predomina el culto a la madre de Dios en sus advocaciones peninsulares, como lo son: la virgen del Camino aparecida en Pamplona, la de Aranzazú y Nuestra Señora de la Piedad, devoción de Anzuola; y en la advocación novohispana como la virgen Santa María de Guadalupe. Se trata de una familia netamente guadalupana. Tan es así, que particularmente su devoción a la virgen de Guadalupe es transmitida de generación en generación y se manifiesta hasta el siglo xx. Esto se demuestra con el

---

[45] Torales, 1985, vol. II, pp. 226-227.
[46] Torales, 1985, vol. II, pp. 301-302.
[47] Estas características se expresan tanto en los documentos personales como en los protocolarios. Algunos ejemplos en Torales, 1985, vol. II, pp. 172-181.

hecho de que Ana Gómez de Valencia disponía dos misas en el santuario de Guadalupe todos los sábados, por las cuales pagaba 53 pesos al año. Esta muestra se mantiene en la actualidad con la misa que anualmente celebran los descendientes en la Basílica. Otras manifestaciones religiosas son las decisiones de Francisco Ignacio de que sus sobrinos celebraran su primera misa en dicho santuario; la participación de Yraeta como primisierio en la Congregación de Nuestra Señora de Guadalupe en 1773 y la asignación de una renta por parte de Isidro Antonio para que perpetuamente se mantuvieran encendidos 6 cirios ante el altar de la Guadalupana por la salvación de su alma y la de sus descendientes.[48]

Son múltiples las expresiones de la piedad familiar en celebraciones y obras pías, pero su explicación rebasa los límites de este trabajo. Tan sólo cabe resaltar lo siguiente: la quinta parte del capital de la abuela Ana fue destinada a capellanías y obras pías.[49] La mayor erogación en los gastos cotidianos de Yraeta la constituyeron las aportaciones relacionadas con el culto y las hermandades religiosas. No reparó en financiar el colateral de la iglesia de su villa natal y en obligar al Cabildo de ella a que celebrara perpetuamente una misa cantada con requiem el día de San Francisco, por la salvación de su alma y la de sus descendientes. Ana María, la hija menor, la de mayor caudal por haberse mantenido soltera al lado de su padre hasta la muerte de él y sin herederos forzosos, dedicó su fortuna a obras pías, por las mismas razones que su padre. Especial cuidado puso en las obras en beneficio de la salvación de su amado esposo, el oidor y regente Cosme de Mier y Tres Palacios.

Como ya he apuntado, han quedado descritos sólo algunos aspectos de la vida íntima familiar de nuestros comerciantes: la vivienda, la alimentación, el sustento, la educación y la devoción; sin embargo, estos asuntos merecen ser estudiados con mayor profundidad al igual que otros no abordados en esta ocasión por falta de espacio, tales como las celebraciones cívicas y religiosas (convites por los grados universitarios, por sus participantes en el Consulado y el Cabildo, bautizos, matrimonios y funerales, por ejemplo); diversiones (el teatro, los toros, el paseo, etc.); modos de enfrentar el nacimiento, la muerte, la pérdida del padre Gamuza, las enfermedades (entre otras, las ocasionadas por las epidemias de tabardillo y viruela, las motivadas por

[48] Torales, 1985, vol. II, pp. 273, 188-189, vol. I, pp. 125, 38, 41 y 83.
[49] Torales, 1985, vol. I, p. 132.

los cambios ambientales, como el catarro, y los accidentes, como cuando Yraeta se lastimó la espinilla y esto lo obligó a suspender sus actividades durante tres meses. Analizar todo ello en el contexto novohispano del siglo XVIII nos permitirá en la cotidianeidad de la sociedad novohispana, pues piedra angular de ella fueron las familias de la élite que representaban un modelo al que aspiraron y siguieron otros sectores de la población. Es sin duda alguna fundamental también la comprensión de la familia dieciochesca, entre otras razones porque nos explica la persistencia de valores y comportamientos vigentes en el siglo XIX y primeras décadas del XX.

CARGOS QUE OCUPARON EN EL AYUNTAMIENTO DE MÉXICO
YRAETA, YTURBE E YCAZA

	Francisco de Yraeta	Gabriel de Yturbe	Isidro A. de Icaza	Gabriel Manuel de Yturbe	Antonio de Ycaza
Alcalde ordinario	1773-1774	1777-1778	1784-1785		
Regidor honorario	1777-1778	1785-1876	1784-1785		1817-1818
Regidor perpetuo				1818	

CARGOS QUE OCUPARON YRAETA, YTURBE E YCAZA EN EL CONSULADO
DE MÉXICO, LA REAL COMPAÑÍA DE FILIPINAS Y EN ALGUNAS
ORGANIZACIONES RELIGIOSAS CON PROPÓSITOS FINANCIEROS

	Francisco de Yraeta	Gabriel de Yturbe	Isidro A. de Icaza	Gabriel M. de Yturbe
Consulado	Cónsul 1780-1781	1805-1806	1801-1802	1826-1827
Real Compañía de Filipinas	1791-1797	1797-1812		1812-1841
Cofradía de Aranzazú	Tesorero 1767	Tesorero 1791-1792		
Mesa del tercer Orden de San Francisco	Hermano mayor 1796		Conciliario 1798	

CARGOS QUE OCUPARON YRAETA, YTURBE E YCAZA EN EL CONSULADO
DE MÉXICO, LA REAL COMPAÑÍA DE FILIPINAS Y EN ALGUNAS
ORGANIZACIONES RELIGIOSAS CON PROPÓSITOS FINANCIEROS
(continuación)

	Francisco de Yraeta	Gabriel de Yturbe	Isidro A. de Icaza	Gabriel M. de Yturbe
Cofradía del Santo Escapulario de Nuestra Señora del Carmen	Rector 1783			
Archicofradía del Santísimo Sacramento	Rector 1791-1792			
Misa del Tercer Orden de San Francisco	Hermano mayor 1786		Conciliario 1798	

SIGLAS Y BIBLIOGRAFÍA

AAM Archivo del Ayuntamiento de México. Actas del Ayuntamiento 1767-1820 Libro Nobiliario, n.. IV, v.3289, 1769-1772.
AGNM Archivo General de Notarías de México. Notario 155, Francisco Calápiz. Notario 240 Mariano Flores. Notario 460 Manuel Núñez Morillón. Notario 523 Francisco de Palacios. Notario 669 Antonio de la Torre.
UIA Universidad Iberoamericana, Archivo de la Compañía de Comercio de Francisco Ignacio de Yraeta, 35 vols. 1767-1797.

Aries, Philippe. "Para una historia de la vida privada", en *Historia de la vida privada*, España, Taurus, 1989, t.3, pp 7-19.
Assadourian, Carlos Sempat. *El sistema de economía colonial. El mercado interior. Regiones y espacio económico*, México, Editorial Nueva Imagen.
Borchart de Moreno, Christiana. *Los mercaderes y el capitalismo en México (1759-1778)*, México, Fondo de Cultura Económica, 1984, 306 pp.
Castan Nicóle. "Lo público y lo particular", en *Historia de la vida privada*, t.3, pp. 413-453.
Castan Yues, "Política y vida privada", en *Historia de la vida privada*, t.3, pp. 27-69.
Croix, Teodoro de (marqués de Croix). *Instrucción del virrey marqués de Croix*

que deja a su sucesor Antonio María Bucareli, pról. y notas de Norman F., Martín, México, Jus, 1960, 143 pp. ils. (Testimonía Histórica, 4.)

Florescano, Enrique e Isabel Gil (comps.). *Descripciones económicas generales de Nueva España, 1784-1871*, México, Secretaría de Educación Pública, Instituto Nacional de Antropología e Historia, 1973, 272 pp. (Fuentes para la Historia Económica, I.)

García-Baquero González, Antonio. *Cádiz y el Atlántico (1717-1778). El comercio español bajo el monopolio gaditano*, Sevilla, Escuela de Estudios Hispanoamericanos de Sevilla, 1976, 2 vols.

Güemes Pacheco y Padilla, Juan Vicente (conde de Revillagigedo), *Informe sobre las misiones, 1973, e instrucción reservada al marqués de Branciforte, 1794*, intr. y notas de José Bravo Ugarte, México, Jus, 1966, 373 pp., mapa, cuadros (Colección México Heroico, 50).

Hamnet, Brian R. *Política y comercio en el sur de México, 1750-1821*, México, Instituto Mexicano de Comercio Exterior, 1976, 298 pp.

Icaza Icaza, Ángel de, *Genealogía de la familia de Icaza. Descendencia de don Isidro Antonio de Icaza y Caparroso*, México, s.p.i. 1936, 116 pp.

Kicza, John E. *Colonial Entrepreneurs, Families and Business in Bourbon Mexico City*, Alburquerque, University of New Mexico Press, 1983, 311 pp.

Ladd, Doris. *The Mexican Nobility at Independence, 1780-1826*, Austin, Institute of Latin American Studies, The University of Texas, 1976, 316 pp.

Lindley, Richard B. *Haciendas and Economic Development, Guadalajara, Mexico, at Independence*, University of Texas Press, Austin, 1963, 156 pp.

López Clua, María Luisa. "Francesco Espar y Compañía: un ejemplo de comercio colonial a fines del siglo XVIII", *Cuadernos de Historia Económica de Cataluña*, 1977, núm. 16, pp. 59-109.

Mc. Cuscer, John J. "Les équivalents métriques des poids et mesures du commerce colonial aux XVIII siécles", *Revue Française d'Outre Mer*. Francia, 1974, 61 (224), pp. 349-365

Morín, Claude. *Michoacán en la Nueva España del siglo XVIII. Crecimiento y desigualdad en una economía colonial*, México, Fondo de Cultura Económica, 1979, 328 pp.

O'gorman, Edmundo. *Historia de las divisiones territoriales de México*, 3a. edic., México, Porrúa, 1966 (Sepan Cuántos, 45).

Osores, Félix de (Dr.). "Historia de todos los colegios de la ciudad de México desde la conquista hasta 1780", en *Nuevos documentos inéditos o muy raros para la historia de México*, t.II, publicados por Carlos E. Castañeda, México, Talleres Gráficos de la Nación, 1929, 216 pp.

Osorio Romero, Ignacio. *Colegios y profesores jesuitas que enseñaron latín en Nueva España (1572-1767)*, México, Universidad Nacional Autónoma de México, Instituto de Investigaciones Filológicas, 1979, 414 pp.

Ots y Capdequí, José María. *Instituciones*, Barcelona, Salvat, 1959, 548 pp.

Pazos Pazos, María Luisa Julia. *Guía de las actas de cabildo de la ciudad de México*

1765-1775, tesis para obtener el título de licenciado en Historia, México, Universidad Iberoamericana, 1981, 351 pp.

Pinal Icaza, Salvador de. "En torno al retrato dieciochesco de un personaje virreinal, ensayo inédito, 1982, 27 pp. El fundador primer director del museo nacional (1825)", Conferencia inédita, 1988, 37, pp. "El señor doctor don Manuel María de Icaza e Iturbe. S.J. (1813-1883.) Cuarenta y dos años capellán del Colegio de Niñas; mantenedor de la Compañía de Jesús, Conferencia inédita, 1988, 23 pp.

Rees Jones, Ricardo. *El despotismo ilustrado y los intendentes de la Nueva España*, México, Universidad Nacional Autónoma de México, 1979, 402 pp.

Solemnes exequias celebradas en la Iglesia del tercer Orden de Nuestra Señora del Carmen de México, el día 6 de noviembre de 1805 por el alma del señor D. Cosme de Mier y Tres Palacios, del Consejo de S.M. Honorario en el Supremo de Indias, regente provisto y oidor decano de esta Real Audiencia; por su esposa la señora doña María de Yraeta dedicadas al Exmo. señor D. Joseph de Iturriagaray, virrey de esta Nueva España, México, Joseph de Zúñiga y O., 1806. pp. 8-35.

Torales, Cristina. "Vida y relaciones de Francisco Ignacio de Yraeta", en Cristina Torales *et al., La compañía de comercio de Francisco Ignacio de Yraeta (1767-1797)*, 2 vols., México, Instituto Mexicano de Comercio Exterior, 1985.

Vértiz, Lourdes. *Guía de las actas de cabildo de la Ciudad de México 1811-1820*, México, UIA, DDF (en prensa).

LA FAMILIA FAGOAGA Y LOS MATRIMONIOS EN LA CIUDAD DE MÉXICO EN EL SIGLO XVIII

JUAN JAVIER PESCADOR C.
Centro de Estudios
Demográficos y de
Desarrollo Urbano
El Colegio de México

> ...ordinariamente los casamientos de los ricos se redu-
> cen a tales y tan vergonzozos pactos que más bien se
> podrían celebrar en el consulado, por lo que tienen de
> comercio, que en el provisorato, por lo que tienen
> de sacramento. Se consultan los caudales primero que
> las voluntades y calidades de los novios...
> El misántropo en *El Periquillo Sarniento*, lib. V, cap. VI

Son las seis de la tarde del 26 de febrero de 1786 y el doctor en Cánones
de la Santa Iglesia Metropolitana, don Manuel Ignacio Beye de Cisneros deja su asiento en el cabildo eclesiástico de la catedral para subir a
su coche y tomar el rumbo del convento de Santo Domingo. Se dirige
a la casa de don Juan Bautista Fagoaga, hermano menor del primer
marqués del Apartado, situada en la esquina del puente de Leguízamo,
separada apenas dos calles del Real Apartado, al pie de la acequia que
surte de agua a Santo Domingo y al Carmen de México. El padre Beye
presenciará el matrimonio que por palabras de presente van a contraer
doña María Josefa Ramona Fagoaga Leyzaur, hija de don Juan Bautista,
y don Joaquín Gutiérrez de los Ríos, caballero de la orden de San Juan
y alcalde mayor de Celaya.

La ceremonia va a realizarse a las siete de la tarde y en la casa de
una de las partes, tal como lo acostumbran muchas de las familias de
la ciudad, sin importar la condición humilde o privilegiada de la

residencia. Quienes no gustan desposarse en sus casas, prefieren hacerlo muy temprano, a las seis o siete de la mañana y a las puertas de la iglesia parroquial.

En esta ocasión serán muchos más los familiares de la novia presentes que los del novio, oriundo de Córdoba —la de Andalucía— quien no tendrá un pariente dentro de los testigos calificados de la ceremonia. No así en el caso de la joven María Josefa, la que —pese a haber nacido en la villa de Rentería, Guipúzcoa— tendrá a su lado a prácticamente toda la familia. Sus padres, sus hermanas y hermanos, sus sobrinos, sus primos y su tío el marqués del Apartado, quien será testigo de la boda, junto con el marqués de Castañiza y don Fernando Mangino, el superintendente de la Real Casa de Moneda. En el plano litúrgico, ninguna misa enmarcará los esponsales y nadie de los presentes se extrañará de ello.

El padre Beye llevará a cabo su discreto papel dentro de la ceremonia, que será sencilla y consistirá en una lectura de las moniciones acostumbradas a los espondantes y los presentes, seguida de la toma de palabra a los novios, en la cual éstos ratificarán su libre decisión de tomar estado matrimonial para tomarse las manos y después recibir la bendición del oficiante.

Al oscurecer de esa tarde ya estarán doña María Josefa y don Joaquín formalmente casados. Antes de que la velada termine el señor de la casa, Juan Bautista Fagoaga, volverá a agradecerle al padre Beye sus gestiones para obtener las dispensas de las amonestaciones públicas de los ya esposados. Para el canónigo fue relativamente fácil obtener tales dispensas del obispo de Michoacán y del arzobispo de México. Al padre Beye —por otra parte— no le sorprenderá la diferencia de edades entre el novio y la novia. A decir verdad, por lo menos a la familia Fagoaga le complacerá que Joaquín de los Ríos ya sea hombre maduro y respetable.[1]

En los años siguientes el nuevo matrimonio viviría en la casa de los padres de la novia[2] y don Joaquín sería integrado por completo a las actividades e intereses de las familias Fagoaga. No muy distintos

[1] Esta reconstrucción fue hecha con base en el acta de matrimonio asentada en los libros de la parroquia. Para estas fechas era común en Santa Catarina que el párroco señalara la hora de la ceremonia, el lugar donde se llevaba a cabo y los demás datos arriba dichos. Archivo Parroquial de Santa Catarina Virgen y Mártir de México [en adelante ASC] caja 73, lib. 15, matrimonios de españoles, 1786.

[2] ASC, caja 126, libro 15, caja 126.

habían sido los matrimonios de los adultos casados de la familia que presenciaban las nupcias.

El mismo marqués del Apartado se había casado en 1772 con la hija del oidor decano de la Real Audiencia de México, don Antonio de Villaurrutia, cuando ésta no había cumplido los veinte años en tanto que don Francisco —el marqués— ya rebasaba los cuarenta y siete. Su joven prometida —María Magdalena— había nacido en 1753 en la isla de Santo Domingo cuando su padre era oidor de aquel tribunal. Y así la nueva marquesa, doña María Magdalena, se había casado con un hombre que le llevaba 28 años de edad y que había concertado tal enlace con su padre y no con ella.[3] Las hijas del marqués tuvieron la misma suerte que su madre y sus primas.

María Josefa Fagoaga Villaurrutia, la primera hija del marqués, se casaría exactamente a la misma edad que su madre —19 años— con un coronel de los Reales Ejércitos que también seguramente le doblaba la edad, ni más ni menos que el conde de Alcaraz.[4]

La boda se había celebrado en la capilla de San Francisco Javier, oratorio particular que los Fagoaga tenían en su hacienda de Tlalñepantla.

La tercera hija de los marqueses —María Ygnacia Elena Joaquina— se casaría con un malagueño, también de grado militar, teniente coronel de caballería, sargento mayor del regimiento de lanceros de Veracruz, don Manuel Rangel, también de seis a siete de la tarde, también con dispensa arzobispal. La boda se celebraría en la casa del conde de Alcaraz y estaría amadrinada por su hermana María Josefa —ahora condesa de Alcaraz— sólo que María Ygnacia no tendría los 19 años de su madre y su hermana, ella —María Ygnacia— contaría con quince años y cuatro meses de edad.[5] Ambas bodas serían concertadas entre los pretendientes —ambos españoles de la península— y el padre de las novias.

La segunda hija del marqués Josefa María (no confundir con María Josefa) rompería en algo la norma —pero sólo en algo— al casarse a

[3] Padrones 1788. Archivo General de la Nación. México [en adelante AGN] Provisorato Eclesiástico-Matrimonios IIa. serie, caja 87, exp. 45, 1772.

[4] ASC, caja 73, libro 15, 1792. El acta parroquial no asienta las edades de los contrayentes. Sin embargo sabemos la edad de María Josefa por su acta de bautismo que señala la fecha de nacimiento [20 de noviembre de 1772] de la niña María Josefina Phelix Francisca Ignacia Teresa Fagoaga y Arozqueta Villaurrutia y Ossorio, bautizada el 23 de noviembre de 1772. ASC, caja 4, libro 12, bautizos de españoles, 1772.

[5] ASC, caja 73, libro 15, matrimonios de españoles, 1799. Sobre la edad de María Ygnacia: ASC caja 4, libro 14, bautizos de españoles, 1778. María Ygnacia tuvo como padrino a su primo hermano, José Mariano Fagoaga y Leyzaur.

los 24 años con su primo hermano José María Fagoaga Leyzaur quien en la fecha de la boda —1801— le llevaba a su prometida once años.[6] Las nupcias fueron apadrinadas por quienes evidentemente las habían pactado, esto es el padre del novio, don Juan Bautista Fagoaga, y la madre de la novia, doña María Magdalena Villaurrutia ya entonces viuda de Fagoaga, marquesa del Apartado. Toda la boda fue literalmente en familia, pues el ministro religioso que llevó a cabo la ceremonia fue el presbítero prebendado de la Catedral Metropolitana, doctor Ciro Ponciano Villaurrutia, hermano de doña María Magdalena y tío de la novia.

Fue el primero de los Fagoagas que vino a Nueva España quien comenzó con los matrimonios de este tipo. Don Francisco Fagoaga e Yragorri, natural de Oyarzun en Guipúzcoa, se casó a los 37 años con la joven hija de un comerciante también vasco, Juan Bautista Arozqueta, en 1716.[7]

La boda fue celebrada por el tío de la novia, fray José de Heras, por ese entonces comendador de la orden regular de La Merced. Así, considerando las circunstancias que compartieron lo mismo el abuelo que los nietos y lo mismo la abuela que las nietas, se puede decir que los Fagoaga se casaban siempre de la misma manera y bajo muy semejantes condiciones. Siempre mujeres muy jóvenes esposadas con hombres ya maduros; siempre con gente de su misma condición racial, de su misma condición social, con un rango económico y caudales también semejantes; siempre bajo una fuerte influencia del padre de la novia y siempre con elementos que venían felizmente a mantener y mejorar los distintos negocios y actividades económicas de la familia.

A partir de los estudios de David A. Brading sobre familias de mineros y comerciantes destacados en el mundo novohispano, numerosas investigaciones han hecho de las élites coloniales su principal objeto de estudio,[8] insistiendo en el carácter diversificado de sus actividades económicas y poniendo de relieve el papel primordial que el matrimonio y el compadrazgo jugaron en la constitución de alianzas y clientelas de estos grupos privilegiados.

También se ha hecho manifiesto el carácter marcadamente patriar-

---

[6] ASC, caja 73, matrimonios de españoles libro 15, 1801. La edad de Josefa María la obtuvimos a partir de un padrón parroquial de 1784 donde aparece mencionada con 7 años de edad. ASC, caja 127, padrones, libro 11, 1784. La fecha de nacimiento de Josefa María Fagoaga y Leyzaur —1764— aparece en Ladd, 1984, p. 281.

[7] AGN, Genealogías-El Sagrario [México] matrimonios de españoles, Rollo 15, 1716.

[8] Me refiero sobre todo a los trabajos de Doris Ladd, 1984 y John E. Kicza, 1986.

cal y endogámico de las nupcias celebradas por estas familias, demostrando que las alianzas matrimoniales tenían una lógica específica cuyo propósito primordial era el de constituir y reforzar los vínculos de las élites con quienes representaban una potencial ayuda económica y política para la conservación y mejoramiento de la firma comercial. Las familias de la élite orientaban sus matrimonios en función de estrategias diseñadas para mantener y aumentar el poder económico y la influencia social de la casa o apellido.[9] La búsqueda de aliados que en forma genuina y definitiva apoyasen a la casa con la que emparentaban, ya fuese desde un buen cargo en el gobierno virreinal o bien con un caudal o unas influencias considerables, privaban a la hora de definir las preferencias matrimoniales de las élites.

Tales prioridades generaban patrones de casamiento muy particulares cuyas principales características eran la fuerte endogamia social, la recurrencia a hombres ya grandes de edad y con posiciones influyentes en la sociedad novohispana, y con esto la marcada diferencia de edades entre el novio y la novia; también podemos considerar como inherentes a esta lógica matrimonial la fuerte influencia del dirigente de la casa en las decisiones matrimoniales de sus hijas e hijos. En suma el considerar al matrimonio como una alianza concertada en beneficio de la familia:

...como el matrimonio continuó siendo el mecanismo principal para adquirir y mantener riqueza y posición social en esta sociedad, la elección del cónyuge resultaba decisiva. La investigación de los patrones nupciales de toda una generación revela patrones recurrentes...[10]

Los Fagoaga están claramente inscritos en esta lógica detectada en el comportamiento de las élites. Para identificar estas pautas de nupcialidad como propias y exclusivas de la élite es necesario descartarlas como inherentes al comportamiento matrimonial del resto de españoles y castas residentes en la ciudad de México colonial. A ese propósito presentaremos los avances de una encuesta que estamos realizando sobre aproximadamente 7 300 matrimonios registrados entre 1720 y 1800 en el Provisorato Eclesiástico de españoles y castas feligreses de la ciudad de México.

Antes de ello veamos brevemente las pautas de comportamiento de la familia Fagoaga en lo referente a los parentesco espirituales que

---

[9] Kicza, 1986 pp. 54-55, 166, 177ss. y Ladd, 1984, pp. 39 y 68 ss.
[10] Kicza, 1986, p. 54.

ellos eligieron, ya que la importancia del compadrazgo ha sido atinadamente señalada por Ladd (1984) y otros autores. ¿Hasta qué punto
los Fagoaga establecieron vínculos de compadrazgo con personas
prominentes que podían reportar a la familia poderosas alianzas?

Tenemos la información para una veintena de bodas y bautizos de
la familia ocurridos entre 1716 y 1801 y asentados en los libros parroquiales del Sagrario y Santa Catarina (apéndice 1). En este apéndice
aparecen tanto testigos como padrinos, una lista que incluye a veintisiete personas. ¿Quiénes son ellas?

Se ha sostenido de una manera atractiva y sugerente que para las
élites novohispanas:[11] "...el compadrazgo era la más importante de las
relaciones y en ella el incesto era tabú...". No obstante, los Fagoaga
recurrieron sistemática y abrumadoramente a sus parientes directos
para establecer los vínculos de parentesco espiritual que se generan
con el bautismo y el matrimonio. De las 36 personas mencionadas
como padrinos y/o testigos el 44 por ciento son parientes consanguíneos directos de quien recibe el sacramento.

María Josefa Fagoaga Villaurrutia bautizó a su hermano menor
Francisco Antonio en 1788 y luego atestiguó en la boda de su hermana
María Ygnacia en 1799. No muy distinto fue el comportamiento de Juan
Bautista Fagoaga y Arozqueta quien fue padrino en los matrimonios de
sus tres sobrinas en 1792, 1799 y 1801. José Mariano Fagoaga Leyzaur
fue el padrino en el bautizo de su prima hermana María Ygnacia en
1778 y la situación se repitió exactamente en 1783 cuando Juan José
Fagoaga Leyzaur llevó a la pila a su primo hermano José Francisco.
Antonio Villaurrutia fue padrino en el bautizo de su primera nieta.

Esta costumbre de buscar en la misma familia compadres y testigos
fue inaugurada por Juan Bautista de Arozqueta, suegro del primero de
los Fagoaga en Nueva España. Arozqueta llevó como testigos y padrinos de la boda de su hija a miembros de su parentela en 1716, y un año
después él mismo apadrinó a la primera hija de los Fagoaga-Arozqueta. La madrina de la criatura fue su bisabuela, María de Alcocer y
Sariñana. En 1723 Juan Bautista Arozqueta volvió a ser el padrino de
una nieta suya, Ygnacia Gertrudis. En otros ocho casos los testigos y
padrinos son parientes políticos de los Fagoaga, la mayoría hombres
que entraron a la familia a través de su matrimonio con hijas del
marqués del Apartado o de su hermano. Estos parientes políticos son
el marqués de Castañiza, el conde de Medina, el ya mencionado

---

[11] Ladd, 1984, p. 43.

Joaquín Gutiérrez de los Ríos y Antonio Basoco, gente prominente de la ciudad y con los estrechos vínculos económicos y sociales con la familia Fagoaga que Brading describió magistralmente.

Sin embargo todos actuaron como padrinos o testigos de honor en las ceremonias de la familia cuando ya formaban parte de ella, no antes. Al momento de establecer estos lazos de compadrazgo con los Fagoaga los arriba citados ya eran miembros de esa familia.

La familia Fagoaga entonces orientaba sus elecciones de compadrazgo hacia su propia parentela, reforzando los lazos internos y tratando de fortalecer los vínculos y responsabilidades de los miembros para con la familia. En ello influye las obligaciones morales que la iglesia atribuía al compadrazgo, donde en el compadre recae la tarea de sustentar al ahijado a la muerte de los padres de éste. ¿En quién hacer recaer esta obligación sino entre los mismos miembros de la casa mayores y que además encabezarán efectivamente los negocios de la familia al fallecer el señor?

Entonces ¿en qué casos se justifican estas ideas sobre el compadrazgo como alianza externa para la familia Fagoaga? En siete de nuestros casos fueron elegidos como padrinos o testigos personas que estaban vinculados a los negocios de la familia. Así se explica la aparición del superintendente de la Real Casa de Moneda en 1786 —fecha en la que por otra parte, los Fagoaga ya no tenían la concesión del Apartado— o la aparición de Miguel de Amazorráin en 1721 cuando bautizó a una hija de Francisco Fagoaga Yragorri. Amazorráin fue cajero del primero de los Fagoaga[12] y luego figuró en la lista de albaceas alternativos en el testamento de aquél.

Así aparecen también Francisco de Echeveste y José de Aguirre y Elizondo, quienes junto con Amazorráin y otros más, tienen un elemento que parece gravitar en la decisión de los Fagoaga por incluirlos, son vascos.

La familia Fagoaga tenía en esta forma muy bien definidas sus preferencias sobre las alianzas que entraña el parentesco espiritual del compadrazgo.[13] Recurrían invariablemente a sus familiares directos en

[12] ¿No deberíamos contar a Amazorráin entre los familiares de los Fagoaga? Entre 1778 y 1788 el párroco de Santa Catarina levantó once padrones eclesiásticos de las familias de su curato. En estas listas lo mismo el marqués del Apartado que Juan Bautista Fagoaga declararon a sus cajeros y sirvientes como de *su familia*.

[13] Me refiero desde luego a las alianzas en las que los Fagoaga eran la familia receptora y por ello quienes tenían la iniciativa de proponer el establecimiento de lazos de parentesco espirituales. Sin embargo hemos dejado de lado los compadrazgos en los que los Fagoaga

primer lugar y sobre ellos recayó la mayoría de los compadrazgos sin importar que los vínculos familiares se multiplicaran en detrimento de posibles alianzas con otras familias y clientelas. Sólo como segunda opción los Fagoaga acudieron a sus parientes políticos directos y en ningún caso el compadrazgo fue anterior al matrimonio.

Cuando tenían que buscar alguien de fuera de la familia para emparentar con él, situación más bien rara, los Fagoaga buscaban entre colaboradores cercanos, cajeros que llevaban mucho tiempo trabajando con ellos, o bien entre personas con ascendencia en la misma provincia o país, en términos de la época, con quienes existían fuertes vínculos incluso a nivel de clientelas religiosas.[14] El resto de los testigos y padrinos son clérigos y miembros de órdenes regulares asentadas en la ciudad, algunos de ellos parientes lejanos de la familia.

Nos faltaría echar una rápida ojeada a la lista de sacerdotes que administraron los sacramentos. Los Fagoaga, como su estatus *gente principal* lo exigía, trataban de elegir para oficiantes de sus ceremonias a miembros destacados del clero regular y secular de la ciudad. Por ello todos los oficiantes tenían buenos cargos dentro de la jerarquía eclesiástica y muchos de ellos alcanzaron puestos importantes en el Cabildo eclesiástico de la iglesia metropolitana. Algunos, como fr. José de Heras o el dr. Ciro Villaurrutia eran parientes políticos cercanos de la familia.

La presencia del maestro Juan Antonio Bruno se explica por ser el párroco de Santa Catarina, curato donde residían desde 1770 los Fagoaga y al que apoyaban de muchas maneras. Los doctores Beye de Cisneros, Serruto y Bermudes de Castro alcanzaron gran notoriedad en la época,[15] al igual que Manuel Flores, secretario del arzobispado. En todos estos casos parecen haber sido el parentesco, cuando no la

---

eran la parte invitada. Con ello desafortunadamente se pueden dejar a un lado importantes vínculos. Es sabido que Francisco Fagoaga Yragorri era compadre y muy amigo —por ejemplo— del marqués de San Clemente.

[14] Es abrumadora —por ejemplo— la participación de casi todos los personajes que hemos mencionado, en la cofradía para vascos de Nuestra Señora de Aránzazu o en la creación del Colegio de San Ignacio de Loyola. La marcada preferencia de estas familias por gente originaria o descendiente de la misma provincia se manifestaba incluso en los cajeros de Francisco Fagoaga Yragorri, cuyos nombres eran: Lorenzo de Incháurregui, Manuel de Arbide, Juan José Fagoaga, Agustín de Imenarrieta, Juan Bautista Arizavala y Luis Fagoaga. AGN, vínculos 8, exp.1, 21, agosto, 1737.

[15] Ver en el *Diccionario de historia, biografía y geografía de México*, 1986, vol. I, pp. 83 y 247, y vol. II, pp. 908, 1240 y 1486 las biografías de fr. Baltasar Alcocer y Sariñana, el dr. Carlos Bermúdez de Castro, el dr. Cayetano Antonio de Torres Quiñón, el dr. Antonio Rubín de Celis y el religioso José Mariano Medina y Torres, conde de Medina, respectivamente.

amistad, los que orientaron las preferencias de la familia a lo largo del siglo xviii. La elección de los oficiantes sigue la misma pauta que la de los padrinos y testigos; se recurre sistemáticamente a la familia, luego a la parentela lejana y después a la amistad o a quienes tienen ascendencia de Guipúzcoa, Vizcaya o Álava.

Pasemos ahora a la comparación de estas tendencias matrimoniales encontradas en las familias Fagoaga con algunos resultados preliminares de la investigación que estamos realizando sobre el total de matrimonios de la ciudad de México para el siglo xviii.[16]

Comencemos con la edad al matrimonio de acuerdo al grupo étnico del novio (cuadro 1): Para los españoles la edad al matrimonio es más bien alta —28 años— en tanto que los varones pertenecientes a las castas se casan en promedio más de dos años antes, a los 25.8 años. La desviación típica de las observaciones en el caso de los españoles es elevada también, prácticamente 9.5 años, mientras que para las castas este indicador es de 8.6 años. Esto significa que los españoles —o criollos como ahora se les llama— se casan a edades mayores que los hombres de sangre mezclada y que su ingreso al matrimonio sigue un ritmo más bien lento. No así las castas, cuyos varones entran al matrimonio a una edad promedio menor y el lapso que requieren para que todos los miembros de sus cohortes estén casados es también menor.

CUADRO 1

EDAD AL MATRIMONIO EN LA CIUDAD DE MÉXICO. SIGLO XVIII

SEGÚN EL GRUPO ÉTNICO DEL NOVIO

	Españoles	Cónyuges	Castas	Cónyuges
Media	28.14	22.02	25.78	21.74
Desv.	9.58	6.54	8.66	6.71
Casos	2 630	2 630	1 472	1 472
No especificados	73	8	49	53

Fuente: AGN, Matrimonios.

[16] Los resultados presentados enseguida son de carácter meramente preliminar. Abarcan un universo de aproximadamente cuatro mil expedientes matrimoniales correspondientes al Provisorato Eclesiástico de españoles y castas entre 1720 y 1800 exclusivamente para la ciudad de México. El total de trámites matrimoniales existentes y ya capturados es de 7 300 en las tres series que sobre matrimonios existen en el Archivo General de la Nación.

Veamos ahora las mismas medidas para el caso de las esposas. La edad media al matrimonio de las mujeres que se casan con españoles —la mayoría de ellas españolas también como se verá enseguida— es de 22 años, en tanto que el mismo indicador para las mujeres que se casan con mestizos y mulatos es un poco menor, de 21.7 años. En los dos casos se trata de edades tempranas al matrimonio, máxime si se considera que estamos incluyendo las segundas nupcias. Los datos acerca de las primeras uniones (3 465 expedientes) contenidos en el cuadro 2 muestra que las edades medias de doncellas para el matrimonio, son menores. Las españolas se casan por primera vez a una edad promedio de 20.6 años en tanto que las mujeres mestizas, mulatas y de otras denominaciones raciales lo hacen a los 20.4 años. La edad promedio general para las mujeres en primeras nupcias es de 20.5 años. De esta manera se puede observar que tanto castas como españoles se casan prácticamente a la misma edad, y que ésta es muy temprana si se la compara con los patrones de Europa Occidental.

Sin embargo hay diferencias en las mujeres de estos dos grupos que vale la pena resaltar. La velocidad al matrimonio, es decir, el ritmo o la intensidad con la que las cohortes de mujeres toman estado matrimonial es algo distinta en españolas y castas (cuadro 2).

El 20 por ciento de las españolas, antes de cumplir los 17 años ya están casadas, el 25 por ciento antes de tener los 18, a los 20 años de

CUADRO 2
CIUDAD DE MÉXICO SIGLO XVIII, MUJERES
(VELOCIDAD AL MATRIMONIO)
(EDADES)

Cuartiles	Españolas	Castas	General
25 %	17	17	17
Mediana	20	19	19
75%	23	22	23
90%	27	27	27
Media	20.63	20.41	20.54
Mín./Máx.	12/60	12/50	12/60
Casos	2 195	1 270	3 465
N.D.	55	39	94

Primeras nupcias de mujeres.

Fuente: AGN, Matrimonios.

edad el 50 por ciento ya lo hizo, a los 23 el 75 por ciento y a los 27 el 90 por ciento. Esto quiere decir que las españolas inician muy temprano su ingreso al matrimonio y lo concluyen prácticamente a los 28 años, edad a la que todas las doncellas españolas casaderas ya se han desposado.

Las mujeres mestizas y mulatas inician su ingreso al matrimonio con mayor velocidad que las españolas. El 23 por ciento de las mestizas y mulatas se casaron antes de cumplir los 17 años, y a los 18 años el 44 por ciento de ellas están ya casadas. La segunda fase de este ritmo es más acelerada en las castas que en las españolas, pues el 50 por ciento de ellas ya están desposadas a los 19 años y el 75 por ciento a los 22; una diferencia nada despreciable de un año. Si bien las pautas de los dos grupos de mujeres son parecidas e increíblemente veloces, las mujeres de las castas se incorporan al matrimonio de manera más precoz y cumplen la mayor parte de su movimiento de ingreso en un lapso más breve.

El 75 por ciento de las mujeres de la ciudad de México en el siglo XVIII, se casa entre los doce años —edad mínima admitida por la iglesia católica dieciochesca— y los veintitrés. Es decir: el grueso de los enlaces del mercado matrimonial para las doncellas se lleva a cabo antes de que éstas tengan 23 años, cristalizándose de esta manera un patrón de nupcialidad con edades bajas y ritmos muy intensos que son encabezados por las mujeres de sangre mezclada, pero seguidos muy de cerca por las españolas.

Veamos ahora la velocidad al matrimonio de los cónyuges de estas mujeres —cuadro 3— donde encontraremos diferencias muy interesantes. El 25 por ciento de los hombres que se casan con españolas doncellas lo hace antes de los 22 años. A los 24 años ya se ha casado el 50 por ciento de estos varones. Se trata de un inicio a una edad mayor que la de las mujeres pero con la misma intensidad. Sin embargo este movimiento presenta un brusco freno en las siguientes edades, pues el 75 por ciento de los varones que desposan españolas doncellas lo hacen antes de los 31 años, y para que se cumpla el 90 por ciento tienen que transcurrir otros diez años más. Por ello la edad media de estos hombres es de 27.1 años, siete más en promedio que la de sus esposas. Este grupo es el que correspondería a los Fagoaga. Así los hombres que se casan con españolas lo hacen de dos maneras. La primera a edades tempranas y con un intensidad igual a la que desarrollan las mujeres de su misma condición étnica. Y la segunda

CUADRO 3
CIUDAD DE MÉXICO SIGLO XVIII, VARONES (VELOCIDAD AL MATRIMONIO
SEGÚN LA RAZA DE LA NOVIA)
(EDADES)

Cuartiles	Con españolas	Con castas	En general
25%	21	20	20
Mediana	24	22	24
75%	30	28	30
90%	40	36	38
Media	27.11	24.80	26.6
Mín./Máx.	12/85	12/67	12/85
Casos	2 195	1 270	3 465
N.D.	70	42	112

Primeras nupcias de mujeres.
Fuente: AGN, Matrimonios.

a edades avanzadas y con un ritmo de ingreso más bien pausado y lento.

No sucede lo mismo con quienes se casan con doncellas mestizas, mulatas, moriscas, etcétera. Este grupo inicia sus uniones mucho antes y a mayor velocidad. El 25 por ciento ya se casó antes de tener 20 años, la mitad lo hizo dos años antes que el grupo español, a los 22. Sin embargo el resto se acopla más al modelo de los que se casan con españolas, si bien con intervalos menos dilatados. El 75 por ciento se casa antes de tener 29 años y el 90 por ciento antes de cumplir los 36. Cuatro menos que el otro grupo.

De esta manera podemos observar que para que los que se van a casar con doncellas españolas completen su ciclo de ingreso se necesita que pasen más de veinte años en tanto que la cantidad de tiempo requerida para que hagan lo propio quienes se casan con castas es de 16 años. Esto es importante si se considera que las doncellas —sin importar aquí su grupo racial— necesitan sólo diez años para cerrar su ciclo de ingreso al matrimonio.

De estas diferencias se desprende lógicamente que en la inmensa mayoría de nuestros matrimonios los varones sean mayores de edad que sus esposas y que esta diferencia quede más pronunciada si la novia es española. El cuadro 4 permite conocer las dimensiones de estas diferencias de edades. Considerando sólo las primeras nupcias en mujeres, tenemos que en el 77 por ciento de estas uniones el hombre es mayor; apenas un 7 por ciento presentan las mismas edades en hombre y mujer y, algo que es importante, en el 15 por ciento de estos enlaces la mujer es mayor que el hombre. Si se las ve de acuerdo al grupo étnico estas diferencias cobran mayor realce. En el 80 por ciento de las bodas de españolas el hombre es mayor y el promedio de esta diferencia es de ocho años.

CUADRO 4
CIUDAD DE MÉXICO SIGLO XVII
DIFERENCIA DE EDADES

	Total	Españolas	Castas
Mujeres mayores	15%	13.7%	17.2%
Edades iguales	7%	6.6%	8.6%
Hombres mayores	77%	79.7%	74.2%
Total de casos	3 465	2 195	1 270
No especificados	160	105	55
Dif. muj.>hom.	39	39	17
Dif. hom.>muj.	51	51	41
Dif. promedio	5.7	6.5	4.4
Prom. hom.>muj.		8.09	6.89
Desv. típica		7.25	6.28

Primeras nupcias de mujeres.
Fuente: AGN, Matrimonios.

No sucede lo mismo con las bodas en las que la novia es mestiza o mulata, pues ahí los hombres son mayores en el 74 por ciento de los casos y tienen más participación los casos donde la mujer es mayor que el hombre, alcanzando el 17 por ciento de estas nupcias. En este grupo de mujeres incluso la diferencia promedio cuando los hombres son mayores se reduce.

A diferencia de las españolas, las mujeres pertenecientes a castas se casan con hombres no mucho mayores que ellas, a veces sus parejas tienen la misma edad y en muchas ocasiones son ellas las que aventajan en años a sus cónyuges.

Tenemos así que la diferencia de edades aparece acentuada en el caso de las españolas; para las castas, si bien sigue siendo la pauta predominante, se da de manera mucho más tenue, con menos contrastes, y tiene que coexistir con formas en las que hay más oportunidad para que los espondantes tengan la misma edad. De esta suerte podemos diferenciar dos modelos de enlace de acuerdo a la condición étnica de la novia. Cuando ésta es española su cónyuge es indefectiblemente mayor que ella que apenas tendrá veinte años, mientras que aquél andará cerca de los treinta.

Las castas, por su parte, tendrán parejas también mayores que ellas pero con edades no tan alejadas de las propias, y tendrán además, en un 25 por ciento de sus enlaces, la oportunidad de tener cuando menos la misma edad que su pareja.

Otra cuestión a analizar es el estado premarital de quienes contraen matrimonio, incluyendo viudas, viudos y parejas que declaran vivir en amasiato. (cuadro 5)

CUADRO 5
CIUDAD DE MÉXICO SIGLO XVIII
ESTADO PREMARITAL

Estado	Hombres	Mujeres
Soltería	80.7%	86.6%
Viudez	17.1% (682)	11.2% (446)
Amasiato	21.%	2.1%
No especificado	0.1%	0.2%
Total de casos	4 000	4 000

Fuente: AGN, Matrimonios.

Las doncellas y solteros son predominantes y representan el 87 y 81 por ciento de sus respectivos sexos. Como es sabido los viudos tienen más oportunidades de volverse a casar que las viudas y por ello integran el 17 por ciento, mientras que las mujeres viudas representan un 11 por ciento de su grupo. La proporción entre aquéllos y éstas es de 3 a 2; pero la diferencia se ahonda al tomar en cuenta que en la ciudad siempre hubo más viudas que viudos, por lo que para una viuda cualquiera fue siempre más difícil volverse a casar que para un viudo cualquiera.

Por otra parte el porcentaje de amasiatos que se convierten en matrimonios —2.1 por ciento— seguramente está subregistrado y muy probablemente tiene dimensiones mucho mayores de las que presenta en el cuadro.

Si analizamos las opciones matrimoniales según el estado premarital de todos nuestros casos, incluyendo viudas y viudos —cuadro 6— tenemos que el 80 por ciento de las doncellas se casa con solteros y el 20 por ciento restante con viudos. Las viudas, a despecho de lo que frecuentemente se sostiene sobre las segundas nupcias, no se casan preferentemente con viudos, sino con solteros. El 65 por ciento de las viudas que vuelven a desposarse lo hacen con solteros y sólo el 35 por ciento de ellas lo hacen con viudos. Del lado de los varones vemos que el 90 por ciento de los solteros se casa con doncellas mientras que el 77 por ciento de viudos también se casa con doncellas. Los matrimonios menos frecuentes son aquellos que se dan entre viudas y viudos y no alcanzan a representar ni el 4 por ciento del total de nuestras bodas. Las viudas encuentran su mayor mercado entre los solteros.

CUADRO 6
CIUDAD DE MÉXICO SIGLO XVIII OPCIONES
MATRIMONIALES SEGÚN ESTADO PREMARITAL

	Solteros	Viudos	Totales
Doncellas	2 937	525	3 642
Viudas	289	154	443
Totales	3 226	679	3 905

Fuente: AGN, Matrimonios.

No hemos visto aún las preferencias étnicas de los espondantes. Si se observa el cuadro 7a se advierten las fuertes y severas tendencias de cada grupo a practicar una feroz endogamia. Consideremos en primer término las bodas de las doncellas diferenciando la condición racial de éstas. Casi el 86 por ciento de las españolas se casa sólo con españoles en tanto que solamente el 14 por ciento de ellas lo hace con castas.

Las doncellas pertenecientes a las castas no son un grupo mucho más abierto a contraer nupcias con hombres españoles. El 69 por ciento de ellas se casa con varones de su misma condición mientras que un tercio de ellas lo hace con españoles.

El 80 por ciento de las doncellas tomarán por esposo a un miembro de su misma condición en tanto que sólo el 20 —sea cual fuere su grupo étnico— se casarán con alguien que no es de su raza. Si vemos

CUADRO 7a

CIUDAD DE MÉXICO, SIGLO XVIII, MATRIMONIOS SEGÚN
RAZA Y ESTADO PREMARITAL I

	Solteros	Viudos	Totales
I. Españolas con españoles	1 560	330	1 890
A) Doncellas			
B) Viudas	163	77	240
Totales	1 723	407	2 130
II. Españolas con castas			
A) Doncellas	269	42	311
B) Viudas	23	11	34
Totales	292	53	345

Fuente: AGN, Matrimonios.

el cuadro 7b muy difícilmente podríamos aceptar que los enlaces de viudas son más abiertos. En realidad la endogamia es tan fuerte entre las viudas españolas como entre las doncellas españolas. Casi el 87 por ciento de las viudas españolas se casan sólo con españoles —peninsulares o americanos. En el caso de las viudas mestizas y mulatas la situación es un poco más abierta frente al otro grupo. Sin embargo la tasa de endogamia alcanza el 62 por ciento entre ellas con 38 por ciento de sus enlaces —apenas medio centenar de casos para todo el periodo que comprende nuestro universo— con miembros del otro grupo étnico.

CUADRO 7b

CIUDAD DE MÉXICO SIGLO XVIII, MATRIMONIOS
SEGÚN RAZA Y ESTADO PREMARITAL II

	Solteros	Viudos	Totales
I. Castas con españoles			
A) Doncellas	341	56	397
B) Viudas	38	24	62
Totales	379	80	459
II. Castas con castas			
A) Doncellas	767	97	864
B) Viudas	65	42	107
Totales	832	139	971

Fuente: AGN, Matrimonios.

Estas fuertes tendencias de cada grupo están sin duda condicionadas por ciertas condiciones demográficas del mercado matrimonial. Por un lado en más del 60 por ciento de los contrayentes por ambos sexos se trata de españoles —cuadro 8— , quienes son el grupo racial predominante en los expedientes matrimoniales y en la ciudad misma.

CUADRO 8
CIUDAD DE MÉXICO SIGLO XVIII
COMPOSICIÓN ÉTNICA DE LOS ESPONDANTES

	Hombres %	Mujeres %
Español	57.7	62.6
Europeo	8.1	0.2
Indio	1.4	3.4
Mestizo	17.8	20.1
Mulato	7.4	6.3
Negro	0.9	0.3
Morisco	3.4	3.4
Castizo	2.9	3.3
No espec.	0.5	0.4
Casos	4 000	4 000

Fuente: AGN, Matrimonios.

Sin embargo esto no basta para explicar la rigurosa endogamia que cada grupo practica frente a las otras razas. La explicación entonces reside en factores de orden histórico y cultural. No sólo existe una marcada propensión a casarse entre miembros de la misma casta, sino que la voluntad de hacer una elección conyugal altamente selectiva alcanza incluso los ámbitos parroquiales. El cuadro 9 refleja nítidamente las dimensiones de la endogamia parroquial en las cuatro parroquias de españoles y castas para la ciudad de México del siglo XVIII.

La Asunción Sagrario, la parroquia más grande y rica de la ciudad, presenta la más alta proporción de matrimonios endogámicos. De aproximadamente 1 600 matrimonios registrados en el Provisorato Eclesiástico, en los que por lo menos uno de los espondantes es de esa parroquia, ni siquiera el 10 por ciento tienen un contrayente de otra jurisdicción parroquial.

Lo mismo sucede con San Miguel, la Santa Veracruz y Santa Catarina. De todos los matrimonios de castas o españoles sólo el 10 por

CUADRO 9
CIUDAD DE MÉXICO SIGLO XVIII
ENDOGAMIA PARROQUIAL

Parroquia	% de matrimonios endo	
La Asunción Sagrario	90.5	(N=1626)
San Miguel	87.9	(N=450)
Santa Veracruz	89.6	(N=551)
Santa Catarina	89.9	(N=294)
Total	89.87	(N=3 250)

Primeras nupcias de mujeres.
Fuente: AGN, Matrimonios.

ciento tiene a miembros de distintas parroquias. Se trata de circuitos matrimoniales prácticamente autónomos con un muy escaso intercambio con elementos de los otros curatos.

La inmensa mayoría de matrimonios en la ciudad de México se llevaban a cabo sin rebasar los límites del grupo racial, sin rebasar los pequeños ámbitos parroquiales, que funcionaban a manera de *doble monopolio* dándole a los patrones de nupcialidad de la ciudad características muy particulares. En realidad podríamos hablar de que no existe *un* mercado matrimonial para la ciudad, sino que se trata de pequeños y localizados circuitos independientes que sólo esporádicamente encuentran un intercambio muy marginal y más bien fragmentario.

Una ciudad que a nivel de sus pautas matrimoniales funciona como un conjunto de pequeñas sociedades diferentes, marcadas por la división de sus grupos raciales y sus esferas parroquiales.

Los matrimonios de la ciudad se caracterizan entonces por estar bajo la férula de intensas endogamias que impiden encontrar pareja en otra parroquia y sobre todo en otro grupo racial, lo que significaba que a nivel general, las familias intercambiarán parejas para sus hijos entre su propia parentela.

Si consideramos además tanto la edad al matrimonio de las mujeres españolas, como la de sus consortes, los datos aquí presentados sugieren que entre los españoles ésas eran las normas, y si acontecía de esa manera: ¿En qué se distinguen estas pautas matrimoniales, sobre todo las del grupo criollo, de las ya identificadas en las familias de la cúpula colonial como la Fagoaga? ¿No era común a todos los padres de familia en la ciudad el procurar el mejor matrimonio posible para sus hijos en términos económicos y sociales? ¿No era común a la mayor parte de las bodas entre miembros de un mismo estrato social y aun entre miembros cuyas familias compartían el mismo oficio o la misma actividad? ¿No era normal que un maestro zapatero o talabartero buscara casar a su hija con un oficial destacado y trabajador de su mismo taller? Si los mineros y comerciantes obraban de la misma manera, ¿por qué pensar que este comportamiento es elitista? ¿No era la organización corporativa y gremial común a todos los oficios y actividades económicas coloniales? ¿Existe entonces una estrategia familiar propia y exclusivamente elitista?

CUADRO 10a
CIUDAD DE MÉXICO SIGLO XVIII
ENDOGAMIA ÉTNICA (DONCELLAS)

	Con miembros del mismo grupo %	Con miembros de otro grupo %	Casos
Españolas	85.8	14.2	(N-2180)
Castas	68.7	31.3	(N-1259)
Total	79.52	20.48	(N-3439)

Fuente: AGN, Matrimonios.

Para terminar quisiéramos asistirnos de una fuente literaria —*El Periquillo Sarniento*— para tratar de identificar la valoración que a fines del siglo XVIII tenía el tipo de enlaces que hemos identificado en la familia Fagoaga y que suponemos que no es exclusivo de las élites.

Las mujeres honestas de la novela, como el caso de María Guadalupe Rosana o Mariana Sánchez, la segunda esposa de Periquillo se casan jóvenes y *por asegurar honor y subsistencia*[17] con hombres con una posición estable y una solidez moral que sean suficientes para obtener tales fines. Por el contrario los matrimonios donde el varón es también joven y es él quien decide al cónyuge —no sus padres—, siempre están asociados en la novela con la voluptuosidad, la inexperiencia y el capricho. Por ello el autor les destina un fin invariablemente desastroso. Por otra parte siempre son los padres de familia los que definen el matrimonio de sus hijas, tengan o no algún oficio o beneficio.

[17] Fernández de Lizardi, 1982 vol. II, lib. V, cap. V p.353, y lib. V, cap. VII, p. 382.

CUADRO 10b
CIUDAD DE MÉXICO SIGLO XVIII
ENDOGAMIA ÉTNICA (VIUDAS)

	Con miembros del mismo grupo %	Con miembros de otro grupo %	Casos
Españolas	86.6	13.4	(N-278)
Castas	62.3	37.7	(N-127)
Total	77.14	22.86	(N-525)

Fuente: AGN, Matrimonios.

Así los personajes de Lizardi se muestran tan preocupados por hacer del matrimonio un mecanismo cuya lógica se ha comenzado a advertir en las familias de la élite, pero que podría ser vigente para una capa más amplia de la población de mucho menores recursos económicos, pero igualmente obsesionada por la sangre, el parentesco y el honor obligada a ordenar sus acciones a partir de la obtención de alianzas en el matrimonio, el gremio o la cofradía.

La historia del matrimonio es la crónica de la encarnizada relación que entablaron teólogos, moralistas, confesores, párrocos y escribanos, jueces, estadistas, con los contrayentes, espondantes, familias y parentelas, buscando dominar ese espacio: el de la constitución legitimada de la pareja en la sociedad novohispana.

APÉNDICE 1

PADRINOS Y TESTIGOS EN LAS CEREMONIAS RELIGIOSAS DE LA FAMILIA FAGOAGA

Beneficiario [s]	Sacramento*	Año	Padrinos y/o Testigos
Familia Fagoaga-Arozqueta			
Francisco Fagoaga Y. y Josefa Arozqueta	mat.	1716	Joseph de Arozqueta y Fr. Baltazar Alcocer
Agustina María	bau.	1717	Juan Bautista de Arozqueta María de Alcocer y Sariñana

PADRINOS Y TESTIGOS EN LAS CEREMONIAS RELIGIOSAS DE LA FAMILIA FAGOAGA

Beneficiario [s]	Sacramento*	Año	Padrinos y/o Testigos
Juana María	bau.	1719	Joseph de Aguirre y Elizondo
Josep Joachin Phelipe	bau.	1720	Domingo Carlos Matheos
Ana Viviana Xaviera	bau.	1721	Miguel de Amazorrain
Ygnacia Gertrudis Marta	bau.	1723	Juan Bautista de Arozqueta
Francisco Manuel Cayetano	bau.	1724	Joseph de Aguirre y Elizondo
Antonio Julián	bau.	1725	Domingo Matheos
María Ysabel	bau.	1729	Francisco de Echeveste
Juan Bautista	bau.	Ca. 1727	?
Familia Fagoaga-Villaurrutia Francisco Fagoaga A. y María Magdalena Villaurrutia	mat.	1772	?
María Josefa Phelix Francisca Ygnacia Teresa	bau.	1772	Antonio Villaurrutia
Josefa María	bau.	1775	?
María Ygnacia Elena Joaquina	bau.	1778	José Mariano Fagoaga y Leyzaur
José Francisco Ignacio Bizente	bau.	1783	Juan José Fagoaga y Leyzaur
Francisco Antonio Romualdo Joaquín Ygnacio José María	bau.	1788	María Josefa Fagoaga y Villaurrutia
María Josefa Fagoaga Villaurrutia y José Antonio Rangel	mat.	1792	Conde de Medina, Joaquín Gutiérrez de los Ríos Antonio Basoco
María Ygnacia Fagoaga Villaurrutia y Manuel Rangel	mat.	1799	José Francisco Fagoaga V. María Josefa Fagoaga V. P. Antonio Ruvín Juan Bautista Fagoaga A.
Josefa María Fagoaga Villaurrutia y José María Fagoaga Leyzaur	mat.	1801	María Magdalena Villaurrutia Viuda de Fagoaga, marquesa del Apartado; Juan Bautista Fagoaga Arozqueta

PADRINOS Y TESTIGOS EN LAS CEREMONIAS RELIGIOSAS DE LA FAMILIA FAGOAGA

Beneficiario [s]	Sacramento*	Año	Padrinos y/o Testigos
			Conde de Medina Dr. Juan Evangelista Gamboa, Canónigo de la Catedral y Joaquín Gutiérrez de los Ríos.
Familia Fagoaga-Leyzaur			
María Josefa Ramona Fagoaga Leyzaur y Joaquín Gutiérrez de los Ríos	mat.	1786	Francisco Fagoaga Arozqueta, marqués del Apartado; Juan Ygnacio Castañiza marqués de Castañiza y Fernando Mangino, Superintendente de la Real Casa de Moneda
María Josefa Jacinta Fagoaga Leyzaur y Luis Chávez	mat.	1792	Juan Bautista Fagoaga A. María Manuela Leyzaur de Fagoaga. Dr. José Serruto coronel Joaquín Gutiérrez de los Ríos. P. Manuel López, Cura de Tacubaya y José Juan Fagoaga Leyzaur
José María Fagoaga Leyzaur y Josefa María Fagoaga Villaurrutia	mat.	1801	(ver arriba)

* Bautizo = bau.; Matrimonio = mat.

APÉNDICE 2

GENEALOGÍA DE LAS FAMILIAS FAGOAGA - AROZQUETA, FAGOAGA, FAGOAGA - VILLAURRUTIA Y FAGOAGA - LEYZAUR 1679-1800

+ Francisco Fagoaga Yragorri
n. 1679-m. 1736
=1716
Josefa de Arozqueta de la Heras
n. ca. 1695-1699 m. 1772

Hijos:

- n. 1717 *Agustina María
- n. 1719 *Juana María — ca. 1737-8 — +Manuel de Aldaco
- n. 1720-m. 1776 *Joseph Joachin Phelipe
- n. 1721 *Ana Viviana Xaviera
- n. 1723 *Ygnacia Gertrudis Marta
- n. 1724 *Francisco Manuel Cayetano — 1772 — *María Magdalena Villaurrutia
- n. 1725 *Antonio Julián
- n. 1727 *Juan Bautista — 1761 — María *Manuela de Leyzaur
- n. 1729 *María Ysabel

Descendencia de Juana María y Manuel de Aldaco:
- n. ca. 1737-8 *Juan de Aldaco
- n. 1739-1746 *María Josefa de Aldaco

Descendencia de Francisco Manuel Cayetano y María Magdalena Villaurrutia:
- 1772 *María Josefa Phelix Ygnacia Teresa — 1972 — José Antonio Rangel Conde de Alcaraz
- n. 1775 *Josefa María — 1801 — +José María Fagoaga Leyzaur
- n. 1778 *María Ygnacia Elena Joaquina — 1799 — Manuel Rangel
- n. 1783 +José Francisco Ignacio B.
- Francisco Antonio Romualdo Joaquín n. 188*
- +José Mariano

Descendencia de María Josefa Phelix Ygnacia Teresa:
- +José María — 1801
- *Josefa María
- +Juan José

Descendencia de Juan Bautista y María Manuela de Leyzaur:
- +María Josefa Ramona — 1786 — xJoaquín Gutiérrez de los Ríos
- +María Josefa Jacinta — 1792 — x Luis Chávez
- +María Manuela — + Ygnacio María de Castañiza 2° Marqués

+ Nacidos en Guipuzcoa.

x Nacidos en España.

* Nacidos en la ciudad de México (excepción de doña María Magdalena Villaurrutia, quien nació en Santo Domingo).

• Monjas del conventos de Jesús María

Tomado de Brading, 1975, A 1.

Siglas y Bibliografía

AGN   Archivo General de la Nación, México, D.F
ASC   Archivo Parroquial de Santa Catarina Virgen y Mártir de México, México, D.F.
ASS   Archivo Parroquial del Sagrario Metropolitano de México, México, D.F.

Brading, David A., *Mineros y comerciantes en el México borbónico, 1763-1810* (trd. Roberto Gómez), México, FCE, 1975.

Diccionario Porrúa de historia, biografía y geografía de México, México, Porrúa, 1986, 2 volúmenes.

Ladd, Doris M., *La nobleza mexicana en la época de la Independencia, 1780-1826* (trd. Marita Martínez), México, FCE, 1984.

Fernández de Lizardi, José Joaquín, *Obras (IX-Novelas)*, UNAM, México, 1982, 2 vols.

Hajnal, John, *Age at Marriage and Proportions Marrying* en *Population Studies*, Cambridge, 1954, vols. 7-8, pp. 111-136.

——— , "Europeans Marriage Patterns in Perspective en Glass-Eversley", ed. *Population in History*, Londres, 1965, pp. 100-143.

Ortega y Pérez Gallardo, Ricardo, *Historia genealógica de las familias más antiguas de México*, Imprenta de A. Carranza, México, 1908.

Kicza, John E., *Empresarios coloniales. Familias y negocios en la Ciudad de México durante los Borbones* (trd. José Luis Luna), Fondo de Cultura Económica, México, 1986.

Sosa, Francisco, *Biografías de mexicanos distinguidos*, Secretaría de Fomento, México, 1884.

LA FAMILIA CONVERSA NOVOHISPANA:
FAMILIA HISPANA

SOLANGE ALBERRO
El Colegio de México

El grupo constituido por los judaizantes en la Nueva España ha sido hasta ahora objeto de un interés sin proporción con su importancia numérica. En efecto, al ser el blanco de las campañas más enérgicas por parte del tribunal del Santo Oficio primero a finales del siglo XVI (1589-1605) y sobre todo a mediados del XVII (1642-1649) durante la llamada Conspiración Grande, llamaron poderosamente la atención de los contemporáneos y luego de los estudiosos marcados por distintas ideologías, ya que los largos y copiosos procesos que motivaron brindan una fuente casi inagotable de información sobre la comunidad conversa y la sociedad virreinal en la que se integra.

El presente estudio se inscribe por tanto en una serie ya larga de trabajos sobre los judaizantes de Nueva España, más precisamente sobre quienes, entre ellos, se dedicaron a actividades mercantiles. Sus pretensiones son tan cortas cuan amplias son sus limitaciones. No repetiremos lo que hicieron otros investigadores del tema (S. Liebmann, M. Cohen, S. Hordes), reservándonos sin embargo el derecho de utilizar los datos por ellos proporcionados y los análisis y conclusiones a los que llegaron. De la misma manera, nos cuidaremos de glosar trabajos nuestros que versan sobre aspectos afines a la problemática que nos ocupa ahora,[1] si bien retomaremos algunos aspectos

[1] Seymour Liebmann; *Los judíos en México y América Central*, México Siglo XXI, 1971. *The Inquisitor's and Jews in the new world*, University of Miami Press, Coral Gable, Flo., 1974. Martin Cohen A., *The Martyr, the Story of a Secret Jew and the Mexican Inquisition in the Sixteenth Century*, Filadelfia, The Jewish Publication Society of America, 1973. Stanley Hordes, *The Cypto Jewish Community of New Spain, 1620-1649*. A collective bibliography.

señalados en ellos con el fin de nutrir la presente reflexión. De ahí el intento por presentar, antes que una información totalmente novedosa, una reflexión que rebase el marco de la comunidad judía y cuestione otros sectores y grupos de la sociedad virreinal.

En efecto, cabe siempre recordar que si actualmente tendemos a considerar cualquier comunidad en términos de "nación", tal como lo definió el movimiento decimonónico de las nacionalidades, y por consiguiente, al grupo de los judaizantes/marranos/conversos como distinto y hasta cierto punto ajeno al conjunto de los pueblos hispanos, no sucedía tal cosa en la época considerada aquí. Los cristianos nuevos eran totalmente ibéricos por la antigüedad de su presencia en la península, su participación estrecha e intensa tasnto en su vida política como económica y social y finalmente, por su cultura, valores y comportamientos. Como los moros, los moriscos y los mozárabes, eran una minoría que durante siglos había podido desempeñarse en un territorio compartido. Cuando la religión cristiana se convirtió durante el siglo xv en elemento federador exclusivo de los pueblos hispanos, los judíos y los moros se volvieron de hecho anacrónicos y el nuevo orden monárquico de corte progresista y centralista tuvo lógicamente que hacerlos a un lado para luego, expulsarlos. Los que pretendieron permanecer en su patria manteniendo sus creencias ancestrales a pesar del cristianismo impuesto, siguieron siendo tan ibéricos como sus antepasados y en este sentido, sus comportamientos culturales, a nivel individual y colectivo son representativos en buena medida, de los de la mayor parte de la población hispánica. Sólo el factor religioso les imprime un sello específico, mientras la situación de clandestinidad les confiere un carácter intenso y hasta excesivo que los hace resaltar con mayor evidencia. La dificultad consiste obviamente en discernir lo que puede ser atribuido al factor religioso, resultando por tanto exclusivo del grupo considerado. Sin embargo, según veremos, la realidad es a menudo muy compleja, y no se puede distinguir con certeza lo propiamente judaico de lo ibérico en general, precisamente por las razones anteriormente expuestas.

En fin, la división entre problemas, prejuicios y perspectivas, tiende en el caso presente a desvanecerse porque existen frecuentes traslapes e interferencias entre estos conceptos en la práctica. Veamos

---

PHD thesis, Tulane University, 1980. Solange Alberro, *El matrimonio, la sexualidad y la unidad doméstica entre los criptojudíos de la Nueva España, 1640-1650. El placer de pecar y el afán de normar*, México, Joaquín Mortiz/INAH, 1987. *Inquisición y sociedad en México, 1571-1700*, México, FCE, caps. XVII, XXIX y XXXVI, 1988.

por ejemplo cómo se presenta el problema de la identificación de los individuos, elemento obviamente primordial para establecer cualquier cuadro familiar y genealógico.

UNA IDENTIFICACIÓN AZAROSA

Los judaizantes tienen por principio dos nombres: el cristiano, que recibe con el bautismo cristiano y que sigue siendo el suyo durante toda su vida oficial en el medio hispánico, y el hebraico, inspirado por los protagonistas del Antiguo Testamento, que permanece secreto y sólo emerge a la vida pública en caso de que el titular decida irse a vivir a lugares donde reina la libertad religiosa, como son las juderías del norte de Italia, Inglaterra, Holanda, Turquía, etc. Por otra parte, el apellido de los hijos suele ser el del padre mientras las hijas tienden a llevar el de la madre, sin que exista sin embargo una norma rigurosa respecto a este punto, puesto que con frecuencia las hijas se apellidan como su padre, teniendo las mujeres casadas la posibilidad de conservar su patronímico de soltera o de adoptar el del marido. No es raro tampoco que los descendientes varones se llamen como algún tío paterno y las hembras como una tía materna, aunque en casos de necesidad se recurra a cualquier apellido propio de un miembro aún lejano de la familia extensa.

En fin, las exigencias de la clandestinidad dictadas por su práctica secreta del mosaísmo bajo la mirada suspicaz de las autoridades religiosas y del vecindario, unidas, en el caso de los mercaderes, a las de una vida marcada por frecuentes desplazamientos en función de las corrientes comerciales, los mercados y fuentes productivas, se conjugan para que los judaizantes cambien de nombre y apellido tantas veces como resulte provechoso o aconsejable. De ahí la frecuente fórmula *alias*, destinada a burlar la vigilancia de las autoridades y a desalentar al historiador deseoso de rastrear las trayectorias individuales y familiares. Algunos ejemplos ilustrarán esta situación, inevitable al no existir algún tipo de control sobre el estado civil y menos un sistema que permita la identificación, pese a los prejuicios tocantes al supuesto omnipotente y absolutista poder monárquico de los siglos coloniales, hasta la era borbónica. Si bien Nuño de Figueroa alias Nuño de Pereira y Gaspar Fonseca alias Gaspar Méndez mantienen siquiera el mismo nombre, Juan Cardoso se convierte en Gabriel Peregrino, Diego Fuentes alias Diego Duarte se vuelve Juan Flores y Fernando de

Medina se llama, según las circunstancias, Fernando de Medina y Mérida, Isaac de Medina, Alberto Moisen Gómez o Alberto Morales Gómez, sin que podamos afirmar en absoluto que este individuo polifacético rompa el récord por lo que se refiere a identidad múltiple. Más aún: los patronímicos usados por los judaizantes son relativamente poco numerosos y resultan ser los más comunes en español. En efecto, abundan los Fernández (21), Hernández (42), los Núñez (48), los Váez (35), los Gómez (41), los Rodríguez (127), etc., concurriendo la ambigüedad de la ortografía y de la misma lengua en los siglos considerados a la confusión general, con los Fernández/Hernández Enríquez/Henríquez, los Váez/Báez/Vaz, etc., siendo a veces difícil saber si es uno solo o sin son dos los individuos que se llaman de la misma manera. Los nombres asimismo no parecen presentar la variedad que se encuentra entre la población hispánica no judaizante, hasta donde nos permite saberlo la ausencia de un estudio sistemático al respecto: los conversos suelen ser unos Pedro, Luis, Francisco, Diego, unas Catalina, María, Isabel, Leonor, etc., registrándose pocos nombres menos usuales entre sus filas.[2]

La elección de estos nombres y apellidos sumamente banales corresponde sin lugar a duda a una situación netamente endogámica (El 93 por ciento de los judíos novohispanos se casan entre sí en el periodo 1620-1649), característica del grupo en general, pero también a la voluntad deliberada de pasar inadvertidos dentro del conjunto de la población, con el fin de estorbar su identificación y por tanto, la vigilancia y las eventuales persecuciones motivadas por sus prácticas mosaicas.

En fin, un último factor conspira contra la claridad deseable en estas materias. Ante los jueces inquisitoriales y sabiendo cuán difícil resulta averiguar, desde la Nueva España, la información que proporcionan, los judaizantes pueden mentir de varias maneras. La primera es positiva y consiste en falsear datos, actitud sin embargo relativamente poco frecuente en la medida en que siempre existe la posibilidad a largo plazo —y los procesos son muy largos— de comprobarlos tarde o temprano y por tanto, de añadir a los delitos perseguidos el de falso testimonio. Este tipo de mentira concierne, más que a identidad propiamente dicha, a aspectos secundarios como el estatuto social. Así, Simón Váez Sevilla, hijo de Gaspar González alias González Soburro pretende que su padre fue noble cuando en realidad desempeñaba los

---

[2] Seymour Liebmann, *passim*, 1974.

oficios de carnicero y verdugo del pueblo, mientras María de Rivera declara que una tía suya materna, Catalina de Rivera alias Maldonado alias, posiblemente, Justa Rodríguez tuvo un hijo, cierto Laureano de Rivera alias Maldonado, quien fuera escribano del Santo Oficio de Lima, información falsa, según anotan los inquisidores novohispanos en la margen del documento.[3] Obviamente, este género de mentiras está destinado a presentar al grupo familiar como cristiano viejo y noble, esperando de esta manera granjearse mayor consideración en el trato y la ponderación de los delitos de fe.

Mucho más frecuente es la omisión o la declaración vaga y ambigua que tiene por fin, según vimos, el borrar las pistas. Los reos "olvidan" mencionar ciertos miembros de la parentela, sobre todo si fueron objeto de persecuciones inquisitoriales o si se han refugiado en países donde existe la libertad religiosa. Pretenden también no saber los nombres o apellidos de algunos parientes, incluso siendo tan cercanos como lo son unos sobrinos o una cuñada, quienes además viven en el mismo lugar que ellos; "ignoran" si ellos mismos fueron bautizados y dónde exactamente, como Juan Pacheco de León alias Salomón Machorro que no sabe a ciencia cierta si está bautizado o circuncidado y cuya partida de bautizo no se encontró en Granada, Sevilla ni en Antequera, ciudades en donde pudo efectivamente haber nacido.[4] Pero sobre todo, los judaizantes se abstienen de precisar el grado de parentesco que los une a otros individuos que califican de "deudos" suyos, aun cuando saben a qué atenerse al respecto.

En realidad, es imposible saber hasta qué punto se trata de mentiras deliberadas —positivas, por omisión, deficiencia o perversión de la información proporcionada—, dictadas por la necesidad exclusiva de estorbar los procedimientos inquisitoriales o si efectivamente sus conocimientos en lo que se refiere al grupo familiar son inciertos, debido a la dispersión y alejamiento. En efecto, advertimos también cierta imprecisión en las relaciones familiares, incluso en las que nos parecen hoy día las más cercanas y estrechas: Juana Enríquez declara haber dado a luz a 6 o 7 hijos, manifestando con esta fórmula la banalidad de

---

[3] Archivo General de la Nación (en adelante AGN), Ramo Inquisición (en adelante Inq.), vol. 426, ff. 534 y siguientes: *Relación de las causas que están pendientes en este Tribunal del Santo Oficio de la Inquisición en México, pertenecientes a la presente complicidad, de que en el que se conoce desde el año de 1642*, AGN. Inq. vol. 403, Exp. 3. Proceso contra María de Rivera, audiencia del 27 de mayo de 1642.

[4] AGN, Inq., vol. 400, Segunda Parte, Exp. 2. Proceso y causa criminal contra Juan Pacheco de León, alias Salomón Machorro, ff. 804, 804 Va, 806, 806 Va, 808 Va, 811.

una situación en la que una alta mortalidad infantil se acompaña casi inevitablemente de una relación distinta con los hijos tempranamente desaparecidos.[5]

Por otra parte, sabemos que el no reconocer el grado de parentesco no siempre obedece al deseo de obstaculizar las indagaciones sino también a estrategias familiares. Así Blanca de Rivera y Blanca Enríquez de un lado, Isabel Tristán e Isabel Duarte del otro, resultan primas, situación cuidadosamente ocultada por la familia Enríquez e Isabel Tristán respectivamente, mujeres ricas y bien notadas, por ser sus parientes pobres y de mala fama.[6]

LA INESTABILIDAD: ALGUNAS MODALIDADES

Esta dificultad y hasta en ciertos casos, imposibilidad de identificar con precisión a los individuos se ve reforzada por la inestabilidad geográfica y social. La primera es característica de la época considerada, si bien se ve comúnmente al siglo XVII, sobre todo en su segunda mitad, como un periodo que tiende a la inercia que corresponde al encierro progresivo de las regiones sobre sí mismas, en torno a una dinámica esencialmente local. Es reforzada además por la frecuencia con la que los judaizantes se dedican a operaciones de carácter comercial, que van desde el mercader internacional, miembro del Consulado hasta el humilde buhonero o mercachife itinerante, el pequeño comerciante con un cajón en la plaza. En este sentido, las necesidades profesionales se conjugan con las exigencias de la práctica religiosa para que los individuos no sólo cambien de identidad sino también de lugar de residencia, cuando no de estatuto social. Stanley Hordes encontró que los conversos llegaron a vivir en ocho lugares distintos de la península antes de pasar a América, y parece haber desistido de rastrear sus desplazamientos en Nueva España y el continente todo, encontrando asimismo, la inestabilidad por lo que se refiere a los oficios ejercidos, puesto que la mayoría de ellos cambió de ocupación cada seis años.[7]

Recordémoslo, las andanzas de nuestros mercaderes, que pueden abarcar desde los países europeos, los del Medio Oriente, el norte y

[5] AGN, Inq., vol. V00 (Primera Parte). Proceso contra Juana Enríquez, primera audiencia del 13 de octubre de 1642.

[6] AGN, Inq., vol. 487, Exp. 21. Proceso contra Isabel Duarte o Antúnez, Segunda Parte, 1642, 612a, 620.

[7] Stanley M. Hordes, 1980. Tablas xxx hasta xxxix, pp. 193-201.

centro de África, Filipinas, eventualmente algunos puntos de la India y buena parte del continente latinoamericano, interesan todo el territorio novohispano, con predilección para las zonas mineras y los puertos, aun cuando la presencia de judaizantes se hace sensible en regiones que resultan también de refugio para ellos como lo son para los indígenas. Esta inestabilidad impide sin lugar a duda la localización oportuna de un individuo por parte de cualquier autoridad y dificulta considerablemente su identificación, mientras favorece su desaparición o "ausencia", según la fórmula acuñada por la época, en cuanto amaga la menor sospecha de indagación.

La versatilidad social es a la vez producto de la situación colonial y característica del grupo que nos interesa. A falta de un amplio estudio que verse sobre la inestabilidad de los distintos grupos que conforman la sociedad novohispana y que debería, dicho sea de paso, considerar también a los indígenas pese a la visión comúnmente que de ellos tenemos, como de un grupo exclusivamente arraigado en sus comunidades, bástenos recordar lo que sabemos de los mineros y comerciantes en la época borbónica, los miembros del Consulado de la ciudad de México o incluso de la oligarquía más tardía, para percibir parcialmente este fenómeno que caracteriza a todas luces al conjunto de la sociedad virreinal.[8] Los judaizantes se ven más afectados aún que otros sectores por este proceso en la medida en que, de reciente inmigración la mayoría de ellos, carecen de los capitales necesarios para establecerse como hacendados, la única manera de asegurar al menos por una generación o dos, la situación socioeconómica de un grupo familiar, quedándoles obviamente vedada la de fundar mayorazgos o de acceder a puestos oficiales bien remunerados, por ser de ascendencia cristiana nueva. De ahí su dedicación a actividades mercantiles, para convertirse algunos pocos en terratenientes o emigrar definitivamente a países donde es factible practicar libremente el mosaísmo. En efecto, sin que podamos sin embargo afirmarlo puesto que la gran persecución de los años 1642-1649 aniquiló a la comunidad cuyos miembros en su gran mayoría estaban en el país desde hacía unos 20 años —no pudiéndose en consecuencia saber a ciencia cierta cómo habrían evolucionado si hubiesen seguido sin tropiezo la trayectoria emprendida—, existen indicios para pensar que los más exitosos de ellos, o

---

[8] D.A. Brading, 1975, *Mineros y comerciantes en el México borbónico (1763-1810)*. Traducción de Roberto Gómez Ciriza. México FCE. En particular, el capítulo IX, Tercera Parte. John E. Kicza, 1986. *Empresarios coloniales. Familias y negocios en la ciudad de México durante los borbones.* Traducción de José Luis Luna Lorca. México FCE, 1986, *passim.*

los menos expuestos, buscaron estabilizarse mediante la adquisición de tierras, siguiendo en esto el patrón común entre la población hispánica.[9]

Así y todo, y por varias razones entre las que pesa con singular fuerza la amenaza latente que pendía encima de ellos causada por su doble identidad religiosa, la movilidad profesional y social es la pauta por lo que se refiere a los conversos. Si unas cuantas expediciones, en particular las que conciernen la trata de negros o el comercio transo-ceánico, bastan para asegurar la prosperidad de una familia, un naufragio o sobre todo la muerte del padre puede precipitarla a la miseria. Ejemplo notable de este proceso lo da la familia Rivera, cuya madre y cinco hijas se vieron reducidas a ejercer labores de costura para poder sobrevivir, luego de haber disfrutado de opulencia y bienestar cuando vivía el padre mercader.[10] Otro ejemplo tal vez poco representativo por su singularidad, si bien significativo de la fuerte movilidad, en todas sus aceptaciones que afecta al grupo converso, sería finalmente el de Pedro de Mercado alias Pedro de Guevara, nacido en Madrid e hijo de un médico. Hombre considerado por sus correligionarios como culto, desempeñó varias actividades entre las que encontramos la de actor o empleado de algún teatro de la ciudad de México. Habiendo caído en la pobreza regresó a España en calidad de criado de cierto mulato y se refugió en Portugal, por lo que fue relajado en efigie en México en 1649, como judío practicante.[11]

MUJER Y FAMILIA

La familia constituye, lo enfatizamos en trabajos anteriores, la unidad fundamental de la comunidad conversa. En su seno, se combinan las funciones económicas y reproductivas, concurriendo la sexualidad y

[9] Es lo que hizo por ejemplo Melchor Rodríguez López, quien en 1668, es decir 26 años después del primer proceso inquisitorial, es dueño de la hacienda de San Miguel de Apusagualcos, en Atoyac. AGN, Inq., vol. 395, sin numeración, Exp. 3 y 4. Se le siguió un segundo proceso por el mismo motivo que en 1642, es decir, por judaísmo.

[10] Toda la familia Rivera, compuesta de la madre, doña Blanca, y las hijas María, Margarita, Catalina, Isabel y Clar, y los nietos Gabriel y Rafael de Granada, hijos de María, fueron procesados por la Inquisición. Margarita es la que proporciona más datos sobre la pobreza en que vivieron todos después de la muerte del padre. AGN, Inq., vol. 394, Exp. 2, Primera parte del proceso contra Margarita de Rivera, ff. 370Va, 371, vol. 408, Exp. 1, Segunda parte del proceso, f. 15, etc.

[11] AGN, Inq., vol. 395, Exp. 1, proceso contra Pedro de Mercado, 1642, f. 15.

la afectividad a reforzar la identidad del grupo en torno al eje religioso. La mujer, y más precisamente la matrona, rodeada de sus hijas, nietas y sobrinas acompañadas de sus respectivas parejas, asegura la sobrevivencia del judaísmo mediante la enseñanza de los menores y de los neófitos, la vigilancia de la observancia doméstica, mientras los hombres aparecen frecuentemente más alejados de la práctica del mosaísmo, por estar más integrados a la vida pública a través de sus actividades profesionales y de los lazos que se establecen inevitablemente entre ellos y el entorno mayoritario católico. En este sentido, existe una notable diferencia entre el sector femenino y masculino, imperando incluso cierta desconfianza de ellos hacia ellas, por temer que sus indiscreciones e imprudencias femeninas pongan en peligro la situación socioeconómica del grupo familiar logrado a partir de una integración indudable en la sociedad novohispana.[12]

Detengámonos un instante sobre estas figuras femeninas, en la relación que guardan con el grupo familiar al que pertenecen, su comunidad y finalmente, la sociedad virreinal. La mayoría de ellas —13 de 19— sabe leer y la mitad escribir, por haber recibido alguna forma de instrucción, si atendemos los datos proporcionados por Stanley Hordes.[13] Esto significa que si bien quedan rezagadas por lo que se refiere a los hombres de su propio grupo, quienes todos saben leer y escribir y han frecuentado de manera casi unánime un colegio, una universidad o algún convento cuando no han sido educados en el seno de la familia, ellas presentan un nivel educativo superior a la mayoría de las mujeres españolas de la época.[14] Estas cifras, relativas por la debilidad numérica del muestreo, pueden con razón parecernos extrañas, por la generalización de las prácticas que atestiguan; sin embargo, cabe recordar que estamos tratando a un grupo que ostenta tradicionalmente un grado elevado de instrucción —pues pertenece al Pueblo del Libro por excelencia—, y que en las comunidades de judaizantes como la novohispana, las mujeres desempeñan un papel muy activo por lo que se refiere a la vida religiosa.

Tomando en cuenta las observaciones anteriores, notamos una falta de correlación entre el nivel socioeconómico de las mujeres conversas y su capacidad para leer y escribir. Los altibajos de la fortuna propician en efecto cierto desfase entre uno y otro, y si una Juana

---

[12] AGN, Inq., vol. 408, Exp. 1, proceso contra Margarita de Rivera, 1642, ff. 30Va y 31.
[13] Stanley M. Hordes, 1980. Tablas XLVI, p. 305.
[14] Stanley M. Hordes, 1980. Tablas XLII, XLIII, XLIV, pp. 204 y 205.

Enríquez, casada con el mercader Simón Váez, uno de los más prominentes del virreinato, no sabe ni leer ni escribir, Esperanza Rodríguez, mulata judaizante e hija de una esclava sabe lo uno y lo otro, mientras varias de las hijas de la familia Rivera, caída en la miseria, o de la familia Texoso, bastante modesta, tienen fama de letradas y hasta de "dogmatistas".[15]

Si conocemos la fuerte endogamia que caracteriza al grupo, no es posible aclarar la edad media al matrimonio no sólo porque las fuentes inquisitoriales no permiten hacerlo con precisión sino y sobre todo porque existe en el caso presente una ambigüedad por lo que se refiere a lo que hoy día es matrimonio. En algunos casos en efecto, la *palabra de matrimonio* parece ser considerada como el equivalente de la ceremonia sacramental, según la tradición hispánica anterior al Concilio de Trento. Por otra parte, se celebra a veces un matrimonio de carácter judaico, forzosamente clandestino, que puede preceder o no al matrimonio católico ineludible. Por estas razones, impera cierta confusión puesto que resulta imposible saber si una mujer que se dice "casada" lo es realmente ante los criterios vigentes entre la población mayoritaria y conocer con certeza el número verdadero de solteras. Sin embargo, mientras los hombres se casan sólo cuando cuentan con los recursos suficientes para establecerse por su cuenta, existiendo por tanto un gran número de solteros entre ellos —especialmente entre los capitanes que se dedican a la trata de negros y los mercaderes ambulantes de poca monta—, son esas las mujeres solteras, aunque sea preciso reunir una dote para casarse. Para conseguirla, se recurre a la familia extensa cuando la nuclear no logra proporcionarla y hasta a la limosna por parte de aquellas que son acomodadas, tratándose de mujeres pobres. Sin embargo, la miseria unida a la mala fama impide frecuentemente el matrimonio o al menos lo atrasa, según vemos con Catalina de Rivera y Clara Antúnez, alias Clara Enríquez alias Clara Duarte.[16]

EL PARENTESCO ESPIRITUAL, FACTOR ACULTURATIVO

Un fenómeno asimismo ambiguo marca la relación de compadrazgo declarada por algunos judaizantes. En efecto, se sabe cómo este lazo

[15] AGN, Inq., vol. 408, Exp. 1. Proceso contra Margarita de Rivera, f. 226 Va. "Las Texoso se preciaban de letradas... sacaban las cartas que tenían, que escribían de Galeno y Ovidio... andaban siempre con libros."
[16] AGN, Inq., vol. 412, Exp. 1. Proceso contra Francisco Botello, 1642, f. 56, Inq., vol. 400, Exp. 1. Proceso contra Juana Enríquez, 1642, f. 243 Va.

espiritual se establece a partir de un sacramento católico, ante todo el bautismo, la confirmación y el matrimonio. Ahora bien, encontramos relacionados por el compadrazgo a judaizantes entre sí y a judaizantes con católicos. Los primeros plantean el problema de la penetración del cristianismo, al menos a nivel de la sociabilidad que implican las principales ceremonias sacramentales, mientras los segundos, emparentados espiritualmente con católicos de situación social tan relevantes como estratégica —Eugenio de Saravia, secretario del Santo Oficio con Micaela Enríquez, el contador Antonio Millán con Rafaela Enríquez o su hija Ana y el conde de Peñalba, don García de Valdés Osorio con Simón Váez Sevilla— atestiguan las estrechas relaciones existentes entre las dos comunidades.[17] En este sentido, el compadrazgo constituye un índice valioso de la aculturación del grupo converso y de su integración de hecho dentro del medio cristiano.

Al contrario de lo que podría pensarse tratándose de cristianos nuevos que siguen practicando secretamente la religión de sus mayores, encontramos entre ellos algunos individuos que pertenecen a las órdenes religiosas.[18] Si bien no se puede excluir la sinceridad de alguna que otra vocación pensemos en Santa Teresa de Jesús y en San Juan de la Cruz, entre otros, también descendientes de conversos—, es probable que este fenómeno obedezca más bien a una estrategia relativamente frecuente en las familias extensas que buscan a la vez acrecentar su prestigio social y desviar las eventuales sospechas que pudieran recaer sobre el resto de los miembros, permanecidos fieles al mosaísmo.

En este sentido, la relación de compadrazgo tanto entre miembros de la comunidad conversa como entre ellos y los católicos, y la presencia de algunos individuos de origen cristiano nuevo en las distintas órdenes religiosas —franciscana, dominica, agustina e indeterminadas—, lo mismo que la participación de otros a cofradías y hermandades ligadas a sus actividades profesionales y sus aspiraciones sociales, atestiguan su aceptación de patronos familiares hispánicos de sello cristiano.[19] En efecto, el parentesco espiritual, que abarca el

---

[17] AGN, Inq., vol. 394, Exp. 2. Proceso contra Margarita de Rivera, 1642, f. 429 Va., Inq., vol. 402, Exp. 1. Proceso contra Rafaela Enríquez, 1642, ff. 94 y 95.

[18] AGN, Inq., vol. 412, Exp. 2. Proceso contra Luis Núñez Pérez, 1642, ff. 472 Va. y 473. Inq. vol. 409, Exp. Proceso contra Mathías Rodríguez de Olivera, f. 118 Va., Inq., vol. 393, Exp. 7. Testimonio de Isabel de Silva, sin numeración. AGN. Riva Palacio, vol. 23, Exp. 2. Proceso contra María de Campos, 1646. Sin numeración.

[19] Un ejemplo de participación de un judaizante o una cofradía: Mathías Rodríguez de Olivera, era cofrade de San Antonio de Padua y de la Trinidad, f. 196, cp su proceso.

compadrazgo, la cofraternidad en el seno de las hermandades y cofradías y de las órdenes monásticas —con implicaciones directamente demográficas, recordémoslo en este caso, puesto que el estado monacal resulta ser un medio de reducir el potencial reproductivo de un grupo al destinar una parte de sus miembros a la esterilidad definitiva—, representa una dimensión simbólica de la galaxia Familia que no podemos de ninguna manera soslayar, pues respalda, justifica y amplía el sistema objetivo de las relaciones que se dan en su seno.

PROBLEMAS Y PERSPECTIVAS CONCERNIENTES A LA ILEGITIMIDAD

Hemos señalado en otras partes la situación de la mujer en la familia conversa de Nueva España a mediados del siglo XVII y cómo su papel singularmente activo en cuanto toca la transmisión de la herencia religiosa llegaba a conferirle un peso y una libertad en abierta contradicción con la tradición hispánica peninsular, al menos tal como la conocemos a través de fuentes literarias y que suponemos válida para amplios sectores de la sociedad. Subrayamos la frecuencia de las relaciones premaritales, concubinarias y adúlteras, el poco valor de la virginidad, y en consecuencia, la actitud frecuentemente indiferente si no es laxista de la mayoría de los varones, siendo lo fundamental el matrimonio endogámico y la procreación de hijos potencialmente judíos.[20] Intentemos aquí ahondar las modalidades de la ilegitimidad junto con los problemas que plantea.

Sabemos que para celebrar un matrimonio entre primos hermanos y segundos y tíos y sobrinas, situación muy frecuente entre los judaizantes novohispanos, por estar autorizado por las normas mosaicas,[21] la Iglesia católica exige dispensas. Al existir la ambigüedad y confusión anteriormente señaladas, deliberadas o involuntarias, tocante al grado de parentesco entre los distintos miembros de una familia extensa, resulta que varios "matrimonios" de hecho no lo eran, al menos ante las autoridades católicas. Por otra parte, si tanto hombres como mujeres establecen frecuentes y múltiples relaciones ilícitas dentro de su mismo grupo, sin que éstas sean percibidas como faltas de algún relieve, ellas se aventuran mucho menos con varones católicos que ellos, quienes parecen mariposear lo mismo dentro de su comunidad

[20] Solange, Alberro, 1987, 1988.
[21] Solange, Alberro, 1987, 1988.

como fuera de ella. Otras diferencias sustanciales: mientras algunos conversos llegan a contraer nupcias, por motivos muy diversos que analizamos en trabajos anteriores, con mujeres españolas, indígenas o de casta, son excepcionales las mujeres conversas practicantes del judaísmo que se casan con un católico. Por otra parte, la ilegitimidad del nacimiento viene a ser el resultado ante todo de las relaciones premaritales o adúlteras de los hombres mientras curiosamente, las mujeres judaizantes no parecen dar a luz a hijos ilegítimos. En realidad, esta situación es ficticia: en efecto, una mujer judaizante casada que sostiene relaciones ilícitas con un individuo de su propio grupo o incluso ajeno a ello, hace pasar con toda facilidad el fruto de sus amores por el legítimo del matrimonio. Esto es al menos lo que se puede razonablemente deducir ante el animado carrusel amoroso que entretiene a la mayoría de los conversos novohispanos, puesto que la ilegitimidad declarada no corresponde a esta situación. Existen sin embargo otros síntomas significativos al respecto: la de Antúnez —Isabel o la hija Clara— sería, según las malas lenguas, "hija de 20 padres".[22] Los "retozos" premaritales presentan en cambio un problema no resuelto puesto que son ínfimos los casos de nacimientos declarados por parte de "doncellas", lo que sugiere o improbables prácticas anticonceptivas o más bien, "retozos" de hecho de alcances limitados, en calidad y/o cantidad.

Con todas estas limitaciones y ambigüedades, la ilegitimidad reconocida como tal por el propio grupo, único criterio válido en este caso, es importante pues la mayoría de los grupos familiares extensos que integran la comunidad conversa en Nueva España parece presentar al menos un caso de nacimiento ilegítimo. Fuera de los frecuentes amancebamientos con cristianas por parte de los grandes mercaderes y capitanes negreros, con el nacimiento de hijos que escapan al mosaísmo por no ser sus madres judías y no recibir en consecuencia la educación religiosa adecuada, existe también un concubinato con mujeres de casta que abrazan eventualmente el judaísmo, junto con su descendencia.[23] Vemos por tanto, a través de estas uniones de naturaleza variable, —pues mientras unas son efímeras otras tienen un carácter estable—, un proceso que de hecho afecta al grupo todo en varios niveles: si bien un núcleo de mujeres y contados hombres se aferran a lo que consideran la ortodoxia, caracterizada por una endogamia

---

[22] AGN, Inq., vol. 41l, Exp. 2. Proceso contra Isabel Tristán, 1642., f. 373.
[23] AGN, Riva Palacio, vol. 23, Exp. 4. Comunicación de Cárceles., f. 14, vol. 23, Exp. 4. Comunicación de Cárceles. Sin numeración. Solange Alberro, 1987, 1988.

rigurosa y una práctica religiosa estrecha, y recurren a la sexualidad como arma militante y proselitista dentro del mismo grupo, un sector importante esencialmente masculino parece en cambio estar en un permanente tránsito aculturativo. En efecto, sus relaciones ambiguas a la vez con la comunidad cristiana y con la judaica abarcan desde lazos amorosos hasta compromisos familiares y religiosos. En este sentido, el grupo de los judaizantes aparece como atravesado por corrientes contradictorias: nuevos miembros, atraídos por el anzuelo de las relaciones sexuales con mujeres conversas retornan a la religión de sus antepasados, reintegrando por tanto el núcleo duro de la comunidad mientras otros, al favor de circunstancias y móviles variables, se apartan de ella para fundirse cultural y socialmente en el entorno cristiano mayoritario. El mestizaje biológico se acompaña aquí de una aculturación patente que incluye la creencia y la conducta religiosa, siendo éste el mejor y último baluarte de la identidad mosaica.

En resumidas cuentas, lo mucho que sabemos acerca de la familia conversa/judaizante en Nueva España nos permite si no presentar conclusiones definitivas respecto a ella, a causa de la heterogeneidad de las fuentes documentales y su confiabilidad relativa, al menos visiones globalmente válidas. Hemos visto que aparte de una identidad incierta y versátil, una fuerte movilidad social, las relaciones implicadas por el parentesco espiritual y la ilegitimidad revelan una doble identidad o mejor dicho, la duda y paso constantes de una a otra. Al lado de aspectos estructurales mosaicos que permanecen estables, así el matrimonio endogámico y la frecuencia de enlaces entre primos y tíos/sobrinas, observamos prácticas de compadrazgo o de confraternidad que, en un nivel simbólico con notables implicaciones sociales, revelan una profunda aculturación. Si admitimos que la comunidad judaizante representa un submodelo o modelo secundario del hispánico y que presenta por otra parte fuertes mecanismos de defensa —como la observancia religiosa y la endogamia—, destinados a preservar su identidad específica, podemos considerar que la mayoría de los comportamientos y situaciones aquí señalados son extensivos al grupo mayoritario cristiano. Éste al menos es el caso por lo que se refiere a los problemas de identificación/identidad, la movilidad geográfica, profesional y social. Es posible en cambio que la ilegitimidad adopte modalidades un tanto distintas entre unos y otros; para los judaizantes las relaciones y los nacimientos ilegítimos, cuando emergen a la luz pública, tienen un carácter claramente endogámico mientras que los católicos serían más abiertos a toda clase de comunicación con otros sectores étnicos y sociales.

La libertad sexual que revelan las numerosas relaciones premaritales, concubinarias y adúlteras entre judaizantes y la ausencia de sanción y hasta de reprobación que las acompaña plantea un problema no totalmente resuelto que tiene el mérito de alertarnos. En efecto, la tradición judaica ortodoxa, si bien menos rigurosa en la materia que la cristiana en su modalidad tridentina y sobre todo la musulmana, no postula de ninguna manera la alegre desenvoltura que vemos imperar en las comunidades conversas de la península y de Nueva España. En este sentido, es preciso recordar la situación peculiar de tales comunidades que de hecho se encuentran asediadas por el embate aculturativo del cristianismo, el aislamiento con relación al resto de la diáspora, la clandestinidad y la amenaza permanente de aniquilamiento individual y colectivo que presenta la acción inquisitorial. Así, la libertad de las costumbres no sólo viene a ser el arma proselitista que señalamos sino también una reacción vital a la situación vivida y a las esperanzas mesiánicas propias de la época, ya que los periodos considerados como próximos al fin del presente mundo y al advenimiento de otro, suelen ser propicios a la desintegración del orden vigente, con sus restricciones y normas. Por ello, la libertad de las costumbres y la amplitud de criterios al respecto aparecen ligadas a la situación específica del grupo todo. Sin embargo, las relaciones ilegítimas que mantienen no pocos varones con mujeres que no son judaizantes indican una tendencia semejante entre el grupo cristiano por lo que no resulta descabellado suponer, dentro de la comunidad hispánica virreinal, una situación similar, que correspondería por otra parte a las altas tasas de nacimientos ilegítimos observados por algunos investigadores en ciudades como Guadalajara o Querétaro.[24]

Finalmente, la comunidad conversa novohispana del siglo XVII, que fue totalmente absorbida por el medio en el que se hallaba inmersa cuando no destruida por la persecución inquisitorial, nos parece presentar características que rebasan su propio ámbito. En la medida en que sus hombres y mujeres eran hispanos, sus conductas y los valores que las acompañaban y respaldaban son sin duda extensivas a ciertos

---

[24] Thomas Calvo. *La Nueva Galicia en los siglos XVI y XVII. Concubinato y Mestizaje en el Medio Urbano. El caso de Guadalajara en el siglo XVII. Familia y registro prenupcial: el caso tapatío en el siglo XVII.* Guadalajara. El Colegio de Jalisco, 1989. John Super Clay, *La vida en Querétaro durante la colonia, 1531-1810.* Traducción de Mercedes Pizarro Romero, México, FCE, 1983, caps. VII y VIII.

sectores de la sociedad española del virreinato, si aceptamos renunciar a los criterios de corte nacionalista y a todas luces anacrónicos que nos suelen guiar. Así, la familia extensa en cuyo seno se unen funciones distintas, los problemas que plantea la falta de sistema eficiente de identificación con la consiguiente ambigüedad, y la notable movilidad en todas sus acepciones pertenecen sin lugar a duda al conjunto de la población. Si el papel particularmente activo y el estatus de las mujeres judaizantes son propios del grupo converso, la libertad de costumbres y la ilegitimidad son igualmente extensivas, si bien con modalidades distintas. En fin, la endogamia, aquí presentada como peculiar de la comunidad conversa bien podría encontrarse asimismo entre sectores sociales tales como los aristócratas, mineros o grandes comerciantes, grupos étnicos como son los vascos o los montañeses del siglo XVIII. En cambio, los únicos caracteres que parecen totalmente específicos de los judaizantes resultarían sin duda las normas estructurales que rigen el matrimonio endogámico, con las alianzas entre primos, tíos y sobrinas y la filiación judaica asegurada por las mujeres mediante, en el caso presente, la transmisión de la herencia religiosa. Queden estas limitadas observaciones como hipótesis para futuros trabajos.

PUEBLOS ERRANTES: FORMACIÓN Y REPRODUCCIÓN DE LA FAMILIA EN LA SIERRA DE SONORA DURANTE EL SIGLO XVIII*

CYNTHIA RADDING
Instituto Nacional de Antropología e Historia
Centro Regional de Sonora

INTRODUCCIÓN

A principios del otoño de 1800, el padre Pedro de Leyva se lamentaba ante el obispo Francisco Rouset de Jesús, acerca de los obstáculos a los que se enfrentaba al administrar su ministerio a sus indómitos feligreses en los reales de minas de la Santísima Trinidad y Guadalupe. Su distrito comprendía dos poblados mineros a 36 kilómetros de distancia, que para esas fechas se encontraban en franca decadencia, y numerosos ranchos y aldeas. El joven sacerdote atravesó un terreno montañoso de más de 200 kilómetros cuadrados, limitado por las misiones de Sahuaripa y Yécora y por la parroquia de Onavas[1] que había sido secularizada recientemente. Fue tarea de Leyva el reforzar los dogmas del cristianismo entre una población étnica y culturalmente mixta, en ausencia virtual de una comunidad. A diferencia de las misiones establecidas originalmente en los pueblos indígenas y conservadas por espacio de más de un siglo y medio por un núcleo de grupos domésticos agrícolas residentes, los reales de minas consistían casi por entero de una población flotante. Los trabajadores errantes

* La autora agradece a Joaquín Murrieta y Enrique Peraza su ayuda en el análisis cuantitativo de los materiales demográficos y la preparación de las figuras que acompañan el texto, y a Carola Hirsch la traducción del texto al castellano.

[1] Archivo de la Mitra, Hermosillo, Archivo Diocesano 2 (en adelante AHM AD2) exp. sin número, f. 1-8.0

—descritos como "indios volantes y sin pie fijo"— quienes llegaron a lugares tales como Santísima Trinidad y San Francisco Xavier, a través de las montañas al oeste, a menudo formaron uniones informales y daban poca importancia a las formas adecuadas del matrimonio cristiano.[2]

La principal preocupación del padre Leyva fue hacer valer los principios del matrimonio cristiano. Muchos de sus feligreses habían dejado a sus esposas en otras comunidades y vivían con sus nuevas parejas en Trinidad. Algunas de las mujeres eran tan descaradas que enviaban a sus hijos a la mina con alimentos para sus amantes, instruyéndoles que no les dejaran saber nada a sus padres de esto. A falta de un padrón o censo oficial de los matrimonios legítimos, Leyva reclutó la ayuda de las autoridades civiles y amenazó a todos los que se apartaban de la conducta debida con excomulgarlos. Siguiendo estas medidas, 320 adultos que vivían en el real cumplieron con las demandas del sacerdote y se sometieron a la formalidad del matrimonio, de acuerdo con los preceptos de la iglesia. Sin embargo, los indígenas que vivían fuera del real presentaron un problema especial para los intentos del sacerdote reformista.

Los yaquis y pimas que vinieron a la mina buscando trabajo, en su mayor parte, habían dejado la vida disciplinada de los poblados de las misiones. Ya sea que hubiesen emigrado permanentemente o únicamente en forma temporal estos naborios vivían más allá del control efectivo de sus misioneros y de los cuaratos que servían en los pueblos mineros. Algunos de ellos trajeron a sus familias, pero otros formaron nuevos hogares en las cercanías del real. Se habían establecido en un campamento a menos de una milla de Trinidad. Todos los hombres vivían con mujeres, pero nadie sabía si estaban casados formalmente. El padre Leyva se dirigió hacia el asentamiento indígena junto con el juez y los delegados locales para imponer orden a los indígenas y recopilar un censo o padrón de sus familias. Su objetivo fue determinar qué parejas estaban casadas y cuántos hijos tenían. Esperaba "obligarlos, primero con amor, a oír la Misa y la palabra de Dios". La noche siguiente, muchos naborios —incluso hombres, mujeres y niños— abandonaron el campamento. Las familias que permanecieron y aquellas que regresaron poco a poco, ignoraron las exhortaciones del

---

[2] P. Leyva, AMH AD2, 1800; B. Joaquín Antonio Flores y Lic. Manuel María Moreno en San Xavier, 1797, AMH ADI (1774-1794).

sacerdote en cuanto al censo y a cumplir con los requisitos de un matrimonio cristiano.

De sus acciones puede deducirse que los indígenas, al igual que el padre Leyva, entendieron el significado de un padrón. No se trataba meramente de una lista de nombres ni de un resumen curioso de las personas que vivían en cualquier lugar; más bien, el padrón era un instrumento de control social. Los sacerdotes y misioneros tomaban estos censos periódicamente para distinguir los matrimonios legítimos de las uniones informales e identificar a los adultos que habían cumplido con las leyes de la iglesia en relación a los sacramentos y a las nupcias. Los estados o censos eclesiásticos resumían el número de personas reconocidas como residentes en cada parroquia o misión. El clero los categorizaba de acuerdo con su estado civil, grupo étnico y progreso en la instrucción religiosa. Los estados servían para mantener un conteo aproximado de las "almas" de quienes eran responsables los sacerdotes y para demostrar su diligencia en la administración de los sacramentos. Los padrones indicaban a las personas que vivían en cada unidad doméstica, ordenaban a las familias incluidas en los padrones según su grupo étnico y frecuentemente separaban a las viudas y viudos de los casados. A estos últimos se los consideraba como unidades domésticas patriarcales, encabezadas por un hombre y su esposa.[3]

Bajo las circunstancias especiales relativas a la secularización de las misiones en la provincia de Sonora durante la última década del siglo XVIII, los padrones servían para determinar qué familias podían recibir las parcelas asignadas a las unidades domésticas individuales, de las tierras comunales de la misión.[4] Por consiguiente, la bendición de la iglesia en las uniones matrimoniales se relacionó directamente con el usufructo familiar de los recursos productivos de la comunidad. En contraste, en los poblados mineros como Trinidad, San Xavier y Cieneguilla, la mayoría de los indígenas y los no indígenas que se reunían allí, no tenían derechos establecidos a la tierra, sino que vivían como trabajadores, aun cuando tenían algunos derechos a las tierras de

---

[3] AMH AD2, 1800, P. Leyva al obispo Rouset; Biblioteca Nacional, Fondo Franciscano (en adelante BNFF) 32/663; André Burguière, 1982, pp. 17-23; Sergio Ortega, 1982, pp. 100-103; Ramón A. Gutiérrez, 1985, pp. 91-93; Patricia Seed, 1985, pp. 284-293: William Merrill, 1989; Matson y Fontana, comps., 1977, pp. 23-33, 138-149: Radding, 1981.

[4] BNFF 36/800, 802, 803, 815, 797, 798; 37&829; 40/912, AMH ADl, AMH Archivo Sagrario (AS) 22: estos legajos contienen varios padrones de las misiones sonorenses a ser analizados detalladamente a continuación.

cultivo en las poblaciones de donde eran originarios. No obstante esta importante distinción, el proceso de la formación de la familia en ambos tipos de comunidad es fundamental para el desarrollo histórico de la región. Los patrones demográficos observados a través del tiempo reflejan la economía política del colonialismo y las estrategias formadas por las familias campesinas para crear unidades domésticas viables frente a las demandas de sus energías productivas. Los "pueblos errantes" de la Sierra de Sonora adaptaron sus comunidades trasladantes a las restricciones ecológicas a largo plazo y a las condiciones creadas por la economía colonial. Su comportamiento, registrado históricamente, ilustra la calidad fluida y cambiante de categorías sociales tales como la *familia*, la *unidad doméstica*, la *comunidad* y la *etnicidad*. Este estudio analiza diversos estados y padrones diferentes, para explorar varios aspectos de las comunidades serranas del Sonora colonial.

Historia de la población de Sonora

La historia institucional y narrativa del noroeste de México se basa fundamentalmente en los registros de los jesuitas y franciscanos y su principal objeto de estudio es la misión. Siguiendo el género establecido por Herbert Eugene Bolton, los temas historiográficos centrales para esta región incluyen los esfuerzos evangelizadores de las órdenes religiosas y las dimensiones militares de la conquista y el colonialismo. Una línea paralela de investigación etnohistórica, inspirada por los trabajos clásicos de Carl O. Sauer y Ralph Beals, ha creado una cantidad sustancial de literatura acerca de la población indígena de la región y ha presentado temas nuevos para la investigación contemporánea.[5] La demografía histórica ha seguido estos lineamientos generales de indagación. Varios estudios basados principalmente en el análisis cuantitativo de los censos de las misiones durante los siglos XVII y XVIII concuerdan, mostrando una fuerte e imparable disminución de la población indígena. Sus hallazgos se basan principalmente en la comparación de los conteos de población y tamaño promedio de las familias para diferentes grupos étnicos y territorios, calculado con base

[5] Polzer, 1976; McCarthy, 1981; Kessel, 1970, 1976; Carl Sauer, 1935; Ralph Beals, 1932; Underhill, 1938, 1946; Joseph, Spicer, Chesky, 1949; Spicer, 1962; Braniff y Felger, eds., 1976; Pennington, 1980; Sheridan, 1988; Sergio Ortega e Ignacio del Río, eds., 1985; Naylor y Polzer, 1986, 1988; Officer, 1987.

en los informes de los misioneros, en relaciones de las "almas" a su cargo y en las diferentes categorías de observación de la religión cristiana, v.gr., *párvulos, confesantes, comunicantes*. Algunos autores han proyectado la extinción biológica de ciertos grupos étnicos, subrayando así la disminución dramática en el número de indígenas que se informó vivían en las misiones. Ellos atribuyen esta ruptura demográfica a enfermedades epidémicas, el deterioro de los ecosistemas y prácticas culturales prehispánicas bajo el impacto de la conquista, así como a la usurpación de los recursos vitales tales como tierra, agua y mano de obra por parte de los colonizadores españoles, quienes llevaron la minería y ganadería a la provincia.[6]

No obstante los logros de los estudios citados anteriormente, es útil cuestionar algunas de las definiciones conceptuales que guían este ámbito de la investigación. Se toma por un hecho que los términos *misión* y *comunidad* son sinónimos. Las historias sociodemográficas se concentran en la población residente en los pueblos. Aun cuando se reconoce la presencia de nómadas y *gentiles* —personas dedicadas a la agricultura que vivían más allá del amparo de las misiones— pocas veces exploran detalladamente los nexos de parentesco y reciprocidad entre los habitantes de los poblados y los cazadores y recolectores que permanecieron en vigor bajo el régimen colonial.[7]

En vista de la movilidad de los pueblos serranos de Sonora, es acertado hacer un comentario acerca del método demográfico. Las familias residentes en los pueblos quienes aparecen en los censos y padrones registrados por los misioneros no constituyen el universo de la población étnica de la provincia. Los misioneros mismos explicaron repetidas veces que sus conteos representaban sólo a aquellas personas de administración, quienes obedecían a sus enseñanzas y quienes participaban efectivamente en la vida económica y ceremonial de las misiones. Aun cuando puede suponerse que los padrones enumeraban a todos los niños que vivían en una unidad doméstica, los estados no incluían frecuentemente a los niños menores de 7 a 10 años de edad. Por tal motivo, el número de personas registradas en las misiones

[6] Dobyns, 1963, 1976; Gerhard, 1982; Jackson, 1982, 1985; Reff, 1987; Radding, 1979; Del Río, 1984.

[7] Los estudios etnohistóricos perspicaces de los *o odham* constituyen una excepción importante: Fontana, 1981; Nabhan, 1985. Los "nómadas" para la provincia de Sonora incluyen principalmente a los *kunka ak* (seris) de la costa y a los cazadores atapascas de la sierra (apaches).

en cualquier momento dado no correspondía al de todos los indígenas que habitaban en y alrededor de las poblaciones.[8]

Junto con las tradiciones prehispánicas de migraciones por temporadas, la economía colonial pesaba fuertemente sobre los patrones de asentamientos indígenas. Los estudios históricos y antropológicos subrayaban la diferencia entre la economía "natural" de subsistencia —descrita anteriormente como el modo doméstico de producción— y los intereses mercantiles que garantizaban la política colonial española. Indudablemente, el crecimiento de los reales de minas y las haciendas orientadas comercialmente, conllevaron a la transferencia de recursos valiosos de las comunidades nativas a las empresas españolas. Las investigaciones hasta la fecha han demostrado el empobrecimiento de la comunidad y su pérdida de autonomía; sin embargo, sabemos muy poco acerca de la capacidad de los indígenas para responder a las exigencias del dominio colonial. Los comuneros de las poblaciones buscaban oportunidades para vender sus productos y mano de obra en las redes provincianas de intercambio en los mercados, que se desarrollaron en los centros mineros. Su iniciativa arroja luz nueva sobre los patrones migratorios observados en la región e ilustra las formas en que las economías campesinas perduran bajo el dominio ajeno.[9]

El componente cultural del cambio demográfico es profundo y requiere una consideración cuidadosa. La investigación actual tiende a emplear el término *aculturación* para referirse al debilitamiento de los patrones autóctonos y la desestabilización de las comunidades nativas bajo la influencia colonial.[10] Sin negar de ninguna manera la violencia de la conquista y su secuela destructiva de mortalidad, desplazamiento y pérdida de autonomía para los pueblos de Sonora, la autora cuestiona algunas de las suposiciones implícitas en la literatura etnohistórica. Hay una tendencia por aceptar un estado implícito de equilibrio social

[8] Radding, en prensa, Lizassoain, 1761-1763 y censo jesuita anónimo (P. Manuel Aguirre). 1767 en W.B. Steven Collection 47, 66, 67, 68, UT Austin; Cook y Borah, 1971. I, C. 4, esp. pp. 263-271. Agradezco la información proporcionada por William Merrill acerca de la probable autoría del censo jesuita de 1765 y la ayuda invaluable de Charles W. Polzer y del personal de Documentary Relations of the Southwest, Universidad de Arizona, Tucson.

[9] La evidencia documentada de la participación de los indios en la economía de mercado es abundante, aun cuando diseminada. Véase, por ejemplo, Intendente Gobernador Corbalán, *Informe*, 1772, Archivo Histórico del Estado de Sonora 1-2: 1, 2 y Archivo Histórico de Hacienda (AHH), ramo Jesuitas, leg. 4-10, cajas 1, 2, 3, 1701-1767. Agradezco a David Marley por indicarme este material.

[10] Véase discusión con reflexión, aplicada a la Baja California en Del Río, 1984, pp. 15-21.

y ecológico anterior a la conquista, mismo que es cuestionado ahora por la evidencia arqueológica e histórica de conflictos internos y estratificación social dentro de las comunidades prehispánicas.[11] Es importante cuestionar qué aspectos de la cultura aborigen cambiaron o desaparecieron y cuáles permanecieron bajo el dominio hispano. A medida que se desarrolló la sociedad colonial a través de dos siglos, surgieron nuevas formas de desigualdad social. Ocurrieron conflictos a diferentes niveles, expresados como antagonismos étnicos entre los indígenas y los españoles, como pugnas entre los grupos indígenas y como luchas incipientes de clase sobre la tenencia de la tierra y la distribución del trabajo. Posiblemente las tendencias demográficas observadas no revelan tanto la extinción biológica de los pueblos nativos como la destrucción parcial de la comunidad como una entidad fija y su reconstitución en otras formas.

En este contexto, el presente estudio ofrece algunas hipótesis alternativas en cuanto a la historia de la población de la Sonora colonial. Como se mostrará en la siguiente sección, a pesar de la tendencia decreciente de las cifras demográficas globales derivadas de los registros de las misiones en relación a la supervivencia de los indígenas, el análisis comparativo de los conteos resumidos y enumeraciones de las unidades domésticas sugiere interpretaciones contrastantes sobre la composición de las familias. Las recopilaciones de bautizos y defunciones de los misioneros, así como los padrones, confirman la reproducción biológica y social de los grupos domésticos indígenas y mestizos en los pueblos, no obstante los altos niveles de mortalidad. Además, el que los eruditos hagan uso de la dicotomía de *indígenas* y *no indígenas* hace que se cuestione la realidad histórica que subyace a estas categorías étnicas.

Tres consideraciones principales subyacen a la división de la sociedad colonial en esta provincia fronteriza: la distinción entre pueblos sedentarios y seminómadas; la separación etnocultural de los españoles, castas e indígenas; y la diferencia económica y política entre vecinos e indígenas. Los *vecinos*, tal como definen el término los contemporáneos, fueron no indígenas, tanto españoles como grupos racialmente mixtos. Éstos comprendían a dueños de propiedades y a trabajadores de diferentes oficios y ocupaciones, quienes trabajaban en la minería, en los ranchos y en las haciendas. Aquellos

[11] Riley, 1982; Doolittle, 1980; Braniff, 1985; *Historia General de Sonora*, I, Julio Montané, ed., 1985; *Handbook of North American Indians*, vol. 10; Ortiz, ed., 1983.

indígenas que dejaban sus comunidades definitivamente, con el tiempo, se convirtieron en parte de esta población llamada casta o gente de razón.

La distinción que hicieron los misioneros entre gentiles e hijos del pueblo fue significativa para la administración de los pueblos. Mientras que los gentiles visitaban las misiones de vez en cuando —como se menciona anteriormente— únicamente los hijos del pueblo vivían bajo la supervisión directa de los misioneros y contribuían regularmente a las labores comunales en los pueblos. Por consiguiente, los hijos del pueblo tenían derecho a la distribución semianual de las cosechas de la misión. De igual importancia para la vida interna de las misiones era la separación entre indígenas y vecinos. Los indios constituían aquellas unidades domésticas que, en principio, pertenecían a la misión. A cambio de su trabajo, recibían alimentos, tela, herramientas y semillas para plantarlas en sus propias milpas. Los vecinos que vivían en las misiones —muchos de ellos cuatreros— cultivaban pequeñas parcelas. Su relación con la economía comunal era ambivalente. Teóricamente, deberían haber pagado el diezmo y otras cuotas eclesiásticas, pero los misioneros se quejaban frecuentemente que los vecinos contribuían poco o nada a la vida económica de las misiones.[12] El número creciente de vecinos en los pueblos conllevó a una población mixta con implicaciones importantes para la composición de la unidad doméstica y la reconstitución de la comunidad. El movimiento físico de las personas, expresado en forma de "movilidad horizontal" a través de los campos mineros, presidios y pueblos, aceleraron el fenómeno de "pasar" de una categoría a otra —casi siempre de indios a gente de razón. Esta calidad fluida de los términos étnicos se encamina hacia el proceso de la diferenciación social y demográfica, tal como lo demuestra el análisis de los conteos subsiguientes de la población en las misiones durante las últimas décadas del dominio colonial.[13]

_____

[12] AMH ADl, 1796, Informes sobre Ures, Cucurpe y Oposura; AMH 17, exp. 32, 1766, P. Rapicani de Batuc. *Milpa*: una parcela trabajada por una persona o familia.

[13] Respecto a una discusión de *raza* y *clase* en la Nueva España colonial, véase Cook y Borah, 1974, II, C. 2, pp. vi, 180-182 y *passim*; Bradign, 1973, pp. 126-144; Anderson, 1988, pp. 209-244; debate publicado en *Comparative Studies in Society and History* (Estudios Comparativos en Sociedad e Historia) (1977-1983) por John K. Chance, William B. Taylor, Robert McCaa, Stuart Schwarts, Arturo Grubessich, Patricia Seed y Philip F. Rust. Para términos étnicos usados comúnmente en la provincia de Sonora, véanse Barnes, Naylor y Polzer, 1981, pp. 90-93.

LOS ASPECTOS CUANTITATIVOS DE LA FORMACIÓN DE LA FAMILIA

El análisis de los datos presentado a continuación representa sólo una muestra de la población de Sonora. Sus contornos han sido conformados, en gran medida, por la documentación y criterios existentes que usaron diferentes misioneros para mantenerse al tanto de las gentes bajo su cuidado. Por lo tanto, no puede subrayarse demasiado que las cifras que aparecen en las tablas y gráficas a continuación, constituyen sólo una porción de las familias y de los individuos —indígenas y no indígenas por igual— que vivieron en la provincia de Sonora durante los años menguantes del dominio colonial.

Las cifras agregadas, recopiladas de los censos eclesiásticos tomados periódicamente a través de los siglos XVII y XVIII, sugieren una disminución constante del número de indígenas y un aumento gradual en él de vecinos, tal como se muestra en el cuadro 1. Estos conteos aproximados representan a la población residente en las misiones y parroquias, estimada durante las visitas episcopales y los resúmenes de los estados que los misioneros informaban a sus superiores. En su mayor parte, no constituyen un censo puerta a puerta, de los habitantes de la provincia. Las cifras comparativas para los indígenas y vecinos adultos que vivían en esas comunidades de la sierra, aun bajo la administración de las misiones hacia finales del siglo dieciocho, ilustran ciertas tendencias centrales del movimiento de la población.

Los datos resumidos en el cuadro 2 y la figura 1 para los años comprendidos entre 1799 y 1806 se derivan de las tablas generadas por los misioneros franciscanos encargados de las comunidades serranas del este de Sonora, es decir, de la zona que llamaban la Pimería Baja. Aproximadamente cada dos años, establecían sus listas de hombres y mujeres adultos divididos en dos categorías étnicas: indios y gente de razón. Los sacerdotes también reportaron el número de bautizos, matrimonios y entierros realizados durante los intervalos entre los censos (cuadro 3). Las cifras que se muestran para 1784 y 1795-1796 se derivan de fuentes mixtas. El obispo Antonio de los Reyes recopiló un informe comprensivo de su diócesis en 1784, incluyendo el número de familias e individuos, estimados para indígenas y castas en cada pueblo. Con motivos de comparación, las cifras utilizadas en el cuadro 2 representan el total de los cálculos del obispo Reyes, refiriéndose a los mismos pueblos enumerados por los sacerdotes en años posteriores. Para poder elaborar la "muestra" de 1795-96, fue necesario suplementar las tablas existentes sólo para unas cuantas comunidades, con un

CUADRO 1

POBLACIÓN GLOBAL ESTIMADA POR GRUPO ÉTNICO. 1600-1800
PROVINCIA DE SONORA

	1600	1678	Cambio % 1600-1678	1720	Cambio % 1678-1720	1760	Cambio % 1720-1766	1800	Cambio % 1760-1800
Pimería alta	20 000	16 600	−17	7 600	−56	5 750	−24	1 300	−77
Pimería baja	10 500	4 000	−62	3 150	−21	3 550	+06	1 800	−49
Ópata	50 200	15 200	−70	7 100	−53	8 000	+13	5 540	−44
Total	80 700	35 800	−56	17 850	−50	17 300	−03	7 600	−56
Vecinos		1 400		3 000	+114	7 600	+153	15 000	+97

Fuente: P. Gerhard, 1982, pp. 190, 285.

CUADRO 2

PROPORCIONES DE INDIOS Y VECINOS POR REGIÓN

Fecha	I	II	III	IV	V
1796	2.1	.6	2.1		1.3
1799			.7	5.9	1.2
1802			.7	2.8	.9
1806I	1.8	.4	6	1.2	.8

I: Pimería Alta noroccidental
II: Valle de Magdalena
III: Distritos de misiones en Arivechi y Sahuaripa
IV: Distrito de misión en Bacerac

cálculo de los adultos enumerados (por grupo étnico) en los padrones existentes de 1796. Los niveles de población que se muestran para ambas fechas son bajos sin lugar a dudas, debido a la imprecisión en la fecha. Sin embargo, su inclusión ayuda a complementar el patrón demográfico a estudiarse.

Teniendo en mente estas advertencias, la figura 1 muestra diferentes tendencias de aumento y baja en la población. Aun cuando la inclinación ascendente de la gráfica de 1784 a 1799 es indudablemente exagerada, debido a los conteos incompletos para 1784 y 1796, parece que la provincia experimentó un aumento constante, aun cuando no dramático, de su población. Además, el incremento en la población total es paralelo a la curva de los vecinos. Por lo tanto, es probable que la población indígena creciente con residencia fija en las comunidades agrícolas dominó las tendencias centrales del cambio demográfico durante este periodo. El que se cruzaran las líneas de los indios y los vecinos aproximadamente en 1801 implica un proceso selectivo en el crecimiento demográfico, en lugar de una ruptura fuerte. La leve disminución en la cantidad de indios acoplada a una tasa constante de crecimiento de vecinos, indica una combinación de factores sociales, políticos y económicos que ejercieron su influencia sobre los patrones demográficos existentes. Podría ser que el aumento total de habitantes de los pueblos después de 1784 respondiera a la dilación temporal obtenida a raíz de las guerras con los apaches, debido al aumento de vigilancia por parte de la milicia española y los "campamentos pacífi-

POBLACIÓN COMPARADA POR
MISIONES SELECCIONADAS, 1784-1808

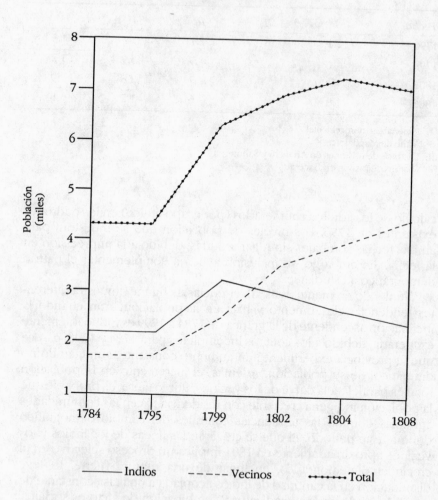

cos" de los apaches establecidos cerca de varios presidios en la porción noroeste de la provincia.[14] Las tendencias divergentes que se notaron para los indígenas y la gente de razón se deben más bien al "pasaje" entre categorías étnicas y a niveles generalmente altos de mortalidad que a una crisis de subsistencia de proporciones epidémicas. Las diferentes proporciones de indios y vecinos calculadas a partir de los datos resumidos en el cuadro 2 y la figura 1 sugieren interesantes patrones regionales de variación.

Las proporciones globales para la provincia (columna V) representan la disminución general de indios y el aumento de los no indígenas, que se muestra en la figura 1. Sin embargo, las proporciones contrastantes obtenidas en la Pimería Alta y entre los distritos de las misiones de Arivechi y Bacerac indican que la disminución de los indios de las misiones y el incremento de vecinos residentes no ocurrió uniformemente a través de Sonora. Los valles de Altar y Santa Cruz en el noroccidente de la Pimería Alta retuvieron un número sustancial de habitantes nativos a pesar del flujo de españoles y mestizos hacia las minas de placer de Cieneguilla después de 1771. Asimismo, los pueblos de las misiones de Bacerac y Acadéhuachi representaron el núcleo de aquello que había sido una densa población prehispánica de ópatas, quienes tenían una arraigada tradición agrícola y de asentamientos permanentes. En contraste, los vecinos habían desplazado virtualmente a los habitantes pima del valle de Magdalena. Los distritos de las misiones de Arivechi y Batuc sostuvieron un núcleo importante de población eudeve nativa, pero recibieron un número creciente de pobladores no indígenas.

Los eventos demográficos básicos reflejados en los registros sacramentales de bautizos, matrimonios y entierros determinan, en gran medida, la estabilidad de la población en los pueblos. El cuadro 3 resume las cifras proporcionadas por los franciscanos para las misiones bajo su control en la Pimería Alta y en la Pimería Baja al inicio del siglo XIX.[15]

El primer grupo de cifras para la Pimería Baja (1798-1802) muestra que los indígenas representaron el 52% de todos los bautizos, el 63% de todos los matrimonios y el 73% de todos los entierros. Desafortunadamente, los misioneros proporcionaron sólo conteos agregados para los indios y la gente de razón entre 1804 y 1806. Las cifras de la tabla son cifras calculadas, usando los porcentajes del periodo anterior y,

---

[14] Kessel, 1976; Griffen, 1983, 1985.
[15] Fuentes: BNFF 36/815, 37&829, 36/802.

CUADRO 3
LOS SACRAMENTOS RELACIONADOS CON EVENTOS DEMOGRÁFICOS
PIMERÍA BAJA

	Vecinos			Indígenas		
Fecha	Baut.	Mat.	Ent.	Baut.	Mat.	Ent.
1798-1802	741	121	225	791	227	608
1804-1806	346	74	143	375	125	385

PIMERÍA ALTA

	Vecinos			Indígenas		
Fecha	Baut.	Mat.	Ent.	Baut.	Mat.	Ent.
1794-1796	49	13	47	93	31	124
1804-1806	185	38	150	217	78	250

por consiguiente, están sujetas a inexactitudes. Durante 1794-1796, en la Pimería Alta, los indios representaron el 66% de todos los bautizos, el 71% de todos los matrimonios y el 73% de todos los entierros. Durante los últimos dos años registrados, los indígenas representaron un poco más del 50% de los bautizos, el 67% de los matrimonios y el 63% de los entierros. Es difícil estimar la tasa de los eventos vitales, ya que el universo de la población total sigue siendo desconocido en cuanto a su cantidad. Las tablas de población de las fuentes primarias utilizadas para calcular las tendencias generales de los movimientos de la población, tal como se discute con anterioridad, no incluyen a los niños.[16]

Aun cuando las cifras presentadas aquí son de un valor explicativo limitado, la imagen demográfica que sugieren amerita ciertos comentarios. En las postrimerías del siglo XVIII, tanto los sectores indígenas como los no indígenas experimentaron altos niveles de fertilidad y

[16] Respecto a asuntos metodológicos, véase C. Rabell, n.d., pp. 17-48.

mortalidad. Es significativo que los indígenas representaban más de la mitad de todos los nacimientos, matrimonios y fallecimientos registrados en las misiones. La fertilidad y nupcialidad de los nativos pueden haber sido interpretadas como señales de un esfuerzo constante por lograr la reproducción biológica y reconstituir sus familias, en vista de los altos niveles de mortandad.[17]

Sin embargo, la desigualdad más dramática observada involucra al extraordinario número de entierros (y sus porcentajes relativos) atribuidos a los indios. Una lectura inicial de las cifras en el cuadro 3 sugiere que la mortalidad constituyó una división étnica formidable entre indígenas y vecinos. No obstante, deberán tomarse en cuenta algunos factores calificativos. Es probable que estas cifras tomadas de los registros de las misiones subrepresentaron a la gente de razón ya que las comunidades enumeradas no incluyen a los presidios y reales de minas en los que habitaba la mayoría de vecinos. Además deberá recordarse que para todos los grupos étnicos, estos registros sacramentales no registraban todos los nacimientos, uniones conyugales y fallecimientos, sino únicamente aquellos eventos demográficos que habían sido legitimados por la iglesia. La complejidad de la mortalidad indígena, en lo que se refiere a sus causas y el ritmo cíclico de crisis y recuperación, puede explorarse para diferentes localidades a través de un análisis sistemático de los registros de las parroquias (misiones). Sin embargo, antes de realizar un estudio riguroso de los eventos demográficos es aconsejable plantear ciertas preguntas básicas acerca del impacto de la mortalidad en la formación de la familia y de la unidad doméstica.

La susceptibilidad de los nativos americanos a las enfermedades euroasiáticas, un tema dominante de la historia colonial iberoamericana, está menos bien documentada (aunque no menos cierta) para Sonora que para las regiones que conformaban el núcleo de la Nueva España. Aún debe establecerse la periodicidad de las epidemias en las provincias noroccidentales: no ha quedado claro cuándo la mengua de población llegó a su nadir después de las epidemias del periodo de la conquista y cuándo comenzó la recuperación demográfica. No obstante, la historiografía sobre temas demográficos para otras regiones del México colonial proporciona directrices valiosas para interpretar la evidencia recopilada hasta la fecha para la sierra de Sonora.[18]

---

[17] Sobre la capacidad reproductora de los indígenas de otras regiones de Hispanoamérica colonial, véase Farriss, 1984; Newson, 1989.

[18] Cook y Borah, I, II, III, 1971-1979; Rabell, n.d.; Malvido, 1973; Morin, 1979; Malvido, 1982, pp. 171-200; Cook, 1982, pp. 257-328.

Volviendo a la causa de la alta mortalidad, es importante distinguir entre las enfermedades epidémicas y las endémicas. Además diferentes patógenos afectaron a grupos de edades específicos dentro de la población. El estudio cuidadoso de cinco parroquias en Cholula (Puebla) de E. Malvido rastrea ciclos sucesivos de crisis y recuperación desde mediados del siglo XVII hasta 1810. Su análisis muestra los efectos a corto y largo plazo de las olas sucesivas de epidemias. La mortalidad tuvo un efecto inmediato sobre la fertilidad al sucumbir los adultos en edad productiva ante una epidemia. Por el contrario, cuando los niños eran las víctimas principales de la enfermedad, la tasa de natalidad aumentaba poco después de haber pasado la epidemia, pero los efectos de una "generación perdida" pasaría a repercutir en la nupcialidad y fertilidad varios años después.[19] Teniendo en mente estas generalizaciones, la lectura inicial de los registros de las parroquias de Sonora correspondientes a la última parte del siglo XVIII, muestra que el sarampión era citado comúnmente como causa de muerte particularmente en niños (párvulos). Por lo tanto, es probable que la mortalidad infantil representó una parte importante de las cifras generales de mortalidad registradas en las misiones. Es más, los partos muertos, los abortos y la muerte de mujeres embarazadas constituyeron un factor "oculto" de la mortalidad infantil, lo que se observaba indirectamente mediante la disminución en la tasa de natalidad a raíz de una enfermedad.

Los historiadores interesados en los temas demográficos para la región noroccidental de la Nueva España hasta la fecha, han concentrado su investigación en la Pimería Alta, el confín más norteño de Sonora colonial. H. Dobyns y R. Jackson han subrayado la disminución severa en la población registrada por las misiones, aseverando que los pimas no lograron su recuperación demográfica. En una monografía reciente, R. Jackson resumió los resultados de la reconstitución de la familia para la misión de Tumacáacori en el Valle de Santa Cruz durante aproximadamente medio siglo (1773-1825) para demostrar que la alta mortalidad infantil "erradicó cualquier crecimiento potencial de la población mediante la reproducción natural". Él atribuye estas altas tasas constantes de mortalidad no sólo a las epidemias y enfermedades endémicas, sino también a la "tensión" y a los efectos negativos de la aculturación bajo el colonialismo y el sistema misional.[20]

---

[19] Malvido, 1973; pp. 54-55 y *passim*.
[20] Dobyns, 1976; Jackson, 1985, pp. 464-467.

La autora cuestiona la aplicabilidad de estas conclusiones a las áreas centrales de la sierra de Sonora. Tumacácori presentó una fluctuación notable en cuanto a la población adulta residente a través de los registros de la misión, dificultando rastrear la continuidad de las tendencias demográficas de una generación a la otra.[21] Los pueblos pima en medio del Valle de Santa Cruz fueron particularmente vulnerables a las incursiones apaches. En la Pimería Alta, las misiones de San Xavier del Bac y Caborca permanecieron siendo las anclas de los asentamientos pima y pápago, mientras que los valles de Altar y Magdalena se llenaron en forma creciente con vecinos ansiosos por apropiarse de tierras arables. Iban y venían, atraídos por las minas de placer, viviendo al margen de la economía de las misiones. Fray Ignacio Dávalos cerró su informe sobre la Pimería Baja en 1806 con la observación que de una población total de 7 293, incluyendo a indios y vecinos, 808 personas habían dejado la comunidad durante un periodo de dos años.[22] De hecho, las misiones del norte dependían del reclutamiento periódico de pápagos "gentiles", pero esto se debió tanto a la movilidad de la población residente, como a la falta implícita de una reproducción demográfica. Indudablemente, los indígenas le temían a las enfermedades, tal como se reportó para el Valle de Altar en 1795:[23]

> Se agregan algunos gentiles, y se quedaran más, si no fuera por el horror de que mueren breve, como lo ven por experiencia.

Los indígenas, en forma alternada, evitaban y buscaban ser bautizados, para poder defenderse de las epidemias. A grandes rasgos, esta ambivalencia caracterizó su actitud hacia la vida en las misiones. Incorporaron el ciclo agrícola de los pueblos a sus propias estrategias para la supervivencia, pero buscaron su sustento como trabajadores en empresas españolas y como recolectores en el desierto.

La población nativa de Sonora sobrevivió, aun cuando su número disminuyó marcadamente. Para poder calcular los efectos de los altos niveles de mortalidad sobre la formación de las unidades domésticas, es importante considerar tanto la reproducción biológica como la social de la familia. Un análisis preliminar de los padrones existentes que datan de 1796, representativos de todos los distritos de misiones,

---

[21] Kessell, 1976; Radding, 1979, pp. 71-76.
[22] BNFF 36/829. Josef Sáenz Pico, Altar, 1795.
[23] El modelo de la figura 2 proviene de Archetti y Stolen, 1975.

ofrece un panorama sobre la manera en que los habitantes de las poblaciones reconstituyeron sus unidades domésticas e hicieron acopio de la mano de obra necesaria para su subsistencia. El material en que se basa esta discusión comprende a 946 personas y 239 unidades domésticas distribuidas a través de seis poblaciones, de la manera siguiente:

Pueblo	Familias	Personas	P/F	Principal grupo étnico
Cocóspera	41	144	3.5	Pima
Batuc	59	236	4.0	Eudeve
S. José de Pimas	7	35	5.0	Vecino
Sn Marcial	56	184	3.3	Pima
Arivechi	4	24	6.0	Vecino
	72	323	4.9	Ópata /Vecino

Todos estos pueblos tuvieron algunos vecinos residentes. Los promedios estadísticos en cuanto a la edad del jefe de cada unidad doméstica, la edad de las mujeres que vivían en una unidad doméstica encabezada por un hombre, y las proporciones de niños/mujeres, sugieren varias tendencias de interés en la composición de las familias de esta muestra.

La edad sorprendentemente alta mostrada para mujeres, se debe en parte al hecho de que los misioneros que formularon estos padro-

EDAD PROMEDIO DEL JEFE DE LA UNIDAD DOMÉSTICA

Hombres y mujeres	Hombres	Mujeres
39	37	50

nes consideraron sólo a las viudas como mujeres que por derecho propio podían ser jefes de las unidades domésticas. La edad promedio de las mujeres que aparecen como esposas en las unidades domésticas encabezadas por hombres es de alrededor de 30 años, no obstante el grupo étnico. En general, estas cifras apoyan la impresión obtenida de la lectura de las edades reales enumeradas para los adultos en dichos censos: exceptuando unos cuantos matrimonios relativamente jóvenes, los jefes de las unidades domésticas que permanecieron en los pueblos constituyeron una población de edad mayor. Por consiguiente, puede inferirse que los jóvenes adultos —hombres y mujeres— tendían a irse de los pueblos de las misiones, tal como lo ejemplificaron los 200 yaquis y pimas que se habían asentado en las cercanías de la mina de la Trinidad, quienes rehusaron ser contados en el padrón del padre Leyva.

PROPORCIÓN DE NIÑOS/MUJERES
PARA MUJERES EN UNIDADES DOMÉSTICAS
ENCABEZADAS POR HOMBRES

Global	Indios	Vecinos
2.7	1.8	2.9

La proporción global se basa en las cifras totales de 207 mujeres y 458 niños, dentro de una muestra de 947 personas. Sin embargo, las proporciones de niños/mujeres de indios y vecinos corresponde sólo a la porción de la población para la que se especificó la etnicidad:

Las proporciones mostradas pueden haber sido sesgado en forma

EDAD PROMEDIO DEL JEFE DE LA UNIDAD DOMÉSTICA

Mujeres			Niños		
Indios	Vecinos	Total	Indios	Vecinos	Total
132	72	204	232	211	433

descentede, ya que aun cuando casi todas las mujeres habían sido categorizadas de acuerdo a razas en los censos, pocas veces se aclaraba el estado étnico del vástago de un matrimonio mixto. La proporción de niños/mujeres de 1.8 se refiere al producto de las uniones en las que tanto el esposo como la esposa habían sido identificados como indios.

Los grupos domésticos encabezados por hombres indígenas casados con mujeres del grupo de la gente de razón fueron incluidos en la sección "indígena" del padrón, pero no se especificaba la etnicidad de los hijos. Asimismo, los misioneros incluían a las unidades domésticas encabezadas por hombres no indígenas casados con mujeres indígenas en la población de vecinos de su distrito. Sin embargo, las normas de clasificación de los sacerdotes no necesariamente se conformaban a las costumbres locales. Sigue siendo una pregunta de sumo interés si las mujeres nativas que seleccionaban parejas españolas o mestizas optaban por criar a sus hijos a la usanza "indígena" o a aculturarlos para que se adaptaran a la sociedad dominante.

El examen detallado de la evidencia cualitativa contenida en los padrones ejerce una influencia significativa sobre el asunto de la formación de las unidades domésticas. Cuando se notan en forma consistente las edades, apellidos e identidades étnicas para las personas, pueden efectuarse ciertas deducciones en cuanto al nexo entre las familias y la recreación periódica de cada unidad doméstica en cada una de las comunidades estudiadas. Son comunes las segundas y terceras nupcias después de la muerte de uno de los cónyuges. Frecuentemente se observa a jóvenes madrastras haciéndose cargo de los hijos del marido de otro matrimonio anterior. Así, recíprocamente, las mujeres podían llevar a sus hijos o hermanos menores a una nueva unión conyugal. La fuerza laboral en los hogares truncados por la muerte fue respuesta por medio del intercambio de hijos. Estos jóvenes dependientes podían ser compartidos entre familias del mismo grupo étnico, considerándoselos como huérfanos o criados en las unidades domésticas de vecinos o indios prominentes, tales como el gobernador del pueblo. Las viudas que encabezaban sus propios grupos domésticos vivían generalmente con sus hijos adultos no casados o con sobrinos, sobrinas y nietos.

La figura 2 expresa visualmente dos ejemplos de estructuras convergentes de familias y unidades domésticas, tomados del padrón de Cocóspera de 1796. La familia Zerda ha proporcionado miembros a tres unidades domésticas pima. Una hija sobreviviente (#59) del primer matrimonio del jefe de la unidad doméstica 2 está casada y ha formado una familia separada (unidad doméstica 17). Su hermana menor (#57), que sólo tiene 6 años de edad, vive en una unidad doméstica encabezada por una mujer soltera, junto con un adolescente adoptado. Los grupos domésticos de los Romo y Bustamante están unidos en forma semejante debido al movimiento de niños. Un hijo (#72) del grupo doméstico pima encabezado por Cristóbal Bustamante, podría estar viviendo como criado junto con un adolescente no emparentado, en el grupo doméstico de don Antonio Romo de Vivas. Los hijos de los Romo (#3,4), quienes viven en el grupo doméstico de los Bustamante podrían ser los hijos de un hijo (fallecido) de don Antonio y de doña María Ygnacia Vega (#2). El intercambio de niños quienes tenían edad suficiente como para trabajar formarían lazos de unión entre las unidades familiares, como en este caso, que cruzaría los límites étnicos entre los pima y la gente de razón.[24]

CONCLUSIONES

La lectura cuidadosa de los censos coloniales realizados puerta a puerta, compilados en 1796, revela que los misioneros estaban enumerando las uniones domésticas —las personas que vivían juntas, en realidad— en lugar de los linajes familiares. La calidad adaptativa de las unidades domésticas descritas en los censos sonorenses hace recordar su función económica y los aspectos sociales de la reproducción.[25] El número relativamente alto de huérfanos (solteros), viudos y viudas que aparecen en los padrones, atestigua tanto sobre los efectos de los altos niveles de mortalidad en las unidades domésticas serranas, como a su habilidad por absorber e incorporar a individuos solos y crear unidades factibles.

La formación de unidades domésticas comprende varias estrategias de supervivencia en esta región árida que tiene una larga tradición seminómada. La movilidad geográfica debe tomarse en cuenta para explicar la composición de las familias entre las gentes de la sierra de Sonora, quienes mantuvieron un patrón de migraciones a corto plazo dentro de un territorio definido. Su objetivo principal fue obtener y defender su acceso a una variedad de recursos: productos agrícolas, alimentos silvestres y las mercancías que podían adquirirse en los reales españoles. Los nexos familiares constituían una parte importante de la estrategia de las unidades domésticas, reforzando los lazos de reciprocidad entre parientes. Las familias extensas y compuestas conjuntaban a los individuos y a las unidades domésticas, expandiendo a

[24] El modelo de la figura 2 proviene de Archetti y Stolen, 1975.
[25] C. Rabell, n.d., pp. 37, 39, 43 y *passim*.
[26] Burguière, 1982, pp. 17-19; Ladurie, 1979, pp. 24-52.

éstas últimas mediante un sentido de comunidad. Tal como se observó en las sociedades campesinas en otras partes,[26] la solidaridad local era entendida como una extensión de la familia. Asimismo, la política de los pueblos refleja la estructura interna del poder dentro de las familias. El poder de recuperación de los indios al enfrentarse a las crisis de subsistencia, aun al ser probados duramente, se basó en su capacidad de reconstituir sus unidades domésticas. Se basaron en el intercambio de la mano de obra de niños y en la exogamia en su selección de parejas para el matrimonio, con el fin de reconstruir a sus familias y comunidades. El hecho de que lo hayan logrado, aun parcialmente, es un tributo a su lucha por sobrevivir.

BIBLIOGRAFÍA

Anderson. Rodney D., "Race and Social Stratification: A Comparison of Working-Class Spaniards, Indians, and Castes in Guadalajara, Mexico, 1821", *Hispanic American Historical Review*, 1988, 78, 2, pp. 209-244.

Barnes, Thomas C., Thomas H. Naylor, Charles W. Polzer, *Northern New Spain, A Research Guide*, Tucson, 1981.

Baver, Arnold "The Church and Spanish American Agrarian Structures. 1765-1865", en *The Americas*, 1971, XXVIII. 1, pp. 78-98.

Beals, Ralph L. *The Comparative Ethnology of Northern Mexico before 1750*, Berkeley, 1932.

Brading, David A., "Los españoles en México hacia 1792", en *Historia Mexicana*, 1973, XXIII, 1, pp. 126-144.

Braniff, Beatriz *La frontera protohistórica Pima-Ópata en Sonora, México. Proposiciones arqueológica preliminares.* Tesis doctoral, UNAM, México, 1985.

Braniff, Beatriz y Richard Felger, eds., *Sonora, antropología del desierto*, México, 1976.

Burguière, Andrè "La historia de la familia en Francia. Problemas y recientes aproximaciones", en *Familia y Sexualidad en Nueva España*, México, 1982.

Castetter, Edward F. y Willis H. Bell, *Pima and Papago Agriculture*, Albuquerque, 1942.

Cook, Sherburne F. y Woodrow Borah *Essays in Population History*, Berkeley, 1971-1979, 3 vols.

Crosswhite, Frank S., "The Annual Saquero Harvest ad Crop Cycle of the Papago, with Reference to Ecology and Symbolism", en *Desert Plants* 2, 1, 1980.

Chance, John K. y William B. Taylor, "Estate and Class in a Colonial City: Oaxaca in 1792", en *Comparative Studies in Society and History*, 1977, 19, 4: pp. 454-487.

————, "Estate and Class: A Reply", en *Comparative Studies in Society and History*, 21, 3: pp. 434-442.

Chayanov, A.V. *The Theory of Peasant Economy*, Daniel Thorner, Basile Kerblay, y R.E.F. Smith eds., Introducción de Teodor Shanin, Madison, 1986.

Dobyns, Herny F. "Indian Extinction in the Middle Santa Cruz River Valley, Arizona", en *New Mexico Historical Review*, 1963, 38, 2, pp. 163-181.

————, *Spanish Colonial Tucson. A Demographic History*, Tucson, 1976.

Doolittle, William E. "Settlements and the Development of statelets in Sonora, Mexico", en *Geographical Review*, 1980, 7, 3, pp. 328-342.

Farriss, N. *Maya Society under Colonial Rule*, Princeton, 1984.

Felger, Richard Stephen y Mary Beck Moser, *People of the Desert and Sea, Ethnobotany of the Seri Indians*, Tucson, 1985.

Fontana, Bernard L., *Of Earth and Little Rain, The Papago Indians*, Flagstaff, 1981.

Garavaglia, Juan Carlos, "Un modo de producción subsidiaria. La organización económica de las comunidades guaranizadas durante los siglos XVII-XVIII en la formación regional altoperuana rioplatense", en *Modos de Producción en América Latina*, Buenos Aires, 1973.

Gerhard, Peter, *The North Frontier of New Spain*, Princeton, 1982.

Giraud, François, "De las problemáticas europeas al caso novohispano: apuntes para una historia de la familia mexicana", en *Familia y sexualidad en Nueva España*, pp. 56-80, México, 1982.

Gómez Canedo, Lino, comp., *Sonora hacia fines del siglo XVIII. Un informe del misionero franciscano fray Francisco Antonio Barbastro con otros documentos complementarios*, Guadalajara, 1971.

Griffen, William, "The Compás: A Chiricahua Apache Family of the Late 18th and Early 19th Centuries", en *The American Indian Quarterly*, 1983, VII, 2.

————, "Apache Indians and Northern mexican Peace Establishments", *Sotuhwestern Cultural History: Collected Papers in Honor of Albert H. Schroeder*, Charles H. Lange, comp., 1985.

Gutiérrez, Ramón A., "Honor ideology, Marriage Negotiation, and Class-Gender Domination in New Mexico, 1690-1846", en *Latin American Perspectives* 44, 12, 1, pp. 81-104, 1985.

Halperin, R. y J. Dow, copms., *Peasant Livelihood*, Nueva York, 1977.

Henry, Louis, *Manual de demografía histórica*, Barcelona, 1983.

Hopkins Durazo, Armando, *Imágenes prehispánicas de Sonora. La expedición de Francisco de Ibarra a Sonora en 1565, según el relato de Baltazar de Obregón*, Hermosillo, 1988.

Jackson, Robert H., *Demographic and Social Change in Northwestern New Spain: A Comparative Analysis of the Primeria Alta and Baja California Missions*. Tesis de Maestría, The University of Arizona, Tucson, 1982.

————, "Demographic Change in Northwestern New Spain", en *The Americas*, 1985, XLI, 4, pp. 462-479.

Joseph, Alice, Rosamund Spicer y Jane Chesky, *The Desert People*, Chicago, 1949.

Kandiyoti, Deniz, *Women en Rural Production Systems: Problems and Policies*, UNESCO, 1985.

Kessell, John L., *Mission of Sorrows, Jesuit Guevavi and the Pimas*, 1691-1767, Tucson, 1970.

————, *Friars, Soldiers, and Reformers. Hispanic Arizona and the Sonora Mission Frontier*, 1767-1865, Tucson, 1976.

Kuznesof, Elizabeth Anne, "The History of the Family in Latin America: A Critique of Recent Work", *Latin American Research Review*, 1989, XXIV, 2, pp. 168-186.

Lehmann, David, comp., *Ecology and Exchange in the Andes*, Cambridge, 1982.

Malvido, Elsa, "Factores de despoblación y de reposición de la población de Cholula (1641-1810), en *Historia Mexicana*, 1973, XXIII. 1, pp. 52-110.

————, "Algunos aportes de los estudios de demografía histórica al estudio de la familia en la época colonial de México", en *Familia y Sexualidad en Nueva España*, México, 1982.

Mallon, Florencia E., *The Defense of Community in Peru's Central Highlands*, Princeton, 1983.

Mange, Juan Mateo, *Luz de tierra incógnita*. México, 1926.

Martínez-Alier, Juan, "Relations of Production in Andean Haciendas, Perú", en *Land and Labour in Latin America*, pp. 141-164 en K. Duncan y Ian Rutledge, comps., Cambridge, 1977.

Matson, Daniel y Bernard L. Fontana, comps., *Friar Bringas Reports to the King. Methods of Indoctrination on the Frontier of New Spain, 1796-1797*, Tucson, 1977.

McCaa, Robert, "Calidad, Clase and Marriage in Colonial Mexico: The Case of Parral, 1788-90", en *Hispanic American Historical Review* 64, 1984, 3: pp. 477-502.

————, Stuart B. Schwarts and Arturo Grubessich, "Race and Class in Colonial Latin America, A Critique", en *Comparative Studies in Society and History*, 21, 1979, 3: pp. 421-424.

McCarthy, Kieran, O.F.M:, *A Spanish Frontier in the Enlightened Age. Franciscan Beginnings in Sonora and Arizona*, 1767-1700, Washington, D.C, 1981.

Meillassoux, Claude, "From Reproduction to Production", en *Economy and Society*, I, 1972, pp. 93-105.

————, *Maidens, Meal and Money. Capitalism and the Domestic Community*, Cambridge, 1981.

Merril, William, "Conversion and Colonialism in Northern Mexico. The Tarahumara Response to the Jesuit Mission Program, 1601-1767", ms., 1989.

Montané, Julio, "Sociedades igualitarias y modos de producción", en *Boletín de Antropología Americana*, 3, 1981, pp. 71-89.

————, "Desde los orígenes hasta 3000 años antes del presente", en *Historia General de Sonora*, I, México, 1985, pp. 177-233.

Nabhan, Gary Apul, *The Desert Smells Like Rain. A Naturalist in Papago Indian Country*, San Francisco, 1982.

—————, "Papago Indian Desert Agriculture and Water Control in the Sonoran Desert, 1697-1934", en *Applied Geography* 6, 1, 1985, pp. 43-59.
—————, "*ak-ciñ* and the Environment of Papago Indian Fields", en *Applied Geography* 6, 1986, 1, pp. 61-76.
Nentvig, Juan, *Descripción geográfica, natural y curiosa de la Provincia de Sonora*, Germán Viveros, comps., México, 1971.
Newson, Linda, "Labour Systems and Demography in Colonial Spanish America", ponencia presentada en la Conferencia sobre Historia de la Población de América Latina, Ouro Preto, 1989.
Ortega Noriega, Sergio e Ignacio del Río, *De la Conquista al Estado Libre y Soberano de Sonora*, vol. II de *Historia General de Sonora*, México, 1985.
Ortiz, Alfonso, comp., *Handbook of North American Indians*, vol. 10, *Southwest*, Washington, D.C., 1983.
Ortiz, Zapata, Juan, S.J. "Relación de las misiones que la Compañía tiene en el Reyno y Provincias de la Nueva Vizcaya en la Nueva España echa el año de 1678 en ocasión de la visita general dellas que por orden del Padre Provincial Thomas Altamirano hizo el Padre Visitador Juan Hortiz Zapata de la misma Compañía", en el Archivo General de la Nación, México, Misiones 26.
Pennington, Campbell W., *The Material Culture. The Pima Bajo of Central Sonora, Mexico*, vol. I, Salt Lake City, 1980.
Pfefferkorn, Ignacio, *Descripción de la Provincia de Sonora*, 2 vols., Armando Hopkins, comp., Hermosillo, 1983.
Polzer, Charles W., S.J., *Rules and Precepts of the Jesuit Missions of Northwestern New Spain*, Tucson, 1976.
Pryor, Frederick L., *The Origins of the Economy. A Comparative Study of Distribution in Primitive and Peasant Economies*, Nueva York, 1977.
Rabell, Cecilia, "La población novohispana a la luz de los registros parroquiales avances y perspectivas de investigación", ms., México, n.d.
—————, "Los estudios de demografía histórica novohispana: una revisión crítica", ponencia presentada en el Simposio de Historiografía Mexicana, Oaxtepec, 1988.
Radding, Cynthia, "The Function of the Market in Changing Economic Structures in the Mission Communities of Pimeria Alta, 1768-1821", en *The Americas*, XXXIV. 1977, 2, pp. 155-169.
—————, "Las estructuras socioeconómicas de las misiones de la Pimería Alta 1768-1850", en *Noroeste de México* 3, México, 1979.
"Acumulación originaria en el agro sonorense", en *Noroeste de México* 5, México, 1981.
—————, "En la sombra de la sierra, la etnicidad y la formación del campesinado en el noroeste de Nueva España", en *HISLA*, en prensa.
Reff, Daniel T., "Old World Diseases and the Dynamics of Indian and Jesuit Relations in Northwestern New Spain, 1520-1600", en Ross Crumrine y Phil C. Weigand, comps., *Anthropological Papers of the University of Arizona* 46, 1987. pp. 85-94.

Riley, Carroll L., *The Frontier People, The Greater Southwest in the Protohistoric Period*, Carbondale, 1982.

Río, Ignacio del, "Sobre la aparición y desarrollo del trabajo libre asalariado en el norte de Nueva España", en Elsa Cecilia Frost, Michael C. Meyer y Josefina Zoraida Vázquez, eds., *El trabajo y los trabajadores en la historia de México*, México, 1979.

─────── , "Repartimientos de indios en Sonora y Sinaloa", en *Memoria del VII Simposio de Historia de Sonora*, Hermosillo, 1982.

─────── , *Conquista y aculturación en la California jesuítica*, México, 1984.

─────── , "Auge y decadencia de los placeres y el Real de la Cieneguilla, Sonora (1771-1783)", en *Estudios de Historia Novohispana* 8, México, 1985, pp. 81-98. [*Memoria del VI Simposio de Historia de Sonora*, Hermosillo, 1981.]

Rodriguéz Loubet, François y Nelly Silva, "Etnoarqueología de Quitovac, localidad del Desierto de Altar, Sonora", México, 1985.

─────── , "Etnoarqueología de Quitovac, Sonora, reporte de la temporada 1986", México, 1986.

Saeger, James Schofield, "Another View of the Mission as a Frontier Institution: The Guaycuruan Reductions of Santa Fe, 1743-1810", en *Hispanic American Historical Review* 65, 3, 1985, pp. 493-518.

Salmon, Roberto Mario, trad. e introducción, Thomas H. Naylor comp. y anotación, "A 1791 Report on the Villa de Arizpe" [Antonio Pineda de Ramírez], en *The Journal of Arizona History*, 24, 1,1983, pp. 13-28.

Sauer, Carl O., *Weapons of the Weak. Everyday Forms of Peasant Ressistance*, New Haven & London, 1935.

Scott, Patricia y Philip F. Rust, "Estate and Class in Colonial Oaxaca Revisited", y "Across the Pages with Estate and Class", en *Comparative Studies in Society and History*, 25, 4, 1983, pp. 703-710, 721-724.

Sheridan, Thomas E., *Where the Dove Calls. The Political Ecology of a Peasant Corporate Community in Northwestern Mexico*, Tucson, 1988.

Smisth, Gavin, "Reflections on the Social Relations of Simple Commodity Production", en *The Journal of Peasant Studies*, 13, 1, 1985, pp. 99-108.

Spicer, Edward H., *Cycles of Conquest*, Tucson, 1962.

Stern, Steve J., "Latin America's Colonial History. Invitation to and Agenda", en *Latin America Perspectives*, 44, 12, 1, 1985, pp. 3-16.

Stoler, Ann Laura, "Rethinking Colonial Categories: European Communities and the Boundaries of Rule", en *Comparative Studies in society and History*, 31, 1, 1989, pp. 134-161.

Tamaron y Romeral, Pedro, *Demostración del vastísimo obispado de la Nueva Vizcaya, 1765*, México, 1937.

Underhill, Ruth M., *Singing for Powe, the Song Magic of the Papago Indians*, Berkeley, 1938.

─────── , *Papago Indian Religion*, Nueva York, 1946.

─────── , *Papago Woman*, Nueva York, 1979 [*The Autobiography of a Papago Woman*, Meoir 46, American Anthropological Association, 1936].

Van Young, Eric, *Hacienda and Market in Eighteenth-Century Mexico. The Rural Economy of the Guadalajara Region, 1675-1820*, Berkeley, 1981.
——————— , "Conflict and Solidarity in Indian Village Life. The Guadalajara Region in the Late Colonial Period", en *Hispanic American Historical Review* 64, 1, 1985, pp. 55-79.

V
LAS ESTRUCTURAS FAMILIARES
Y LAS MUJERES NOVOHISPANAS

ESTRUCTURAS DE LA POBLACIÓN Y CARACTERÍSTICAS DE LOS JEFES DE LOS GRUPOS DOMÉSTICOS EN LA CIUDAD DE ANTEQUERA (OAXACA), 1777*

CECILIA ANDREA RABELL
Instituto de Investigaciones
Sociales, UNAM

LA MUJER Y LA FAMILIA EN LA CIUDAD NOVOHISPANA

Tradicionalmente, en los estudios sobre la estructura social durante la época colonial, se ha sostenido que la mujer novohispana tenía un papel subordinado en casi todas las esferas de la vida; en lo político no podía desempeñar ninguna función, en lo económico, aunque podía disponer de sus bienes, necesitaba de la autorización de su marido, padre o tutor para cualquier transacción. Las hijas solteras estaban sujetas a la patria potestad hasta la muerte del padre o hasta que éste las emancipara. Sólo las viudas y las mujeres emancipadas podían ejercer sus plenos derechos. La mujer estaba confinada a ejercer su influencia solamente dentro de la familia y, aun en ese ámbito restringido, tenía fuertes limitaciones porque las decisiones importantes relacionadas con los hijos —su educación, el manejo y usufructo de sus bienes, el consentimiento para su matrimonio— eran tomadas por el padre.[1] El rasgo dominante de la familia colonial era el patriarcalismo.[2]

* Quisiera agradecer a los doctores Fernando Cortés y Robert McCaa su valiosa ayuda y, en especial, sus interesantes críticas a la primera versión de este trabajo. También estoy en deuda con la maestra Elena Zúñiga por las largas discusiones que acompañaron la elaboración de este trabajo.

[1] Para una descripción de la condición jurídica de la mujer durante la época colonial véase S.M. Arrom, *Las mujeres de la ciudad de México 1790-1857*, México, Siglo XXI Editores, 1988, pp. 70-122.

[2] Véase E. Kuznesof y R. Oppenheimer, "The Family and Society in Nineteenth Century

A partir de la década de los ochenta, la familia se ha convertido en tema central de estudio y su análisis se está realizando a partir de los más diversos enfoques: estructura y ciclo vital; toma de decisiones; formas de conflicto entre generaciones causadas por las distintas modalidades de herencia de los bienes, etc.[3] Además, los estudios se han enriquecido gracias a la inclusión del "género" como categoría analítica indispensable para comprender las complejas relaciones sociales que prevalecían en la sociedad colonial. A través de estos estudios, se está modificando la visión que se tenía sobre el papel de la mujer en la sociedad colonial.

En las ciudades es donde la situación de la mujer parece diferir más de la idea que tradicionalmente se tenía sobre su estatus. Por ejemplo, se ha encontrado que en la ciudad de México a fines de la colonia cerca de una tercera parte de los grupos familiares estaba dirigido por mujeres, en su mayoría viudas.[4] En varias ciudades europeas preindustriales también hay una elevada proporción de jefas de grupos domésticos. Este fenómeno ha sido explicado como una consecuencia del desbalance entre sexos en las poblaciones urbanas, desbalance provocado por una intensa inmigración femenina proveniente de áreas rurales. Además del "excedente" de mujeres, estas poblaciones muestran otros rasgos característicos: la proporción de mujeres que nunca se casaba era muy alta; dentro de cada grupo de edad, la proporción de hombres casados era más alta que la de mujeres casadas; los hombres se casaban más jóvenes en las ciudades que en el campo, mientras que las mujeres se casaban más jóvenes en el campo que en la ciudad; con relación a la composición de los grupos familiares se observa una elevada proporción de hogares unipersonales y de hogares compuestos por personas no emparentadas.[5]

Incluso, se ha planteado que existía un modelo de familia específico de áreas urbanas vinculado a estas características de la estructura por edad, sexo y estado civil de ciertas poblaciones urbanas. Bajo este sistema la mujer desempeñaba un papel importante en las esferas social y económica; de hecho, la clave del sistema residía en las

---

Latin America: An Historiographical Introduction" en *Journal of Family History*, vol. 10, núm. 3, otoño, 1985.

[3] Véase M. Anderson, *Approaches to the History of the Western Family 1500-1914*, Studies in Economic and Social History, Macmillan Publishers Ltd., Londres, 1980.

[4] Véase S.M. Arrom, *op. cit.*, pp. 161 ss.

[5] Véase R. Wall, J. Robin y P. Laslett (Editores), *Family Forms in Historic Europe*, Cambridge University Press, 1983.

mujeres solteras y viudas que ocupaban un lugar importante en el proceso de desarrollo urbano, en tanto que jefas de familia y también como miembros de los grupos familiares.[6]

En el análisis que estamos haciendo sobre la población de la ciudad de Antequera (Oaxaca) en 1777, encontramos que el 39 % de los 2 009 grupos domésticos que había en la ciudad estaba encabezado por mujeres.[7] A diferencia de lo encontrado en ciudades europeas, no había en Antequera hogares unipersonales. Ello nos llevó a plantear la hipótesis de que existía un modelo de familia urbana y que una de las características de este modelo era la elevada proporción de mujeres que accedía a la jefatura del grupo doméstico.[8] De allí surgieron diversas preguntas que son el objeto de este trabajo.

Nos preguntamos si la alta proporción de jefas estaba relacionada con rasgos de la estructura por edad, sexo y estado civil de la población que vivía en unidades domésticas;[9] si las características que incidían en el hecho de ser jefe eran las mismas entre los hombres que entre las mujeres; si las jefas eran principalmente mujeres solteras y viudas que habían logrado independencia jurídica y económica; si las características de los jefes conformaban un "patrón" y si este patrón era el mismo entre los distintos grupos sociorraciales que conformaban la población urbana.[10]

[6] Véase A. Fauve-Chamoux, "The Importance of Women in an Urban Environment: The Exemple of Rheims Households at the Beginning of the Industrial Revolution", en R. Wall *et al.*, *op. cit.*, pp. 475-493.

[7] Los datos provienen del censo de la ciudad de Antequera levantado por orden del virrey Antonio de Bucareli en 1777. El manuscrito se encuentra en el Archivo General de Indias, Audiencia de México, Legajo 2591.

[8] Sh. F. Cook y W. Borah hicieron diversos análisis basados en la información del censo de 1777; emplearon datos sobre la ciudad de Antequera y 61 parroquias rurales. Calcularon el número de personas por familia, según el estado civil del jefe. Sin embargo, como en sus análisis no separan los sexos, no podemos hacer comparaciones. Estos autores concluyen que, hacia mediados del siglo XVIII, la prerrogativa de ser jefe del grupo doméstico o familiar, que antes había recaído exclusivamente en el casado (único que tributaba en la sociedad indígena nativa), se amplió para incluir también a los viudos y a los solteros independientes. Véase *Essays in Population History. Mexico and the Caribbean.*, vol. 1, University of California Press, 1971, pp. 152 y ss.

[9] Definimos a los grupos como unidades domésticas porque la unidad censal es la casa y no el grupo familiar.

[10] Antequera era, a finales del siglo XVIII, una ciudad donde el proceso de mestizaje era sumamente intenso. La distribución según grupo étnico de la población que vivía en unidades domésticas era la siguiente:

CARACTERÍSTICAS DE LAS ESTRUCTURAS POR EDAD, SEXO Y ESTADO CIVIL DE LA
POBLACIÓN DE ANTEQUERA

La información empleada en el análisis fue la siguiente: edad, sexo, estado civil y grupo étnico de las 18 120 personas que vivían en unidades domésticas. Consideramos que el jefe del grupo doméstico era la persona que encabezaba la lista de residentes en cada casa.[11]

El análisis de la estructura por edad y sexo de los cuatro grupos sociorraciales a través del índice de masculinidad[12] nos muestra lo siguiente (véanse la gráfica 1 y el cuadro 1):

—Entre los indios hay un marcado subregistro de niñas y mujeres entre diez y veinte años, rasgo que no se encuentra en los demás grupos sociorraciales. A partir de los veinte años, el índice tiene fuertes oscilaciones. Si se compara con la curva basada en una población modelo destaca un marcado subregistro nuevamente de mujeres, pero esta vez a partir de los cuarenta y cinco años.[13]

—Entre los mestizos no hay subregistro diferencial en los grupos de niños menores de doce años; entre los quince y los treinta y cinco años se produce un fuerte descenso del índice que, a partir de esa edad, sube de nuevo. El índice de las castas muestra un comportamiento similar al de los mestizos. En estos dos grupos es donde el "déficit" de hombres es más acentuado. El índice del grupo español es semejante al de los

Grupo étnico	% de la población	
Español	29.9	
Indio	22.4	
Castas	20.2	
Mestizos	16.0	
Sin inf.	11.4	
Total	100.0	(18 120)

[11] Excluimos del análisis a la población que vivía o estaba en instituciones (conventos, cárceles, hospitales, colegios) y a los "vagos" y personas censadas como "ausentes".

[12] El índice de masculinidad se obtiene dividiendo el número de hombres entre el número de mujeres y multiplicando el resultado por cien; mide el número de hombres por cada cien mujeres.

[13] El índice de una población modelo muestra la relación entre el número de mujeres y de hombres que se observaría en una población sin migraciones, sólo sujeta a los efectos de la mortalidad diferencial entre los sexos.

CUADRO 1

ÍNDICE DE MASCULINIDAD DE LOS GRUPOS SOCIORRACIALES

Grupo de edad	Índice de masculinidad			
	Indios	Españoles	Mestizos	Castas
0-4	96.2	87.6	95.1	98.7
5-9	98.1	94.5	110.3	97.8
10-12	133.3	90.2	110.8	77.9
13-17	143.6	74.2	69.1	77.0
18-22	119.4	76.5	66.5	70.5
23-27	86.2	71.5	51.1	67.6
28-32	107.2	71.2	70.9	58.9
33-37	116.2	82.9	47.0	45.9
38-42	98.0	85.6	75.3	74.0
43-47	105.7	94.6	78.6	45.2
48-52	99.3	64.1	59.6	54.0
53-57	92.9	86.1	110.3	71.7
58-62	95.3	68.0	72.3	78.1
63-67	100.0	151.2	120.0	127.3
68-72	70.8	205.0	40.0	80.0
Total	106.0	80.6	74.6	73.3

Fuente: Padrón de la Ciudad de Antequera, 1777. Archivo General de Indias, Audiencia de México, Legajo 2591.

mestizos y castas, salvo por el hecho de que el aumento en la proporción de hombres se inicia antes, es decir a partir de los treinta años.

Había pues dos estructuras distintas: en la población indígena de la ciudad hay un exceso de hombres en casi todas las edades, lo que puede deberse a tres razones: la población femenina fue más subregistrada que la masculina; la población masculina de indios, en tanto que sujetos de tributo, fue mejor censada porque el Estado y la Iglesia ejercían un fuerte control sobre este grupo; dado que según los reglamentos, los indios no ingresaban a las milicias, no había razón para un ocultamiento selectivo de hombres jóvenes.

GRÁFICA 1
ÍNDICE DE MASCULINIDAD DE LA POBLACIÓN POR GRUPO SOCIORRACIAL,
ANTEQUERA, 1779

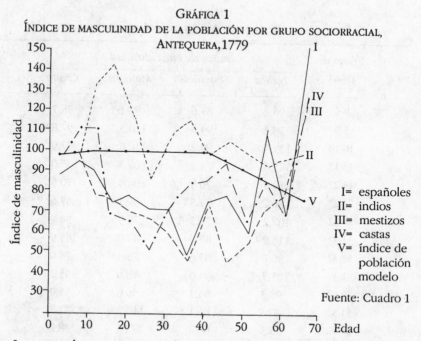

I= españoles
II= indios
III= mestizos
IV= castas
V= índice de
   población
   modelo

Fuente: Cuadro 1

La segunda estructura es la que se observa en las poblaciones mestiza, española y de castas. El marcado déficit de hombres jóvenes, o el exceso de mujeres, se deben probablemente a los efectos combinados del subregistro de hombres jóvenes y de la migración (inmigración de mujeres y/o emigración de hombres). Entre la población mayor de treinta y cinco años el desbalance refleja sólo los efectos de la mortalidad diferencial y de la migración. Entre la población mayor de sesenta años es probable que hubiera una tendencia a subregistrar a las mujeres.

Para analizar la estructura de la población según estado civil y sexo hay que verificar que haya igual número de casados que de casadas.[14] Para ello incluimos a las personas que vivían o estaban en instituciones, a la gente sin domicilio (los llamados "vagos") y a las personas declaradas como ausentes en el Censo. En total encontramos 3 183

[14] De no ser así, habría que suponer que hay un mayor subregistro de hombres casados que de mujeres casadas, lo que parece muy improbable, o bien que migraban maridos sin mujeres o esposas sin marido. También cabría la posibilidad de que un cierto número de mujeres se declararan casadas sin que realmente tuvieran cada una su pareja.

casadas y 3 168 casados; la diferencia es de sólo 15 casadas sin marido propio.[15]

La estructura por sexo, edad y estado civil de los españoles, mestizos y castas (véase la gráfica 2) nos muestra que, en los grupos de jóvenes, hay una mayor proporción de mujeres casadas que de hombres casados; la razón de ello es que las mujeres se casaban más jóvenes que los hombres y, dado el desbalance entre los sexos, que había migración de solteros jóvenes. Sin embargo, a partir de los 23 años (entre castas y mestizos) y de los 28 años (entre españoles) se invierte la situación ya que, dentro de cada grupo de edad, la proporción de hombres casados es mayor que la de mujeres casadas. En la población masculina hay pocos solteros porque los solteros emigraban y/o no fueron censados, y pocos viudos porque los hombres contraían con elevada frecuencia segundas y ulteriores nupcias. En la población femenina la menor proporción de mujeres casadas, en cada grupo de edad, se debe a que había muchas viudas que no se volvían a casar y muchas solteras nacidas en Antequera o inmigrantes.

En cada grupo de edad, el porcentaje de solteras a partir de los 35 años se mantiene relativamente constante, lo que indica que prácticamente ya no se casaban las mujeres mayores de esa edad. Así, la proporción de célibes definitivas era bastante elevada: 20-30 por ciento entre españolas; 20 por ciento entre mujeres de las castas; 15 por ciento entre las mestizas. Entre los hombres la proporción de solteros de 35 y más años es menor: 10-20 por ciento entre españoles; 15 por ciento entre las castas; 10 por ciento entre los mestizos.

Otro rasgo muy marcado es la elevada proporción de viudas: en el grupo de 43-47 años alrededor del 30 por ciento de las mujeres son viudas y esta proporción aumenta hasta el 50 por ciento en el último grupo de edad considerado. En cambio, había pocos viudos ya que en el grupo de 43-47 años apenas el 10 por ciento lo eran y en el último grupo la proporción de viudos oscila en torno a 25 por ciento.

En la población indígena la situación es diferente; en cada grupo de edad, la proporción de hombres casados es muy similar a la de

[15] Número total de personas casadas:

	En unidades domésticas	Ausentes	En instituciones	Total
Hombres	2 731	251	186	3 168
Mujeres	3 066	26	91	3 183

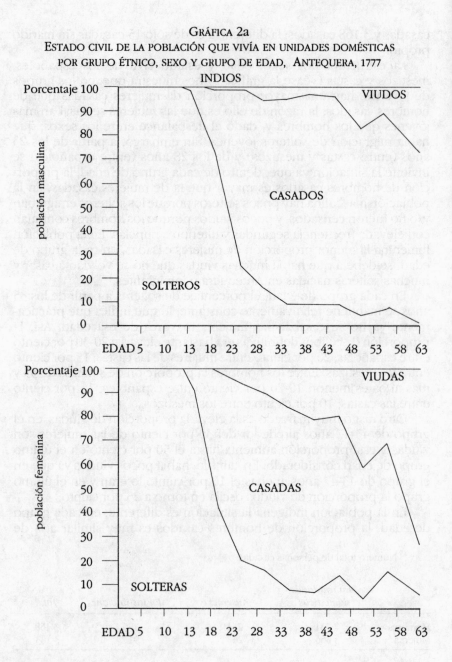

GRÁFICA 2a
ESTADO CIVIL DE LA POBLACIÓN QUE VIVÍA EN UNIDADES DOMÉSTICAS
POR GRUPO ÉTNICO, SEXO Y GRUPO DE EDAD, ANTEQUERA, 1777
INDIOS

GRÁFICA 2b
ESTADO CIVIL DE LA POBLACIÓN QUE VIVÍA EN UNIDADES DOMÉSTICAS
POR GRUPO ÉTNICO, SEXO Y GRUPO DE EDAD

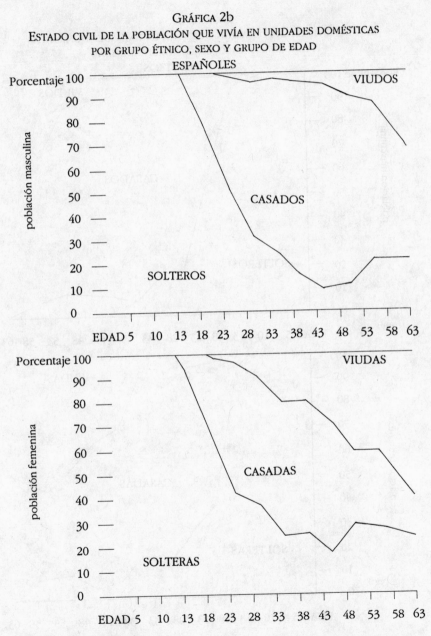

Fuente: Cuadro I del Anexo

GRÁFICA 2c
ESTADO CIVIL DE LA POBLACIÓN QUE VIVÍA EN UNIDADES DOMÉSTICAS
POR GRUPO ÉTNICO, SEXO Y GRUPO DE EDAD

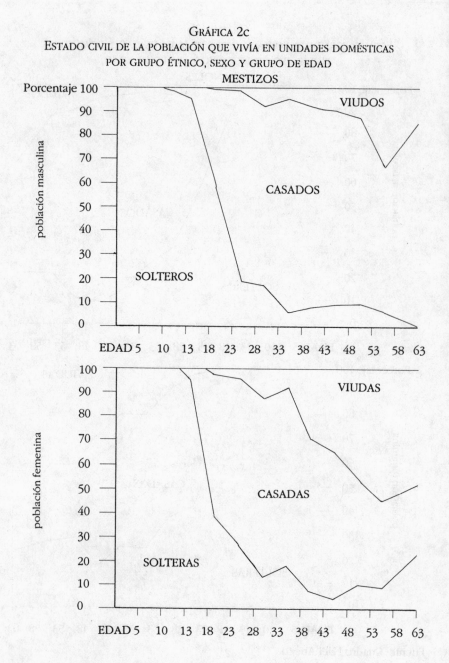

GRÁFICA 2d
ESTADO CIVIL DE LA POBLACIÓN QUE VIVÍA EN UNIDADES DOMÉSTICAS
POR GRUPO ÉTNICO, SEXO Y GRUPO DE EDAD

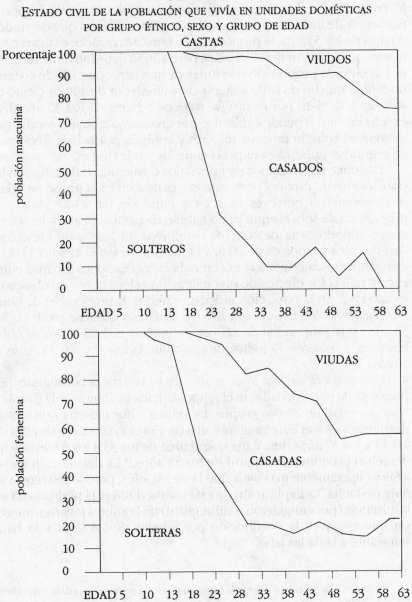

mujeres casadas hasta los 32 años. Las mujeres indias se casaban más jóvenes que los hombres, pero este efecto es compensado por la existencia de una mayor proporción de viudas jóvenes que de viudos. A partir de los 33 años la proporción de hombres casados es ligeramente superior a la de mujeres casadas, pero ello se debe fundamentalmente a la elevada proporción de viudas ya que la proporción de solteros no difiere mucho de la de solteras (hay alrededor de 10 por ciento de solteras y de 5-10 por ciento de solteros a partir de los 35 años). El exceso de viudas puede explicarse por una muy acentuada mortalidad diferencial entre hombres y mujeres y también por la baja frecuencia de segundas y ulteriores nupcias entre las viudas indias.

En suma, encontramos de nuevo dos estructuras diferentes; en las poblaciones de españoles, mestizos y castas, en cada grupo de edad, predominan los hombres casados a partir de los 23-27 años y la proporción de solteras que ya no habrán de casarse es alta y marcadamente superior a la de solteros definitivos. El índice de masculinidad de estos grupos es de 80.6, 74.6 y 73.3 (véase el cuadro 1). Esta estructura es semejante a la encontrada en poblaciones urbanas europeas y refleja los efectos de una migración selectiva por edad, sexo y estado civil. En la población india, en cambio, la proporción de hombres casados sólo es superior a la de mujeres casadas a partir de los 33 años y la proporción de célibes definitivos es baja y similar entre hombres y mujeres. El índice de masculinidad es de 106.0 (véase el cuadro 1).

Una manera de ver si el grupo de jefas estaba constituido por personas de mayor edad que el grupo de jefes es comparar la distribución por edad de ambos grupos. La gráfica 3 nos muestra que ambas distribuciones son muy similares: una proporción creciente de jefes de los 13 a los 37 años, una cima que abarca de los 33 a los 52 años y un descenso pronunciado a partir de los 53 años.[16] La distribución de las jefas es ligeramente más vieja que la de los jefes, pero la diferencia es muy pequeña. La explicación de esta escasa diferencia podría estar en la ausencia (por emigración o subregistro) de hombres jóvenes, ausencia que envejece la distribución por edades de los jefes y la hace semejante a la de las jefas.

---

[16] Los picos de las curvas reflejan la fuerte atracción ejercida por las edades siguientes: 40, 50 y 60 años.

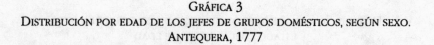

GRÁFICA 3
DISTRIBUCIÓN POR EDAD DE LOS JEFES DE GRUPOS DOMÉSTICOS, SEGÚN SEXO.
ANTEQUERA, 1777

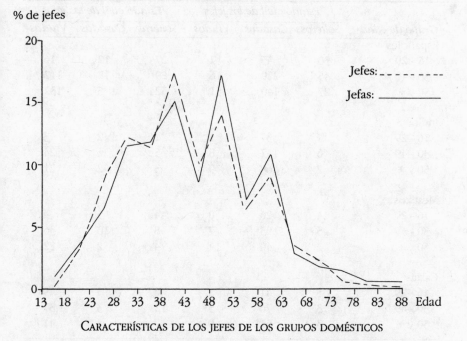

CARACTERÍSTICAS DE LOS JEFES DE LOS GRUPOS DOMÉSTICOS

Para analizar las características de los jefes de los grupos domésticos elegimos el método log-lineal porque permite observar las interrelaciones entre tres y más variables, aislar y medir los efectos que tiene cada una de las categorías de cada variable sobre todas las demás categorías de las demás variables, identificar las interrelaciones significativas y desechar aquellas que no lo son. El método log-lineal consiste en establecer un modelo explicativo de interacciones y luego comparar las frecuencias observadas en cada casilla con las frecuencias esperadas; entre menor es la discrepancia, mejor es el modelo. El análisis de los parámetros de efectos, a partir de los valores de Z (coeficiente/error estándar), nos muestra cuáles son las interacciones significativas y cuál es su peso.[17]

[17] Véase D. Knoke y P.J. Burke, *Log-Linear Models*, Sage Publications, Beverly Hills-Londres, 1980.

CUADRO 2

DISTRIBUCIÓN DE LOS JEFES DE GRUPOS DOMÉSTICOS SEGÚN SEXO,
ESTADO CIVIL Y GRUPO DE EDAD

Grupo de edad	Estado civil de los jefes			Estado civil de las jefas		
	Solteros	Casados	Viudos	Solteras	Casadas	Viudas
Españoles						
16 - 29	30	45	1	27	12	16
30 - 49	45	229	16	89	18	117
50 y +	27	140	51	52	5	132
Indios						
16 - 29	7	37	1	1	2	3
30 - 49	6	137	8	5	6	24
50 y +	2	68	9	3	2	21
Mestizos						
16 - 29	4	26	0	4	5	4
30 - 49	5	93	7	8	10	36
50 y +	2	40	14	4	2	22
Castas						
16 - 29	5	41	2	6	5	9
30 - 49	3	76	5	12	3	37
50 y +	3	61	9	7	4	41

Fuente: Padrón de la ciudad de Antequera, 1777. Archivo General de Indias, Audiencia de
México, Legajo 2591.

La segunda pregunta que nos planteamos en este trabajo se refiere
a las características étnicas, de edad y de estado civil que favorecen el
acceso a la jefatura del grupo doméstico. Suponemos que estas características son diferentes para la población femenina que para la masculina, por lo que analizaremos separadamente cada sexo. Los datos
empleados en el análisis, referidos a 2 009 jefes, aparecen en el cuadro 2.[18]
Hay 4 704 hombres mayores de 15 años que viven en grupos

[18] Para este análisis agrupamos las edades de los jefes en las siguientes categorías: 12
a 29 años; 30 a 49 años; 50 y más años. Estas categorías toman en cuenta la fase del ciclo
vital de la familia ya que en la primera se encuentran los jefes jóvenes que normalmente
están teniendo hijos; en la segunda están jefes cuyos hijos tienen edad para abandonar la

CUADRO 3
INTERACCIÓN ENTRE EL GRUPO ÉTNICO, EL GRUPO DE EDAD Y
LA JEFATURA. VALORES DE LOS EFECTOS OBSERVADOS ENTRE
EL GRUPO DE JEFES. POBLACIÓN MASCULINA

	Grupos de edad		
	16-29	30-49	50 y +
Españoles	−.20 *	.00	+.20*
Indios	+.08	−.08	−.16
Mestizos	−.06	−.04	+.02
Castas	+.18	−.12	−.06

Nota: las interacciones significativas llevan asterisco.

domésticos y de ellos 1 255 son jefes. Según el modelo log-lineal que mejor se ajusta a esta población,[19] el acceso a la jefatura está permeado por el efecto combinado del grupo étnico y la edad, y también por el efecto del grupo étnico en conjunción con el estado civil. Sin embargo, de acuerdo a los valores del cuadro 3, los efectos de la interacción entre el grupo étnico y la edad son significativos sólo para la población española donde tenemos menos jefes menores de 30 años y más jefes de 50 y más de los esperados si hubiera independencia estadística entre las variables (hay 76 jefes españoles jóvenes y 218 jefes del tercer grupo de edad de un total de 584 jefes españoles).

Hay una sola interacción significativa entre el grupo étnico y el estado civil y ésta se observa en la población española: hay más jefes solteros españoles de los esperados (véase el cuadro 4). En cifras absolutas, hay 102 jefes españoles solteros de un total de 139 jefes solteros de todos los grupos étnicos. Hay varias explicaciones posibles: entre la población española, que en su mayoría tiene un nivel económico más elevado que el de otros grupos, hay más personas que todavía solteros pueden establecer un grupo doméstico inde-

casa paterna o casarse y permanecer en ella; en la tercera se agrupan jefes ya viejos cuyo cónyuge con frecuencia ya murió.

La variable de estado civil se formó con tres categorías: los solteros, categoría en la que no incluimos a los solteros con hijos. Los casados, de los que se excluyeron aquellos cuyo cónyuge no estaba presente cuando se levantó el censo. Los viudos, separados y casados cuyo cónyuge estaba ausente o bien en alguna institución.

[19] El modelo es: (grupo étnico * grupo de edad * jefatura) (grupo étnico * estado civil * jefatura) (grupo de edad * estado civil) y tiene una probabilidad relativamente baja: .569.

CUADRO 4
INTERACCIÓN ENTRE EL GRUPO ÉTNICO, EL ESTADO CIVIL
Y LA JEFATURA. VALORES DE LOS EFECTOS OBSERVADOS ENTRE
EL GRUPO DE JEFES. POBLACIÓN MASCULINA

| | Grupos de edad | | |
	Solteros	Casados	Viudos
Españoles	+.24 *	−.09	−.15
Indios	−.05	.00	+.05
Mestizos	−.03	.00	+.03
Castas	−.16	+.09	+.07

pendiente; aquí están incluidos los españoles peninsulares que retra-
san su matrimonio hasta tener acumulada una cierta fortuna, o bien que
se casan una vez que han vuelto a España. En cambio, entre los indios,
mestizos y castas los solteros muy rara vez son jefes de sus hogares
(alrededor del 6% de los jefes de estos grupos étnicos son solteros).

La población femenina mayor de 15 años está constituida por 6 693
mujeres entre las cuales hay 754 jefas. Los mecanismos que intervienen
en la determinación de las jefas son diferentes a los encontrados en la
población masculina, y los efectos de las interacciones son mayores,
tal como puede verse en los cuadros 5 y 6.[20]

CUADRO 5
INTERACCIONES ENTRE EL GRUPO ÉTNICO Y LA JEFATURA.
POBLACIÓN FEMENINA

	Jefas	No jefas
Españolas	+.40 *	−.40 *
Indias	−.41 *	+.41 *
Mestizas	+.01	−.01
Castas	.00	.00

[20] El modelo log-lineal que se ajusta a la población femenina es el siguiente: (grupo de
edad * estado civil * jefatura) (grupo étnico * jefatura) (grupo étnico * estado civil) (grupo
étnico * grupo de edad). El modelo tiene una probabilidad elevada: .811.

CUADRO 6

INTERACCIONES ENTRE EL GRUPO DE EDAD, EL ESTADO CIVIL Y
LA JEFATURA. VALOR DE LOS EFECTOS OBSERVADOS ENTRE EL GRUPO
DE JEFAS. POBLACIÓN FEMENINA

	Estado civil		
	Solteras	Casadas	Viudas
16-29 años	-.32 *	+.26 *	+.06
30-49 años	+.18	-.20 *	+.02
50 y +	+.14	-.06	-.08

Entre las mujeres, la pertenencia al grupo étnico influye fuertemente en el acceso a la jefatura: hay muchas más jefas españolas y muchas menos jefas indias. Las cifras absolutas son las siguientes: 468 jefas españolas de un total de 2 425 mujeres españolas y 67 jefas indias del total de 1 446 mujeres indias. Hay casi tantas mujeres españolas jefas como hombres jefes (los jefes españoles son 584).

Entre las mestizas y las mujeres de las castas, no se observa ningún efecto significativo (hay 95 jefas mestizas de un total de 1 129 mujeres de este grupo y 124 jefas pertenecientes a alguna casta de un total de 1 388).

En consecuencia, el "patrón urbano", caracterizado por una elevada frecuencia de jefas, es un patrón español del que no participan las mujeres de los otros grupos.

El estado civil, combinado con la edad tiene también efectos significativos. De acuerdo a las cifras del cuadro 6, hay muchas menos jefas solteras jóvenes que las esperadas (de las 218 jefas solteras, sólo 38 son menores de 30 años). En cambio, las solteras mayores de 29 años acceden con más facilidad a la jefatura (del total de 754 jefas, 180 son solteras y mayores de 29 años).

Estos resultados sugieren que, al igual que en otras poblaciones urbanas, la elevada proporción de hogares encabezados por mujeres se debía, en parte, a la presencia de mujeres solteras que dirigían su grupo familiar, y que estas mujeres eran personas de más de 29 años.

Las mujeres casadas rara vez son jefas, porque el jefe suele ser el marido. Sin embargo, en este censo encontramos 74 mujeres casadas y jefas que encabezan la lista de habitantes de la casa y cuyo nombre es seguido por el de su marido.[21] No podemos explicar la razón de esta inversión del orden habitual.

Entre las jefas viudas, que son muy numerosas (462 viudas del total de jefas), la edad parece no tener un efecto diferencial, ya que las viudas se distribuyen de la forma esperada.

La última pregunta se refiere a la existencia de un conjunto de características que puedan definir un "patrón" entre los jefes de uno y otro sexo. Para contestar a esta pregunta, aplicamos el método log-lineal al conjunto de 2 009 jefes de las unidades domésticas que había en la ciudad. Los resultados del modelo indican que hay varias interacciones significativas.[22]

Las interacciones entre edad, estado civil y sexo revelan que la edad incide entre los jefes menores de 30 años y entre los mayores de 50 años. En cambio, entre los jefes de edad intermedia no hay interacciones significativas (véase el cuadro 7).

CUADRO 7
INTERACCIONES ENTRE LA EDAD, EL ESTADO CIVIL Y
EL SEXO DEL JEFE

	16 a 29 años			30 a 49 años			50 años y más		
	Sol.	Cas.	Vdos.	Sol.	Cas.	Vdos.	Sol.	Cas.	Vdos.
Masc.	+.41 *	-.27 *	-.14	-.10	+.13	-.03	-.31 *	+.14	+.17
Fem.	-.41 *	+.27 *	+.14	+.10	-.13	+.03	+.31 *	+.14	-.17

Entre los jefes menores de 30 años encontramos que hay más solteros y menos casados y viudos que los esperados. De los 139 jefes solteros que hay en el padrón, 46 tienen menos de 30 años; este "exceso" de jefes solteros jóvenes se explica porque cuando la madre enviudaba, el hijo se convertía en jefe. Los viudos jóvenes se integraban a otro núcleo familiar, quizás por la necesidad de tener la ayuda de parientes para el cuidado de los hijos pequeños. Además, los viudos se volvían a casar muy rápidamente. Estas razones explican el hecho

[21] Recuérdese que en esta categoría no incluimos a mujeres cuyos maridos estaban ausentes, en la cárcel, etcétera.

[22] El modelo contiene las siguientes interacciones: (grupo de edad * estado civil * sexo) (grupo étnico * grupo de edad) (grupo étnico * estado civil) (grupo étnico * sexo). El modelo tiene una probabilidad muy alta: .958.

de encontrar sólo 4 viudos jóvenes, de un total de 123 jefes viudos, ocupando la posición de jefes. El déficit de jefes jóvenes casados (de 993 jefes casados, 149 tienen menos de 30 años) está asociado al ciclo de la familia: los jóvenes casados permanecen en el hogar paterno durante un cierto periodo o bien hasta la muerte del padre, cuando a su vez se convierten en jefes.

Entre las jefas jóvenes se da la situación inversa: menos jefas solteras y más casadas y viudas. El escaso número de jefas solteras (de las 218 jefas solteras, 38 eran menores de 30 años) se explica por la situación subalterna que ocupaban las mujeres en la estructura social colonial: las mujeres solteras rara vez podían establecer su propia casa si sus padres aún vivían. El "exceso" de jefas viudas puede explicarse porque estas jóvenes viudas tenían hijos demasiado pequeños para convertirse en jefes (de 94 jefas jóvenes, 32 eran viudas). Además, a diferencia de los viudos jóvenes, ellas tendían menos a anexarse a otro grupo doméstico.

Entre los jefes de edad intermedia (30 a 49 años), la edad no tiene efectos significativos cuando actúa en combinación con el estado civil y el sexo.

Entre los jefes mayores de 49 años volvemos a encontrar interacciones significativas: hay menos solteros (34 de un total de 427 jefes en este grupo de edad) y más casados y viudos que los esperados. En cambio, en el grupo de jefas de 50 y más años, había muchas más solteras (66 solteras de un total de 295 jefas de ese grupo de edad). En términos absolutos, el número de jefas viudas es elevado: 216.

CONCLUSIONES

Las mujeres de Antequera desempeñaban un papel de gran importancia en tanto que jefas de una elevada proporción de los grupos domésticos.

Al analizar la estructura por edad, sexo y estado civil de las poblaciones según grupo sociorracial, encontramos que las poblaciones española, mestiza y de castas presentan rasgos similares: un mayor número de mujeres que de hombres; una mayor proporción de hombres casados que de mujeres casadas en casi todos los grupos de edad adulta; una alta proporción de solteras.

Estas características de las estructuras reflejan los efectos de las migraciones entre la ciudad y el campo (emigración de hombres e inmigración de mujeres). Estos rasgos pueden conformar un sistema típicamente urbano en el cual el papel de la mujer es fundamental.

En cambio, entre la población india las estructuras no muestran casi ninguno de los rasgos mencionados; las migraciones entre la ciudad y los pueblos no afectaban las estructuras por lo que podemos suponer que se trataba de movimientos de grupos familiares completos. La población indígena urbana creció durante la segunda mitad del siglo XVIII; entre 1777 y 1793 el porcentaje de habitantes indígenas pasó del 22.4 al 27.9 por ciento. Los indios de los pueblos del valle y de la sierra zapoteca migraban a la ciudad donde encontraban trabajo en los obrajes y en la construcción.[23] En todo caso, es interesante constatar que, a pesar del fuerte mestizaje y del proceso de proletarización, la población india de la ciudad mantenía rasgos que la diferenciaban de los otros grupos sociorraciales.

A partir de estas diferencias nos preguntamos si las características de edad y estado civil que incidían en el acceso a la jefatura eran similares en las diferentes etnias y entre hombres y mujeres. A través del método log-lineal pudimos demostrar que entre la población masculina, la interacción de estas variables no explica el acceso a la jefatura, salvo entre los españoles. Los jefes españoles son, con elevada frecuencia, solteros y mayores de 50 años, características que no se presentan en los otros grupos étnicos. En cambio, en la población femenina las interacciones entre el grupo étnico, la edad y el estado civil sí inciden en el acceso a la jefatura. Encontramos que el "patrón urbano", definido por una elevada proporción de jefas, es un patrón básicamente español (el 20 por ciento de las españolas mayores de 15 años son jefas). Además, este rasgo está vinculado con la estructura por edad y estado civil de la población femenina española en la cual hay una mayor proporción de mujeres solteras que en los demás grupos sociorraciales.[24]

En la población femenina indígena las mujeres muy rara vez son jefas (sólo el 5 por ciento de las mujeres de este grupo aparecen como jefas). Desde el punto de vista de la estructura por sexos de la pobla-

[23] Véase J. K. Chance, *Race and Class in Colonial Oaxaca*, Stanford University Press, 1978, pp. 151-154.

[24] Las interrelaciones entre el grupo étnico y el estado civil de la población femenina mayor de 15 años tienen el peso siguiente:

ción india, vimos cómo en ella no hay desbalance entre los efectivos de uno y otro sexo; además, hay un marcado déficit de mujeres solteras (véase la nota 22). Estos rasgos de las estructuras por sexo y estado civil son interesantes porque reflejan patrones culturales muy diferentes a los vigentes entre los otros grupos étnicos. Las mujeres indias no migraban solas a la ciudad, ni tampoco quedaban desvinculadas de un contexto familiar amplio, de manera que no podían establecer un hogar propio. De las 67 jefas indias que aparecen en el padrón, 48 son viudas lo que indica que, salvo muy contadas ocasiones, la mujer india permanece casi siempre en el seno de alguna familia y ello nos revela hasta qué punto ocupaba un papel subordinado en la sociedad urbana de Oaxaca.[25]

Entre las mestizas y las mujeres de las castas, la proporción de jefas es más elevada (alrededor del 9 por ciento del total de las mujeres mayores de 15 años de estos grupos). Sin embargo, el estado civil y la edad se comportan como variables independientes.

El análisis de las interrelaciones entre edad y estado civil mostró que hay más jefas solteras mayores de 29 años que las esperadas, y muchas jefas viudas. Estos hallazgos completan los rasgos que definen en "patrón urbano": elevada proporción de mujeres, sobre todo españolas; jefas a menudo solteras y mayores de 29 años, o bien viudas. El grupo indio no comparte este patrón urbano; aunque habría que hacer análisis similares en los pueblos de Oaxaca, podemos suponer tentativamente que la población india reproducía en la ciudad sus patrones rurales.

	Estado civil		
	Solteras	Casadas	Viudas
Españolas	+.46*	−.29*	−.17
Indias	−.35*	+.20	+.15
Mestizas	−.17	+.21*	−.04
Castas	+.06	−.12	+.06

[25] En su estudio sobre los campesinos mixtecos, R. Pastor expone algunas de las características de las estructuras familiares rurales en el siglo XVIII: coexistían las familias nucleares y las familias extensas; la costumbre del pago de la novia obligaba al novio a trabajar en casa de la novia durante algún tiempo, lo que implicaba un patrón de residencia patrilocal, por lo menos durante un periodo; la endogamia matrimonial (ambos novios pertenecían, en su inmensa mayoría, al mismo pueblo) ayudaba a preservar las tierras de la comunidad que eran trabajadas colectivamente; elevadas tasas de segundas y ulteriores nupcias, especialmente entre los hombres ya que entre las viudas un nuevo matrimonio generaba conflictos por causas económicas. Véase: *Campesinos y reformas: La mixteca, 1700-1856*, El Colegio de México, 1987, pp. 371 y ss.

ANEXO

CUADRO 1
POBLACIÓN QUE VIVÍA EN UNIDADES DOMÉSTICAS SEGÚN
GRUPO ÉTNICO, GRUPO DE EDAD Y ESTADO CIVIL

Grupo de edad	Estado civil de los hombres			Estado civil de las mujeres		
	Solteros	Casados	Viudos	Solteras	Casadas	Viudas
Españoles						
0-4	203			238		
5-9	171			182		
10-12	100			122		
13-17	179	1	1	256	23	
18-22	176	51	1	212	107	8
23-27	125	111	6	150	189	16
28-32	59	115	10	122	166	35
33-37	44	118	8	59	125	50
38-42	32	153	11	68	141	54
43-27	12	100	8	31	88	48
48-52	16	97	15	67	66	92
53-57	14	38	9	26	28	38
58-62	20	45	23	34	27	71
63 y más	10	50	27	25	8	54
Indios						
0-4	215			223		
5-9	144			150		
10-12	104			92		
13-17	203	3		141	16	
18-22	208	79	1	106	133	6
23-27	53	145	2	54	177	19
28-32	34	152	11	34	137	21

Grupo de edad	Estado civil de los hombres			Estado civil de las mujeres		
	Solteros	Casados	Viudos	Solteras	Casadas	Viudas
33-37	11	89	6	11	81	19
38-42	17	143	7	15	127	39
43-47	6	49	3	10	41	13
48-52	8	95	23	8	67	52
53-57	3	25	4	6	18	11
58-62	3	53	16	8	23	48
63 y más	6	19	10	8	9	24
Mestizos						
0-4	209			224		
5-9	148			135		
10-12	76		1	66		
13-17	85	4		122	7	
18-22	81	53	1	81	114	6
23-27	23	82	1	57	137	9
28-32	19	70	7	22	100	17
22-37	6	52	3	23	83	9
38-42	12	86	8	14	87	40
43-47	4	24	3	3	24	14
48-52	7	42	7	12	41	42
53-57	3	19	10	3	9	14
58-62	1	24	6	9	13	21
63 y más	2	8	12	4	4	18
Castas						
0-4	292			298		
5-9	171			177		
10-12	86			121	3	
13-17	130	1		166	10	
18-22	113	43	2	122	107	4
23-27	51	100	4	85	122	10
28-32	27	85	2	38	103	28
33-37	7	46	2	25	72	16
38-42	12	77	11	24	71	32
43-47	6	21	3	15	31	18

Grupo de edad	Estado civil de los hombres			Estado civil de las mujeres		
	Solteros	Casados	Viudos	Solteras	Casadas	Viudas
48-52	6	59	7	23	49	56
53-57	5	18	5	7	17	17
58-62	1	38	12	16	22	27
63 y más	7	18	8	9	6	18

SIN INFORMACIÓN SOBRE GRUPO ÉTNICO

Grupo de edad	Solteros	Casados	Viudos	Solteras	Casadas	Viudas
0-4	280			308		
5-9	211			248		
10-12	116			141		
13-17	95	1		150		
18-22	89	2		82	4	
23-27	38	5	2	44	5	3
28-32	11	3	2	27	6	1
33-37	6	1		13	1	1
38-42	4	4		15	2	
43-47				12	2	1
48-52	2	1		3	1	2
53-57		1				
58-62						2
63 y más	1	10			6	2

Nota: los agrupamientos por edad se hicieron de manera que las cifras terminadas en cinco y cero quedaran en medio de cada grupo quinquenal a partir de los trece años. El objeto de esta forma de agrupar las edades es evitar, hasta donde es posible, las distorsiones introducidas por la fuerte atracción ejercida por los dígitos cinco y cero. Se trabajó sólo con trece grupos de edad porque el número de personas de más de 62 años es sumamente reducido y, por lo tanto, las cifras están sujetas a fuertes variaciones aleatorias.
Fuente: Archivo General de Indias, Audiencia de México, Legajo 2591.

CUADRO 2
JEFES DE LOS GRUPOS DEMÉSTICOS SEGÚN SEXO Y GRUPO DE EDAD

Grupo de edad	Hombres	Mujeres
13-17	3	5
18-22	44	28
23-27	109	53
28-32	153	95
33-37	145	96
38-42	222	124
43-47	127	70
48-52	176	139
53-57	80	57
58-62	114	88
63-67	45	23
68-72	30	15
73-77	8	12
78-82	4	5
83 y +	2	4

Fuente: Archivo General de Indias, Audiencia de México, Legajo 2591.

BIBLIOGRAFÍA CITADA

Anderson, M., *Approaches to the History of the Western* Family, en *Studies in Economic and Social History*, Macmillan Publishers Ltd., Londres, 1980.

Arrom, S. M., *Las mujeres de la ciudad de México, 1790-1857*, México, Siglo XXI Editores, 1988.

Cook, Sh. F. y W. Borah, *Essays in Population History. Mexico and the Caribbean.*, vol. 1, University of California Press, 1971.

Fauve-Chamoux, A., "The Importance of Women in an Urban Environment: The Exemple of Rheims Households at the Beginning of the Industrial Revolution", en R. Wall, J. Robin y P. Laslett comp., *Family Forms in Historic Europe*, Cambridge University Press, 1983.

Knoke, D. y P.J. Burke, *Log-linear Models*, Sage Publications, Beverly Hills-Londres, 1980.

Kuznesof, E. y R. Oppenheimer, "The Family and Society in Nineteenth Century Latin America: An Historiographical, Introduction", en *Journal of Family History*, vol 10, núm.3, otoño, 1985.

Pastor, R., *Campesinos y reformas: La Mixteca, 1700-1856*, El Colegio de México, México, 1987.

Wall, R, J. Robin y P. Laslett (eds.), *Family Forms in Historic Europe*, Cambridge University Press, 1983.

LA VIUDA VIVA DEL MÉXICO BORBÓNICO: SUS VOCES, VARIEDADES Y VEJACIONES[1]

ROBERT MCCAA
Universidad de Minnesota

> La viudez en la época colonial
> es un estado difícil de precisar.
> FRANÇOIS GIRAUD[2]

La familia mexicana colonial se ha pintado en colores vibrantes. Como institución fundamental de la sociedad, todo el mundo busca allí su resguardo de mayor arraigo. Sin embargo cada vez que esta institución se estudia detenidamente con base en datos empíricos se encuentra que el alcance de los nexos familiares es bastante distinto según el estrato social, la edad, e incluso el sexo. Aquí se agrega otra condición, estado matrimonial o, como se decía en el México colonial, "estado". Desde hace mucho tiempo se han reconocido las limitaciones que las grandes mayorías enfrentaban para formar y mantener su vida familiar, fueran esclavos, sirvientes, mulatos, niños, e incluso una fuerte propor-

[1] Se agradece el aporte de la Fundación Tinker de Nueva York, la Universidad de Texas El Paso y la Escuela de Graduados de la Universidad de Minnesota por su apoyo material para el rescate, ordenamiento y microfilmación de documentos coloniales no previamente microfilmados de los archivos de Hidalgo de Parral. Sin la dedicación siempre profesional de la Srta. Rosamaría Arroyo Duarte, jefa del Archivo Histórico de Hidalgo de Parral, no se hubieran tenido oportunamente ni las transcripciones de los pleitos ni las actas parroquiales. Los incisivos comentarios de Cecilia Rabell, Solange Alberro, Juan Javier Pescador y Ann Staples a la versión demasiado preliminar de este escrito me ayudaron en aclarar y precisar varios puntos. Finalmente, quedo agradecido más que nunca a Wanda cuya paciente labor e incluso pasión fueron esenciales en la reconstrucción de las vidas y voces de las viudas tratadas aquí.

[2] François Giraud, "Mujeres y familia en Nueva España", en Carmen Ramos Escandón, *et al.*, *Presencia y transparencia: la mujer en la historia de México*, Mexico, 1987, p. 73.

ción de mujeres. Últimamente, investigaciones sobre las mujeres y madres solteras han mostrado que en la capital de Nueva España, más o menos la mitad de las adultas eran solteras.[3] Al llegar al fin de sus años fecundos, acaso una quinta parte de las sobrevivientes de cada generación no había gozado de las bendiciones nupciales, pero quizás sí de los sentimientos de maternidad. Cuando menos una porción de ellas había tenido algún trato ilícito, pero ha sido muy difícil comprobar la estabilidad de estos enlaces y más aún el significado para su prole. ¿Si uno de cada cuatro o cinco de los hijos son naturales, expuestos o abandonados, qué significado pudo haber tenido la familia no sólo para aquellos infelices sino también para sus padres biológicos?

Más problemático aun es el caso de la viudez, o más bien de las viudas. La gran mayoría de las personas que sobrevivieron la niñez se casaron, aunque por la tremenda mortalidad, la vida matrimonial fue corta, y dejó muchos viudos pero, como voy a probar, más viudas que viudos. La alta frecuencia de la viudez tuvo su impacto en la formación y la recomposición de las familias. Las normas nupciales eran bastante fluidas. Aquí no era tan importante la ley, sino las costumbres, las condiciones y los comportamientos de una sociedad de marcada estratificación social, dentro de la cual figuraba muy fuertemente el sexo.[4] A mi parecer, la metáfora del "mercado matrimonial" no es apropiada aquí. "Mercado" supone la existencia de reglas y precios fijos, que no cambien según las características individuales de los compradores o vendedores. Yo propongo, "feria" en vez de mercado, no sólo por ser una palabra cotidiana en México, sino para captar los sentidos de lo subjetivo, individual, y fluido del regateo entre hombre y mujer, sean solteros o viudos. "Mercado" es masculino. "Feria" hace hincapié en la dimensión femenina.[5]

La viuda común ha sufrido malos tratos no sólo en vida a mano de sus maridos sino también en la muerte a mano de los historiadores.

[3] Pilar Gonzalbo Aizpuru, *Las mujeres en la Nueva España. Educación y vida cotidiana*, México, 1987, pp. 151-152.

[4] Desde tiempos muy antiguos las Siete Partidas protejan de la barranganza a las viudas "de vida honesta" tal como a las niñas menores de doce años y las vírgenes (Woodrow Borah y Sherburne F. Cook, "Marriage and Legitimacy in Mexican Culture: Mexico and California", *California Law Review*, 54:2(1966), p. 950).

[5] Agradezco a Cynthia Radding por haber llamado mi atención a las ferias nupciales contemporáneas en México. En el contexto europeo, Peter Laslett habla de un "mercado negro" para comunicar matices parecidos: "Illegitimate fertility and the matrimonial market", en J. Dupâquier, E. Helin, P. Laslett, M. Livi-Bacci, y S. Sogner, eds., *Marriage and remarriage in populations of the past*.

Tiene mala fama en la historiografía convencional. Algunos historiadores piensan que son demasiado numerosas, así que escriben de las viudas ficticias, las madres solteras disfrazadas. Aparentemente inspiradas por un cierto pudor medieval si no burgués, se disfrazan de viudas para escapar de la autoridad masculina o defender su honor.[6] Malvido ha vestido a estas desventuradas con una ropa más provocativa que nadie, insistiendo en que "toda mujer en situación ilegal podía legitimarse autodenominándose 'viuda'...pues de otra manera estaban sometidas a la patria potestad, o al régimen tutelar o a la autoridad matrimonial".[7] No hay duda de que podían legitimarse, pero la pregunta es más bien si ésta era la regla. Hay que notar que las razones alegadas aquí quizás no se aplicaban a muchas mujeres. Los propios trabajos de Arrom citados por Malvido nos enseñan que para la mujer adulta no acomodada la patria potestad ofrecía poca protección y ninguna molestia y las tutelas aún menos.[8] Las autoridades tampoco se preocuparon del estado ilegal de las madres de hijos naturales, a pesar de su abundancia. Abajo intento probar que casa y comida, o mejor dicho por una viuda, "sombra", fueron las preocupaciones cotidianas más que honra o autoridad.

Las dificultades materiales de las viudas son reconocidas por los historiadores,[9] quienes ven en la sexualidad una de las soluciones, sea a través de la prostitución abierta o disfrazada. Las viudas auténticas, desprovistas, desesperadas, e incluso inquietas, comerciaban con el cuerpo para sostenerse, mientras otras buscaban por medio del trato lícito una solución material parecida aunque un poco más honrada. Otras eran mujeres frágiles en busca de caballeros dispuestos a prestar servicios carnales. Por estas u otras razones, las viudas procrearon una buena fracción de los hijos naturales. Desde luego, aunque algunas de estas opiniones se encuentran más bien en la sala de clase o en el congreso que en revistas y libros serios, ello no quiere decir que no estén ampliamente difundidas desde el sur del río de la Plata hasta el norte del río Bravo.

---

[6] Giraud (p. 73). Aunque él quizás no comparte esta opinión, se siente obligado de defenderse, cuando apunta "había mujeres que se declaraban viudas para gozar de una mejor situación social". De esto no hay duda, pero el problema es más bien cuántas habían y cuáles eran las repercusiones sociales y demográficas que tenía esta situación.

[7] Elsa Malvido, "Algunos aportes de los estudios de demografía histórica al estudio de la familia en la época colonial de México", en Primer Simposio de Historia de las Mentalidades, *Familia y sexualidad en Nueva España*, México, 1983, 97.

[8] S. M. Arrom, *Women in Mexico City (1800-1857)*, tesis de doctorado (Stanford 1980).

[9] Giraud, 74.

Las viudas ordinarias tienen sus historiadores. El estudio sobre las mujeres de la ciudad de México por Arrom es uno de los mejor pensados y más completos. Ella se preocupa bastante del alto porcentaje de mujeres viudas, una tercera parte de las adultas en 1811 y más de 40% en 1848; ella lo explica por la elevada mortalidad y un poco de disfraz. Aprovechando la rica información de padrones, testamentos, y fuentes judiciales, Arrom construye una interpretación nítida concretada en una lógica impecable. Aunque piensa que no todas las viudas son legítimas sí se preocupa por la viuda fícticia, nota que sus implicaciones demográficas y sociales son casi idénticas.[10] Sea que la mujer llegue a ser viuda por la muerte de su marido legítimo o por la de su compañero, su fecundidad fue bastante limitada y su vida material pobre. Si una tercera parte de las madres mayores de 25 años eran viudas, más de la mitad de éstas no residían con sus hijos. Mientras el hombre de la capital volvió a casarse con rapidez, sobre todo con mujeres solteras bastante jóvenes, la viuda de "cortas facultades" materiales ofrecía poca competencia en la feria matrimonial donde había muchas doncellas sin hijos.[11] Arrom termina enseñándonos que la fragilidad de las viudas radicaba más bien en su estado económico que en su sexualidad.

Su análisis suscita una cantidad de ricas preguntas y exige estudios comparativos para entender mejor esta dimensión tan integral e íntima de la historia de la mujer. En este estudio se plantea que había suficientes razones demográficas, además de las presentadas por Arrom, para que las viudas fueran muchas. Paso seguido se escuchan las voces de seis de estas mujeres en la segunda mitad del siglo XVIII que aparecieron en el juzgado eclesiástico de San José de Parral como demandantes, demandadas, testigos, o terceras personas. Al analizar el comportamiento de las viudas en la feria matrimonial, se demuestra por qué competían con un éxito bastante limitado, y también los efectos de la competencia en la procreación de hijos naturales. Desde luego, la fecundidad de las viudas fue bastante baja, lo cual significa que la viudez

---

[10] Silvia Arrom, *The Women in Mexico City, 1790-1857* (Stanford: 1985), pp. 111-134. Sin embargo su interpretación de la cita sobre viudez ficticia en el México contemporáneo me parece equivocada (nota 27, p. 315). Los autores citados ofrecen anécdotas interesantes de mujeres casadas que toman el estado de viudez para salirse de matrimonio desagradable, pero no aportan datos cuantitativos ni se mencionan a madres solteras disfrazadas como viudas. Véase Willam Folan Phil Weigand, "Fictive Widowhood in Rural and Urban Mexico", *Anthropologica*, 10:1 (1968), pp. 119-127.

[11] Arrom (1985), pp. 118, 127-128.

funcionaba como un freno preventivo a la fecundidad desencadenada. Estos elementos demográficos —algunos aleatorios, otros no— pesaron en forma diferente según los grupos sociales. Para los miembros de las capas altas, la viudez era un elemento social para regular en cierta medida el número de herederos y retardar la partición de bienes. Para las mayorías, las viudas formaron casi una casta económica que gozaba de cierto respeto social pero de consumo bastante limitado.

Veamos primero el problema de la viudez y la alta frecuencia de las viudas. No hay duda de que aparecieron muchas viudas en Nueva España. Del millón trescientas mil mujeres mayores de quince años enumeradas en 1790, 15 por ciento se tabularon como viudas,[12] desde 8 por ciento en la provincia Tlaxcala hasta 19 por ciento en la vecina Puebla. Como es conocido, este censo ha sido condenado desde su aparición, aunque es de notarse que resiste mejor la crítica de la demografía histórica que la de sus contemporáneos, sobre todo cuando se trata del estado matrimonial. Es indiscutible que no se empadronó a mucha gente —niños, indígenas, hasta sacerdotes y seminaristas— y que hay sesgos notables en la declaración de edades. Sin embargo, fijándose en las correlaciones entre los datos aparecen unos comportamientos que sólo se pueden atribuir a la veracidad demográfica. El patrón regional del estado matrimonial está bastante correlacionado con el índice de masculinidad y depende de la relación entre solteras y viudas, sobre todo para mujeres de 25 a 40 años. Cuando escasea la mujer, se casa el hombre. En las Californias, Sonora, y hasta Veracruz, donde había pocas mujeres y más de 80% de ellas mayores de 15 años eran casadas, el hombre se casaba con cualquiera sin importar su estado, edad, calidad, ni, según parece, su belleza, dejando a sus compañeros solteros sin mujeres a excepción de las más exóticas. Mientras al otro extremo, en Guadalajara con su gran exceso de mujeres, más de la mitad permanecieron solas, tanto solteras como viudas. Entre ellas, sin duda, había algunas de buenas costumbres y cualidades. El caso de Guadalajara es llamativo, porque la documentación es unánime. En Guadalajara, durante dos siglos (XVIII-XIX) hubo muchas viudas.[13] Igualmente, en Parral de la Nueva Vizcaya en el año de 1777 había una fuerte exceso de mujeres viudas.

---

[12] *Primer Censo de Población de la Nueva España, 1790. Censo de Revillagigedo, un censo condenado*, México, 1977, pp. 16-18.

[13] Ellen M. Brennan (*Demographic and Social Patterns in Urban Mexico, Guadalajara: 1876-1910*, tesis de doctorado, Columbia University, 1978, p. 67) y Rodney Anderson ("Cambios sociales y económicos en el 6º cuartel de Guadalajara: 1842-1888", *Encuentro El*

CUADRO 1
ESTADO MATRIMONIAL, SEXO Y EDAD: PARRAL, 1777

Edades	Mujeres			Hombres		
	0-15 %	16-50 %	51+ %	0-15 %	16-50 %	51+ %
Viuda	0.0	12.0	54.9	0.0	4.1	19.2
Casada	0.5	53.0	21.0	0.0	53.2	59.6
Soltera	99.5	35.0	24.0	100.0	35.6	21.2
Totales	791	1023	133	1030	954	104

Fuente: Archivo General de Indias, Indiferente General, legajo 102.

La elevada proporción de viudas es digna de estudio. Como la interpretación más divulgada es que muchas de ellas son ficticias, vale la pena retomar el camino de Arrom para ver el contexto que la demografía formal nos puede ofrecer para explicar los comportamientos sociales de una época tan distinta de la nuestra.

Al considerar la viudez hay que tomar en cuenta factores de mortalidad, nupcialidad y migración. Primero, consideremos la mortalidad, suponiendo que la esperanza de vida al nacer de los hombres es de 24.6 años y de 27.5 para las mujeres. Cualquier estimación de mortalidad para el México borbónico es poco firme. En el caso de Parral, seguí 287 matrimonios (1770-1776) durante un periodo promedio de quince años. En una tercera parte de los 125 que dejaron huellas, la mujer quedó viuda (sin tomar en cuenta los matrimonios celebrados en "articulo mortis"), lo que equivale a una esperanza de vida al nacer menor de 20 años.[14] Estamos más bien trabajando con niveles aproximados parecidos a las estimaciones de Arriaga para México a principios del siglo xx, lo cual podría ser una subestimación de la mortalidad no sólo para Parral sino para toda la Nueva España.[15]

_____

Colegio de Jalisco, 1:4 (jul-sep 1984), p. 34) encuentran que 30 a 33 por ciento de la población femenina adulta son viudas, lo cual se explica no sólo por los diferenciales de mortalidad sino también por lo llamativo de las viudas como sirvientas para el siempre creciente número de hogares acomodados.

[14] "Marriage, Migration, and a Willingness to Settle Down: Parral (Nueva Vizcaya), 1770-1788", en D. Robinson (ed.), Migration in Colonial Latin America, Cambridge University Press, 1990.

[15] E. A. Arriaga, New Life Tables for Latin American Populations in the Nineteenth and Twentieth Centuries, Berkeley, 1968, pp. 171-175. Para 1900, su estimación de la esperanza de vida al nacer para los hombres es 25.0 años y 25.6 para las mujeres.

Comparadas las cifras del siglo XVIII con las del XX, se aprecia la notable diferencia de posibilidades de duración de la unión conyugal. Para el régimen antiguo, no importa mucho si la edad al matrimonio de la mujer es de 15, 20 o 25 años, a los diez de casarse el 25% de las parejas están rotas, y a los 22 años el 50 por ciento.[16] Desde luego hay que tomar en cuenta no sólo los niveles de mortalidad sino las desigualdades entre hombre y mujer en la edad de casarse. En Parral, a través de un cuarto de siglo (1770-1794) en más de 700 casos de primer matrimonio, el promedio fue 20.47 años para las mujeres y 26.48 para los hombres.[17] La diferencia para los de la clase alta (un selecto grupo de 16 casos en el periodo 1788-1790) fue aún mayor, de 10.6 años, casi el doble de la población general.[18] Estos comportamientos producen un fuerte desbalance de viudas/viudos sólo por el hecho de la mortalidad feroz, sin considerar patrones bien diferenciados al respecto de ulteriores nupcias. Esta desigualdad en edad al casarse en sí explica un cuarto de las rupturas prematuras a los veinticinco años de casado.

La gráfica muestra la proporción de viudas excesivas bajo el régimen demográfico antiguo. Se nota que a cada edad debe haber un saldo a favor de las mujeres de por lo menos un 20 por ciento, lo cual prueba claramente cómo sólo estos factores demográficos pudieran generar una cantidad de viudas bastante mayor que viudos. Cuando la

[16] Se presume que la edad promedio al matrimonio de las mujeres es de 20 años y de los hombres 25; que la esperanza de vida al nacer es de 24.6 y 27.5 para hombres y mujeres respectivamente. Los parámetros de mortalidad para esta simulación son los de A. J. Coale y P. Demeny, *Regional Model Life Tables and Stable Populations*, Nueva York, 1983, pp. 385, 392.

[17] APP, *Informaciones matrimoniales*; de un total de 925 casos se desconoce la edad de 46 mujeres y 107 hombres.

[18] "Calidad, Clase, and Marriage in Colonial Mexico: The Case of Parral, 1788-90", *Hispanic American Historical Review*, 64:3 (agosto de 1984), p. 485. En 1811 para la ciudad de México, aplicando el método de Hajnal a datos censales la diferencia era de sólo 1.5 años (22.7 y 24.2 para mujeres y hombres), Arrom, pp. 116-117. A partir de las informaciones matrimoniales para esta misma ciudad, la diferencia es de 5.8 años en total, 6.5 para españoles y 4.4 para castas (Juan Javier Pescador, "La familia Fagoaga y los matrimonios en la ciudad de México en el siglo XVIII"). Para las poblaciones indígenas la edad media es bastante más baja, y el diferencial menor. En Amantenango, Chiapas, la edad media en primeras nupcias para la mujer fue de 16.1 años y la diferencia fue de tres años (Herbert Klein, "Familia y Fertilidad en Amatenango, Chiapas, 1785-1816", *Historia Mexicana*, 36:2 (oct.-dic. de 1986), 281). Rabell encuentra tres años para una población indígena de la región norte (C. A. Rabell, "El patrón de nupcialidad en una parroquia rural novohispana. San Luis de la Paz, Guanajuato, siglo XVIII", en *Memorias de la primera reunión nacional sobre la investigación demográfica en México*, México, 1978, p. 426). Pienso que como regla general la diferencia fue mayor para poblaciones no indígenas.

mujer sobreviviente cumpla los cincuenta años (y a treinta años de su primer matrimonio), habría 3 viudas para cada 2 viudos, siempre tomando en cuenta sólo dos factores: la mortalidad diferenciada por sexos, y la mayor edad del hombre a casarse. Rabell aporta datos empíricos del caso de San Luis de la Paz que presta cierta validez a nuestro modelo. Al examinar la orfandad de los novios en el momento de su matrimonio, se encuentra que la proporción de huérfanos de padre es aproximadamente 33 a 40 por ciento mayor que los huérfanos de madre. Es decir, a los 15 o 20 años de casados, cuando se casan sus propios hijos, hay un fuerte exceso de viudas.[19]

Para que el modelo reflejara mejor la situación social, tendría que considerar las segundas nupcias. Si aceptamos que la mitad de los viudos masculinos vuelven a casarse y que su tasa es el doble de la de ellas, la fracción se aumenta en 50%, subiendo de 1.6 a 2.4 viudas de 50 años de edad para cada viudo de 55. Aprovecho la cifra de 2.4 como índice estándar, o regla de la relación viudas/viudos. Es obvio que este índice se ve bastante afectado por los diferenciales en las tasas de ulteriores nupcias. Si ambos sexos vuelven a casarse en las mismas proporciones, habría apenas un exceso de 50% de viudas al término de la edad fértil.

El tercer factor, la migración, ofrece tantas complicaciones que es preferible dar con ejemplos específicos. Las corrientes migratorias diferenciales por sexo también perjudicaban a las viudas, ya que la ciudad era refugio para la viuda, mientras que no lo era tanto para el viudo.

¿Qué tiene que ver este ejercicio con la realidad? Lo más discutible y de mayor peso cuantitativo del modelo planteado aquí es la tasa diferencial de ulteriores nupcias. Además es el único factor que tiene un fuerte componente social y de decisión individual. En ese entonces había poco que hacer para evitar la muerte, pero la viudez era fácil de solucionar, por lo menos para los hombres y para los acomodados de ambos sexos. Las viudas de cortos bienes, al contrario, encontraron poca "sombra" de los hombres, fuesen solteros o viudos. En Parral en 1777, el índice de viudas era 30 por ciento mayor al que fijo como estándar; para las edades más allá de 50 era de 3.1.[20] De los cuadros

---

[19] C. A. Rabell Romero y N. Necochea, "La mortalidad adulta en una parroquia rural novohispana durante el siglo XVIII", *Historia Mexicana*, 36:3 (ene.-mar., 1987), pp. 424-425, n. 27.

[20] El censo de 1777 se encuentra en el Archivo General de Indias, *Indiferente General*, Legajo 102.

generales publicados del censo de Revillagigedo, para las 15 provincias con datos por edad, estado matrimonial y sexo, siete tienen índices mayores de 2.4 (Guadalajara, 5.0, San Luis Potosí, 4.2, Durango, 4.0, la gran región de Alto California con apenas 140 viudas, 3.5, Veracruz, 2.9, Puebla, 2.7, y México, 2.5). En el caso de la ciudad de México, el índice es de 2.8, mientras que para la provincia (excluyendo la capital) es de 2.4.[21] A mi parecer sólo las primeras tres de estas regiones tienen números "excesivos" de viudas. Antes de concluir que hay muchas viudas ficticias en esas provincias, sería conveniente estudiar los parámetros demográficos por sexos —mortalidad, migración y ulteriores nupcias. Volveremos al tema de la viuda ficticia después de exponer unas historias concretas de viudas parralenses.

Para mejor comprender, e incluso sentir, las dimensiones tanto ideológicas como estructurales de la feria matrimonial para las viudas, se han seleccionado seis casos de más de 200 pleitos matrimoniales de la colonia: la viuda ciega de amor y asombrada, la desamparada, la inquieta, la burlada, la independiente, y, desde luego, la ficticia. Después vuelvo a discutir el contexto cuantitativo de las viudas, sus variedades. Es de notar que la mayoría de los casos fueron promovidos por mujeres buscando justicia del juez eclesiástico de la parroquia de San José de Parral.

Empezamos con un éxito: la viuda en busca de sombra y su modo de conseguirla. Rosalía de León —quien siempre aparece en los registros como "mestiza" menos en el último, el de sepulturas, donde se asienta "doña"— se casó por primera vez antes de 1765 con el comerciante francés, don Luis Felina Villagoya. Esto se sabe porque en ese año bautizaron a una hija legítima mestiza, la cual fue seguida por otra ya española en 1769. Ésta murió a los pocos meses, inscrita como mestiza. Acto seguido, a los ocho días, sepultaron también al padre (enero de 1770), dejando a Rosalía de León viuda, joven y dueña de una mina de plata. Al año y medio de la muerte de su marido, ella aparece ante el juez como sigue:

> Rosalía Franca de León Viuda de Dn Luis Filina de Villagolla vesina de esta jurisdiccion...como Muger Viuda, pobre y honesta...digo: que por el proximo año pasado de setenta, aviendome solicitado, para el fin torpe de ilicita amistad, Franco Gutierres, no hai duda me rendi haciendole oblacion de mi voluntad, subgerida, de sus falsas promesas; pero si vajo el seguro de

---

[21] *Primer Censo de Población de la Nueva España, 1790* (1977), pp. 118-126. Arrom, cita 3.0 (3:1) para la ciudad de México en 1811 (1985, p. 119).

afianzarme en el contrato matrimonial, por prenda mano y palabra me dio, e yo le di, confirmalo el haverle hecho dueño, no sólo de mi persona, sino tamvien de las facultades, que en mi recidian por fallecimiento de mi difunto esposo, qe lo es una Mina Sta Gertrudis, perteneciente ami y a los menores que quedaron por fin, y muerte de mi difunto esposo, governandola, determinando y distribullendo, sus productos como si fuese espotico dueño de ellos, cierta de la palabra que me dio, como tamvien, de qe puesta en el estado qe no dudava podia servirme de sombra, a mi, y a mis dhos menores, como por el deseo de servir a Dios en el dho estado en que segui, ciega de aquel amor reciproco que le tenia, y de qe esperaba...[22]

Según el acta de matrimonio de su "espotico" pretendiente Franco Gutiérrez, quien se casó poco tiempo después pero no con la viuda, ya habían tenido trato ilícito antes de que muriera su marido. Aunque no está probado, parece aceptable ya que este pleito se inició dentro de dos años de la muerte del marido y del nacimiento de una hija natural, reconocido por ambos como fruto de la amistad ilícita.

Sin embargo al poco rato, el despótico pretendiente, según él de 29 años de edad, se presentó ante el cura párroco para casarse no con la viuda sino con doña Petra Barraza, doncella de 22 años y, desde luego, española. De inmediato, al enterarse de estas intenciones nupciales, Rosalía de León demandó a Franco Gutiérrez para que cumpliera la palabra de matrimonio. Después de dos meses de pleitos seguidos por la viuda, durante los cuales el demandado permaneció encarcelado, y con el pago de $60 pesos en reales a ella, y luego con su desistimiento, Franco Gutiérrez se casó el 4 de febrero de 1772 con la joven española. Aparentemente andaba con cierto apuro porque el primer hijo del matrimonio aparece muerto, apenas cinco meses después. Su mujer se murió seis años más tarde —según el acta—, pobre y apenas con el sacramento de la extrema unción por haberle privado de toda razón el accidente que le quitó la vida. Dejó tres hijos, uno de los cuales le siguió a la tumba apenas dos años después.

Dentro de 18 meses de viudez, Franco Gutiérrez volvió a casarse con otra española, aún más joven, de 19 años. El segundo matrimonio

[22] Todos los pleitos siguientes provienen del Archivo de la Parroquia de San José de Parral (APP), lo cual fue microfilmado por el Centro de Documentación del Estado de Chihuahua. Juntado con los microfilms de los libros parroquiales y los del Archivo Histórico de la municipalidad constituye un archivero completo de todos los documentos coloniales de Hidalgo de Parral que se encuentran en los archivos públicos y locales. Se cita el rollo (equivalente a la caja de los documentos originales) y el número de la toma: APP 17a. 650 (1771).

no fue tan fecundo como el primero. Él y su mujer en segundas nupcias se encuentran muchas veces como padrinos en los libros de bautismos, pero solamente una vez como padres. En 1788 su hogar se completa con dos niños del primer matrimonio, uno del segundo más tres huérfanos de 8 a 10 años, un hermano soltero de 20 que le ayuda en la minería, y su madre viuda de 66. A los 14 años de matrimonio (1794), Franco Gutiérrez murió, habiendo dado palabra y prenda a por lo menos tres mujeres y dejando a la última viuda a los 35 años de edad con tres hijos.

Rosalía de León también volvió de casarse. En 1773, dieciocho meses después del intento infructuoso con Franco Gutiérrez, ella sí encontró "sombra", gracias quizás a la mina dejada por el esposo francés. Su marido en segundas bodas fue español nacido en Parral y residía en una aldea cercana por lo cual la historia de la familia es incompleta. La hija natural (mestiza), probablemente con tres años de edad, fue bautizada dos meses antes de celebrarse las segundas nupcias, aunque en el registro no figura ni este detalle, ni el nombre del padre. Durante los 27 años de matrimonio y antes de morir su segundo marido en 1800, la pareja registró un bautismo y dos sepulturas de sus hijos legítimos. Su modesto éxito tanto productivo como reproductivo está documentado en los libros parroquiales por los pocos bautismos y los medianos costos de los entierros, que alcanzaron la suma de seis pesos y cuatro reales.

La historia de esta familia no es tan excepcional, ni viene ya construido en el pleito. Se confeccionó a partir de los papeles parroquiales y padrones para ilustrar los nexos entre la mortalidad, la nupcialidad, las normas sociales, y los deseos íntimos que jugaron en la feria matrimonial. Rosalía León entró en trato ilícito, sin duda pensando en un próximo matrimonio, y los testigos juraron ante el juez que se cambiaron prendas y palabras para tal efecto. Sin embargo, su pretendiente no estaba satisfecho ni con la mina ni con la viuda, quizás por su fragilidad ("Como pudiera ser señor, dable, que huviera yo pretendido para esposa a Muger que no guardo fidelidad a su marido..."), calidad (mestiza), y edad (cercana a la suya) sin hablar de sus hijos ni de su estado. Rosalía, al darse cuenta de que se había enfriado el amor del pretendiente, quedó judicialmente satisfecha con la recompensa, quizás más aún porque a los dos años quedó bajo la sombra de un español de la vecindad. Los documentos no ofrecen testimonio de cómo se llegó a realizar el matrimonio o si de nuevo ella llegó a sentirse ciega del amor.

Otras viudas quedaron no sólo infelices sino desamparadas, como en el caso de Franca Mendoza viuda de Zeferino Medrano (1786):

...que es cierto qe hace el tiempo de un año qe la solicito Ildefonso de Ontiveros pa ilicito comercio prometiendole casarse con ella y que bajo esa promesa condescendio a su pretension en cuia amistad se ha mantenido hasta antes de ssemana santa...que no puede cumplirla qe a la presente se halla embarasada y conoce que sea de resulta del ilicito trato.

Ildefonso de Ontiveros: ...que es cierto...pero qe atendiendo a la cresida familia que ambos complices tiene ha premeditado no poder cumplir la promesa de casamiento, por lo que se obliga darle quince pesos para recompensarle el agravio.[23]

Sin duda, cuando se inició este pleito pocos meses después de la muerte de la primera mujer, la familia de Ontiveros era crecida. En 1778, a los 30 años de edad, apareció él como arriero español con cuatro hijos menores de seis años, y a principios de 1786, cuando su mujer mestiza murió, quedaban cinco hijos vivos. En 1788 este viudo vivió con todos sus hijos en casa de un hermano político panadero y mulato libre. Pocos meses más tarde se resolvió el problema de la crecida familia, al contraer segundas nupcias (como mestizo) con una doncella española de 20 años. La viuda Franca Mendoza con su ya más crecida familia no se ha podido localizar en ningún otro documento.

La aritmética nupcial del varón debe ser tan obvia como la prenupcial de la hembra. Él constituye una nueva familia con mujer joven no cargada de hijos, mientras que ella juega con su sexo y registra sus ganancias o pérdidas, en este caso una hija natural, en los libros parroquiales de bautismo o matrimonio según corresponda.

Como se ve en el tercer caso, no todo fue aritmética ni negativas. Unas viudas, quizás por sus estrechas oportunidades de casarse, gozaron de la pasión aunque fuera en mala amistad:

...que la conoce desde muy chica qe fue casada con Juan Albares i que al presente es viuda i que vive en un rancho distante media legua del rancho en que vive el declarante. que...esta en mala amistad con Joseph Saenz vecino de dha Jurisdiccion y casado con hermana del declarante. que han sido muchas ocasiones preso y castigado por los Jueces que lo han sacado de la misma casa y que todavía de publica y notorio continua en la misma amistad

[23] APP 17b.142 (1786).

y que los padres del mismo Joseph Saenz le han dicho al declarante qe lo han castigado seberamente por esa mala amistad y que no han podido reduzirlo.[24]

Por falta de más información y por ser muchos los Saenz no se ha podido seguir la pista de este pleito, aparentemente promovido por el hermano político del amante de la viuda para defender a la hermana legítimamente casada. A través del testimonio de terceros se nota la pasión y el aprieto de esta pareja, cuyo remedio jurídico, si lo hubo, fue la mala amistad o la muerte, ambos tan frecuentes en esos tiempos. El cuarto caso, de doña Ma Rosa de Oreña, nos enseña los riesgos corridos cuando sólo se da palabra sin condescender a la pretensión.

> ...hara el tiempo de un año y 8 meses...lo dio palabra conviniendo ella en el contrato y attendiendo la condicion que el pretendte le puso, de que pa el mes de Dic del año pro pasado de ochenta en qe el regressaria del viaje que por entonces hizo al dho Pueblo de Parras, sin hacerle reclamo sobre el cumplimiento de la palabra en todo el tiempo de su ausencia...hasta que...ha vuelto a este Rl difundiendo pr el la voz de qe es casado de 6 meses a este parte.... Y que preguntadole pr que causa havia desatendido a su persona dejandola burlada? Le responde qe pr que no le contexto a unas cartas que le havia escrito...
>
> ...que sin embargo de que con ningun dinero repararse el daño que se le ha inferido a su fama de la publicidad del contrato y en atendos a las cortas facultades...se conforma con los cien pesos que el susdho le ofrese para en parte condonar el daño...[25]

Doña María era hija adoptiva de un comerciante peninsular bastante acomodado. En 1769, quizás a los quince años de edad, su matrimonio con compatriota de su padre fue presenciado por gran número de gente de toda la comarca. Justo al primer aniversario de las bendiciones nupciales bautizaron una niña, la cual murió al mes; poco más de un año después nació un varón al cual pusieron todos los nombres cristianos del bienhechor de su madre. En el padrón de 1777 aparece el hijo con sus padres, doña Rosalía Marques mujer adulta, y dos huérfanos. En el censo del año siguiente se identifica a la adulta como madre de doña María y casada con un hombre ausente. Poco después, por haber "muerto de golpes de palos en su misma morada", el padre

---

[24] APP 17a.349 (1749).
[25] APP 17b.045 (1782).

adoptivo fue sepultado con gran cantidad de misas. A los pocos meses, antes de cumplir diez años de matrimonio, doña María enviuda, jovencita de 25 años según el censo, con un solo hijo, y cortas facultades económicas. Al poco tiempo, pacta matrimonio con don José Thiburcio Medina, comerciante y vecino de Sta María de las Parras. Sin embargo, el matrimonio no llega a realizarse. El demandado se disculpa aludiendo a los correos ("ni tuvo de ella contextacion alguna") y, sin perder tiempo ("que en esta virtud considerandose libre al cabo de siete meses que havian passado...me case"), se casa con una joven doncella, fiel corresponsal ("...el gallo mio el dia de aier lo peleo mi Tata con diez y diez y gano, pero luego murio. Tambien te doi por noticia que el vino que escondiste ya lo hallo mi tata, y todos los dias sacan un frasco...") y profundamente expresiva de su amor conyugal además ("alma y vida no tengo, ni gusto ni consuelo hasta que tu vengas").

Frente al amor manifestado y al matrimonio consagrado, doña María Rosa de Oreña se conformó con los cien pesos, pero no volvió a casarse jamás. Aparece en el padrón de 1788 con la edad característica de las viudas (30 años), ahora residente en un hogar de diez personas cuyo jefe es "kantor parroquial" y mestizo. El hijo está ausente. De repente, en 1789, ella se presentó en la parroquia como madre viuda adoptiva de un recién nacido cuya madrina fue doña María Josefa Marquez casada (¿algún pariente?). No se sabe si el bautizado fue hijo de la viuda, quizás de una apuesta ganada a medias, o simplemente acto de caridad. En fin, no se sabe si la viuda se rindió, pero ella permaneció en ese estado hasta su muerte.

La extrema fragilidad de la vida explica la rapidez con que se pactaban nuevas uniones, pero el investigador queda impresionado de todos modos por la agilidad con que se apareaban. El colibrí no siempre era el hombre, aunque quizás cuando ella disolvió los esponsales fue por algo más factible que simplemente el amor. En este quinto caso, del año de 1770, la viuda, Mariana de Goizotena, aparece como demandada y nos enseña lo que debe ser proverbio: "quien no se rinde de pretendiente menos se rendirá de marido".

...ha el tiempo de dos años qe el expressado Jose María Escarsega la trato pa casarse dandose uno y otro palabras de matrimonio, y qe el año de sesenta y ocho aun permanecia con animo de casarse con el tal pretendiente, y qe de ese tpo a este ha visto en el, qe no da passo a dho fin respecto a qe pr carta se desistio con el pa el efecto de qe la pretendia, y qe los motivos qe tuvo pa desistirse los reserva pr si insistiere el actor demandante.

Joseph Miguel Escarsega:

...dicha Mariana de Goisotena esta perjura...pues fuera de lo qe se obserbaron de el mes de nobienbre del año pasado en este Rl y en la Biya de Sta Barbara en las fiestas del disiembre qe siguio es constante que desde el mes de enero del presente año a estado dho Franco Mena...comiendo y zenando ala mesa con la referida Mariana de Goisotena y durmiendo en su casa de donde faltaba pocas bezes con el pretesto de que ella le estaba torsiendo sigarros para su uso...encontraba unas bezes tan zerradas las puertas que paresia no bibir jente en la casa y otras aunque estaban abiertas se ayaba dentro el dicho.

Mariana de Goisotena:

...atendiendo a la [injusta, cruel, y malisiosa adevertensia] del actor demandante, ...mas otra de las causas qe disuelben los esponsales (como VMd bien lo sabe) es el ilisito comersio con extraña persona, el qe le amoneste varias veses se desistiese y no lo executo, pues aun estando en la Rl campaña le escribio debajo de mi misma cubierta ala conplise, y aun en carta mia le manda memorias sin prebenir incauto qe eran acsiones qe no correspondian a su pretension, por cuio motivo le escribi una carta disuadiendo en el todo del contrato qehabiamos selebrado por qe es claro qe quien no se rinde de pretendiente menos se rendirá de marido...[26]

El demandante insistió en que no había escrito ni tenido trato ilícito con otra mujer ("...fue reconvenido por la dha su pretenza pa qe no tratara a cierta muger de cuia casa estaba favorecido, pero qe esta era cassada, y llanamente la trataba, y comunicaba pr la expecialidad de amistad qe tenia con su marido...") y que "la demanda qe tiene puesta contra dha señora, no es nacida de odio, passion, o mala voluntad; y qe aunqe pr inducion y consejo pusso la tal demanda, fue por haverle sujerido qe tenia derecho a demandar la palabra qe se la havia dado". Por lo tanto la dejó en libertad, sin recompensa, para que ella contrajera matrimonio, lo que hizo al mes. Esta viuda era una joven española aparentemente sin hijos, mientras que su novio era soltero, menor de 25 años, músico, mestizo, nativo de Michoacán, residente en Parral desde hace doce años. Es posible que ella tuviera más años que él, pero, en el padrón de 1778 él aparece como mayor que ella.

No se sabe el fin del matrimonio, aunque todavía estaban viviendo juntos, con un solo hijo, en Parral, dieciocho años después. El marido siempre aparece en los padrones como músico y mestizo, pero su

[26] APP 17a.419 (1770).

apellido se cambió por el de Zamora. Después del matrimonio ningún miembro de esta familia vuelve a aparecer en los libros parroquiales, ni siquiera como padrino.

El demandante Joseph Miguel Escarsega se casó con una soltera española catorce años menor que él. No se sabe si él se rindió como marido, aunque sí procreó una gran cantidad de prole con su mujer legítima. En 1788 sobrevivían sólo tres hijos, el mayor de diez años. Dos de éstos fueron sepultados antes de que la madre muriera viuda, en 1798, a los 48 años de edad.

Finalmente, el último de los pleitos es el de nuestra viuda ficticia, María Rita de Ortega mulata "dijo que no sabe su edad... según su estatura de veinte y tantitos años...doncella", hermana de mujer viuda probablemente ficticia tambien. Su madre, una matriarca "pobre de solemnidad, viuda y sin mas amparo qe el de Dios", ponía demanda "[a fin de que se sepa el paradero de su hija, extraida o fuga]" en que se querellaba en toda forma civil, y criminalmente contra Antonio de Estrella (Admor. de la Mina El Caiman qe la travaja con Joachin de Amesqueta)

... que desde el pasado año de 76... se le introdujo a su casa con buenas rasones pretendiendo se le asistiece en el plato, ropa y demas qe se le ofresiece a quien con la buena fe de una legal correspondencia le admitio...

El morador del rancho donde la viuda ficticia había buscado refugio explicó por qué le había mantenido así:

...que estaria como 2 meses y medio y que haviendole preguntado que de donde era rreplico ser de Chiguagua de estado Viuda qe venya del V. de S Barme con el fin de trasponerse a dha Villa donde tenia un hermano en quien tenia la esperanza por no tener padre ni madre... le suplicaba la mantubiese ynterin se proporcionaba con quien yr a su destino, a lo que mobido de caridad el y su familia la mantubieron...[27]

Según el demandado "la moza se desaparecio de este Real sin saver yo como, porque, ni con quien". Sin embargo, lo remitieron a la Real Cárcel por más de "3 meses y 16 dias de prision", "consternado de hambre y sed de Justicia que yndevidamente padesco en esta captura", mientras buscaban a ella para meterla en la cárcel y quitarle su disfraz. Un par de años antes Antonio de Estrella, con toda tranquilidad y cierta

[27] APP 14b.xxx (1777).

perspicacia por ser foráneo, vecino de San Juan del Río, había deposi-
tado en el juzgado eclesiástico "expresa licencia autentica inscripsis in
facie eclesie" para ausentarse de su mujer, manifestando "la amorosa
union que hasta aqui he gozado de mi matrimonio". Sin embargo, ya
muy avanzado el pleito, aparece un escrito de su mujer donde dice que
se encontraba "totalmente destituida y desamparada, en suma pobreza
y nesesidad, y lo qe es mas careciendo de su personal asistencia."
    De los largos testimonios que presentaron ante los jueces tanto el
reo como la rea, la afección que sentían es más que evidente, pero el
trato ilícito quedó sin fundamento. Antonio de Estrella miraba a María
Rita Ortega como "la mas desestimada de todas", y según ésta:

> es cierto la pretendio sacar a la Plaza junto con sus hermanas el dia de la
> Noche buena pasada... su madre no se lo permitio... la castigo con una
> cuarta...el ultimo dia de Pascua bolbio Estrella recombiniendole a la Madre
> sobre el castigo y le dio unos cuerasos, a cuio tiempo acudieron sus demas
> hermanas y tres huespedes y se la quitaron y le parecio qe Estrella estava
> indispuesto con alguna vebida; pasados algunos dias bolbio suplicandole lo
> peinara, asi lo egecuto diciendole ya no bolbiecce por las muchas desasones
> qe pasaba con su Me.

Finalmente, los jueces, cansados ya del pleito, después de haber
embargado los pocos bienes del reo y de haber emitido éste una contra
demanda exigiendo recompensas por los perjuicios causados por su
injusto cautiverio, tomaron una decisión poco comprensible según mi
lectura de los testimonios. Estimando "qe sirviendole de pena la carze-
leria", cobraron al reo los costos del pleito (más de 24 pesos), le dieron
dos meses para restituirse con su mujer, y lo desterraron "so pena de
procederse inmediatamente al arresto de su persona". Desde luego, su
nombre jamás volvió a aparecer entre los papeles de los archivos
parralenses.
    Pero la viuda ficticia y su familia sí aparecen repetidamente hasta
la muerte de la matriarca, poco después del empadronamiento de
1788. Los hijos de ella siempre llevan el apellido materno, pero la
madre fue conocida como viuda de Juan Arellanos. Ni siquiera el reo
demandado, aunque la caracterizó con no poca exageración como "un
muger impia, prospera y atentada en su poder", no se atrevió a
cuestionar su viudez.[28]

---

[28] François Giraud ("De las problemáticas europeas al caso novohispano: Apuntes para
una historia de la familia mexicana", en *Familia y sexualidad en Nueva España*, 67)

Del paradero de María Rita Ortega, no se sabe nada más después de 1778, cuando se empadronó como mulata doncella de 25 años.

Aunque el caso de esta viuda ficticia no es clásico, se pueden desprender de él indicaciones sobre la forma como se disfrazaban de viuda mujeres que no eran. Primero, no llamó la atención el que una foránea, huerfana, viuda de "veinte y tantitos años" caminara de tres a treinta o más leguas a pie —sujeta a tributos forzosos de los Apaches— con la esperanza de encontrar algún hermano. Como mujer migrante, fácilmente cambió de estado, al igual que los hombres que lo hacían convertirse en solteros ficticios. También el caso de la hermana muestra la raíz de la confusión sobre el estado. Por la regularidad con que nacieron sus hijos, es obvio que mantenía un trato "ilícito", pero constante durante quizás ocho años. Sus hijos fueron bautizados como naturales, es decir, sin padre. Cuando murieron, se sepultaron igualmente con el apellido materno, pero en los padrones posteriores siempre apareció su madre como viuda. ¿Era ficticia? Quizás según la ley sí, pero las autoridades sólo se preocupaba por ella cuando alguien la demandaba. No se ha podido encontrar ni el acta de matrimonio ni la de sepultura de algún marido de la hermana viuda. En ese entonces el hecho de no encontrar el escrito no bastaba, porque hasta los obispos sabían que los párrocos no manejaban los registros con el debido cuidado. El mejor testimonio de las deficiencias de los registros parroquiales es la muy reconocida disposición de los párrocos de aceptar el testimonio oral para comprobar la muerte del cónyuge anterior.

Una proporción muy alta de las viudas parralenses eran viudas legítimas según la ley,[29] aunque su estado es difícil de probar empíricamente. Para 57 de las 203 viudas del padrón de 1777, se encontró el acta de sepultura del marido durante la década anterior al censo. Sin embargo, no basta buscar sólo las actas de sepultura de los cónyuges.[30] Hay que perseguir a estas infelices por toda la documentación disponible, incluso en los libros de bautismos y sepulturas para ver si sus

---

comenta que en "las zonas mineras donde la población transplantada predominaba debía tener estructuras sociales menos estables, tal vez más matriarcales". Agregaría el elemento demográfico a su tesis.

[29] Borah y Cook, en su análisis de matrimonio y legitimidad, concluyen algo parecido para México entero apartir de los datos de 1960 (Borah y Cook, p. 976.)

[30] Cuando no se encuentra el acta de la sepultura, no se puede concluir que es viuda ficticia, como se ha postulado (Malvido, p. 96).

hijos aparecen como naturales o como legítimos y quiénes son los padres. Para otras 51 se comprobó su viudez a través de su propia acta de sepultura. En la década anterior al censo de 1777, fueron encontradas apenas ocho actas de matrimonio sin la correspondiente acta de sepultura del marido. Si se restringe la atención a las 33 viudas en edades altamente fecundas (de 20 a 35 años dejando al lado tres casos sin apellidos o con demasiado comunes), 22 aprobaron el examen más estricto de su viudez por medio de los registros parroquiales. Hay seis casos con evidencia circunstancial de su viudez —aparecen en uno o más padrones siempre sin hijos o con hijos que tienen un apellido distinto al de la madre. Nos quedan cinco viudas, tres de las cuales son sin duda ficticias y dos más que pueden ser ficticias (los apellidos de sus hijos jamás aparecen en los padrones). Tres eran inmigrantes a Parral. Estas viudas probablemente disfrazadas o quizás en camino de legitimar su matrimonio tuvieron un total de 11 hijos naturales registrados. Si se pudiera generalizar este minucioso ejercicio, un quince por ciento de las autodenominadas "viudas" en las edades de mayor fecundidad eran probablemente madres solteras. De todos modos estas historias son incompletas, porque estas mujeres dejaron pocas huellas en los registros parroquiales; no hay actas de sepultura y se encontró un máximo de tres bautismos para una sola madre.[31]

Con toda confianza podemos deducir que la fecundidad ilegítima de las viudas, sean ficticias o no, era bastante baja. En el padrón de 1777 no apareció ninguna viuda como amancebada, aunque sí unas cuantas madres solteras. De sus propias voces sabemos que procrearon cierta cantidad de hijos naturales a raíz de las apuestas en la feria nupcial. En la década de 1770, de más de 700 hijos naturales, sólo 22 son identificables como prole de las 203 viudas legítimas y ficticias. Obviamente procrearon más, pero no muchos más. Si se analiza su fecundidad en detalle, las viudas muestran un comportamiento único y truncado, con bastantes más hijos mayores que menores exactamente lo opuesto a lo que sucede con las casadas o solteras (Cuadro 2). Es notable que hay una mayor proporción de viudas con hijos en Parral (67%) que en otros lugares como la ciudad de México (50%) o en

---

[31] Para los historiadores, lo fascinante de las viudas ficticias vuelve a aparecer en un comentario sobre un trabajo de Rodney Anderson, aunque dentro de una explicación más amplia. Veáse, Marco Antonio Silva, "Comentario", *Encuentro El Colegio de Jalisco*, 1:4 (jul.-sep., 1984), p. 40. Se enumeran cuatro razones por la alta tasa de viudez, de las cuales dos se refieren a lo ficticio y dos a la demografía diferencial (migración y mortalidad) que favorecen a las mujeres.

CUADRO 2
LA FECUNDIDAD SEGÚN ESTADO MATRIMONIAL (HIJOS/MUJERES 15-49 AÑOS)

Edad de hijos	Estado matrimonial de la mujer		
	Soltera	Viuda	Casada
0-4	.103	.183	.922
5-9	.081	.208	.675
10-15	.044	.391	.439
Total mujeres	358	123	542

Fuente: Archivo General de Indias, Indiferente General, legajo 102.

Guadalajara (25% en 1842 y sólo 20% en 1888).[32] Lo cual quiere decir que esta prueba es más rigurosa que si se hubiera escogido un lugar donde se sabe de antemano que las viudas aparecen con pocos niños. Sea como fuera, cuando se trabajan datos fidedignos y se hacen análisis detallados, la fecundidad de las viudas parece bastante más baja que la de las casadas y seguramente por debajo de la de las solteras.[33] Sólo con datos de alta confianza —quiere decir donde hay pocos hijos naturales—, se podrían establecer con certeza los diferenciales exactos entre las no casadas, pero por lo mismo sería un caso bastante atípico.

La baja fecunidad de las viudas no es una sorpresa, ya que es obvio que se trata de mujeres que no están en riesgo constante de procreación, aunque sean altamente fecundas. Según simulaciones hechas por Coale, cuando el matrimonio es temprano, la mortalidad alta, y la tasa de segundas nupcias baja —precisamente el caso en Parral colonial— el freno al crecimiento vegetativo llega a su máximo.[34] Así que en Parral la viudez funcionaba como un control preventivo del crecimiento demográfico, manifestado por las acciones de Mendoza y Ontiberos aunque no fueran conscientes de ello. Si la reserva de viudas reduce la tasa bruta de natalidad en un 10 a 20%, esto equivale a una disminución en la tasa de crecimiento vegetativo de un cuarto o hasta de un medio.

A través de las propias voces de las viudas, ya conocemos los problemas que tenían para contraer segundas nupcias, sólo queda por

[32] Arrom, p. 128; Anderson, p. 35.
[33] En el caso de Inglaterra, como es de esperar, el peso de las viudas en la fecundidad ilegítima fue insignificante; véase: T. H. Hollingsworth, "Illegitimate Births and Marriage Rates in Great Britain", en Marriage and Remarriage in Populations of the Past, p. 450.
[34] Ansley Coale, "Introduction to Part III", en Marriage and Remarriage in Populations of the Past, p. 156.

agregar unos matices cuantitativos sobre la feria nupcial en donde circulaban.

Primero, dentro de cuatro años posteriores al padrón, sólo cuatro de las 203 viudas gozaron de las bendiciones nupciales en Parral. De ellas, la de mayor edad tenía 25 años y sólo una tenía hijo vivo: María Manuel Rodriquez, loba de 25 años, agregada sin indicación de su trabajo. El contraste por sexo es llamativo. De los 61 viudos masculinos en el padrón de 1777, seis se casaron en un lapso de cuatro años, y se encuentran otros nueve con mujer que también volvieron a casarse, ya en segundas nupcias, dentro de esa pequeña ventana de observación (hay solo un caso parecido de mujer). Así que para las mujeres todo es lo contrario.

Las viudas restantes (199) fueron buscadas en los libros de sepulturas (1777-1800) para obtener otro índice de las probabilidades de ulteriores nupcias. Entre las 51 defunciones encontradas no hay la menor duda de que treinta y nueve (75 por ciento) no se casaron antes de morir. En sólo 12 casos, el apellido del marido en el acta o no aparece o no concuerda con el apellido presunto de las primeras nupcias.[35] No se sabe si realmente son casos de ulteriores nupcias o si se trata de una especie de "esparcimiento de apellido".[36] Su nupcialidad concuerda con su fecundidad; las tasas son bajas en ambos casos.

El índice de masculinidad explica por qué las viudas tienen poca demanda. La totalidad de los hombres solteros y viudos (380 mayores de 19 años) podían abastecer sus necesidades nupciales recurriendo exclusivamente a mujeres solteras (386 mayores de 15). Este desbalance inesperado en una zona minera y hasta fronteriza se explica por lo peligroso de los campos y las atracciones urbanas del Real de San José de Parral. Las minas de plata "de Parral" se encontraban no sólo dentro de los confines del pueblo sino también en cerros distantes de media hasta diez leguas. A causa de las prolongadas hostilidades con los indígenas, las mujeres no indígenas se quedaban en el Real o en las pequeñas aldeas cercanas como Minas Nuevas. Según la estadística oficial de 1778 a 1786 los indígenas —pequeños grupos de apaches, acompañados a veces por algunos tarahumaras y tepehuanes— mataron a 41 hombres, se llevaron a otros seis, y desnudaron a dos, sin contar a los heridos ni a los muchos animales robados. Los muertos incluyeron dos ciegos con sus mancebos que fueron encontrados

---

[35] Es una aproximación absolutamente mínima; los casos en que se asienta "viuda" pero no se indica nombre ni apellido del cónyugue en el acta de sepultura, no fueron considerados como de viudas en primeras nupcias.

[36] T. Calvo, *La Nueva Galicia en los siglos XVI y XVII*, Guadalajara, 1989, pp. 38-39.

cerca de Parral en el camino de Chihuahua. En el mismo periodo, cuando los apaches llegaban a media legua del Real y a las puertas mismas de la capilla de Minas Nuevas, sacaron de varias casas y ranchos del distrito a cinco mujeres y las mataron sin llevarse ninguna, ni viva ni desnuda.[37] Así que Parral con sus más de cuatro mil habitantes fue un pequeño oasis urbano en medio de un paisaje peligroso e incluso bárbaro, donde pocas mujeres se radicaban y mucho menos caminaban solas, a menos de tener razones de fuerza mayor.

Hay que reconocer que más viudas volvieron a casarse de lo que se puede apreciar a partir de la experiencia de las 203. Incluso con base en los libros parroquiales, se podría pensar que ellas no resultaron tan lastimadas en la segunda feria. Catorce por ciento de los 1 673 matrimonios realizados en el periodo 1766 a 1796 son de mujeres en segundas nupcias.[38] Esto es sólo cuatro puntos de desventaja contra los viudos. Este equilibrio desaparece al tomar en cuenta la población en riesgo. El modelo de mortalidad planteado arriba sugiere que, sin migración, debe haber 50 por ciento más de viudas que de viudos. Con el supuesto extremo de que todos los viudos se casan, se puede calcular que son 27 por ciento las viudas disponibles (18 por ciento aumentado por la mitad) y su tasa de segundas nupcias llega a ser la mitad de la de los varones (14/27 comparado con 18/18). Este razonamiento podría ser de más utilidad para estimar la población en riesgo cuando no hay censos disponibles. Además, es una buena regla para comprender el impacto de las epidemias. En Parral, inmediatamente después de las hambrunas de 1786-1787, las segundas nupcias de las mujeres se duplicaron para constituir un tercio de todos los matrimonios.[39]

Los casos de las viudas burladas —León, Mendoza, y Oreña— sugieren que los cónyuges de las viudas vienen de alguna feria secun-

---

[37] "Quaderno...en qe estan constantes todas las ostilidades y muertes executadas por los Yndios enemigos", APP, 1778-1787 (por la indisponibilidad del índice en el momento de redacción no se ha podido dar la ubicación precisa de este documento). Para más información sobre las migraciones a Parral durante este periodo véase "Marriage, Migration and a Willingness to Settle Down".

[38] APP, Libros VIII, IX y X de matrimonios. En el libro X faltan las primeras nueve hojas y hay un salto de cuatro meses entre la última acta del libro IX y la primera del X. El aparente desacuerdo entre las viudas de los padrones donde sólo cuatro vuelven a casarse y los libros de matrimonio donde hay 30 matrimonios de viudas, se va desvaneciendo rápidamente al restar los casos de indígenas no empadronados y sin apellidos (7), los que el marido murió fuera de Parral (9), y los migrantes (9), quedando sólo 5.

[39] D. A. Brading y Celia Wu encontraron como respuesta a las epidemias en el Bajío que la proporción de segundas nupcias para mujeres se triplicó en tiempos de crisis de 6-7

daria. Sin embargo, aquí el panorama comparativo es más ardiente. Aún cuando las viudas parralenses no le ganaron a las doncellas sin hijos, tuvieron más éxito que las de muchas poblaciones europeas y novohispanas. En Parral, las probabilidades de que los matrimonios fueran homogámicos respecto a las nupcias previas son bajas, de 1.5x, mientras que en la ciudad de México suben a 3.0x. En la Francia rural durante la misma época son de 3.7x. En Inglaterra en 1855 la probabilidad de homogamia asciende a 16.7x, casi a un sistema de castas constitui- das por los miembros de los distintos estados matrimoniales. En Aman- tenango (Chiapas) al principio del siglo xIx era regla inviolable ya que hubo sólo 5 casos de heterogamia de más de 300 matrimonios.[40]

Esta comparación apoya la conclusión de que no era el estado de viuda lo que perjudicaba sino más bien su edad. Esto se confirma al analizar sólo a las mujeres de 21 a 29 años por estado y probabilidad de matrimonio. Las asociaciones por estado son insignificantes. Desde luego por ser la edad y el estado íntimamente relacionados no impor- taba mucho a las viudas. Sin posibilidades de escapar a su estado, cuidaron de su edad, refugiándose en los 30 años hasta que ya no les quedó otro remedio que saltarse a 40 o directamente a 50. ¿Era vanidad o una apreciación razonable del regateo de la feria? La mujer soltera tenía que casarse temprano o nunca, mientras que el hombre no andaba tan apurado. Dos de cada tres solteras parralenses se casaban dentro del intervalo pequeñísimo de seis años (17 a 23 años), la mitad del intervalo del hombre soltero (de 20 a 32), o del viudo (28 a 48 años). Para la mujer viuda, esta regla de la feria nupcial era dura. Ya cumpli-

---

por ciento (1782-1785, 1792-1793) a 20.6 por ciento (1786-1788) mientras para los hombres las cifras correspondientes fueron de 14 a 32 por ciento: "Population Growth and Crisis: León, 1720-1860", *Journal of Latin American Studies*, 5:1 (mayo, 1973), pp. 1-36.

[40] Aunque poco conocido por los historiadores, este índice es fácil de calcular: donde "Ss" significa soltero que se casa con soltera, "Sv" soltero con viuda, etc., el índice es igual a (Ss*Vv)/(Sv*Vs). Quiere decir, el número de solteros que se casan con solteras se multiplica por el número de viudos que se casan con viudas; este producto se divide entre el número de solteros casados con viudas multiplicado por el número de los opuestos. El índice da las probabilidades de enlaces homogámicos (valores mayor de 1.0) o heterogámicos (menor de 1.0). Se puede aplicar a cualquier variable que se puede reducir a dos valores, cruzado con otro también dicotómico. Los datos para la ciudad de México (3 905 casos) vienen de Pescador, "La familia Fagoaga y los matrimonios en la ciudad de México en el siglo xvIII". Guy Cabourdin, "Le remariage en France sous l' ancien régime (seizième-dixhuitième siècles)", en *Marriage and Remarriage in Populations of the Past*, pp. 273-286. Michael Drake, "The Remarriage Market in mid-19th Century Britain", en *Marriage and Remarriage in Populations of the Past*, pp. 287-296. Klein (1986), p. 281.

dos los 33 años le quedaban oportunidades muy limitadas, y las mejores posturas, según nos enseña el caso de Mariana de Goizotena, se presentaban a los 21 años!

Las reglas de la feria matrimonial perjudicaban a las mujeres en varias formas. La viuda, como la soltera, tuvo que apostar con su sexualidad y con su rendición para sellar el pacto. El estudio de Alberro nos enseña que en Nueva España, en una situación colonial de dominación racial y estratificación social fundamentada más bien en las costumbres y en los comportamientos que en las leyes, la sexualidad era un elemento clave que la mujer arriesgaba para poder llegar a ser casada.[41] Si ella no ganó el marido, pero sí un hijo, ganó a medias. Más aún, con el lento crecimiento demográfico las cohortes recientes eran siempre mayores que las anteriores, favoreciendo a los hombres que se casaban a edades más elevadas que las mujeres.

El mundo novohispano borbónico ofrece comportamientos matrimoniales bastante particulares y de muchas variedades. En el caso de Parral, se ha mostrado que hay mucha variación en la desigualdad de las edades, en el caso de las primeras nupcias, y que está bastante correlacionado con la calidad de ambos cónyuges y la clase y estatus migratorio del hombre.[42] El estado de ulteriores nupcias presta otros matices. Sólo por la alta mortalidad habría mucha viudez; una de cada tres mujeres alguna vez casadas que cumplen los 40 años sería viuda. La mortalidad diferencial y la mayor proporción de viudas, se explica no por "debilidad biológica" masculina,[43] sino por la diferencia en edad de los cónyuges, las disparidades en conducta diaria que expone el hombre a mayores riesgos que a ella, y sobre todo las mayores probabilidades de ulteriores nupcias por los varones que por las hembras. Para ellas, fueron muy pocas las probabilidades de ulteriores nupcias. Para solteras, fuesen madres o no, la soltería y su juventud les ofrecieron premios notables en la feria matrimonial. Una vez viuda, fuese real o no, la mujer quedó bastante perjudicada en las apuestas nupciales.

[41] S. Alberro, "La sexualidad manipulada en Nueva España: modalidades de recuperación y de adaptación frente a los tribunales eclesiásticos", en *Familia y sexualidad en Nueva España*, pp. 238-257. Lavrin también hace hincapié en la importancia de la práctica de dar palabra de casamiento "para iniciar relaciones físicas y pasar del cortejo a la unión" (Asunción Lavrin, "Aproximación histórica al tema de la sexualidad en el México colonial", *Encuentro El Colegio de Jalisco*, 5 (oct.-dic., 1984), p. 30 y también de lo común de su evasión (p. 32).

[42] McCaa (1984), pp. 485-489.

[43] Malvido, 95.

Cuando alcanzó a casarse, su novio habría celebrado diez abriles más que ella y probablemente ya cargaba familia numerosa. Contrario a lo que se ha escrito sobre la viudez como el estado "ideal",[44] para las mujeres de condición social no acomodado, la viudez quería decir pobreza y soledad. En el caso de Guadalajara en 1821, la gran mayoría de las viudas aparecieron en los padrones como pobres. Según el empadronador:

> Tampoco he expresado la ocupación de las mugeres cabezas de casa y de las demás que se mencionan, porque todas ellas no tenían otra para su manutención, que la de hilar algodón o hacer tortillas, según pormenor que se me ha informado y lo manifiesta el estado de pobreza en que se hallan.[45]

Para las viudas pobres, el hijo ofreció seguridad social, aunque no siempre efectiva.[46]

La viuda ficticia tuvo mayor éxito en guardar su ficción si era de mayor edad y migrante. Pero en el caso de Parral no eran tantas las mujeres inmigrantes aun dada la reconocida movilidad de su población.[47] Autodenominarse "viuda" era consignarse a vida infecunda, solitaria y pobre, aunque sí honorable —el principio y fin para los que tienen todo o poco. Sin embargo parece que eran pocas las mujeres

---

[44] "En conclusión [la viudez] era el estado ideal de la mujer y el único que como resultado de la disintegración familiar le daba estatus y libertad." Malvido, pp. 97-98.

[45] Anderson (1985), 89.

[46] Si fuese en duda el valor de los hijos para las madres solas, Brennan (p. 93) cita un testimonio bastante directo y elocuente: "No tengo más recursos que lo de mi trabajo y vivo en la esperanza que mi hijo se crezca y al llegar a ser hombre, me tendrá a mis necesidades durante mis últimos años con los frutos de su labor." Sin embargo, según la misma autora el volumen en sí de los pleitos jurídicos levantado por mujeres pidiendo sustento de sus hijos sugiere que mayormente quedaron solas con las esperanzas. Ni los recién casados ofrecen algún trato especial para sus madres viudas. La probabilidad de vivir con el padre viudo o incluso casado fue igual a la de vivir con madre viuda ("Marriage, Migration and a Willingness to Settle Down").

[47] M. M. Swann, *Migrants in the Mexican North: Mobility, Economy and Society in a Colonial World*, Boulder, Co. 1989. Es obvio que la migración geográfica era el escape, no sólo para cambiar la suerte sino de ocupación, calidad, nombre y desde luego el estado matrimonial (véase "Marriage, Migration and a Willingness to Settle Down"). Boyer también encuentra que para ser viuda ficticia hay que contar con mayores presiones que unos cuantos hijos naturales. En este caso el marido de mujer bastante migrante, no poca inquieta, e incluso bígama, insistió que "díjese ser soltera no viuda" para disfrazar su propia vergüenza por el comportamiento de ella. Véase Richard Boyer, "Escribiendo la historia de la religión y mentalidades en Nueva España", en *Familia y sexualidad en Nueva España*, página 127.

parralenses que aprovecharon o desaprovecharon este estado. Los pleitos enseñan las debilidades de las mujeres en la feria nupcial y el origen de cierta proporción de sus hijos naturales. Según el vocabulario de la época era por su "frajilidad", pero se puede ver también la necesidad de su rendición durante el noviazgo. La tesis chauvinista de la viuda inquieta, por deseos eróticos despiertos en el previo matrimonio o de la soltera en ejercicio de la "poliandria espaciada",[48] todavía queda por documentarse por medio de los archivos coloniales.[49]

Los pleitos matrimoniales del juzgado eclesiástico del Archivo Parroquial de San José de Parral me convencen de que con la complicidad de los conocidos, la mujer adulta —soltera, casada, abandonada, amancebada, o simplemente viuda— no sólo se defendió con cierto éxito de los hombres, fueran autoridades o no, sino que también pudo ganar el estado social deseado o alguna recompensa monetaria. La viuda novohispana aguantó la pobreza en una sociedad que le ofreció poca oportunidad económica, vendió su honra por palabra del hombre quien de vez en cuando respondió con sombra, y luchó para que su pretendiente no se desentendiera ni burlara, mientras toleraba abundante chismería. Desde luego se merece atención seria y justa de parte de los historiadores.

TIEMPO TRANSCURRIDO DESDE EL PRIMER MATRIMONIO.
EL EXCESO DE VIUDAS, MODELO COLONIAL

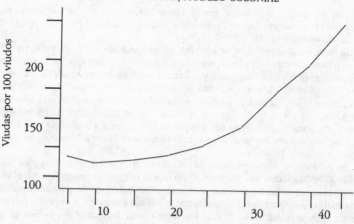

---

[48] Malvido, 97.

[49] Anderson ofrece la observación de que las "mujeres del siglo XIX, especialmente las de las clases bajas no hayan sido tan sensibles al estigma social de ser madres solteras" (1984, página 35).

HOGARES DE LA VILLA DE ATLIXCO A FINES DE LA COLONIA: ESTADOS, CALIDADES Y EJERCICIOS DE SUS CABEZAS

AGUSTÍN GRAJALES PORRAS*
Centro de Investigaciones Históricas y Sociales
Universidad Autónoma de Puebla

La penetración española en el valle de Atlixco data del año de 1532 en ocasión del repartimiento de tierras de labranza que se concedieron a 33 hombres y una mujer fundadores de la ciudad de Puebla. El oidor de la Segunda Audiencia, don Juan de Salmerón, después de consultar autoridades eclesiásticas e indígenas, señaló una porción de un valle que se extendía en el lado sureste del volcán Popocatépetl y a unos 30 kilómetros al suroeste del asentamiento recién fundado de la Puebla de los Ángeles. El valle de Atlixco es regado por los ríos Nexapa y Cantarranas y dada su fertilidad y frescura se le llamó el Val de Cristo. Desde sus inicios, la región se dedicó al cultivo del trigo, cereal que fue incrementando su importancia a lo largo del siglo. Para los años 1560, los registros decimales apuntan a Atlixco como el mayor productor de trigo con más de la mitad del volumen registrado por la Colecturía del Obispado de Puebla (Medina Rubio, 1983). Desde estas épocas, Atlixco abastecía al mercado interno de las ciudades de Puebla y México, y hacia el exterior orientaba sus productos a las islas del Caribe, a la marina mercante y a la Armada de Barlovento. Durante el siglo XVII la producción triguera alcanza su apogeo, lo que le valió al valle de Atlixco el calificativo de "granero de la Nueva España".

* El autor agradece al maestro José Luis Aranda Romero, investigador del CIHS-UAP, su colaboración en el rescate de la información proveniente del padrón militar de Atlixco, así como en la captura y procesamiento de los datos.

El pueblo de Atlixco propiamente dicho fue un asentamiento eminentemente español, circundado por habitaciones de indios. A un lado se levantaba el pueblo de Santa María Acapetlahuacan como "República de Indios", contando con su propio cabildo indígena. El poblado español contaba por su parte con un ayuntamiento encabezado por un alcalde mayor. Desde 1574, Alfonso Díaz de Carrión, a nombre de los habitantes de Atlixco, solicitó a la Corona que su poblado fuese elevado a la categoría de villa. Finalmente, en 1579 se expidió la Cédula Real, llamándola Villa de Carrión y cuyo escudo de armas contendría al arcángel San Miguel mostrando un haz de espigas de trigo en la mano (Meade de Angulo, 1988).

Para el siglo XVIII, la Villa de Carrión dejó de ser preponderantemente española; al paso del tiempo sus muros se abrieron a inmigrantes de color, forzados o no; así como a mestizos e indígenas. El proceso de mestizaje había ya tomado fuerza y hacia 1 792 la distribución étnica de la población no indígena era la siguiente: de 3 318 habitantes, se empadronaron 36 españoles europeos (1 por ciento) a quienes les denominaremos simplemente como "europeos"; a éstos les seguían los criollos o "españoles" con 1 118 miembros (34 por ciento); había 1 220 mestizos (incluyendo los castizos) (37 por ciento); y completaban el mundo no indígena 851 pardos (26 por ciento). Únicamente a 93 personas no se logró ubicar dentro de ningún grupo étnico (3 por ciento).

El padrón militar del partido de Atlixco —fuente del presente estudio—[1] datado el 7 de febrero de 1 792, arroja una cifra global de 3 367 individuos; la diferencia que se da con la cifra del párrafo anterior se debe al hecho de que se empadronaron a 49 indios capturados'únicamente por los lazos que los unían con la población no indígena arriba mencionada. Debido al carácter militar del padrón, los indios no eran fuente de su objeto, ya que su conteo se elaboró en su oportunidad en lo que se conoce como Matrículas de Tributarios.

Los padrones de milicia tenían como objetivo principal el de enlistar a toda la población útil, inútil y próxima a la milicia. Para tal efecto era imprescindible poseer datos sobre toda la población

---

[1] Archivo General de la Nación, Ramo *Padrones*, vol 25, "Padrón General de Españoles, Castizos y Mestizos pertèneciente a la Villa de Atlixco" (f. 7) y "Villa de Atlixco. Padrón de Morenos, Pardos y sus, Mestlas perteneciente a dicha Villa y su Partido" (f. 87).
La jurisdicción de Atlixco está formada por tres cuarteles: el de la Villa de Atlixco, el de Calpan y el de Huaquechula. Para el presente estudio sólo se recogió la información correspondiente al primer cuartel.

masculina europea, criolla y de las castas acerca de su edad, su estado matrimonial, su ocupación, su etnia, su lugar de origen y su capacidad física; para complementar la información era también necesario enterarse de las condiciones de sus hijos y sus mujeres: esposas, hijas, madres y sirvientas.

La relación de los individuos se presentó por grupos domésticos, cada uno identificado por un domicilio, es decir, el nombre de la calle y el número de su residencia. En el caso de las viviendas rurales, la identificación se realizó mediante un número seguido de "familia" para cada hacienda o rancho. Toda esta información permite efectuar un análisis del tamaño y de la estructura de los hogares, así como las diferencias demográficas y sociales en su conformación, a través del prisma del sexo, la edad, el estado matrimonial, la ocupación y el origen étnico del jefe del hogar. El esquema de análisis que se utilizó para el presente estudio es el propuesto por Peter Laslett, cuya metodología ha sido empleada por numerosos investigadores en un ámbito geográfico y cronológico muy extenso, lo que facilita su comparación.[2]

De la manera en que se levantó el censo y dada la forma de distribuir a los individuos bajo núcleos domésticos, es posible que se aplique un criterio moderno de lo que significa un hogar: unidad doméstica constituida por una persona sola o por la reunión de dos o más personas que unidas o no por lazos de parentesco, residen habitualmente bajo un mismo techo y llevan una vida en común. El jefe del hogar es simplemente la persona que aparece en primer lugar en la descripción del grupo doméstico, sea cual fuere su sexo, su edad o su estado matrimonial.

El padrón se formó orgánicamente, por calles y domicilios; el recorrido abarcó una treintena de calles —empezando por la Plaza Mayor y terminando en la garita de Tuchimilco— esto por lo que respecta a la traza urbana. Además se relevaron 20 haciendas y siete ranchos, agrupados en el ámbito del mismo cuartel de la villa. El encuestador anotó además los domicilios habitados exclusivamente por indios; se trata de 21 unidades domésticas que si se comparan con las de la población española y las castas (40 a 1) se puede afirmar que los naturales no tenían acomodo en el espacio urbano de la villa, aun cuando representaban la gran mayoría en el resto de la jurisdicción rural de Atlixco (22 981 indios=81 por ciento de la población total de

[2] Peter Laslett, *Household and Family in Past Time*, Cambridge, University Press, 1972. Además se consultó su artículo: "Discussion sur la dimension des menages", *Annales de Demographie Historique*, 1972, Societé de Demographie Historique, París, CNRS-Mouton.

la jurisdicción). El presente estudio se referirá, pues, a las formas de organización familiar de blancos, mestizos y gentes de color asentados amplia y mayoritariamente intramuros de la "Villa de Carrión".

Tal población se distribuye en 845 hogares que residen en 715 domicilios. El hacinamiento de hogares por domicilio no existía en la ciudad de Atlixco. Los habitantes residían sin ahogo en viviendas separadas y el grueso de la población encontraba con relativa facilidad una residencia. A lo largo del padrón se percibe una gran cantidad de casas habitación que se encontraban desocupadas o con accesorías vacías. Igualmente es posible inferir el número de casas solas en virtud de la frecuencia de numeración discontinua por calle. Tal parece que éste no era un fenómeno propio a la villa de Atlixco, puesto que en la ciudad de Tehuacán de las Granadas, al sureste de la intendencia de Puebla, se daba una tasa de desocupación de domicilios de un 18 por ciento (Grajales y Aranda, 1988).

Casi la totalidad de los domicilios (97 por ciento) albergaba menos de 3 hogares y cerca del 90% sólo admitía un hogar aislado. De acuerdo a la distribución de los hogares por domicilio, tres cuartas partes de los hogares ocupaban un solo espacio arquitectónico identificado por un domicilio; uno de cada seis compartía con otro hogar la misma dirección; apenas 6 hogares entre cien se repartían una residencia entre tres grupos domésticos; y sólo el 4% de los hogares se localizaba en vecindades de 4 y hasta 9 núcleos domésticos por ubicación. Las vecindades con más de 4 hogares se ubicaban en la calle de "Donzeles" núm. 14 y en el núm. 52, en la calle del Carmen núm. 10 y la más grande (con 9 hogares) en la calle Empedrada núm. 31. En esta última dirección habitaban 33 personas; en la del Carmen convivían 14; y en la de Donceles se avecindaban 29 y 17 individuos, respectivamente.

El padrón de Atlixco da cuenta de 5 hogares comunitarios: 3 conventos de religiosos, un convento-hospital y un claustro de monjas. La comunidad más numerosa era la del convento de Nuestra Señora del Carmen con 19 miembros. El padre prior fray Cristóbal de Santa Teresa, natural de la Villa de Alegría de la provincia de Álava, encabezaba a diez religiosos, un hermano corista (profeso), dos hermanos legos, cuatro acólitos y un solo sirviente no indígena.

La orden de los juaninos estaba encargada para entonces del antiguo hospital de la villa y era atendido por 9 individuos. El prior del convento era fray Pedro Sánchez, nativo de la Mancha Real, Jaén; y sólo había —de religiosos— un fraile capellán del hospital, un padre enfermero y un hermano donado. Entre los servidores laicos había un enfermero, una enfermera con su hijo de nueve años, la cocinera y una sirvienta.

Los otros conventos eran francamente pequeños. La casa de religiosos de Nuestro Padre San Agustín albergaba, aparte de un sirviente, a 6 frailes: el reverendo padre prior doctor fray Manuel Gilverte, oriundo de La Rioja; un padre superior, un fraile procurador y otro sacristán, además de dos hermanos laicos. Y el convento de Nuestra Señora de la Merced estaba hospedado por su padre comendador, fray Ignacio Cordero que era nativo de la Nueva España, originario del pueblo contiguo de Izúcar; un padre jubilado, dos religiosos, un hermano donado y un sirviente; en total 6 miembros.

Finalmente, se tiene noticia del convento de Santa Clara, gracias a que se tenía que empadronar a los únicos varones que habitaban en el convento (los claustros de religiosas no formaron parte del censo). Se trata de tres padres predicadores jubilados, que atendían espiritualmente a las monjas: uno de ellos el vicario del convento y otro el comisario de la tercera orden.

TAMAÑO DE LOS HOGARES

El tamaño promedio de los hogares de la villa de Atlixco era de 4 miembros por hogar. El tamaño del hogar es muy pequeño pero se asemeja a la dimensión que prevalecía en numerosos puntos de la Nueva España. En la ciudad de Tehuacán, para las mismas fechas, el tamaño del hogar era idéntico; y en el barrio de Analco de la ciudad de los Ángeles, capital de la intendencia, el tamaño promedio del hogar era aún más reducido con 3.7 miembros por hogar, también hacia 1792 (Grajales, 1982). Esta dimensión promedio de los grupos domésticos denota una fuerte mortalidad, además de una proporción importante de hogares solitarios o que están iniciando su ciclo de vida (20 por ciento), así como condiciones económicas precarias que imposibilitaban a algunos estratos de la sociedad para mantener grupos de mayor dimensión. Esto último provocaba que los hogares se redujeran tempranamente por la formación de un nuevo hogar y que repercutía a su vez en una nupcialidad cada vez más precoz a medida que se descendía en la escala social.

El análisis del hogar se ha visto perturbado en razón de la omisión de una proporción considerable de población joven menor a los 15 años de edad (especialmente los menores de 5 años) y sobre todo de los muchachos próximos a entrar en milicias (12, 13 años de edad). Asimismo se percibe el ocultamiento de jóvenes de todos los grupos socioétnicos entre 15 y 25 años de edad, para no formar parte de la primera clase militar; esto último debió conjugarse, sin embargo, al hecho de que una parte de esta población haya migrado en búsqueda de alguna ocupación. No obstante, aun cuando se hubiera podido omitir a una quinta parte de toda la población menor a los 25 años de edad, el tamaño del hogar aumentaría apenas a 4.5 miembros en promedio (dimensión aún reducida). El problema del subregistro tampoco puede distorsionar las tendencias generales en cuanto a la forma que tienen las familias y los individuos de agruparse, es decir, el tipo de estructura que guardan sus hogares; ya que ésta se construye a partir de la formación de un núcleo conyugal, o bien a través del aislamiento de personas adultas o su asociación sin que se dé ninguna relación de parentesco entre ellas.

Aparte de los 5 hogares comunitarios, había en Atlixco 840 hogares: 634 (75 por ciento) con un jefe de hogar varón y la cuarta parte restante (206) tenía al frente una mujer. Sin embargo, había diferencias muy marcadas entre aquellos hogares que estaban comandados por cada sexo, así como de acuerdo a su origen étnico (cuadro 1). Los hogares encabezados por el sexo masculino eran de mayor magnitud. Hay una diferencia de un individuo en el tamaño promedio del hogar (4.2 contra 3.2). Dicha diferencia es lógica, ya que el 80 por ciento de los hogares comandados por mujeres son hogares de viudas y por lo tanto, hay una persona de menos en esa familia deshecha. Estas diferencias se mantenían incluso si se analiza el tamaño promedio por cada grupo étnico. Los hogares femeninos nunca llegan a sobrepasar el tamaño de los hogares masculinos, aun cuando se trate de hogares masculinos de los grupos étnicos intermedios y bajos dentro de la escala social novohispana. En efecto, a medida que se desciende en la escala social, el tamaño promedio del hogar disminuye, tanto en el caso de los hogares de jefes varones como en el de las mujeres. Los hogares masculinos de los europeos son los más numerosos (6.4) y rebasan en dos y medio miembros a los hogares encabezados por mestizos, pardos e indios. La brecha es un poco menor con los criollos que dirigen hogares por encima del tamaño promedio, sea de 4.4 miembros por hogar. Por lo que toca a los hogares femeninos, las españolas aparecen con grupos domésticos más numerosos, de 3.6 miembros; en tanto que las mestizas y las pardas —igual que los hombres, sólo que a otro nivel— mantienen un mismo número de miembros, a razón de sólo 3 individuos, en promedio.

CUADRO 1

TAMAÑO PROMEDIO DE LOS HOGARES SEGÚN EL SEXO, EL ORIGEN ÉTNICO Y EL ESTATUS OCUPACIONAL DEL JEFE DE HOGAR, ATLIXCO, PUEBLA, 1792

| Estatus | Origen étnico | | | | | | | | | | | | |
| | Europeo | | Español | | Mestizo | | Pardo | | Indio | | No establecido | | Total | |
	H	M	H	M	H	M	H	M	H	M	H	M	H	M
Élite	7.7 (15)		5.4 (29)										6.2 (44)	
Ocupaciones intermedias	3.6 (7)		4.5 (83)		5.1 (20)		4.9 (15)						4.6 (125)	
Artesanado y fabricantes	—		3.8 (66)		4.1 (114)		3.9 (109)						4.0 (289)	
Agricultores y arrieros	—		4.1 (20)		3.7 (45)		3.8 (21)						3.8 (86)	
Servidumbre	—		4.3 (7)		3.6 (26)		3.0 (11)						3.5 (44)	
Total*	6.4 (22)	—	4.4 (212)	3.6 (66)	4.0 (212)	3.0 (85)	3.9 (166)	3.0 (53)	3.0 (21)	4.0 (2)	2.0 (1)	—	4.2 (634)	3.2 (206)

*Nota: Los cinco hogares comunitarios (conventos) no forman parte de la distribución.

La columna del total según el origen étnico incluye a 46 hombres que no declaran ocupación: 7 españoles, 7 mestizos, 10 pardos, 21 indios y un individuo sin etnia declarada.

El modelo anterior deja suponer sin mayor riesgo que la mortalidad —variable que tendría un mayor peso en la regulación del tamaño de los hogares en el pasado— aunada a lo económico, selecciona con mayor frecuencia a los dos grupos de sangre mezclada, mestizos y morenos, impidiendo su agrandamiento.

Analizando el tamaño del hogar ya sea a través del origen étnico del jefe del hogar, como a través del estatus que le proporciona su ocupación —variables por demás íntimamente relacionadas (Grajales y Aranda, 1989)— se percibe una diferenciación neta a medida que se desciende en la escala socioeconómica. De esta manera, las diferencias según el tipo de ocupación que desempeñan los jefes de hogar también son nítidas (cuadro 1). En virtud de que en el listado de Atlixco sólo se mencionan prácticamente las ocupaciones masculinas, el análisis que sigue no se puede aplicar más que a los hogares de jefes varones.

La élite formada por propietarios de haciendas y ranchos, nobles con mayorazgo, comerciantes, clero secular y funcionarios reales encabezan los hogares de mayor tamaño (6.2). Los jefes de hogar con ocupaciones generosas, de mando o profesionistas,[3] los secundan con menos de un miembro y medio en promedio (4.6). Los fabricantes y el artesanado, seguidos de los agricultores y los arrieros, y por último los ayudantes y sirvientes, poseen hogares cada vez más pequeños (4.0, 3.8 y 3.5, respectivamente).

Las diferencias en lo que respecta al tamaño de los hogares se ensanchan aún más, al analizar el origen étnico cruzado con el estatus en la ocupación del jefe del hogar (cuadro 1). En el seno de la élite, hay diferencias notables entre aquella europea y la criolla. El mantenimiento de un hogar de gran tamaño —que incluye sirvientes— le es sumamente fácil a la capa que se encuentra en la cúspide social. Como es de esperarse, la élite europea es el grupúsculo social que mantiene el nivel más elevado del tamaño de su hogar (7.7 miembros), seguida —pero muy alejada— de la élite criolla que cuenta con más de 2 miembros de menos que la anterior (5.4 miembros). La dimensión de los hogares de ambas caras de la élite nunca serán igualados por ningún estrato ocupacional ni étnico.

Inesperadamente, el europeo y el español criollo de situación ocupacional mediana mantienen hogares más pequeños que mestizos y pardos los cuales han alcanzado un estatus económico más que deseable dada su condición étnica; no obstante, las cosas regresan a su tendencia cuando los jefes de hogar desempeñan las tareas menos favorecidas.

ESTRUCTURA DE LOS HOGARES

Las estructuras de los hogares de Atlixco son mayoritariamente "simples"; es decir, que los individuos se agrupan alrededor de núcleos conyugales aislados. Dos terceras partes de los hogares sólo admiten

---

[3] Se trata de arrendatarios y administradores de hacienda, labradores, mayordomos, dueños de manufactura, tenderos, tratantes, cajeros, empleados del clero, oficiales del ejército y dragones, orfebres, pintores, músicos, empleados civiles, escribientes, barberos, boticarios, maestros de escuela y estudiantes.

una pareja (con o sin hijos) o bien un núcleo integrado por uno de los padres viudos y sus hijos viviendo con él (cuadro 2). Los "hogares simples" se distribuyen de la siguiente manera: las parejas con hijos son

CUADRO 2

DISTRIBUCIÓN DE LOS HOGARES SEGÚN EL TIPO DE ESTRUCTURA, EL SEXO Y ORIGEN ÉTNICO DEL JEFE DEL HOGAR, ATLIXCO, PUEBLA, 1792

Hombres

Tipo de estructura	Europeo n	Europeo %	Español n	Español %	Mestizo n	Mestizo %	Pardo n	Pardo %	Indio n	Indio %	No declarado n	No declarado %	Total n	Total %
1	0	0	3	1	2	1	2	1	0	0	0	0	7	1
2	5	20	1	47	7	3	4	2	0	0	0	0	30	5
3	0	0	1	15	4	2	1	1	1	5	0	0	17	3
4	0	0	24	11	39	18	36	22	3	14	1	100	103	16
5	6	24	103	48	116	55	74	46	9	43	0	0	310	49
6	1	4	10	5	6	3	7	4	1	5	0	0	25	4
7	0	0	2	1	0	0	1	1	0	0	0	0	3*	0
8	6	24	32	15	25	12	25	15	4	19	0	0	92	14
9	4	16	13	6	13	6	14	8	3	14	0	0	47	7
0	3	12	2	1	2	0	0	0	0	0	0	0	5	1
Total	25	100	214	100	212	100	166	100	21	100	1	100	639	100

Mujeres

Tipo de estructura	Española n	Española %	Mestiza n	Mestiza %	Parda n	Parda %	India n	India %	Total n	Total %
1	7	11	9	11	10	19	0	0	26	13
2	2	3	1	1	1	2	0	0	4	2
3	13	20	4	5	3	6	0	0	20	10
4	0	0	0	0	0	0	0	0	0	0
5	0	0	0	0	0	0	0	0	0	0
6	0	0	0	0	0	0	0	0	0	0
7	29	44	53	62	28	53	2	100	112	54
8	10	15	17	20	9	17	0	0	36	17
9	5	8	1	1	2	4	0	0	8	4
Total	66	100	85	100	53	100	2	100	206	100

TIPO DE ESTRUCTURA

1 Viudo solitario
2 Soltero solitario
3 Hogar sin estructura

4 Pareja sin hijos
5 Pareja con hijos
6 Viudos con hijas
7 Viudas con hijos

8 Familia extendida
9 Hogar múltiple
0 Hogar comunitario

* Estos tres casos, el jefe del hogar es el hijo que cohabita con su madre viuda.

las más numerosas y significan el 56% de este tipo de hogar; cerca de una quinta parte son parejas sin hijos (proporción elevada que implica necesariamente una alta mortalidad infantil y juvenil aunada al abandono del hogar o el ocultamiento de los hijos por razones militares); y la cuarta parte restante son familias monopaternas.

Una vez que la "familia elemental" está formada, puede admitir a uno o varios miembros externos, los cuales aun cuando puedan estar emparentados entre sí, no llegan a formar un núcleo conyugal entre ellos. Ésta es una "familia extendida" y es el tipo de hogar que le sigue en importancia al "hogar simple" en Atlixco. El 15 por ciento de los hogares es de este tipo, los cuales junto con los hogares simples alcanzan a significar el 80 por ciento del total.

En una situación urbana, el número de "hogares aislados" o de personas solitarias puede adquirir un cierto peso. En nuestro caso, los hogares de viudos o de solteros solitarios alcanzan a significar el 8 por ciento del total. Los hogares que contienen dos o más núcleos conyugales, es decir los "hogares múltiples", siguen en importancia a los solitarios con un 7 por ciento de representatividad y finalmente se ubican los "hogares sin estructura familiar" (4 por ciento), es decir, hogares integrados por más de una persona pero que no forman ningún núcleo conyugal entre sí. Los "hogares comunitarios" apenas representan un 0.6 por ciento del número total de los grupos domésticos. De acuerdo a lo anterior el 87 por ciento de los hogares de la villa están representados por un jefe de hogar que está al frente de un solo núcleo conyugal.

Las primeras diferencias que se dan en cuanto a la conformación de los hogares se observan a nivel del sexo de su jefe (cuadro 2). De los hogares de viudos solitarios están al frente prácticamente las mujeres (26 contra 7), a razón de un solo viudo por casi 4 viudas solas. Estos viudos solitarios en su mayoría son artesanos diversos: 3 españoles, 2 mestizos y 2 pardos. Por el lado de las 26 viudas, no hay una etnia aparentemente que prefiera este tipo de hogar solitario; hay 7 españolas, 9 mestizas y 10 pardas. Pero si se relacionan estos pequeños números con el tamaño de cada grupo étnico en presencia dentro de la villa, se observaría más bien una atracción por parte de las mujeres pardas, ya que dada su condición social es posible que hayan tenido menos oportunidades en el mercado matrimonial. En virtud de la edad promedio de todas estas mujeres que es de 49 años, podría decirse que se trata de viudas aisladas definitivas.

El otro tipo de hogar solitario, el de las personas solteras, está ahora en manos del sexo masculino. Sólo se mencionan los hogares de dos criollas, una mestiza y una parda viviendo completamente solas, de las cuales una de ellas es sumamente joven (16 años), otra es menor de 25 años y las otras dos son mujeres muy maduras de más de 45 años. Entre los hombres hay 30 individuos con características muy especiales: son hombres solterones medianamente jóvenes ya que tienen una edad mediana de 34 años, con profesiones lucrativas como las de ser propietarios de hacienda, administradores y comerciantes propietarios de tiendas, entre otras. Un rasgo especial de estos individuos es también su color, pues dos terceras partes eran blancos (5 europeos y 14 criollos) y sólo había 7 mestizos y 4 pardos entre artesanos y arrieros. Una vez señaladas las características anteriores se puede concluir que por las calles de Atlixco se paseaban codiciados solterones con pecunia viviendo sus treintas, y sin ningún tipo de responsabilidad frente a un hogar ni con lazos de parentela.

En el caso de los hogares sin estructura familiar su número estaba equilibrado según el sexo (17 jefes varones y 20 mujeres). Por la edad mediana de los jefes de hogar —que por cierto es también muy equilibrada entre ambos sexos, de 44 años los hombres y de 46 las mujeres— parece ser que en parte este tipo de hogar sea una evolución del hogar de personas solas que no contrajeron nupcias o no establecieron ninguna relación conyugal, pero que se asociaron a otros individuos bajo un mismo techo. Igual que en el caso de los hogares solitarios masculinos, este tipo de hogar está reservado ampliamente a personas de los estratos altos de la sociedad. Al frente de los hogares masculinos sin estructura, están 11 criollos, 4 mestizos, un pardo y un indio. En razón de las características propias de su ministerio, seis de estos hogares criollos pertenecen al clero secular: el cura de Atlixco, cuatro presbíteros y el clérigo comisario del Santo Oficio. Completan el cuadro de los hogares criollos dos comerciantes, dos plateros y un mayordomo de hacienda. Los cuatro mestizos, el pardo y el indio son todos artesanos con la excepción de un campista. Por el lado de los hogares femeninos también hay predominio de mujeres criollas (13) quienes duplican el número de mestizas (4) y pardas (3), en una proporción casi idéntica a la del sexo masculino.

Cuando se trata de hogares en donde hay una pareja, el jefe del hogar sólo es del sexo masculino, ya que el arribo de una mujer al mando de un hogar es por la pérdida del marido, sea por muerte o por abandono. En el caso de los hogares simples dirigidos por un varón (cuadro 2), cerca de una cuarta parte son parejas solas, el 70 por ciento son familias sencillas formadas por los padres y su prole y el resto son hogares de hombres viudos en compañía de sus hijos. Los hogares formados por mujeres viudas con sus hijos adquieren una gran importancia ya que significan más de la mitad del total de hogares dirigidos por una mujer. En efecto, los hogares monopaternos son casi privativos del sexo femenino, ya que más de cuatro quintas partes son una familia deshecha formada por una viuda viviendo con uno o más hijos. Lo anterior se explica, en primer lugar, por una sobre mortalidad masculina, y por otro lado, también hay que destacar que para un hombre solo o viudo de aquella época era extremadamente difícil hacer frente a un hogar, lo que lo conducía a contraer segundas nupcias de manera relativamente fácil, dado el mercado matrimonial menos estrecho para el sexo masculino; en cambio la mujer tenía que adoptar diferente postura, lo cual la sumía en un estado sumamente crítico en cuanto a buscar la forma de proveerse del sustento familiar.

La edad promedio de los viudos era de 47 años y la edad mediana de 45; en ambas edades le llevaban a las viudas una duración de 5 años Dichas edades, como se puede notar, no son elevadas, lo que significa que el rompimiento de las uniones y por ende la fragmentación de los hogares debido a la alta mortalidad era muy prematuro. La diferencia de edades también da a pensar en la acción de una mortalidad diferencial según el sexo mucho más precoz para el sexo masculino. La edad mediana de los varones que están al frente de parejas con y sin hijos es prácticamente la misma: 37 años. Lo que cabía esperar es que los que no tienen hijos, dada su etapa presumiblemente inicial en el ciclo de vida familiar, tuviesen una edad central mucho menor. De cualquier manera, se advierte —de acuerdo a las edades centrales de viudos y casados, así como de las viudas— que el tiempo de cohabitación de una pareja era muy reducido y que la ruptura de un hogar sobrevenía a edades tempranas.

Al frente de las familias extendidas y los hogares múltiples estaban mayoritariamente los hombres (cuadro 2). Es obvio que al frente de estos dos tipos de hogar mandatados por una mujer se trate de mujeres viudas de edades avanzadas y asimismo es lógico pensar que su importancia disminuya en los hogares múltiples debido a que al haber otro núcleo conyugal sea la parte masculina de ese núcleo en particular quien asuma el papel de jefe de hogar. La edad promedio de las mujeres que dirigen las familias ampliadas (49 años) es en mucho mayor que la de los hombres (39 años) y que la de las viudas con un hogar simple (42 años), lo que denota la evolución de este último tipo de hogar hacia una familia extendida, y que significa que para dirigir estos hogares, en el caso de las mujeres, se necesitó mantener la autoridad sobre los hijos.

De la misma manera en que se diferencian los hogares de acuerdo a su tamaño según el origen étnico del jefe del hogar, se distancian los grupos étnicos en cuanto a su forma de agrupación familiar (cuadro 2). Las etnias más privilegiadas prefieren estructuras menos simples: hogares múltiples, hogares sin estructura familiar y aislados. En cambio los mestizos y los pardos mantienen estructuras predominantemente simples, alcanzando a significar cerca de las tres cuartas partes de sus hogares. Estas apreciaciones valen para los jefes de hogar de uno y de otro sexo. Sólo en el caso de los hogares de familias ampliadas hay un comportamiento ligeramente diferente. Entre los hombres se da la misma tendencia que con los hogares múltiples, mientras que por el lado femenino se da en forma inversa, ya que este tipo de hogar es preferido mayormente por las mestizas, luego por las pardas y al último por las criollas. Las estructuras que se obtienen en el mismo cuadro 2 para los indios, en realidad no pueden ser significativas para el conjunto de los naturales, ya que aquellos están seleccionados por su relación conyugal con los grupos de las castas y los criollos.

Las diferencias en cuanto a la formación de grupos domésticos también se pueden apreciar a través del estatus en la ocupación masculina (cuadro 3). Siguiendo el perfil de la gráfica 1, se puede apreciar cómo a medida que se desciende en el estatus ocupacional, la estructura de los hogares es cada vez más simple. Y de forma inversa, los hogares son cada vez más complejos —ampliados, múltiples, sin estructura familiar y aislados— a medida que se asciende en la escala social del trabajo. El único grupo que se despega de esta tendencia general es el de los agricultores cuando se trata de hogares múltiples, en donde aumentan su importancia; lo mismo que los sirvientes que viven solitarios fuera de los hogares de sus patrones.

LA SERVIDUMBRE DENTRO DE LOS HOGARES

En caso de que el padrón de Atlixco dé cuenta verdadera del segmento de la población que prestaba servicios domésticos, se puede concluir que la servidumbre de blancos, mestizos y pardos en Atlixco no era frecuente. Sólo se menciona la existencia de 117 sirvientes, en su mayoría del sexo masculino: 102 hombres y 15 mujeres (cuadro 4). El

CUADRO 3
DISTRIBUCIÓN DE LOS HOGARES CUYO JEFE ES DEL SEXO MASCULINO SEGÚN SU
ESTRUCTURA Y EL STATUS DADO POR SU OCUPACIÓN, ATLIXCO, PUEBLA, 1792

| | | Status dado por la ocupación | | | | | | | | | | | |
| Tipo de estructura | Élite | Mandos, ocup. generosas y serv. intermedios | | Fabricantes y artesanado | | Agricultores y arrieros | | Servidumbre | | Desempleados y sin declaración | | Total | |
	n %	n	%	n	%	n	%	n	%	n	%	n	%
1	0 0	1	1	5	2	1	1	0	0	0	0	7	1
2	4 9	11	9	7	2	2	2	5	11	1	2	30	5
3	7 16	4	3	4	1	1	1	0	0	1	2	17	3
4	1 2	14	11	58	20	15	17	7	16	8	18	103	16
5	13 30	62	49	142	49	48	56	28	64	17	39	310	49
6	3 7	3	2	12	4	2	2	2	5	3	7	25	4
7	0 0	0	0	3	1	0	0	0	0	0	0	3	0
8	10 23	20	16	44	15	7	8	2	5	9	20	92	15
9	6 14	12	9	14	5	10	12	0	0	5	11	47	7
Total	44 100	127	100%	289	100%	86	100%	44	100%	44	100%	634	100%

Nota: los cinco hogares comunitarios están fuera de la distribución.

ESTRUCTURA DEL HOGAR

1 Viudo solitarioz
2 Soltero solitario
3 Hogar sin estructura familiar

4 Pareja sin hijos
5 Pareja con hijos
6 Viudos con hijos

7 Viudas con hijos
8 Familia extendida
9 Hogar múltiple

hecho de que la población indígena no haya sido objeto de empadronamiento minimiza la importancia de este sector de la ocupación; por otro lado, el desbalance entre los sexos de la servidumbre, hace pensar en un subregistro muy alto del trabajo doméstico femenino en la misma forma en que se omitió en el listado de población prácticamente todas las ocupaciones desempeñadas por este sexo (Grajales y Aranda, 1989). Sin embargo, lo parco de la información no implica que no se puedan analizar los casos con los que se cuenta, los que además dan cuenta de la servidumbre "blanca" y negroide de la ciudad.

Sólo el 8 por ciento de los hogares cuenta con servidores que conviven con sus patrones en el mismo hogar. Cuando se trata de un jefe de hogar del sexo masculino esta proporción aumenta al 9 por

GRÁFICA 1
ESTRUCTURA Y STATUS DEL JEFE DEL HOGAR
ATLIXCO, PUEBLA, 1792

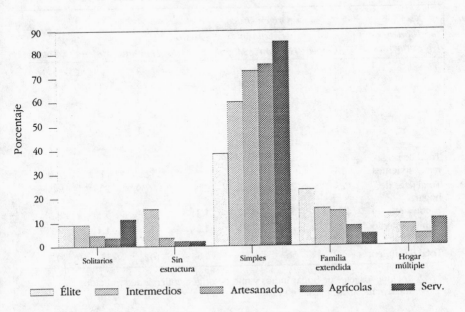

ciento y en el caso del otro sexo la proporción disminuye al 5 por ciento , lo que significa que la mujer se encontraba en menor disposición de contratar los servicios domésticos. A medida que los hogares son más extensos se requiere más de este tipo de servicios (cuadro 5). El tamaño promedio de los hogares que cuentan con sirvientes es de 6.6 miembros, provocando que el tamaño de aquéllos sin servicios domésticos se reduzca hasta 3.7 miembros por hogar, situándose por debajo del tamaño promedio general del hogar tipo en Atlixco.

De acuerdo a la proporción de los hogares que cuentan con servicios domésticos con respecto al total según el tipo de estructura de los hogares, se percibe que los hogares simples —y en mayor medida las parejas sin hijos y las viudas con hijos— no pueden mantener un sirviente; en cambio los hogares conventuales y los hogares sin estructura familiar (entre los que se incluyen los del clero regular y el secular), admiten en una gran proporción a servidores domésticos (80 por ciento y 22 por ciento del total de hogares de ese tipo). También los hogares de personas solteras que viven aisladamen-

CUADRO 4

DISTRIBUCIÓN DE LOS HOGARES SEGÚN EL NÚMERO DE SIRVIENTES DE ACUERDO AL
SEXO Y AL ORIGEN ÉTNICO DEL JEFE, ATLIXCO, PUEBLA, 1792

Número de sirvientes	Origen étnico						
		Español		Mestizo			
	Europeo	Hombre	Mujer	o pardo	Hombres	Mujeres	Total
1	9	23	7	4	36	7	43
2	4	8	4	1	13	4	17
3	1	3			4		4
4	2	2			4		4
5	1				1		1
7	1				1		1
Total de hogares c/sirvientes	18	36	11	5	59	11	70
Total jefes de hogar	25	214	66	379	639 *	206 **	845
% con serv.	72.0%	16.8%	16.7%	1.3%	9.2%	5.3%	8.3%
Número medio de sirvientes	2.2	1.6	1.4	1.2	1.7	1.4	1.7
Total de sirvientes	40	56	15	6	102	15	117

  * Incluye los jefes de hogar indios y uno de origen étnico indeterminado.
 ** Incluye mestizas, pardas e indias.

te (en este caso en compañía de un sirviente), también son frecuentes
(18 por ciento). Las familias extendidas y luego los hogares múltiples
mantienen en menor grado a un sirviente (15 y 14 por ciento).

La servidumbre compuesta por criados, lacayos, cocineras, amas
de llaves y cocheros se desempeña casi exclusivamente en hogares de
europeos y criollos, ya sean hogares de jefes varones o mujeres. Sólo
hay 5 hogares (7 por ciento del total de hogares con servidumbre) que
pertenecen a hombres mestizos o pardos. Pero en el caso de las
mujeres sólo las españolas criollas se dan el lujo de disponer de estos
servicios que por el contrario les está vedado a las mestizas y las pardas
(cuadro 4). Casi en tres cuartas partes de los hogares de europeos se
dispone de criados que habitan en la casa mientras que en las casas de
los criollos, regenteadas por ambos sexos, sólo una de cada 6 cuenta
con servicios domésticos a domicilio. Asimismo, el número medio de
sirvientes por hogar desciende a medida que el jefe de hogar ocupa un
estatus étnico menos privilegiado. El europeo dispone de mayor nú-

CUADRO 5

DISTRIBUCIÓN DE LOS HOGARES SEGÚN EL NÚMERO DE MIEMBROS, EL TIPO DE
ESTRUCTURA Y SERVICIOS DOMÉSTICOS, ATLIXCO, PUEBLA, 1792

Tipo de estructura (columnas 1–0); *SERVIDUMBRE* (Sí / No)

Núm. de miembros en el hogar	1 Sí	1 No	2 Sí	2 No	3 Sí	3 No	4 Sí	4 No	5 Sí	5 No	6 Sí	6 No	7 Sí	7 No	8 Sí	8 No	9 Sí	9 No	0 Sí	0 No	Sub-total Sí	Sub-total No	Total
1	0	30	0	28																	0	58	58
2	2		5			18		102				5		52							7	177	184
3	1				1	6	1			90		8		27		32				1	3	164	167
4			1		1	3			7	81	1	5		20	2	32		4			12	145	157
5					3	2			2	67		3	1	9	3	14		9			9	104	113
6					1					26	1	2		2	8	17		12	1		11	59	70
7					1				2	16				1	1	7		9	1		5	33	38
8					1				2	9				3		7	3	4			6	23	29
9										2					1		1	2	1		3	4	7
10									1	1					3			2			4	3	7
11									2								2	2			4	2	6
12									1									1			1	1	2
13									1									1			1	1	2
14															1		1				2	0	2
15																	1				1	0	1
17																		1			0	1	1
19																			1		1	0	1
Total	3	30	6	28	8	29	1	102	18	292	2	23	1	114	19	109	8	47	4	1	70	775	845
Tamaño promedio del hogar																					6.6	3.7	4.0

TIPO DE ESTRUCTURA

1 Viudo solitario	4 Pareja sin hijos	8 Familia extendida
2 Soltero solitario	5 Pareja con hijos	9 Hogar múltiple
3 Hogar sin estructura familiar	6 Viudos con hijos	0 Hogar comunitario
	7 Viudas con hijos	

mero de sirvientes, 2.2 en promedio, seguido del español con 1.6, luego la mujer española con 1.4, y finalmente el hogar de las castas que cuenta en promedio con 1.2 sirvientes por hogar.

El hogar de la villa de Atlixco es por regla general pequeño y de organización familiar muy simple. Éste es un fenómeno que destaca a lo largo de toda la Nueva España y que rebate el mito de que en la antigüedad los hogares eran extensos y con estructuras múltiples y complejas.

Las características sobre el hogar se revelan como variables netas de diferenciación social. Las diferencias que se daban a nivel de la estructura social de la población novohispana se reflejan nítidamente sobre el tamaño, la estructura y la servidumbre del hogar. A medida que se desciende en la escala socioeconómica, ya sea que se le perciba a través del origen étnico de los individuos, como a través de su estatus dentro de la actividad económica, los hogares son cada vez más pequeños, con estructuras simples y desprovistos de servicios domésticos. Tal parece que el regulador fundamental de las características de los hogares —aparte de la mortalidad en tanto que factor demográfico— es el efecto económico y social.

El ciclo vital de los hogares era extremadamente corto. Por lo que se puede apreciar a través de las edades centrales de los jefes de hogar en un corte transversal, sólo hay unos 3 años en promedio de diferencia entre uniones estables y su ruptura por la muerte del marido, más tempranamente y con mayor frecuencia que la de la mujer. Esto desde luego repercutía sobre la fecundidad marital, que aun cuando era elevada, nunca llegó a alcanzar los niveles que se requerían para luchar con la elevadísima mortalidad, que permitiera reflejarse en un tamaño de familia conyugal simple más elevado, como fue el caso de los países de Norteamérica y Europa del antiguo régimen.

BIBLIOGRAFÍA

Grajales Porras, Agustín (1982), *Exploitation demographique d'un denombrement mexicain ancien*, tesis de maestría en demografía en la Universidad Católica de Lovaina.

——————— y José Luis Aranda Romero (1988), "Tehuacán durante el virreinato: Espacio y población", ponencia presentada en el *Simposium Internacional sobre Tehuacán y su entorno*, Tehuacán, Puebla; INAH-Centro Regional de Puebla (25 pp.) (Texto mecanuscrito.)

——————— (1989), "Estructura ocupacional de una villa agrícola y artesanal de la Nueva España: Atlixco, Puebla, 1792", ponencia presentada en el *Congreso Internacional de Historia de la Población de América Latina*, Ouro Preto, Brasil, julio (texto mecanuscrito).

Meade de Angulo, M. (1988), "Comentarios a la cartografía de Atlixco", *Simposium Internacional de Investigación "Atlixco en su Entorno" (Memorias)*, Instituto Nacional de Antropología e Historia-Centro Regional de Puebla, Puebla (153-160).

Medina Rubio, A. (1983), *La iglesia y la producción agrícola en Puebla, 1540-1795*, El Colegio de México, México. (291 pp.)

VI
RECUENTO DE LOGROS
Y PERSPECTIVAS

EVOLUCIÓN DEMOGRÁFICA Y ESTRUCTURA FAMILIAR EN MÉXICO (1730-1850)

PEDRO PÉREZ HERRERO
Universidad Complutense

En términos generales en Europa, una vez superada la crisis cíclica del siglo XVII, comenzó paulatinamente y de forma constante a crecer la población a partir del siglo XVIII debido a una disminución sostenida de la mortalidad y no tanto a un aumento espectacular de la fecundidad.[1] La reducción de las hambres, las enfermedades, la mortalidad infantil y la menor incidencia de las crisis alimentarias debido a la disminución de la actividad militar, la mejor calidad de la alimentación, la agilización de los transportes, etc., unido a una apropiada adecuación de los recursos, a una administración social más sofisticada y a una disminución de las enfermedades, posibilitaron una expansión de las economías de escala y con ello un aumento en la productividad. La consecuencia directa fue un aumento poblacional, al dejar de activarse los antiguos mecanismos correctores de autoequilibrio demográfico. La apertura de puestos de trabajo urbanos causada por la industrialización dio lugar a la asimilación continua de la emigración campo-ciudad y, por tanto, a que pudieran perdurar las altas tasas de fecundidad rurales.

Para el caso europeo conocemos con algún detalle[2] cómo se produjo la "transición demográfica" —superación de las crisis cíclicas

---

[1] La fertilidad incluso se redujo en algunas zonas. Sólo en el Reino Unido se dio un aumento claro de la fecundidad [Spengler (1972)]. Con una tasa de crecimiento poblacional de 1.5% la población se duplica de mantenerse el ritmo en 50 años y se multiplica por 4 en 100. La presente revisión bibliográfica fue posible gracias a las facilidades brindadas por el Center for US-Mexican Studies (University of California, San Diego) y el apoyo económico del Ministerio de Educación de España.

[2] Existe una amplia literatura al respecto. Véase a título indicativo de diferentes corrientes Robinson (1981); Ehrlich-Ehrlich (1972); Grigg (1982); Lee (1979); Slicher van

demográficas de Antiguo Régimen y ajuste entre los ritmos de natalidad y mortalidad— debido fundamentalmente a la "revolución" metodológica habida en la demografía histórica con la aparición en 1956 del sistema de la "reconstrucción de las familias" de L. Henry y M. Fleury.[3] Como resultado de los trabajos efectuados con este método, en la actualidad podemos saber que, en una sociedad de Antiguo Régimen como la europea hasta el siglo XVIII en la que las tres cuartas partes de la población estaba dedicada a la producción de alimentos, la disponibilidad de tierra cultivable y el nivel de productividad agrícola fijaban los límites del crecimiento poblacional. Las variaciones en la mortalidad dependían fundamentalmente de factores exógenos no controlables como el clima, la enfermedad y el hambre; si la sociedad por cualquier causa superaba la relación población-recursos se producía: a) una expansión de la tierra cultivable si ello era posible; o b) una emigración a otras áreas con menor densidad de población; o c) una automutilación de la población por la introducción de mecanismos correctores para bajar la tasa de fecundidad y contraer los nacimientos, tales como el retraso en la edad del matrimonio[4] o la guerra, la cual no sólo causaba un aumento directo de la mortalidad, sino que destruía cosechas, vaciaba graneros y aumentaba las posibilidades del contagio extendiendo las epidemias; o bien d) una invención tecnológica que aumentara la productividad per cápita. Una crisis de mortalidad no sólo interrumpía el crecimiento demográfico natural, sino que, al hacer descender el número de los matrimonios como consecuencia de enfermedad o muerte de alguno de los miembros de la pareja, al mismo tiempo que provocar una disminución de la fecundidad por amenorrea producida por el hambre y una reducción de la mortalidad infantil y los abortos por malnutrición, se impedía una recuperación rápida de la crisis.

Se ha podido llegar a precisar también que en dichas sociedades las ciudades eran consumidoras de población al tener tasas de morta-

---

Bath (1963); Vries (1974); LeRoy Ladurie (1974); Levine (1977); Mann (1986); Macfarlane (1986); Wrigley-Schofield (1981).

[3] Henry (1972); Henry (1956); Henry (1953); Henry (1967). La importancia del método de la reconstrucción de las familias para la comprensión de la dinámica demográfica y social ha sido sistemáticamente repetido en multitud de ocasiones. Véase al respecto Lynch (1982); Laslett-Wall (1972).

[4] Era el determinante fundamental de la fertilidad dada la escasa relevancia de la ilegitimidad y el escaso control deliberado de la fertilidad en el matrimonio. En Europa la mujer se casaba a edad avanzada pues debía contribuir con su trabajo al hogar. Si ello se une a la baja remuneración femenina se comprende que una mujer debía emplear bastantes años para ahorrar la dote necesaria antes de casarse.

lidad más altas que las zonas rurales, las que a su vez tenían tasas de fecundidad superiores a las urbanas, por lo que aquellas mantenían su nivel de población e incluso lo aumentaban gracias a una continua emigración campo-ciudad, proceso que servía a las áreas rurales para liberar sus excedentes demográficos y variar su estructura demográfica. En consecuencia, la familia urbana, nuclear, se diferenciaba de la rural, por lo general extendida. Se ha demostrado también que la alta mortalidad urbana se daba precisamente en los barrios de inmigrantes por disponer de peores condiciones vitales. Al parecer en áreas urbanas-industriales se adelantaba la edad del matrimonio por la existencia de mejores condiciones económicas en los períodos de auge y la inexistencia del freno de la tierra, con lo que se aumentaba la brecha reproductiva, pero al mismo tiempo como se reducía la edad promedio del nacimiento del último hijo, la fecundidad real no subía. Por otra parte, si la mortalidad infantil era mayor por una extensión de las enfermedades infecciosas y la utilización de nodrizas (reducían la inmunidad natural), al mismo tiempo crecía la fecundidad al reducir el período de lactancia.[5]

¿Qué es lo que sabemos de estas transformaciones demográficas para México? ¿No es una simplificación etiquetar la demografía colonial como de Antiguo Régimen y la independiente como moderna? ¿Qué mecanismos correctores se utilizaron?

1. Lo primero que hay que subrayar es que este tipo de literatura demográfica, aunque escrita ya hace algunos años, ha comenzado a influir tan sólo recientemente en la producción historiográfica latinoamericana.[6] Desde luego hay que recordar que existen problemas serios en cuanto a la aplicación de la metodología de L. Henry que han retrasado y desilusionado a algunos autores, como, por ejemplo, la existencia de: a) una alta tasa de ilegitimidad, aunque también es cierto que, al parecer, este fenómeno fue descendiendo paulatinamente, ya

[5] Flinn (1989); Rotberg-Rabb (1986).

[6] Landes (1972); Cook-Borah (1971); Lockart (1972); Stein-Hunt (1971); Stern (1985); Van Young 1985; Van Young (1989). Bideau-Perez Brignoli (1986) señalaron que el trabajo de Boserup (1984) ha provocado poquísimas respuestas en la historiografía latinoamericanista y que por tanto los análisis de densidades demográficas y sus relaciones con los recursos son muy escasos. No es por ello casual que la reconstrucción de las familias no haya progresado como en el área europea. Para el caso específico de México es bastante representativo la escasez de estudios que había sobre el tema hasta 1972, como puede comprobarse en Florescano (1972). Recientemente he tenido noticias de la aparición de la obra de Ouweneel (1989). Revisiones, lógicamente anticuadas, véanse en Lugo (1980), o en Malvido (1982a).

que para distintas regiones se pasaron de tasas del 23 por ciento al 15.4 por ciento (Zamora de 1650 a 1820), o del 60 por ciento al 21 por ciento (Guadalajara de 1650 a 1820), o del 36.9 por ciento al 27 por ciento (según la documentación del Sagrario de la ciudad de México entre 1724 y 1811).[7] A ello habría que añadir que es muy difícil calcular tasas de ilegitimidad generalizables a distintas regiones y sectores sociales pues, por ejemplo, entre los estratos bajos de la ciudad de México continuó dándose una ilegitimidad alta (18-33 por ciento) a mediados del siglo XIX;[8] b) una escasa precisión en los registros parroquiales americanos, que impide a veces diferenciar unos individuos de otros por utilización incorrecta de sus apellidos o incluso la no inclusión de los mismos, fenómenos más acentuados entre la población indígena que en la española;[9] o c) la gran extensión de las parroquias, que hace que en algunas ocasiones dejen de asentarse los nacimientos en el momento de realizarse y en consecuencia resulte muy difícil hallar las tasas de mortalidad infantil.[10] Hay que recordar, sin embargo, que existe al menos teóricamente una continuidad en los registros parroquiales hasta mediados del siglo XIX, momento en el cual comienza a funcionar el registro civil (1867).[11]

2. Uno de los mayores problemas es que no contamos con series continuas fiables para los siglos XVIII y XIX que muestren las tendencias generales y las diversidades regionales de México. Aunque últimamente se ha impulsado el conocimiento de la demografía colonial,[12] tene-

---

[7] Calvo (1982) y Calvo (1988) puso de manifiesto que la ilegitimidad era elevada (45 por ciento de los bautismos) a comienzos del siglo XVII, que ésta incluso subió a mediados de siglo (en 1640 habla de 60 por ciento de ilegitimidad), pero que a finales de siglo el porcentaje comenzó a descender (48 por ciento en 1690).

[8] Shaw (1975). Citado por Arrom (1988), 152.

[9] Calvo (1984a); Rabell Romero (1984), 4-5; Morin (1972a); Borah-Cook (1971).

[10] Morin (1973); Morin (1972); Calvo (1972), 24-31. Rabell-Necochea (1987) emplearon el método de Brass-Hill para calcular la mortalidad y superar el problema del subregistro, pero introduce problemas adyacentes como la de partir de ciertos "supuestos" analíticos estáticos. Robinson (1988) nota 23 subraya que los registros parroquiales reflejan ceremonias eclesiásticas a veces alejadas de los eventos demográficos reales.

[11] Cook-Borah (1971); Lodolini (1958). En 1882 se crea la Dirección General de Estadística.

[12] Véanse los trabajos de Seed (1980); McCaa (1982); Swam (1982); Yacher (1977a); Yacher (1977b); Yacher (1978); Yacher (1979); Robinson et al. (1974); Gutiérrez (1980). Una buena revisión bibliográfica y de las tendencias en los estudios demográficos puede verse en Borah (1984). Aún no es posible elaborar trabajos como los de Chacón Jiménez et al. (1986).

mos aún bastantes lagunas.[13] La primera mitad del siglo XIX sigue siendo una época olvidada por la historia económica.[14] Conocemos procesos demográficos globales —basados en censos generales[15] o documentación fiscal—[16] o casos regionales concretos basados en registros parroquiales que utilizan el "método agregativo"[17] en vez de el de la reconstitución de las familias, por lo que sigue siendo un terreno resbaladizo el entendimiento de la variable de los movimientos espaciales internos de la población,[18] los mecanismos internos de compensación utilizados (retraso de la edad del matrimonio, número de hijos, muertes infantiles, edad de la madre en los nacimientos, fecundidad, etc.), o si las medias generales están escondiendo comportamientos locales o sectoriales diferentes. Sorprendentemente, hasta el momento aún no podemos precisar cuantitativamente a nivel demográfico qué consecuencias tuvieron las guerras de independencia. T. Calvo ha señalado hace poco que en el caso concreto de Zamora la

[13] Véase una crítica a los indicadores macroeconómicos existentes para el México del siglo XVIII en Pérez Herrero (1989b).

[14] Vázquez (1989). Aún siguen siendo ciertas las afirmaciones de Florescano (1977) referentes a que desconocemos la mayoría de las variables demográficas de México para los primeros años de vida independiente. En la época que se escribió este texto había pocos estudios regionales para el siglo XIX [Aguirre Beltrán (1952); Cook (1968)]. Boyer (1972); Boyer-Davis (1973); Brachet de Márquez (1976); Davis (1972); Moreno Toscano (1972) no se basan en registros parroquiales sino en las cifras oficiales o las estimaciones de la época para los distintos estados de la República. Es sorprendente que no se haya dedicado un capítulo específico sobre demografía en Cardoso (ed.) (1982); o que no se incluya ninguna referencia al problema poblacional en Potash (1985).

[15] Brachet de Márquez (1976) y Lerner (1968).

[16] Cook-Borah (1971).

[17] Brading (1988); Lebrun (1971); Morin (1973); Morin (1879a); Rabell (1975); Cuenya et al. (1987); Cuenya Mateos (1987); Aranda Romero-Cuenya (1989); Seed (1988); Yacher (1977); Robinson (1980); Swam (1982); Farris (1984), etc. (Véanse notas subsiguientes). Que sepamos, sólo Calvo (1972), Calvo (1982), Calvo (1984a) y Calvo (1984b) para Guadalajara en el siglo XVII y Klein (1986) para Chiapas del XVIII han emprendido hasta ahora el método directo de la reconstrucción de las familias. Un estado de la cuestión hasta 1983 véase en Rabell (1984).

[18] Por algunos trabajos [Robinson (1981); Robinson (1988), que realiza importantes puntualizaciones teórico-metodológicas para el estudio de la emigración; Robinson-McGovern (1980); Calvo (1988); Farris (1978); Greenow (1981); Swann (1979); Yacher (1977a); Yacher (1977b); Yacher (1978); Yacher (1979); Morin (1979); Borah-Cook (1978)] sabemos que los movimientos internos de población eran elevados, continuos y generalizados en todas las regiones y, al parecer, épocas según la investigación de Lecoin (1988). McCaa (1988) acaba de señalar, abriendo una nueva polémica, que existe una tendencia a exagerar la importancia de las migraciones antes de la revolución técnica de los transportes. Para el caso europeo véase Wrigley (1972).

independencia tuvo efectos menores de lo que en principio se pudiera esperar, ya que según él no se produjeron trastornos ni en cuanto a las corrientes de emigración ni a las estructuras poblacionales,[19] pero es algo que necesitamos comparar con otras regiones más detalladamente antes de poder extraer una tesis generalizable a todo el territorio de la República Mexicana.[20]

3. Partiendo de estas limitaciones, parece, en términos generales, que en México no hubo un aumento de las tasas de fecundidad, ni una reducción clara de las de mortalidad en la primera mitad del siglo XIX. Las de fecundidad en la segunda mitad del siglo XVIII, por lo que sabemos, se encontraban en el nivel inferior de la banda de oscilación de las europeas y en algunos casos eran claramente inferiores. H. Klein para Chiapas,[21] R. Pastor para Oaxaca[22] y Robert Jackson para el lejano noroeste (Sonora, Californias),[23] entre otros, han puesto de manifiesto que si bien la edad al contraer matrimonio en el tercer cuarto del siglo XVIII (15/16.8 años) era más temprana que la media europea para la misma época (25.7 años), lo cual hacía aumentar en principio la tasa de fecundidad, el distanciamiento temporal entre los partos (36.3 meses) —ocasionado una ampliación de la duración de la lactancia, más de un año como media frente a los seis meses de media en Europa— y una mayor mortalidad infantil, hacía que la fecundidad real se redujera.[24] En concreto para el área de Oaxaca y Puebla el alto porcentaje de mortalidad infantil y femenina posparto hacía inevitable acudir a mecanismos compensatorios como el rematrimonio[25] o la reducción de la soltería,[26] para intentar frenar el descenso de la fecundidad del grupo. Thomas Calvo,[27] por su parte, comprobó un comportamiento parecido para el área de Guadalajara en el siglo XVII (los intervalos entre nacimientos son en este caso de 27 meses, los hombres se casan de media entre los 20 y los 24 años y las mujeres entre los 15

[19] Calvo (1988).
[20] Hamnett (1986) no elabora en detalle estos cálculos.
[21] Klein (1986).
[22] Pastor (1987).
[23] Jackson (1985); Radding (1989).
[24] Hajnal (1965).
[25] Watson (1983) basado en una escasa información cuantitativa, afirma que la fertilidad en Chiapas era "baja" en el siglo XVIII y la mortalidad infantil "alta", sin concretar mucho más. Morin (1979), 59 encuentra también una edad muy temprana en el casamiento de las mujeres.
[26] Morin (1973).
[27] Calvo (1984a), Calvo (1984b), Calvo (1989) y Calvo (1972).

y los 19 años), pero observó además que la edad de la mujer en el último parto era menor (calcula una fecundidad media hasta los 41 años) que en el caso europeo por lo que la fecundidad se reducía también por este mecanismo, cuestión inexplicable si convenimos en reconocer que para el siglo xvii la región de Guadalajara no estaba pasando, que sepamos, por un problema de presión demográfica. Chiapas en el siglo xviii y Guadalajara en el xvii no son equiparables según los esquemas "tradicionales". Sin embargo, sus comportamientos eran, según lo que sabemos, parecidos. Evidentemente algo estaba pasando que desconocemos. Posiblemente exista una diferenciación en el comportamiento demográfico rural respecto del urbano, pero es sólo una hipótesis que debe ser confirmada.

En épocas y/o circunstancias en las que la población se veía forzada a "adaptarse" rápidamente a una nueva relación con los recursos —sea ésta por un crecimiento poblacional o por un recorte en el territorio de cualquier índole (usurpación de las tierras comunales por la extensión de las haciendas, reducción del área de cultivo por rompimiento ecológico)— y que los mecanismos tradicionales (reducción de la fecundidad) fueran insuficientes a corto plazo para equilibrar la situación, se introducían mecanismos adaptativos más violentos. Por distintos trabajos hemos podido aprender que, por ejemplo, el "abandono de los hijos" se suele dar con más intensidad en las épocas de crisis alimentaria y en el período de "secas",[28] pero también en épocas de crecimiento económico. En este último caso, como ha puesto de manifiesto Elsa Malvido,[29] en una época de expansión demográfica con altas tasas de natalidad, nupcialidad a edades tempranas y alta fecundidad, el campesino podía verse forzado a eliminar parte de las bocas de la familia acudiendo al "abandono de alguno de sus hijos". Hay que recordar que lo que para unos era "abandono" y rompimiento de las unidades de autoconsumo familiares indígenas, para otros podía representar captación de mano de obra barata. Incluso llegaron a existir personas especializadas en recoger a los "abandonados" para posteriormente venderlos. Lógicamente, dice la misma autora, el abandono

[28] Brinckmann (1989).
[29] Malvido (1980). Dorothy Tanck de Estrada dijo en el Coloquio sobre "Familias novohispanas siglos xvi al xix", celebrado en El Colegio de México, México D.F. (30-31 octubre 1989), que hay que revisar las conclusiones de Malvido, pues los "hijos de la Iglesia", considerados por Malvido como "legítimos", deben ser conceptuados como "ilegales"; y que la "prueba" de que los padrinos se "aprovecharon de los hijos de la Iglesia" es inexistente, además de no haber datos para hablar de un 17% de niños repartidos como trabajadores.

en estas circunstancias supone una descapitalización de la familia indígena y una capitalización de los dueños de los medios de producción. Hay que recordar que en áreas rurales el "abandono" no tiene por qué estar acompañado de ilegitimidad, cuestión que sí se observa en los paisajes urbanos (recuérdese el Hospital de los Desamparados y sus connotaciones sociales).

Las tasas de mortalidad parece que, lejos de reducirse, se aumentaron en términos globales. En la ciudad de México la mortalidad fue superior a la natalidad en numerosos años (1813, 1825, 1830, 1833, 1837, 1838, 1850, 1853, 1855, 1864) y no fue sino a partir de la década de 1860 cuando comenzó a descender aquélla y por tanto a permitirse un crecimiento continuo y sostenido.[30] Estos datos pueden confirmarse con la información cualitativa existente coincidente toda ella en señalar la presencia de una gran mortalidad.[31] En Analco (Guadalajara), otro de los pocos casos en que conocemos la evolución demográfica para la primera mitad del siglo XIX en función de análisis de registros parroquiales, las tasas de mortalidad siguieron siendo también superiores a las natalidad en los años de crisis (1830, 1833, 1837, 1842, 1845-1850), debido fundamentalmente a una mayor frecuencia de las epidemias y de las hambrunas.[32] Lilia Oliver ha estudiado las consecuencias de las epidemias en Guadalajara durante la primera mitad del siglo XIX y ha puesto de manifiesto claramente que las enfermedades y las condiciones socioeconómicas fueron los causante del mantenimiento de niveles bajos de crecimiento demográfico.[33] S.F. Cook y W. Borah dieron a conocer hace ya bastantes años que las tasas de crecimiento demográfico descendieron en un cincuenta por ciento durante la primera mitad del siglo XIX en el área de la Nueva Galicia, con respecto a los niveles alcanzados a fines de la época colonial.[34] David A. Brading, analizando el caso de León (Guanajuato), corroboró en ciertos puntos esta interpretación.[35]

[30] Maldonado (1976) reconstruye la dinámica de las parroquias de la ciudad de México entre 1800 y 1900.

[31] Los extranjeros que llegaban a la ciudad de México se asombraban de la existencia de los grandes índices de mortalidad. Véase el informe de un oficial inglés de 1834, después de la grave crisis de 1833, en Gilmore (1957), donde se dibuja una situación dramática.

[32] Solís Matías (1986).

[33] Oliver (1982) y Oliver (1988). En concreto la crisis de 1833 eliminó el 8.11 por ciento de la población de Guadalajara.

[34] Cook-Borah (1971), v. I.

[35] Brading (1988).

El hecho de producirse estas crisis demográficas cada menos tiempo en la primera mitad del siglo XIX y de afectar a los sectores jóvenes y a las mujeres embarazadas hizo que se hipotecara la posible recuperación poblacional futura al dejar "generaciones huecas".[36] La salud pública no fue considerada un capítulo de interés político hasta la llegada de los liberales, que concebían la población como mano de obra para la producción, por lo que no es extraño comprobar que el Consejo Superior de Salubridad no se creara sino hasta 1841, que su ámbito de actuación se restringiera casi exclusivamente a la capital, que no se incorporara ningún capítulo sanitario en la Constitución de 1857 y que la práctica de la vacunación quedara en manos de médicos voluntarios hasta 1872. La mortalidad por viruela no empezó a descender sino hasta 1929-1934. En 1923, por ejemplo, el nivel de muertes en México por tosferina era igual al de Inglaterra en 1851.[37] Las malas condiciones higiénicas llamaban la atención a todos los extranjeros que visitaban el país.[38] Desde luego, cualquier generalización, como siempre, es peligrosa, pues por ejemplo, en las Californias la mortalidad por epidemias fue más reducida en comparación con otros estados de la República entre 1770-1845, debido al aislamiento de la región y a una política acertada de vacunación.[39]

Cecilia Rabell, sintetizando los trabajos existentes hasta la fecha, ha puesto de manifiesto que el siglo XIX heredó una tendencia iniciada a mediados del siglo anterior, al detectar que desde 1650 hasta 1690 se mantuvo un crecimiento exponencial positivo con tasas de crecimiento anual cercanas al 2 por ciento; que entre 1690 y 1699 se dio una desaceleración en las tasas de crecimiento; que en el período 1690-1736 se produjo un crecimiento lento pero constante (tasas de crecimiento anual que oscilan entre el 0.33 por ciento y el 2.9 por ciento); y que finalmente desde 1737, año marcado por el hambre, se sucedieron una tras otra las crisis demográficas haciendo que las tasas de crecimiento fueran cada vez menores e incluso a finales de siglo negativas. El siglo XIX, así, "se abre precedido por varias décadas durante las cuales los ritmos de crecimiento son cada vez menores y, en algunas regiones, negativos".[40] Esta tesis se puede corroborar con

[36] Puede compararse la frecuencia de las crisis demográficas en el siglo XVIII con las del XIX en Bustamante (1982) y Malvido (1982b) [la misma información en Malvido (1973)]; Cook (1982b); Cooper (1965).
[37] Florescano-Malvido (1982).
[38] Gilmore (1957).
[39] Cook (1982a).
[40] Rabell (1984), 113-116. Analiza los registros parroquiales de Tula, Acatzingo, Zaca-

otros trabajos. David S. Reher, acaba de demostrar la conexión en el corto plazo entre la subida de los precios en la segunda mitad del siglo XVIII y la disminución de la fecundidad y el aumento de la mortalidad.[41] M. Carmagnani subrayó hace ya algún tiempo que en los reales de minas de San Luis Potosí y Charcas disminuyeron también las tasas de crecimiento demográfico a comienzos del siglo XVIII.[42] Thomas Calvo, respecto a la población de Acatzingo (Puebla), detectó cómo a partir de la década de 1740 en términos generales —1737 para el sector indígena, 1770 para los españoles— hubo un cambio de tendencia en la evolución demográfica, pasándose a tasas de crecimiento negativas, debido a una disminución de la fecundidad y a un aumento de la mortalidad, explicados por una mayor frecuencia e intensidad de las crisis demográficas.[43] C. Morin llegó a las mismas conclusiones estudiando la población de Santa Inés Zacatelco (Puebla), al mostrar que en dicha localidad se dio un aumento rápido poblacional entre 1647 y 1736, seguido de un período que denomina de "crisis y despoblamiento" de 1737 a 1813.[44] Miguel Ángel Cuenya detectó que en la ciudad de Puebla creció la población hasta 1692 y que a partir de dicha fecha comenzó una época de decrecimiento tendencial de larga duración tan sólo roto por recuperaciones transitorias como la de 1724-1736, y 1777-1785.[45] Elsa Malvido, estudiando el caso de Cholula, puso de manifiesto que entre 1768 y 1810 descendió sensiblemente la natalidad al tiempo que aumentaba la mortalidad por una mayor frecuencia de las crisis epidémicas.[46] Desde luego, hay que recordar que el área de Puebla no es característica de la tendencia general, pues en el siglo XVIII se produjo un proceso de "crisis" regional al entrar en competencia con la producción agrícola y textil del Bajío.[47]

Esta tendencia parece que debió de perdurar hasta aproximadamente la década de 1850, ya que en términos globales —según las cifras generales existentes— se observa que las tasas de crecimiento anual demográfico, a excepción de la década de 1830 que tiene un

telco, Cholula, San Luis de la Paz, Valladolid, León, Charcas y Marfil.
[41] Reher (1989). Agradezco al autor el haberme facilitado una copia de su trabajo.
[42] Carmagnani (1972).
[43] Calvo (1973). Puede verse un resumen en Calvo (1972).
[44] Morin (1973). Un resumen en Morin (1972b).
[45] Cuenya (1987). A parecidas consecuencias llega Vollmer (1973) utilizando información fiscal.
[46] Malvido (1973).
[47] Pérez Herrero (1987).

comportamiento extraño debido muy presumiblemente a una sobre-estimación de la fuente, descendieron hasta aproximadamente media-dos de siglo (1742-1795= 0.84; 1801-1810= 0.76; 1811-1820= 0.11; 1821-1830= 1.30; 1831-1840= -0.33; 1841-1850= 0.75; 1851-1860= 0.82), en franco contraste con las de, por ejemplo, Inglaterra (1801-1810= 1.31; 1811-1820= 1.53; 1821-1830= 1.47; 1831-1840= 1.28; 1841-1850= 1.20; 1851-1860= 1.15).[48]

Desde luego cualquier generalización es aún peligrosa, pues, por ejemplo, en Oaxaca se observa que "el crecimiento de la población se recuperó en el segundo cuarto del siglo XIX. A pesar de las guerras civiles; de nuevas epidemias (1833, 1848); de las rebeliones (1833-1837 y 1844-1851), la población mixteca creció entre 1825 y 1856 en la misma proporción que durante todo el siglo XVIII".[49]

Se ha comprobado también que las presiones demográficas se acusan de forma diferenciada en los distintos grupos sociales. Los sectores altos —normalmente compuesto mayoritariamente por espa-ñoles—, al menos para algunos casos conocidos —como los del norte de finales del siglo XVIII, concretamente Parral en 1788-1790, época en la que se da un descenso de la producción minera y por tanto una fuerte emigración (la población total se reduce en dichos años en un 1/3); o el de la ciudad de México para el mismo período—, tenían unas tasas de fecundidad inferior a los sectores inferiores —mayoritaria-mente compuestos por indígenas y mestizos— al retrasarse la edad del matrimonio y darse un mayor índice de soltería y de viudez femenina que no volvía a contraer matrimonio.[50] La dote mantuvo elevada la edad del matrimonio en los estratos altos de la sociedad. Si ello lo unimos con un alto grado de endogamia comprenderemos que el grupo de la élite estaba por dichos mecanismos concentrando el poder y evitando la excesiva ampliación-dispersión de la familia, favorecién-dose incluso de la presión demográfica que se estaba produciendo en otros sectores sociales.[51] Por ejemplo en el área de Yucatán, también para el siglo XVIII, el indio era empujado a emigrar de sus lugares para solucionar una agobiante densidad demográfica y evitar al mismo

---

[48] Wrigley-Schofield (1981); Brachet (1976); Pérez Herrero (1987).

[49] Pastor (1987). Esta afirmación, sin embargo, está en contradicción con la información cuantitativa que el propio autor da en otras partes de la misma obra, al obervarse un descenso en el ritmo de crecimiento y un envejecimiento de la población.

[50] McCaa (1984); Robinson (1980); Robinson (1981); Swann (1982). Para la ciudad de México véase Arrom (1988), pp. 166, 180, 142-154.

[51] Giraud (1987). Seed (1988). Seed (1980). Arrom (1988), 191.

tiempo obligaciones fiscales opresivas, por lo que consecuentemente se convertía en mano de obra asalariada barata en beneficio de los propietarios de las haciendas. Cabe decir, por tanto que la presión demográfica es selectiva y puede ser utilizada por la élite en su provecho. Parecidos comportamientos los encontró Thomas Calvo[52] para la Guadalajara del siglo xvii por lo que no parece ser que tampoco sea algo novedoso del xviii.

Sin embargo, de nuevo cualquier generalización resulta inútil pues, por ejemplo, Linda Greenow[53] encuentra comportamientos respecto a la endogamia-exogamia muy diferenciados para el área de Guadalajara en la segunda mitad del siglo xviii; y Rodolfo Pastor interpreta que la población "abandonada" (entenados) no era acaparada, en el caso de Oaxaca de la segunda mitad del siglo xviii por ningún grupo social y, desde luego, menos por los hacendados y los españoles.[54] Todo ello nos recuerda, además, que no es posible calcular el comportamiento de la fecundidad de la población en cifras globales, pues descensos o aumentos en las cifras totales pueden estar escondiendo diferencias en distintos sectores de población. También nos hace reflexionar sobre la dificultad de la utilización de términos fijos tales como la de "indio", "blanco" o "mestizo", ya que podemos encontrar familias racialmente iguales pero con comportamientos diferentes de acuerdo a su situación socioeconómica y/o lugar de residencia; o variaciones a lo largo del tiempo. Por ejemplo, Cynthia Radding, para el caso de las tierras altas de Sonora a finales del siglo xviii, ha puesto de manifiesto la diferencia entre la estructura familiar de los "vecinos" y los "foráneos" o "naboríos".[55] J. Chance para Oaxaca sostiene que se estaba llegando a un sistema de clases a fines del siglo xviii con la consiguiente disolución del sistema de castas,[56] y por su parte, Robert McCaa sostiene que en Parral la "calidad" todavía seguía pesando más que la "clase".[57] Las presiones demográficas en ambas zonas no se materializaban igual, ocasionando estructuras familiares diferentes. Incluso se ha comprobado también que no se puede generalizar dentro de una misma región. Michael Swam para la extensa área

[52] Calvo (1984a); y Calvo (1972); Calvo (1982); Calvo (1984b).
[53] Greenow (1981).
[54] Pastor (1987), 399.
[55] Radding (1989). Es un fenómeno bastante bien estudiado para el caso andino. Cfr. Sánchez Albornoz (1978).
[56] Chance (1981).
[57] McCaa (1984). Un comentario general para América Latina véase en McCaa Schartz-Grubessich (1979).

de Durango en el siglo XVIII encontró comportamientos poblaciones bastante diferentes entre las distintas subregiones del conjunto analizado.[58]

4. Parecería que, al menos para el área del Bajío,[59] Oaxaca[60] y parcialmente Puebla,[61] durante la primera mitad del siglo XIX se dio una disminución del tamaño de la familia en áreas rurales (1750-1810= 6.6 hijos por matrimonio de media, frente a 1830-1850= 5.7 hijos). Es difícil explicar este comportamiento de la población, pues hay que recordar que estamos en una época en la que la relación población-recursos es, en principio, favorable a la primera. Al parecer, en estas áreas la edad del matrimonió de forma generalizada se fue retrasando con el tiempo [en 1782 (en cifras medias) las mujeres se casaban a los 16 años, en 1787 a los 18, en 1792 a los 17, en 1858 a los 18-19 y en 1878 a los 20] reduciéndose consecuentemente la fecundidad[62] y posiblemente se introdujo en situaciones excepcionales mecanismos mucho más violentos y dramáticos como el infanticidio.[63] Ello hay que unirlo a que, por lo que sabemos, la independencia no cambió básicamente las costumbres matrimoniales.[64] Este comportamiento variaba sensiblemente en las zonas urbanas y por sectores sociales, ya que por ejemplo en la ciudad de México de 1811 a 1848 la edad del matrimonio se adelantó entre las clases bajas en casi tres años en la mujer y en un año en el varón; creció el número de los matrimonios, y disminuyó la viudez masculina, aumentando la femenina. En las clases altas, por el contrario, la fecundidad se redujo entre 1811-1848, retrasándose la edad en la contracción del matrimonio y aumentándose el celibato.[65] No sabemos, sin embargo, si posteriormente se compensaba este retraso con aceleración en el ritmo de los partos, aunque todo parece indicar que de realizarse no sería por problemas como los que

[58] Swann (1982).

[59] El capítulo de población de Brading (1986) es una revisión del artículo de BradingWu (1973).

[60] Pastor (1987).

[61] Morin (1973) apunta que la familia de la zona de Santa Inés Zacatelco varió de una media de 3.6 (1796), a 4.2 (1813) y 3.9 (1823) y subraya también que la natalidad comenzó a descender en la segunda mitad del siglo XVIII: 59 por ciento (1724), 56 por ciento (1796) y 50 por ciento (1812). Cfr. Malvido (1973).

[62] A la misma conclusión llegan Cook-Borah (1971), y particularmente vol. I, pp. 162, 177, 182, 183, vol. II, pp. 270-285, 298, 322-337, 338-357. Pastor (1987); Solís Matías (1986).

[63] Pastor (1987). Morin (1973), 66.

[64] Arrom (1976); Arrom (1988); Gonzalbo (1988).

[65] Arrom (1988), 144, 177, Seed (1980).

estamos comentando de presión demográfica, ajuste del tamaño de la
familia y los recursos, sino por conveniencias sociopolíticas del grupo
a fin de mantener su coherencia interna. Una vez más, sin embargo,
hay que recordar algunas excepciones, pues en Acatzingo (Puebla),
por ejemplo, frente a un descenso casi constante de la fecundidad
entre los indígenas (1650-1719= 5.27; 1720-1759= 4.27; 1760-1810=
4.43), se dio un proceso de aumento continuado claro de la fecundidad
entre el sector de los no indígenas (españoles y mestizos) (1650-1729=
3.06; 1700-1729= 3.51; 1730-1809= 4.36).[66] Las presiones demográficas
se manifestaban de forma distinta según la situación social. Pudiera ser
también que estuviéramos ante un subregistro indígena o un cambio
de sectores, esto es, aquellos que a finales del siglo se inscribieran
como "indígenas", ahora lo hicieran como "mestizos" u otra denomi-
nación. Quizás la elusión del tributo en un clima de ascenso de precios
y contracción de los salarios hiciera que posiblemente fuera más
rentable el no aparecer como "indio".[67]

R. Pastor ha explicado el proceso de transformación de las familias
campesinas para Oaxaca argumentando que lo que se estaba produciendo era una adaptación al cambio socioeconómico. Se pasaba de
una familia extendida numerosa de base agrícola a fines de la época colonial, a otra nuclear reducida urbana a comienzos de la época
independiente. En el siglo XVIII la pareja joven mixteca —dice dicho
autor— se casaba a edad temprana al tener resuelto parcialmente su
sustento por la protección de la familia extendida en la que se inscribía
automáticamente. En este ambiente se daba consecuentemente una
fuerte endogamia para defender las tierras del grupo[68] y los ciclos
vitales (matrimonio, nacimiento, muerte) estaban íntimamente conec-
tados con las oscilaciones agrícolas anuales.[69] En el siglo XIX la pareja
tuvo que retrasar la edad del matrimonio, ya que con el proceso de
rompimiento de la comunidad y la privatización de los recursos se fue
diluyendo la familia extendida al mismo tiempo que extendiendo la
familia nuclear, por lo que las parejas no podían resguardarse bajo la

---

[66] Calvo (1972). Hay que subrayar que se presentan algunos problemas metodológicos
al comparar las tasas de crecimiento por haber construido periodos diferentes para los
distintos sectores sociales.

[67] Van Young (1979), (1987); (1988a), (1988b). Garner (1972).

[68] Con razón dice Pastor (1987) que la edad temprana de la realización de los
matrimonios en esta época no se debía, como interpretó Rabell (1975) con respecto a la de
San Luis de la Paz, a que se tratara de áreas rurales frente a urbanas, pues en Europa se está
hablando también de paisajes rurales.

[69] Todos los autores coinciden en esta característica para el siglo XVIII.

sombra protectora de sus mayores, viéndose por lo tanto obligados a retrasar el día de su boda o a emigrar. En Oaxaca la población sin tierra en 1803 era del 2.8 por ciento, mientras que en 1835 había aumentado al 20 por ciento. En consecuencia, se produjeron cambios importantes en la familia, ya que para hacer frente a la inevitable reducción de la capacidad reproductiva se acortó el tiempo existente entre los nacimientos, se pasó a prácticas patrilocales (la mujer dejó de ser el elemento cohesivo del grupo para convertirse en la "acompañante del marido) y se redujo el porcentaje de rematrimonios (consecuencia de la mayor edad del primer casamiento y de la reducción de la mortalidad en las madres adolescentes). Del mencionado estudio se desprende que, al parecer, se dio un aumento de los matrimonios, una disminución de la ilegalidad en los nacimientos y uniones, una "feminización" de la sociedad en las áreas expulsoras de población hacia 1835 (el emigrante masculino deja a su mujer en el lugar de origen hasta encontrar trabajo y reclamar a su familia), un parcial alejamiento de la relaciones de los ciclos vitales (matrimonio, nacimiento, muerte) con respecto a la producción agrícola (en zonas manufactureras o urbanas el ciclo agrícola influye de forma diferente) y un envejecimiento de la pirámide social, explicado no por un alargamiento de la vida, sino por el proceso de la emigración y la continuación de las altas tasas de mortalidad.[70] Sin embargo, otra vez hay que recordar que estas conclusiones no son más que provisionales, pues si observamos otro núcleo, como Analco en las proximidades de Guadalajara, en este caso receptor de emigración y no emisor de población, comprobamos que aquí, sorprendentemente, los ciclos vitales siguen ajustándose al calendario agrícola —lo que nos está indicando la presencia de una sociedad agraria—, se da un descenso en el número de los matrimonios hasta 1840 y aumenta la ilegitimidad entre el sector de los indígenas.[71] El caso de Zamora introduce una nueva modificación en el modelo explicativo, ya que según el estudio de T. Calvo parece ser que la inmigración pasó de un 22.5 por ciento a principios del siglo XVIII a un 31 por ciento en 1821-1823, y, lo que es más importante, cambió cualitativamente —el inmigrante pertenecía cada vez más de estamentos más bajos además de haber un aumento considerable de la inmigración femenina— y geográficamente, ya que el radio de atracción disminuyó sensiblemente, lo que nos está indicando que

---

[70] Pastor (1987).
[71] Solís Matías (1986). Morin (1973) encuentra también para el área de Puebla una relación muy estrecha entre fluctuaciones estacionales y ciclos vitales.

la ciudad dejó de relacionarse interregionalmente para pasar a multiplicarse los contactos intrarregionales de corta distancia.[72] La ciudad de México tampoco corresponde con las conclusiones de R. Pastor, pues se observa precisamente una ampliación de la llegada de inmigración femenina como veremos más adelante. En definitiva, no es en absoluto casual que en situaciones socioeconómicas diferentes cambie la estructura familiar y los mecanismos de adaptación. Es casi imposible cualquier generalización en una sociedad con tantas y tan variadas diferencias como la novohispana-mexicana del los siglos XVIII-XIX.

Tendríamos que añadir, además, que la contracción del mercado de fuerza de trabajo ocasionada por la situación económica de México en la primera mitad del siglo XIX frenó el proceso de crecimiento urbano y por tanto paró el flujo de emigración campo-ciudad, uno de los elementos explicativos para el caso europeo de las altas tasas de fecundidad en el campo y del crecimiento urbano en presencia de bajos índices de fecundidad. Si se confirma esta hipótesis, podría plantearse que los grandes centros urbanos dejaron de absorber el crecimiento rural por lo que consecuentemente estas zonas tuvieron que adecuarse a la nueva situación introduciendo mecanismos correctores para aminorar la presión demográfica.

Hay que recordar que con la reducción de la producción argentífera en el siglo XIX, los reales de minas dejaron de ser "consumidores" de población y por tanto de constituir factores de arrastre en las áreas circunvecinas.[73] En un trabajo de W. Borah y S.Cook[74] se demostró que para la época colonial y para ciudades como Guadalajara, Guanajuato o Querétaro no había diferencia en los grupos de edades entre las mismas y su entorno rural más inmediato por lo que dichos autores propusieron que los centros urbanos se mantenían durante dichos años gracias a su propio crecimiento vegetativo y no por una emigración campo-ciudad como en el caso europeo. Sin embargo, hay que subrayar que, como indican los mismos autores, habría que analizar más a fondo los casos de las ciudades de México, Oaxaca o Puebla que difieren del comportamiento señalado observándose una menor pro-

[72] Calvo (1988).

[73] Morín (1973), 82, demuestra cómo los centros mineros del Bajío absorben la población de Michoacán en la primera mitad del XVIII. Igual relación entre los reales mineros y su entorno véase en Radding (1989), Brading (1975). Teorizaciones al respecto véanse en Assadourian (1982), Palerm (1979), West (1949), Wolf (1955). Un repaso y comentario de esta literatura puede consultarse en Pérez Herrero (1989a).

[74] Borah-Cook (1978).

porción del sector de edad de 0-15 años, lo cual indica una fuerte emigración y una fecundidad urbana reducida. Para Michoacán parece desprenderse de los trabajos de C. Morin que el crecimiento poblacional rural en el siglo XVIII fue mayor que el de las ciudades.[75] La ciudad de México parece que se alimentaba de una inmigración constante que fue variando estructuralmente en su conformación en la primera mitad del siglo XIX, al acentuarse cada vez más el sector femenino ante la reducción laboral manufacturera. Mujeres jóvenes, trabajadoras en la venta ambulante de comida o en la costura, fueron cobrando mayor peso entre los inmigrantes, al mismo tiempo que los tejedores desaparecían totalmente de la escena y se reducía el servicio doméstico. Al parecer, para aminorar los costos de producción, se comenzó a contratar a niños como aprendices o a incorporarlos en el servicio doméstico.[76] Comparativamente se reducía la fecundidad de los lugares emisores de población al sufrir una sangría el sector femenino entre los 15 y los 20 años.[77] La familia de los inmigrantes, según se ha puesto de relieve en estudios sociológicos para el caso actual latinoamericano, en contra de lo que pudiera pensarse en un principio, aumenta de número y se perpetúa la estructura familiar extendida para hacer frente a los "imprevistos" de una economía marginal sujeta a momentos de inactividad. Un mayor número de parientes permite vadear mejor los momentos difíciles.[78]

En virtud de tales circunstancias se podría explicar, entonces, en caso de aceptar las anteriores hipótesis, el aparente contrasentido de darse en la primera mitad del siglo XIX, en una coyuntura general de inexistencia de presión demográfica, una reducción del tamaño de la familia campesina en algunos lugares y una ampliación de la urbana en otros casos. Una estructura, por cierto, típica de economías dependientes con marcados desajustes sectoriales.

Deberíamos comprobar también si la reducción de la familia rural se debe explicar al mismo tiempo por la ausencia de la industria

[75] Morin (1979).

[76] Arrom (1988), p. 204. En Gilmore (1957) se puede comprobar el cuadro dramático de la ciudad de México en 1834, con unos índices de paro muy alto, una manufactura en crisis por la competencia de las importaciones extranjeras y la presencia masiva de niños trabajadores.

[77] Arrom (1988), pp. 131-135.

[78] Lomnitz (1978) ha explicado cómo las familias marginales urbanas utilizan mano de obra no remunerada (hijos, parientes) para subsistir en periodos de inactividad económica del cabeza de familia, explicándose por tanto la alta fecundidad y las familias extendidas en areas urbanas en épocas de crisis.

doméstica, destruida en buena medida por la competencia de las importaciones extranjeras, como sucedió en algunas épocas en Europa.[79] La familia agrícola tiene que ajustar el número de hijos a las disposiciones de recursos agrícolas por lo que es normal que los matrimonios se realicen a edades avanzadas cuando se alcanza un techo poblacional. En la industria doméstica la tierra no es fundamental (si se posee es una ventaja adicional) por lo que se adelanta la edad del matrimonio y con ello se aumenta la tasa de fecundidad. En Europa se ha comprobado que el crecimiento de la industria doméstica en el siglo XVIII impulsó la subida de la fecundidad y con ello el aumento poblacional por lo que algunos autores explican éste por la expansión en la industria doméstica. El retraso en el proceso de industrialización en México, entonces, sería, según esta interpretación, el causante del descenso en la fecundidad y con ello de la reducción de la mano de obra y del consumo, en definitiva, del mercado interno.

Estas conclusiones, como hemos venido subrayando, no son extendibles automáticamente a cualquier otra región, demostrándose con ello que la relación entre tamaño de la familia, actividad socioeconómica y raza es más compleja de lo que se pueda imaginar en un principio.[80] Por ejemplo, la ciudad de Durango a fines del siglo XVIII tenía una familia por término medio mayor [5.06] que la de Puebla o Antequera para las mismas fechas, hecho que ha inducido a algunos autores a unir un aumento del tamaño de la familia con una cierta estructura sociéconómica de frontera. Sin embargo, se ha demostrado que no es una relación tan mecánica, ya que dentro del extenso territorio de Durango se puede encontrar por un lado que la familia extendida aumentaba en lugares alejados y aislados —en clara adaptación al medio hostil—, pero también en la ciudad de Durango, lugar donde predominaban los grupos españoles; pero al mismo tiempo que por otro lado existían familias indígenas de tamaño reducido y que se daba un descenso diacrónico del tamaño de la familia en áreas urbanas y un aumento en las rurales.[81] Tampoco se puede generalizar con respecto a la familia indígena pues, por ejemplo, en el área de Puebla a fines del siglo XVIII las familias indígenas de las haciendas eran de menor tamaño que las de las comunidades vecinas.[82]

En resumen, haciendo las salvedades regionales señaladas, se

[79] Flinn (1989), pp. 62, 133, 146.
[80] Swann (1982), p. 248; Greenow (1983).
[81] Swann (1982), pp. 248-257 hace una revisión del problema.
[82] Morin (1973), p. 67.

podría plantear que una fase B a nivel demográfico debió de iniciarse aproximadamente en la tercera década del siglo XVIII, perdurando hasta mediados del siglo XIX. En consecuencia, no parece haber muchas dudas en reconocer que los movimientos de población europeos y mexicano fueron diferentes. A la espera de ir confirmado algunos datos, parecería que una falta de flexibilidad de respuesta de la economía mexicana,[83] junto con una falta en la articulación de los mercados internos y una reducción de la oferta monetaria,[84] hicieron que el aumento poblacional de inicios del siglo XVIII, produjera una elevación general de precios (inflación de demanda) que se resolvió con una crisis de Antiguo Régimen.

BIBLIOGRAFÍA

Aguirre Beltrán, Gonzalo (1952), *Problemas de la población indígena en la cuenca del Tepalcatepec*, vol. III, Instituto Nacional Indigenista, México.

Aranda Romero, J.L. y M.A. CUENYA (1989), "Cambios y permanencias. El mundo del trabajo en una parroquia de Puebla a través de los libros matrimoniales (1640-1910)", en *Siglo XIX*, IV:7, 1982, pp. 177-217.

Arrom, Silvia Marina (1976), *La mujer mexicana ante el divorcio eclesiástico (1800-1857)*, SepSetentas, México, 1976.

——————, *Las mujeres de la ciudad de México, 1790-1857*, Editorial Siglo XXI, México, 1988. (Originalmente en inglés, Standford University Press, Standford, 1985.)

Assadourian, Carlos Sempat, *El sistema de la economía colonial. Mercado interno, regiones, y espacio económico*, IEP, Lima, 1982.

Bideau, Alain y Héctor Pérez Brignoli, "La demographie en Amerique Latine: a la decouverte d'une problematique especifique", *Annales de demographie historique*, pp. 7-10, 1986.

Borah, W., "Trends in recent studies of colonial Latin American Cities", en *Hispanic American Historical Review*, 64:3, 1984 pp. 535-554.

Borah, W. y S. F. Cook, "La demografía histórica de América Latina: necesidades y perspectivas", en *Historia Mexicana*, XXI: 2, 1971, pp. 312-327.

[83] Salvucci-Salvucci (1987) subrayaron que el "crecimiento" económico de la Nueva España durante el siglo XVIII se debió a un aumento de la oferta de los factores de producción y no un aumento en la productividad. La primera mitad del siglo XIX estaría explicado, así, por un descenso en la producción ocasionado por una disminución del trabajo (población) y el capital (extracción de capitales).

[84] Garner (1985); Pérez Herrero (1988).

————————, "The urban center as a focus of migration in the colonial period: New Spain", en Schaedel *et al.* (comps.), 1978, pp. 383-397.

Boserup, Esther, *Población y cambio tecnológico*, Crítica, Barcelona, 1984.

Boyer, R., "Las ciudades mexicanas: perspectivas de estudio en el siglo XIX", en *Historia Mexicana*, XXII, 1972, pp. 1412-159.

Brachet de Márquez, Viviane (1976), *La población de los Estados Unidos Mexicanos en el siglo XIX (1824-1895)*, INAH, México.

Brading, David A. (1975), *Mineros y comerciantes en el México borbónico (1763-1810)*, FCE, México.

———————— (1988), *Haciendas y ranchos del Bajío. León 1770-1860*, Grijalbo, México.

Brading, David A. y Celia Wu (1973), "Population growth and crisis, León 1720-1860", *Journal of Latin American Studies*, pp. 5, 1-36.

Brinckmann, Luts (1989), "El siglo XVIII en México. Natalidad y mortalidad en Tecali (Puebla), 1701-1801", *Siglo XIX*, IV:7, pp. 219-269.

Bronfman, Mario y José Gómez de León (comps.) (1988), *La mortalidad en México: niveles, tendencias y determinantes*, El Colegio de México, México.

Bustamante, Miguel E. (1982), "Cronología de la epidemiología mexicana en el siglo XIX", en Florescano Malvido (1982), II, pp. 427-424.

Calvo, Thomas (1972), "Demographie historique d'une paroisse mexicaine", *Cahiers des Ameriques Latines*, 6, pp. 7-42.

———————— (1973), *Acatzingo. Demorafia de una parroquia mexicana*, INAH, México.

———————— (1982) "Familia y registro parroquial. El caso tapatío. Siglo XVII", *Relaciones*, pp. 53-67.

———————— (1984a), "Crecimiento y mestizaje en un núcleo urbano. El caso de Guadalajara en el siglo XVII", *Revista de Indias*, XLIV:173.

———————— (1984b), "Familles mexicaines au XVII siecle; une tentative de reconstitution", *Annales de demographie historique*, 149-174.

———————— (1988), "Migraciones a Zamora en los albores de la independencia", en Calvo-López, pp. 213-229.

———————— (1989), *La Nueva Galicia en el siglo XVI y XVII* (presentación de Carmen Castañeda), México.

Calvo, Thomas y Gustavo López (coords.) (1988), *Movimientos de población en el occidente de México*, El Colegio de Michoacán-Centre d'Études Mexicaines et Centramericaines, Zamora.

Cardoso, Ciro F. (ed.) (1982), *México en el siglo XIX (1821-1910). Historia económica y de la estructura social*, Nueva Imagen, México.

Carmagnani, Marcelo (1972), "Demografía y sociedad. La estructura social de los centros mineros del norte de México, 1600-1720", *Historia Mexicana*, XXI: 3, pp. 419-459.

Cook, Sheburne F. (1968), *The population of Mixteca Alta, 1520-1960*, University of California, Berkeley, Berkeley, 1968.

————— (1982a), "La viruela en la California española y mexicana, 1770-1845", en Florescano-Malvido (1982a), I, pp. 257-293.

————— (1982b), "La epidemia de viruela de 1797 en México", en Florescano-Malvido (1982).

Cook, S.F. y W. Borah (1971), *Essays in population history. Mexico and the Caribbean*, University of California Press, Berkeley [Existe trad. española en Ed. S.XXI, México, 1978].

Cooper, Donalb B. (1965), *Epidemic disease in Mexico City, 1761-1813. An administrative, social and medical study*, Institute of Latin American Studies of Texas Press, Austin.

Cortés Conde, Roberto y Stanley Stein (1977), *Latin America. A guide to economic history*, UCLA, Berkeley.

Cuenya Mateos, Miguel Ángel (1987), "Evolución demográfica de una parroquia de la Puebla de los Ángeles, 1660-1800", *Historia Mexicana*, XXXVI:3 [143], pp. 443-464.

Cuenya, M. A. *et al.* (1987), *Puebla de la colonia a la revolución*, Puebla.

Chacón Jiménez, F. *et al.* (1986), "Contribution a l'histoire de la famille dans les pays de la mediterranee occidentale, 1750-1850", *Annales de demographie historique*, pp. 155-173.

Chance, John K. (1981), "The ecology of race and class in late colonial Oaxaca", en Robinson (ed.) (1981), 93-117.

Davis, K. (1972), "Tendencias demográficas urbanas durante el siglo XIX en México", *Historia Mexicana*, XXI, 481-524.

Ehrlich, Paul R. y Anne H. Ehrlich (1972), *Population resources environment. Issues in human ecology*, W.H. Freeman and Co., San Francisco.

Farris, Nancy (1978), "Nucleation versus dispersal: the dynamics of population movement in colonial Yucatan", *Hispanic American Historical Review*, 58:2, pp. 187-216.

————— (1984), *Maya society under colonial rule*, Princeton University Press, Princeton.

Flinn, M. W. (1989), *El sistema demográfico europeo, 1500-1820*, Crítica, Barcelona.

Florescano, Enrique (1972), "Bibliografía de historia demográfica de México. (Época prehispánica-1910)", *Historia Mexicana*, XXI:3, pp. 525-537.

————— (1977), "México", en Cortés Conde-Stein (1977).

Florescano, Enrique (coord.) (1979), *Ensayos sobre el desarrollo económico de México y América Latina*, FCE, México.

Florescano, Enrique y Elsa Malvido (eds.) (1982), *Ensayos sobre la historia de las epidemias en México*, IMSS, México.

Garner, Richard (1972), "Problemes d'une ville miniere mexicaine a la fin de l'époque coloniale: Prix et salaires á Zacatecas (1760-1821)", *Cahiers des Ameriques Latines*, 6, pp. 75-111.

————— (1985), "Price trends in eigteenth-Century Mexico", *Hipanic American Historical Review*, 65:2, pp. 279-325.

Gilmore, N. Ray (1957), "The condition of the poor in Mexico, 1834", *Hipanic American Historical Review*, XXXVII:2, pp. 213-226.

Giraud, François (1987), "Mujeres y familia en Nueva España", en Ramos (coord.) (1987), pp. 61-77.

Glass, D.V. y R. Revelle (eds.) (1972), *Population and social change*, Londres.

Gonzalbo, Pilar (1988), *Las mujeres en la Nueva España. Educación y vida cotidiana*, El Colegio de México, México.

Greenow, L. (1981), "Marriage patterns and social regional interaction in late colonial Nueva Galicia", en Robinson (ed.) (1981), pp. 119-148.

————— (1983), *Credit and socioeconomic change in colonial Mexico. Loand and mortages in Guadalajara, 1720-1820*, Westview Press, Boulder.

Grigg, David A. (1982), *The dinamics of agricultural change. The historical experience*, Londres.

Gutiérrez, Ramón Arturo (1980), *Marriage, Sex and the family. Social change in colonial New Mexico, 1690-1846*, PhD, University of Wisconsin, Wisconsin.

Hajnal, J.H. (1965), "Europeans marriage patterns in perspective", en Glass-Eversley (eds.) (1965), 100-143.

Henry, Louis (1953), *Fecundité des marriages; nouvelle methode de mesure*, París, 1953.

————— (1956), *Anciennes familles geneuoises. Études demographique XVI-XX*, París, 1956

————— (1967), *Manuel de demographie historique*, París, 1967.

————— (1972), "Historical demography", en Glass-Revelle (1972), pp. 43-54.

Jackson, Robert (1985), "Demographic change in Northwestern New Spain", *The Americas*, XLI:4 (1985), pp. 462-479.

Klein, Herbert (1986), "Familia y fertilidad en Amatenango, Chiapas, 1785-1816", *Historia Mexicana*, XXXVI:2 [142], pp. 273-286.

Landes, David (1972), "The treatment of population in history textbooks", en Glass-Revelle (1972), pp. 23-42.

Laslett, Peter y Richard Wall (eds.) (1972), *Houshold and family in past time*, Cambridge University Press, Cambridge.

Lebrun, M. (1971), *Equisse démographique d'une paroise mexicaine de la periode coloniale: San José de Tula, 1561-1815*, PhD. Montreal.

Lecoin, Sylvie (1988), "Intercambios, movimientos de población y trabajo en la diócesis de Michoacán en el siglo XVI (Un aspecto de las Relaciones geográficas de 1580)", en Calvo-López (coords.) (1988), pp. 123-137.

Lee, W.R. (ed) (1979), *European demography and economic growth*, Londres.

Lerner, Victoria (1968), "Consideraciones sobre la población de la Nueva España", *Historia Mexicana*, XVV:3, pp. 327-348.

Leroy Ladurie, Enmanuel (1974), *The peasan of Languedoc*, Urbana.

Levine, David (1977), *Family formation in an age of nascent capitalism*, Nueva York.

Lockart, J. (1972), "The social history of colonial Spanish America: evolution and potential", *Latin American Research Review*, 7:1, pp. 6-45.

Lodolini, Elio (1958), "Los libros parroquiales y de estado civil en América Latina", *Archivum*, VII, pp. 95-113.

Lomnitz, Larissa (1978), "La marginalidad como factor de crecimiento demográfico", en E. Hardoy-Morse-Schaedel, 315-329.

Lugo, Concepción (1980), "Demografía histórica", en *Balance y perspectivas de la historiografía social en México*, Col. Científica, México, vol. I.

Lynch, Katherine A. (1982), "Local and regional studies in historical demography", *Historical Methods*, 15:1, pp. 23-29.

Maldonado L., Celia (1976), *Estadísticas vitales de la ciudad de México (Siglo XIX)*, INAH, México.

Malvido, Elsa (1973), "Factores de despoblación y de reposición de la población de Cholula (1641-1810)", *Historia Mexicana*, XXIII:1, pp. 52-110.

————— (1980), "El abandono de los hijos. Una forma de control del tamaño de la familia y del trabajo indígena. Tula, 1683-1730", *Historia Mexicana*, XXIX:4 [116], pp. 521-561.

————— (1982a), "Algunos aportes de estudios de demografía histórica al estudio de la familia en la época colonial de México", en *Primer simposio de historia de las mentalidades* (1982), pp. 171-178.

————— (1982b), "Cronología de las epidemias y crisis agrícolas en la época colonial", en Florescano-Malvido (1982), pp. 171-176.

McCaa, Robert (1982), "Modeling social interaction: marital miscegenation in colonial Spanish America", *Historical Methods*, 15, 45-66.

————— (1984), "Calidad, clase and marriage in colonial Mexico: the case of Parral, 1788-1790", *Hipanic American Historical Review*, 64:3, pp. 477-501.

————— (1988), "Migración y sociedad. Parral, Chihuahua, 1777-1930", en Calvo-López (coords.) (1988), pp. 265-279.

McCaa, Robert, Stuart A. Schartz y Arturo Grubessich (1979), "Race and class in colonial Latin America: a critique", *Comparative Studies in Society and History*, 21:3, pp. 421-433.

MacFarlane, Alan (1986), *Marriage an love in England. Modes of reproduction 1300-1840*, Oxford.

Mann, Michael (1986), *The sources of social power*, Cambridge.

Moreno Toscano, Alejandra (1972), "Cambios en los patrones de urbanización en México, 1810-1910", *Historia Mexicana*, XXII:2, pp. 160-187.

Morin, Claude (1972a), "Los libros parroquiales como fuente para la historia demográfica y social novohispana", *Historia Mexicana*, 83, pp. 389-914.

————— (1972b), "Population et epidemies dans une paroisse mexicaine: Santa Inés Zacatelco (XVII-XIX siècles)", *Cahiers des Ameriques Latines*, 6, pp. 43-74.

————— (1973), *Santa Inés Zacatelco (1646-1812). Contribución a la demografía histórica del México colonial*, INAH, México.

————— (1979), *Michoacán en la Nueva España del siglo XVIII. Crecimiento y desigualdad en una economía colonial*, FCE, México, 1979.

Oliver, Lilia (1982), "La pandemia de cólera morbus. El caso de Guadalajara, Jalisco en 1833", en Florescano-Malvido (1982), II, pp. 565-581.

————— (1988), "La mortalidad en Guadalajara, 1800-1850", en Bronfman-Gómez de León (1988), 167-204.

Ouweneel, Arij (1989), *Onderbroken groci in Central Mexico. De ecologische achterground van ontwikkeling en armoede op het platteland van central Mexico (1730-1810)*, Amsterdam.

————— y Cristina Torales Pacheco (comps.) (1988), *Empresarios indios y estado. Perfil de la economía mexicana (siglo XVIII*, CEDLA, Amsterdam.

Palerm, Ángel (1979), "Sobre la formación del sistema colonial. Apuntes para una discusión", en Florescano (coord.) (1979), pp. 93-127.

Pastor, Rodolfo (1987), *Campesinos y reformas. La mixteca, 1700-1856*, El Colegio de México, México.

Pérez Herrero, Pedro (1987), "La transformación del espacio colonial en estructura nacional. México 1765-1854: planteamiento y problemas", ponencia presentada a la *Trobada americanista a Mataró "L'América espanyola (1750-1850). De l'Imperi a les republiques"* (13 de julio de 1987) (en prensa).

————— (1988), *Plata y libranzas. La articulación comercial del México borbónico*, El Colegio de México, México.

————— (1989a), "Determinants of regional dynamics in Mexico: 1521-1854. Existing models and research hypotheses", en E. Van Young, *Mexican regions: compartive History and development*, Center for US-Mexican Studies, University of California, San Diego (en prensa).

————— (1989b), "El crecimiento económico novohispano durante el siglo XVIII: una revisión", *Revista de Historia Económica*, VII:1, pp. 69-110.

Potash, Robert A. (1985), "Investigando la historia económica de la República mexicana temprana. Escritos recientes y adelantos tecnológicos", *Historia Mexicana*, XXXV:1, pp. 111-129.

Primer Simposio de Historia de las Mentalidades (1982), *Familia y sexualidad en Nueva España*, FCE, México.

Rabelll Romero, Cecilia (1975), *San Luis de la Paz: estudio de economía y demografía históricas, 1646-1810*, INAH, México.

————— (1984), *La población novohispana a la luz de los registros parroquiales: avances y perspectivas de investigación*, tesis de maestría, El Colegio de México, México.

Rabell, Cecilia y Neri Necochea (1987), "La mortalidad adulta en una parroquia rural novohispana durante el siglo XVIII", *Historia Mexicana*, XXXVI:3 [143], pp. 405-442.

Radding, Cynthia (1989), "Wandering peoples: family formation and reproduction in the highlands of Sonora during the eighteenth century", ponencia presentada al Coloquio de Historia de la Familia en México, El Colegio de México, México, octubre 1989.

Ramos, Carmen (cord.) (1987), *Presencia y transparencia. La mujer en la historia de México*, El Colegio de México, México.

Reher, David S. (1989), "Population and economy in Eighteenth Century Mexico:

an analysis of short term fluctuations", ponencia presentada a la *Conference on the population history of Latin America*, Ouro Preto, Brasil, julio.

Rotberg, Robert I., Theodorek K. Rabb, R.S. Schofield y E.A. Wrigley (1986), *Population and History. From the traditional to the Modern World*, Cambridge University Press, Cambridge.

Robinson, David. J. (1980), "Population patterns in a northern mexican mining region: Parral in the late eighteenth-Century", *Geoscience and Man*, 21, pp. 83-96.

————— (1981), "Indian migration in eighteenth-Century Yucatan: The open nature of the closed corporate community", en Robinson (ed.) (1981), pp. 149-173.

————— (1988), "Patrones de migración en Michoacán en el siglo XVIII: datos y metodologías", en Calvo-López (coords.) (1988), pp. 169-205.

Robinson, David. J. (ed.) (1979), *Social fabric and spatial structure in colonial Latin America*, Syracuse University, Syracuse, 1979.

————— (1981), *Studies in Spanish American Population History*, Westview Press, Boulder Colorado, 1981.

Robinson, David J. y C. McGovern (1980), "La migración yucateca en la época colonial: el caso de San Francisco de Umán", *Historia Mexicana*, 30:1, pp. 99-125.

Robinson, D.J. *et al.* (1974), "Distribution and structure of the population of Spanish America, 1750-1800. A framework for computer analysis", *XLI International Congress of Americanistes*, México.

Salvucci, Richar y Linda Salvucci (1987), "Crecimiento económico y cambio de la productividad en México, 1750-1895", *HISLA*, X, pp. 67-89.

Sánchez-Albornoz, Claudio (1978), *Indios y tributos en el Alto Perú*, IEP, Lima.

Schaedel, R.P., J. Hardoy y N.S. Kinzer (eds.) (1978), *Urbanization in the Americas from its beginning to the present*, Routon Publishers, The Hague, pp. 383-397.

Seed, Patricia (1980), *Parents versus children: marriage oppositions in colonial Mexico, 1610-1779*, Ph. D, University of Wisconsin, Wisconsin.

————— (1988), *The love, honor and obey in colonial Mexico. Conflicts over marriage choise, 1574-1821*, Standford University Press, Standford.

Shaw, Frederick (1975), *Poverty and politics in Mexico City, 1824-1854*, Ph. D. University of Florida, Gainesville.

Slicher Van Bath, B.H. (1963), *The agrarian history of Western Europe 1500-1850*, Londres.

Solís Matías, Alejandro (1986), *Analco*, Gobierno del Estado de Jalisco, Guadalajara.

Spengler, Joseph J. (1972), "Demographic factor and early modern economic development", en Glass-Revelle (1972), pp. 87-98.

Stein, Stanley y Shanej, Hunt (1971), "La historia económica en América Latina", *Historia Mexicana*, XXI:2, pp. 328-371.

Stern, Steve J. (1985), "Latin Americas colonial history. Invitation to an Agenda", *Latin American Perspectives*, 12 [44], pp. 3-16.

Swann, Michael (1979), "Marriage and mobility in late colonial Northern Mexico", en Robinson (ed.) (1979), pp. 117-180.

——— (1982), *Tierra adentro, Settlement and society in colonial Durango*, Westview Press, Boulder, Col.

Van Young, Eric (1979), "Urban market and hinterland: Guadalajara and its region in the eighteenth century", *Hipanic American Historical Review*, 59:4, pp. 593-635.

——— (1985), "Recent anglophone scholarship on Mexico in the age of Revolution (1750-1850)", *Hispanic American Historical Review*, 65:4, pp. 725-743.

——— (1987), "The rich get richer and the poor get skewed: real wages and popular living standars in late colonial Mexico" (Mss.) 1987, All-UC-Group in Economic History.

——— (1988a), "Island in the storm: quiet cities and violent countrysides in the Mexican independence era", *Past and present*, pp. 118, 130-155.

(1988b), "A modo de conclusión: el siglo paradójico", en Ouweneel-Torales Pacheco (comps.) (1988), pp. 206-231.

——— (1989), "La historia rural de México desde Chevalier: historiografía de la hacienda colonial", en E. Cárdenas (comps.), *Historia económica de México*, FCE, México, pp. 376-438 (originalmente aparecido en inglés en *Latin American Research Review*).

Vázquez, Josefina Zoraida (1989), "Los años olvidados", *Estudios Mexicanos*, V:2, pp. 313-326.

Vollmer, Günter (1973), "La evolución cuantitativa de la población indígena en la región de Puebla (1570-1810)", *Historia Mexicana*, XXIII:1, pp. 43-51.

West, Robert C. (1949), *The minning community in northern New Spain: the Parral minning district*, University of California, Berkeley.

Vries, Jan de (1974), *The Dutch rural economy in the golden age, 1500-1700*, New Haven.

Watson, Rodney C. (1983), "La dinámica espacial de los cambios de población en un pueblo colonial mexicano: Tila, Chiapas (1595-1794)", *Mesoamérica*, 4:5, pp. 87-108.

Wolf, Eric (1955), *The mexican Bajio in the eighteenth century*, Middle American Research Institute, Tulane.

Wrigley, E.A. (1972), "Mortality in preindustrial England. The example of Colyton-Devon, over three centuries", en Glass-Revelle (eds.) (1972), pp. 243-273.

——— E.A. y R.S. Schofield (1981), *The population History of England, 1541-1871*, Edward Arnold, Cambridge.

Yacher, Leon (1977a), *Marriage, emigration and racial mixing in colonial Tlazazalca (Michoacán), 1750-1810* (discussion paper), Syracuse University.

——— (1977b), "Marriage migrations and marriage partner preferences in colonial Zinapecuaro and Ucareo (Michoacán). 1750-1800", *Conferencia de la Asociación de Ciencias Sociales*, Denver.

————— (1978), "Widowhood, marriage migration and racial mixture in Michoacan, Mexico", *Proceedings*, 11, Middle State Division of the Association of American Geographers, pp. 15-26.

————— (1979), "Migration to Zinapecuaro, Michoacan, Mexico", *Proceedings*, 9, New England-St. Lawrence Geographical Society, pp. 62-69.

RAZA, CLASE Y MATRIMONIO EN LA NUEVA ESPAÑA: ESTADO ACTUAL DEL DEBATE

ELIZABETH ANNE KUZNESOF

INTRODUCCIÓN

La historia de la ilegitimidad en la Nueva España va invariablemente entrelazada con la de la mezcla de razas y el concubinato. La explotación sexual de las mujeres indias y las esclavas africanas por los europeos a comienzos del siglo XVI dio motivo al ímpetu original de esta insistencia en la bibliografía histórica. La desproporción entre los sexos de los españoles en la época de la Conquista sugiere, por sí misma, que los varones europeos inevitablemente tendrían relaciones sexuales con mujeres indígenas y africanas, si querían reproducirse activamente. En el siglo XVI, la relación de la ilegitimidad con la mezcla de razas fue tan grande que una de las normas que definían las castas era, precisamente, la de la ilegitimidad.[1]

Sin embargo, la incidencia de concubinato e ilegitimidad en la sociedad colonial llegó a ser excesiva a mediados del siglo XVII para poder explicarla tan sólo por unas relaciones sexuales de explotación. Proporciones de nacimientos ilegítimos de 20 a 60 por ciento, junto con altos niveles de adultos que no se casaban hacen que la Nueva España, junto con casi toda la América Latina, se desvíe marcadamente de la experiencia demográfica europea. Estas características ponen en entredicho aquel axioma general de los demógrafos, de que la información más reveladora acerca de una población es la edad al casarse y las proporciones de personas que se casan. La conducta de cortejo y

---

[1] John K. Chance, *Race and Clase in Colonial Oaxaca* (Stanford, Standford University Press, 1978), p. 98. Chance pasa a decir que los mestizos biológicos nacidos de matrimonio y reconocidos por ambos padres en el siglo XVI eran definidos como criollos.

[373]

apareamiento y sus cambios en el tiempo son, sin duda, de importancia crítica en cualquier estudio de la fecundidad, particularmente en una población en que altas proporciones de la población no se casan o se casan ya en edad avanzada. Además, es importante saber no sólo la edad al matrimonio legal de la población, sino también la edad en que las parejas entran en uniones aceptadas o inician unas relaciones sexuales que producen hijos. Una tarea importante de los estudiosos de este ámbito consiste en determinar hasta qué punto la fertilidad ilegítima ocurre dentro de uniones estables y aceptadas, y qué proporción de éstas será, más adelante, legitimada por el matrimonio. Estas características suelen variar notablemente por regiones aun dentro de una sociedad en particular, por lo que también será de gran importancia el contexto económico y social.

Peter Laslett ha señalado que "la conducta procreadora [nunca se ha] limitado al matrimonio".[2] Sin embargo, para la mayor parte de las sociedades occidentales en casi todos los periodos históricos de los que tenemos datos, el grueso de la población se ha atenido a las normas prescritas según las convenciones del matrimonio y, aún más, al tener hijos dentro de una unión formalizada que cuenta con la aprobación de la sociedad. La existencia de una parte considerable de la población que *no* seguía estas convenciones nos lleva a preguntarnos acerca de la aceptación de unas reglas sociales comunes a la población mexicana, de la posibilidad de que convenciones o culturas coexistieran, y de la influencia real de la Iglesia sobre la sociedad colonial.

Los estudios de la ilegitimidad en Europa tratan de menos de 10 por ciento de los matrimonios. Las más de las veces, la mujer errante sólo tenía un hijo fuera de matrimonio (frecuentemente descrito como un error durante el cortejo), y ella, por sí sola, criaba a sus hijos, sin el beneficio de sus parientes, que le ayudaran en la alimentación, o sin la presencia de un padre. Desde 1973, los historiadores de la familia europea han presentado la noción de una "subsociedad tendiente a la bastardía", la cual incluye a las mujeres que produjeron más de un hijo ilegítimo, que a menudo continuaban una práctica ya común en su familia, y que, a menudo, también ellas eran ilegítimas.[3] No es claro cuál era la relación de esta fertilidad ilegítima subsocial con la ilegitimidad como tal, o con la fertilidad. Puesto que los demógrafos afirman

---

[2] Peter Laslett, Karla Oosterveen y Richard M. Smith, eds., *Bastardy and its Comparative History* (Cambridge, Harvard University Press, 1980), p. xiii.

[3] *Ibid.*, pp. 217-246.

que la fertilidad legítima y la ilegítima habitualmente avanzan en la misma dirección, podría esperarse que la fertilidad de la "subsociedad tendiente a la bastardía" también hubiese procedido paralelamente a estas otras corrientes.[4] Hasta cierto punto, el análisis de la ilegitimidad en México y en la América Latina es cuestión de qué proporción de la ilegitimidad caería en una categoría análoga a esta "subsociedad tendiente a la bastardía", en que generaciones, nexos familiares y vecindades han seguido unas prácticas de apareamiento y reproducción no formalizadas. Para tales poblaciones, es importante conocer el significado de la ilegitimidad en función de los nexos familiares y el apoyo de la familia. ¿Tenían los hijos ilegítimos el mismo tipo de conexiones y apoyo familiares que los hijos legítimos, pero sin el reconocimiento del Estado y de la Iglesia? ¿O bien llevaba consigo la ilegitimidad un estigma y un precio, en función de las relaciones familiares, hasta en esta población no conformista ¿Cómo afectaba el estado matrimonial a la fecundidad? ¿Hasta qué punto quedaba determinada esta conducta por las pautas de clase y de residencia?

En este escrito, analizaré los actuales estudios en este terreno de la historia de la familia en el México colonial, y mostraré algunas dificultades, sugiriendo direcciones para obras futuras.

TRADICIONES MATRIMONIALES ESPAÑOLAS, INDÍGENAS Y AFRICANAS, Y LEGISLACIÓN COLONIAL RESPECTO AL MATRIMONIO Y AL CONCUBINATO

Los modos en que una sociedad (y las subculturas que hay dentro de una sociedad) se comportan en los ámbitos del emparejamiento y la reproducción en sus vidas pueden remontarse a toda una variedad de fuentes. Tradiciones, creencias y valores derivados de sus antecedentes desempeñan un papel, así como el marco sociohistórico en que viven estas personas. Para el México colonial, el trasfondo español, la Iglesia católica y las leyes de Indias con respecto a la herencia y los derechos de propiedad ejercieron gran influencia. Para las poblaciones indígenas, eran importantes sus propias tradiciones y valores tribales, así como las costumbres relacionadas con la economía rural en que participaban. Es posible que también las tradiciones africanas ejercieran un impacto entre las poblaciones negra y mulata. Una manera de comprender la conducta de enlace y reproducción del México colonial

[4] *Ibid.*, p. 20.

consiste en considerar las pautas tradicionales de apartamiento de cada uno de estos grupos étnicos antes de la conquista de México por los españoles.

En 1966, Woodrow Borah y Sherburne Cook afirmaron que la costumbre y la ley españolas permitían unas uniones sexuales no formalizadas, cuyos retoños eran denominados "hijos naturales", que dichas uniones eran comunes en España y, por implicación, que podían explicarse los altos niveles de concubinato y de ilegitimidad de la Nueva España por la extensión de esta práctica al Nuevo Mundo.[5] La ley en cuestión se originó en el derecho romano medieval, y fue reiterada en las Siete Partidas. Se centraba en impedir que los sacerdotes y los hombres casados tuvieran concubinas; los solteros sin impedimento matrimonial podían vivir juntos, a voluntad, separarse a su capricho o permanecer unidos por toda la vida. A esto se llamaba *barraganía.* La ley también permitía que los hijos ilegítimos de tales uniones quedaran automáticamente legitimados si sus padres se casaban. En algunos periodos, en la *barraganía* también participaron sacerdotes y hombres casados. Sin embargo, a finales de la Edad Media, esto quedó prohibido y a las mujeres que se descubriera viviendo con un sacerdote o un hombre casado como su *barragana* se les aplicaba una multa, se les expulsaba de sus lugares de residencia, y a veces eran azotadas.[6]

Según Borah y Cook, éstas fueron leyes y costumbres transferidas a las colonias españolas. Sin embargo, la Nueva España también quedó sometida a los decretos del Concilio de Trento, que adoptó una línea mucho más enérgica con respecto al concubinato. Según el Concilio de Trento, el simple concubinato o la cohabitación entre personas que no tuviesen impedimento de casarse sería considerado pecaminoso, y habría que emprender acción en su contra. Los Reyes Católicos condenaron la *barraganía* y adoptaron severas medidas contra quienes vivían en concubinato. La legislación real aplicada a las colonias también prohibió la *barraganía* y se opuso enérgicamente a ella.[7]

[5] Woodrow Borah y Sherburne P. Cook, "Marriage and Legitimicy in Mexican Culture: Mexico and California", *California Law Review* 54:2 (mayo 1966, pp. 949-952).

[6] Borah y Cook, "Marriage and Illegitimacy", pp. 950-951.

[7] Magnus Mörner, *Race Mixture in the History of Latin America* (Boston, Little Brown and Company, 1967), p. 40. Richard Konetzke, "El mestizaje y su importancia en el desarrollo de la población hispanoamericana durante la época colonial", en *Revista de Indias,* año 7, núms. 23-24, pp. 7-44 y 215-237, Magnus Mörner, "El mestizaje en la historia de Iberoamérica", en *Revista de Historia de América,* núms. 53-54, jun.-dic., 1962, p. 154.

Aunque este tipo de delito no fuese perseguido por la Inquisición, sí era perseguido por los tribunales eclesiásticos y también por la baja judicatura en México.[8] Otro factor es la ausencia de datos empíricos que refuercen la afirmación de que el concubinato era común en la sociedad española. Por desgracia, los estudios sobre la población y la familia española a finales del periodo medieval o durante el siglo XVI se encuentran aún en etapa rudimentaria.

Los estudios de las tradiciones prehispánicas de los aztecas parecen sugerir que, con excepción de ciertos miembros privilegiados de la sociedad, el pueblo seguía una tradición de estricta monogamia. Las mujeres estaban claramente sometidas, primero a sus padres, y luego a sus maridos. Se esperaba que llegaran vírgenes al matrimonio; el adulterio era castigado con la lapidación, y las mujeres podían ser rechazadas por sus maridos por tener mal carácter, ser impacientes o descuidadas. La esterilidad era causa común de divorcio. Sin embargo, también la mujer podía pedir el divorcio; en Yucatán, entre los mayas era común el divorcio por consentimiento mutuo. En caso de divorcio, cada uno de los cónyuges recibiría de regreso lo que había aportado al matrimonio, y se encargaría de educar a los hijos de su propio sexo. Los aztecas, de uno y otro sexo, podían volver a casarse.[9]

Aunque no contemos con estudios demográficos de la conducta reproductiva y de apareamiento entre las tribus prehispánicas de México, podemos obtener ciertas claves de las pasadas tradiciones del matrimonio a partir de los estudios de las comunidades indias efectuados después de la conquista. Un estudio de reconstitución de la familia efectuado por Herbert Klein en 1986, en Amatenango, Chiapas, para el periodo 1785-1816, refleja indudablemente la experiencia de la conquista y el contacto con los españoles, pero los resultados parecen tan específicos de la tribu en cuestión que vale la pena citarlos en este contexto. Klein describe una población en que las mujeres se casaban muy jóvenes —en su mayoría, al cumplir 17 años— y la incidencia de partos premaritales parece asombrosamente baja. Aunque las proporciones de quienes se casaban no pueden determinarse mediante un

---

[8] Véase nota 20. Solage Alberro también afirma que el "Amancebamiento" era perseguido por los tribunales eclesiásticos.

[9] Ferdinand Anton, *Woman in Pre-Columbian America* (Nueva York, 1973) 20-24; Alberto G. Gaxiola, "Notas sobre la evolución jurídico-social de la familia en México", Universidad Autónoma de México, 1963, 8; Jaime Delgado, "El amor en la América Prehispánica", *Revista de Indias* 29 (1969), pp. 151-171; Gloria Villarreal Sepúlveda, *Ensayo sociológico y jurídico sobre la familia mexicana* (México, 1944), pp. 47-65.

estudio de reconstrucción de la familia, como éste, Klein quedó convencido de que se trataba de una comunidad en que el matrimonio era casi universal. Un descubrimiento insólito —en comparación con las poblaciones europeas— es que los viudos y las viudas en Amatenango (muchos de los cuales aun eran muy jóvenes) volvían a casarse casi con la misma probabilidad, y que las jóvenes viudas se casaban con varones solteros con la misma frecuencia con que los viudos se casaban con solteras. Klein sospecha que tal vez el mayor control de las mujeres tzeltales sobre los recursos de que se disponía también les daba mayor poder en el mercado matrimonial.[10]

Las tradiciones prehispánicas de México arrojan poca o ninguna luz sobre la importancia proporcional de los nacimientos ilegítimos y las uniones libres en el México colonial. Aunque el común empleo del divorcio acaso produjera unos hogares dirigidos por las mujeres, y unas mujeres relativamente independientes entre las tribus prehispánicas, todas las tribus parecen haber tenido un gran respeto a la ley y el ritual, y hasta en la comunidad del siglo XVIII estudiada por Klein, conservaron la observancia formal del matrimonio y la concepción y el nacimiento de hijos del lecho matrimonial.

El componente africano de la población colonial de México fue relativamente pequeño, pero la muy sesgada proporción de sexo le dio importancia en el proceso de misegenación. Las pautas de casamiento y apareamiento entre las tribus del África occidental incluían la poligamia, una insistencia en la familia o el linaje extenso, y unos roles sumamente independientes para las mujeres dentro de sus familias individuales.[11]

Es poderoso el argumento que alega lo inevitable de la misegenación sobre la base de datos demográficos. Gonzalbo Aguirre Beltrán y Ángel Rosenblat han mostrado convincentemente que el excedente de varones europeos blancos y de varones africanos negros era tal que las uniones interraciales eran una necesidad, si estos varones querían reproducirse.[12] El derecho canónico estaba marcadamente en favor de

---

[10] Herbert S. Klein, "Familia y Fertilidad en Amatengango, Chiapas, 1785-1816", *Historia Mexicana*, 142:2, oct./dic., 1986, vol. XXXVI, pp. 273-286.

[11] Véase Robert A. Lystad, "Marriage and Kinship among the Ashanti and the Agni: A Study of Differential Acculturation", en William R. Bascom y Melville J. Herskovits (eds.), *Continuity and Change in African Cultures* (Chicago, The University of Chicago Press, 1959), pp. 187-205; Melville J. Herskovits, *The Myth of the Negro Past* (Glouster, Peter Smith, 1970), pp. 54-85; Gonzalo Aguirre Beltrán, *Cuijla: Esbozo etnográfico de un pueblo negro* (México, Fondo de Cultura Económica, 1958).

[12] Gonzalo Aguirre Beltrán, *La población negra de México, 1519-1810* (México, 1946).

la libertad de matrimonio entre los fieles, y no establecía nada en contra de las uniones interraciales. Sin embargo, la política real hacia el matrimonio interracial fue un tanto ambigua.

En los treinta años que siguieron a la conquista, la corona afirmó el derecho de los indios de casar con españoles. Sin embargo, al mestizo ilegítimo, retoño de uniones informales de españoles e indios se le asignaba una categoría inferior. Aunque los "hijos naturales" pudiesen ser legitimados por acción legislativa, el Consejo de Indias se oponía a que hubiese frecuentes legitimaciones de esta índole. Asimismo, la corona se mostró desfavorable a las uniones entre españoles y africanos o castas, y se opuso resueltamente a los matrimonios entre indios y africanos o mulatos. En lo tocante a los matrimonios entre indios y negros o multados, la Audiencia de México recomendó que "se dieran órdenes especiales a los curas párrocos para que, en caso de que algún indio deseara contraer matrimonio con una persona perteneciente a estas castas, él y sus padres... recibieran una advertencia y una explicación del grave daño... que tales uniones les causaran a ellos, a sus familias y pueblos, además de hacer que sus descendientes fueran incapaces de ocupar un cargo municipal de honor en que se permite servir sólo a los indios de raza pura".[13]

La corona se opuso aún más enérgicamente al concubinato interracial que al matrimonio interracial. De hecho, algunos autores han sugerido que los propios tipos raciales —especialmente los mestizos— sólo se utilizaban para denotar a los hijos ilegítimos de las uniones entre españoles e indios, en tanto que los hijos legítimos eran llamados españoles, criollos o americanos.[14] El concubinato afro-indio era perseguido con medios que a veces eran brutales. En Perú, el negro de la pareja (la más de las veces el varón) era castigado en algunos lugares con la castración, aunque un decreto real había prohibido esta terrible pena.[15]

Parte de la actitud hacia los matrimonios interraciales y hacia los retoños de las uniones interraciales era resultado del concepto de "limpieza de sangre" que había cobrado reciente importancia en España después del siglo XVIII, y que, con el tiempo, también adquirió

Ángel Rosenblat, *La población indígena y el mestizaje en América* (Buenos Aires, 1954).

[13] Mörner, "El mestizaje...", pp. 153-154. Mörner, "Race Mixture", pp. 37-39. Richard Konetzke, "La legislación Española y el Mestizaje en América", *Revista de Historia de América*, núms. 53-54, 1962, p. 178.

[14] Mörner, "El mestizaje", p. 133.

[15] Mörner, "Race Mixture", p. 40.

importancia en las colonias españolas. Esta idea sugería que las castas necesariamente eran de personas menos dignas y menos decentes que los españoles de sangre pura. La corona siguió, en adelante, una política de "separación de las razas", a la vez para mantener a los españoles limpios de sangre oscura y para proteger a los indios de la influencia maligna y nociva de las castas. Tales ideas acabaron por ser incorporadas en varios tipos de legislación, e impedían a las castas ingresar en ciertas ocupaciones o escuelas.

FUENTES PARA EL ESTUDIO DE LA ILEGITIMIDAD Y LA RAZA EN EL MÉXICO COLONIAL

Los registros parroquiales y las listas y censos de familias integran las principales fuentes para el estudio de la población en la América Latina. Sin embargo, las listas de hogares de la América española y de México no nos dan información precisa acerca de las relaciones de las parejas.[16] Al comparar las listas publicadas del censo de 1753 para tres parroquias de la ciudad de México con un análisis de la legitimidad queda considerablemente oscurecida en las listas de familias. El análisis hecho por Dennis Valdés de las listas de bautismos de la parroquia del Sagrario en la ciudad de México para 1753, indica que más de 30 por ciento de los recién nacidos eran ilegítimos, desde cerca de 38 por ciento para los mulatos, hasta 28 por ciento para los españoles.[17] Esta pauta no coincide con una revisión general del manuscrito del censo de 1753. Las mujeres con hijos que dirigían sus hogares parecen, invariablemente, ser "viudas". Las parejas que cohabitaban son casi siempre parejas casadas.[18] Silvia Arrom confirma esa pauta para las listas del censo de 1811. Sólo descubrió 3.5 por ciento de madres consideradas como solteras en 1811.[19]

Los registros de la Inquisición, de sus acusaciones y procesos, así

[16] John V. Lombardy, "Population Reporting Systems: An Eighteenth-Century Pardigm of Spanish Imperial Organization", en David J. Robinson (ed.), *Studies in Spanish American Population History* (Westview Press, Dellplain Latin American Studies, núm. 8 Boulder, 1981), pp. 13-14.

[17] Dennis Nodin Valdes, "The Decline of the Sociedad de Castas in Mexico City" (tesis doctoral), Universidad de Michigan, 1978, cuadro 1.3, p. 33.

[18] Boletín del Archivo General de la Nación, Segunda Serie, tomos VII y VIII, núms. 1-4, México, 1966 y 1967.

[19] Silvia Marina Arrom, *The Women of Mexico City, 1790-1857* (Stanford, Stanford University Press, 1985), pp. 112-113. Solange Alberro.

como los registros penales seculares constituyen otro tipo de fuente para el estudio de la ilegitimidad y las uniones libres. Durante los siglos XVI y XVII, estas cuestiones parecen haber sido resueltas por la Inquisición y por los tribunales eclesiásticos. Para el decenio de 1780, los tribunales seculares y los eclesiásticos perseguían los delitos concernientes a la conducta sexual y la vida familiar. Para el periodo de 1571 a 1700, Solange Alberro ha recabado y tabulado, por años, los tipos de acusaciones presentados a la Inquisición, así como los grupos étnicos y grupos laborales. En estas tabulaciones, Solange Alberro afirma que ni la fornicación ni la unión libre (amancebamiento) eran perseguidas por el Santo Oficio. Por contraste, la bigamia y la poligamia recibían gran atención de los inquisidores.[20]

Por comparación, los registros de la policía y los tribunales de la ciudad de México, para el periodo de 1774-1811, incluyen la "incontinencia" o unión libre como la segunda razón más común de las detenciones (después de la embriaguez). Sin embargo, de estas detenciones sólo 41.2 por ciento resultaron en cargos contra la pareja en cuestión.[21] Michael Scardaville indica que en 46 por ciento de los casos, uno de los cónyuges también estaba casado con otra persona, además de su delito de "incontinencia". Este hecho acaso tuviese mucho que ver con la detención, si en realidad la práctica de vivir en unión, sin matrimonio, no era considerada, en sí misma, como peligro para el orden público. Otro interesante atributo de los registros policiacos es la altísima proporción de personas entre 15 y 20 años y entre los 20 y los 29 años que fueron acusadas.[22] Aunque la disposición de los datos en el estudio de Scardaville no nos permite confirmar la estructura exacta de edades para esta acusación en particular, la configuración general de los datos sí indica que una buena parte de estos cargos, particularmente en el caso de dos personas solteras, tal vez se llevara

---

[20] *La Actividad del Santo Oficio de la Inquisición en Nueva España, 1571-1700* (Instituto Nacional de Antropología e Historia, Colección Científica, núm. 96, México, 1981), pp. 67-72.

[21] Michael C. Scardaville, "Crime and the Urban Poor: Mexico City in the Late Colonial Period" (tesis para el doctorado, University of Florida, 1977), 14, 35 y 45. Los libros de reos se encuentran en el Archivo General del Juzgado en la ciudad de México y en el Archivo Judicial del Tribunal, también de la ciudad de México; Valdés, "Sociedad de Castas", pp. 114-122; 132; Frederick John Shaw, "Poverty and Politics in Mexico City, pp. 124-1854" (tesis para el doctorado, University of Florida, 1975), cuadro H-2, 388, compilado por el autor del censo de 1849. AACM, tomo 3406.

[22] Scardville, cuadro 11, p. 41.

a cabo a petición particular de los padres o parientes de la mujer, como medio de efectuar un matrimonio legal.

LOS CONCEPTOS DE MATRIMONIO, ILEGITIMIDAD Y RAZA EN EL MÉXICO COLONIAL

En la sociedad colonial española, la familia era considerada como "el pilar" de la civilización, y "central" en la red social de la Nueva España, desde el siglo XVI hasta el siglo XIX.[23] La promoción y conservación del matrimonio y de la familia era una de las principales preocupaciones del Estado y de la Iglesia. Mientras que el Estado ofrecía una base legal a la familia y a las relaciones intrafamiliares, la Iglesia vigilaba los aspectos morales y sociales del matrimonio, de la familia y de las mujeres. Los tribunales eclesiásticos investigaban todos los casos en que se les informaba de abandono marital por marido o mujer, adulterio, concubinato, bigamia o incesto. Como afirma Asunción Lavrín: "...toda pareja que no viviese en unión marital propiamente dicha era no sólo causa de escándalo sino que también estaba poniendo en peligro su posición ante Dios".[24] Las transgresiones morales eran castigadas con azotes, exilio de la ciudad o el barrio de residencia o (para las mujeres), la sentencia a una casa de recogimiento (institución enclaustrada, que por lo general pretendía rehabilitar o proteger a las mujeres).[25]

El honor... era de suprema importancia para el respeto y la consideración sociales [en la Nueva España del siglo XVI y el siglo XVIII].[26] El concepto del honor incluía la castidad premarital y la fidelidad marital en las mujeres. Aunque se decía que una mujer había "perdido" el honor si tenía relaciones sexuales premaritales, los datos de que se dispone indican que la frecuencia de tales relaciones era muy grande. Historiadores de la demografía afirman que en la Nueva España, de 30 a 40 por ciento de los nacimientos ocurrían fuera del lecho nupcial. A

---

[23] Asunción Lavrin, "Introduction", en Lavrin (ed.), *Latin American Women: Historical Perspectives* (Estport, Greenwood Press, 1978), p. 16. Véase también Elizabeth Kuznesof y Robert Oppenheimer, "Family and Society in Neneteenth Century Latin America: an Historiographical Introduction", en *Journal of Family History* 10:3 (otoño 1985), pp. 217-219.

[24] Lavrin, "The Colonial Women in Mexico", en Lavrin, *Ibid.*, pp. 36-37.

[25] Josefina Muriel, *Los recogimientos de mujeres: respuesta a una problemática social novohispana* (México: Instituto de Investigaciones Históricas, 1974), *passim.*

[26] Patricia Seed, "The Church and the Patriarchal Family: Marriage Conflicts in Sixteen and Seventeenth-Century New Spain", *Journal of Family History* 10:3 (otoño 1985), p. 285.

menudo, las mujeres estaban dispuestas a entrar en una relación sexual premarital por una promesa de matrimonio, que tenía valor legal. Después de desflorar a una mujer, un hombre que deseara casar con ella (o se viera obligado) debía pedir permiso a las autoridades eclesiásticas. Como observa Lavrin, "El argumento más frecuentemente empleado en apoyo de su petición es que de otra manera la mujer quedaría 'expuesta' en sociedad. La redacción comúnmente usada sugería que el hombre consideraba que 'debía' su virginidad a la mujer, y que estaba pagándole esta pérdida. Después de 'rebajar' supuestamente a la mujer, el hombre se valdría de unos estereotipados argumentos que eran comúnmente aceptados, de un destino potencialmente peor para la mujer, y adoptaba el papel de salvador por medio del matrimonio".[27]

Nos parece anómala la yuxtaposición de un rígido código moral y jurídico que gobernara las relaciones y las actividades cotidianas de los ciudadanos, en particular de las mujeres, con tal altos niveles de ilegitimidad. Esta pauta sugiere la hipótesis, ya indicada por Silvia Arrom (aunque no con respecto a la ilegitimidad) de que los dispares elementos de la sociedad colonial se "reflejaban en la coexistencia de distintas pautas matrimoniales entre los descendientes de los grupos de conquistadores y de conquistados".[28]

Aunque esta hipótesis coincide con los datos reveladores de que las mujeres indias se casaban muy jóvenes y en proporciones casi universales, en comparación con la mayor edad al matrimonio y las mayores proporciones que nunca se casaban entre los españoles, resulta difícil sostener esta hipótesis al hablar de la ilegitimidad, que hasta cierto punto parece haber imbuido las diversas culturas y grupos étnicos de la Nueva España. Aunque algunos de los primeros estudios de la población y de la ilegitimidad consideraron probable que la edad relativamente avanzada al casarse y las altas proporciones de la población que nunca se casaba podría acoplarse naturalmente a altos niveles de ilegitimidad, estudios más recientes han mostrado que, en realidad, lo que ocurría era lo contrario.

La idea de que las razas representaran distintas "pautas culturales" a comienzos del siglo XIX implica hasta cierto punto una continuidad de la cultura con la raza desde la época de la conquista. Esta idea está claramente en el error. Los cambios de población, el impacto cultural

---

[27] Lavrin, "Colonial Woman", p. 38.

[28] Silvia M. Arrom, "Marriage Patterns in Mexico City, 1811", *Journal of Family History*, 3:4 (invierno, 1978), p. 376.

de crecer como hijo de padres de origen racial mixto y la variedad de
posibles mezclas étnicas, produjeron, con el tiempo, una considerable
mezcla de actitudes culturales y sociales entre los grupos. Aunque a
menudo se considera que el periodo temprano fue de "poligamia
desenfrenada", algunos autores también indican que se legalizaron
muchas uniones formales entre españoles e indias y que los hijos de
estas uniones fueron, en general, incorporados al grupo étnico de uno
de los padres. Los comienzos del siglo XVII fueron un periodo de
uniones más estables, incluyendo —según Konetzke— la unión libre,
formada casi siempre por una pareja interracial. Los primeros datos
publicados proceden del siglo XVII e indican un nivel bastante alto de
nacimientos ilegítimos en todos los grupos étnicos.

Una dificultad importante al tratar la idea de la "coexistencia de
diversas pautas matrimoniales" según los grupos étnicos, es que la raza
o "calidad" no sólo implicaba un elemento biológico, sino que era "una
definición social del color, la ocupación y la riqueza".[29] Los tipos de
mezclas raciales, la movilidad de la población y lo deseable de la
"blancura" social condujeron inevitablemente a un gradual "blanqueo"
de la población, que ha sido descrito por los estudiosos en el caso de
las ciudades de México, Oaxaca y Guadalajara durante el siglo XVIII y
comienzos del XIX.[30] Rodney Anderson empleó un enfoque interesante
para el estudio de las pautas de raza, clase estatus y matrimonio en
Guadalajara. Analizó los datos de 1821 por raza, edad y estado civil,
separando dentro del grupo español a los que tenían la categoría de
"don". Los resultados indican que el grupo español que no tenía
derecho a esta distinción seguía pautas más parecidas a las de indios y
castas que a las de los "dones" españoles. Aunque no buscaba específicamente pautas matrimoniales, Valdés presentó un testimonio para la
ciudad de México de 1753, que indica que el ingreso promedio y las
dimensiones de la familia de los españoles sin título se aproximaban
más a los grupos no españoles.[31] Anderson ha sugerido que este grupo
de españoles sin título tal vez estuviese compuesto, en parte, por castas
"blanqueadas" cuyas raíces étnicas serían, por lo menos, mixtas. La

---

[29] Robert McCaa, "Calidad, Clase and Marriage in Colonial Mexico: the Case of Parral,
1788-1790", *HAHR*, 64:3 (1984), p. 477.

[30] Valdés, "Sociedad de Castas"; Chance, *Race and class*..., p. 439; Rodney D. Anderson,
"Race and Social Stratification: A Comparison of Working Class Spaniards, Indians and
Castas in Guadalajara, México, 1821", *HAHR*, 68:2 (mayo 1988), p. 240.

[31] Anderson, "Race and Social Stratification", pp. 220-227; Valdés "Sociedad de castas",
pp. 127-129.

relativa semejanza de las tasas de ilegitimidad de diferentes grupos raciales, puede ser resultado del proceso de homogeneización que habría tendido a hacer que a la postre, las conductas fuesen determinadas por las circunstancias o situación económica más que por los antecedentes étnicos.

TESTIMONIO TOMADO DE CASOS DE LA CIUDAD DE MÉXICO, GUADALAJARA Y LA REGIÓN MINERA DEL NORTE

Aunque la mayor parte de los estudios de la ciudad de México son de los siglos XVIII y XIX y se basan en registros del censo, de las cortes penales y de la Inquisición, existe un pertinente estudio de Guadalajara en el siglo XVII, basado en registros bautismales. El análisis de legitimidad por grupo étnico, realizado por Thomas Calvo, sugiere que el 25 por ciento de los españoles, 60-75 por ciento de los mulatos, 40-70 por ciento de los mestizos y posiblemente 40 por ciento de los indios, eran ilegítimos en la Guadalajara del siglo XVII.[32] Calvo relaciona principalmente estas estadísticas con el fenómeno de la urbanización, especialmente con respecto a los indios, que según su opinión, habían sido "pervertidos" por el medio urbano que los había desconectado de sus comunidades, donde habitualmente sólo tenían una incidencia del 5 a 10 por ciento de nacimientos ilegítimos.[33] Calvo considera la alta incidencia de concubinatos como un aspecto de las nacientes "costumbres" o cultura propia de una población multirracial. Cita un proverbio de la Nueva Galicia del siglo XVII, tomado del Archivo de la Inquisición: "es mejor estar bien amancebado que mal casado".[34]

Calvo también subraya las varias formas de amancebamiento existentes. Cita testimonios de visitas pastorales realizadas durante el siglo XVII, que indican la frecuencia de uniones libres sumamente públicas, desde casos de cohabitación y conducta que generalmente caracteriza al matrimonio hasta la discreción de simples visitas frecuentes al domicilio de la amiga. También sugiere que no era raro que el clero viera con tolerancia tales uniones, dando como ejemplo el caso de actas de bautizo en que no se registra el nombre de los padres, pese a

---

[32] Thomas Calvo, "Concubinato y mestizaje en el medio urbano: el caso de Guadalajara en el siglo XVII", *Revista de Indias*, 1984, vol. XLIV, núm. 173, pp. 210-211.

[33] Calvo, "Concubinato", pp. 204-209

[34] Calvo, "Concubinato", p. 208, citando AGNM, Inquisición, t. 346, fol. 541 y t.360, fol. 214.

que ellos lo presentaron personalmente. Las solicitudes de legitimación de los hijos tras el matrimonio de los padres son otro testimonio de la existencia del concubinato entre grupos de población relativamente respetuosos de la ley y con relaciones estables. Sin embargo, los datos de Calvo también indican que los 179 nacimientos correspondientes a familias de la nobleza de Guadalajara fueron todos legítimos. Sin duda que los hijos ilegítimos pertenecientes a este grupo aparecerían entre tantos huérfanos de padres desconocidos que aparecían abandonados a las puertas de las iglesias o de los domicilios de sus propios parientes.[35]

En varios estudios sobre la ciudad de México, en los años de 1753 a 1854 se han utilizado censos y registros parroquiales. Dennis Valdés descubrió que el porcentaje de hijos ilegítimos bautizados en relación con el total de la capital, para 1724-1811, varió de 22 a 37 por ciento. Descomponiendo las cifras por grupos étnicos, Valdés considera que en la parroquia del Sagrario, los españoles disminuyeron del 37 al 26 por ciento, los mestizos aumentaron del 32 al 48 por ciento y los indios tuvieron también un pequeño incremento, del 33 al 35 por ciento.[36] Aunque varios estudiosos han sugerido que una causa importante de la ilegitimidad era la renuencia de los individuos a casarse solemnemente con miembros de otras razas, Valdés concluye que "...en proporción con los números totales de la población, los españoles vivían en concubinato con las españolas tanto como con castas".[37]

Esta afirmación se confirma por los registros criminales de 1792 a 1800 de la ciudad de México.[38] Analizando la composición racial de las personas acusadas de matrimonio de derecho común, Michael Scardaville descubrió que nada menos que 60% de los casos incluían a personas del mismo linaje étnico. Los españoles amancebados con españolas constituían el 25 por ciento y españoles con otros grupos alcanzaban 30 por ciento. Con fundamento en los datos compilados en 348 casos de detención, Scardaville concluyó que "las pautas raciales en los matrimonios de derecho común reflejaban las de los matrimonios legales".[39]

---

[35] Calvo, "Concubinato", pp. 208-210.
[36] Valdés, "Sociedad de castas", p. 33.
[37] *Ibid.*, p. 34.
[38] Scardaville, "Crime and the Urban Poor", pp. 141-203, analiza la evidencia de los libros de reos. Los delitos tocantes a la familia incluyeron 22 por ciento de las detenciones efectuadas en 1798 y el matrimonio de derecho común y la conducta promiscua fueron responsables, respectivamente de 8.7 y 6.3 por ciento de las detenciones.
[39] *Ibid.* p. 172.

Scardaville descubrió una razón de las pautas de ilegitimidad aparte del grupo étnico. Se trata de la existencia de un matrimonio anterior de uno o de ambos cónyuges, en 46 por ciento de las detenciones.[40] Éste es un descubrimiento impresionante; sin embargo también debemos considerar que las uniones libres de personas casadas con otras personas eran consideradas particularmente escandalosas. Tal vez los casados corrían mucho mayor riesgo de detención que los solteros, especialmente porque los arrestos se hacían por denuncia de particulares. Asimismo, el hecho de que en los censos aparezcan como casados quienes vivían en unión libre, da a entender que era aceptado como norma general. Aunque la monogamia fuera la norma para los novohispanos, la unión cohabitacional de dos personas carentes de otros compromisos, bien pudo ser considerada como matrimonio en todos los aspectos, excepto el legal.

Las personas que se unían a otro compañero mientras vivía su cónyuge corrían el riesgo de ser acusadas de poligamia. En un caso presentado a la Inquisición en 1760, una india llamada Juana, que había trabajado como sirvienta para un panadero mestizo o español, de nombre Antonio Rivera, se hizo su manceba y le dio un hijo. Él partió para Filipinas, donde llegó a ser oficial del ejército y se casó en 1759. Tramitado el expediente ante el Santo Oficio, la acusación no prosperó porque no existía sacramento previo, aunque los vecinos declararon que se había considerado como matrimonio.[41]

Valdés descubrió que los matrimonios de españoles con indias aumentaron "agudamente" a finales del periodo colonial en comparación con el siglo XVII y que las tasas de matrimonios interétnicos en general aumentaron considerablemente en el mismo periodo y comienzos del siglo XIX.[42] Aunque muchos estudiosos han informado de descubrimientos similares, varios de ellos subrayan la constante importancia del matrimonio dentro del propio grupo racial. A finales del siglo XVIII, pese a los niveles de miscegenación y a unas pautas residenciales sumamente variadas, es poderoso el testimonio de que la *calidad* seguía siendo una gran fuerza en la sociedad mexicana.[43]

[40] *Ibid.*, tabla 75, p. 200.
[41] AGNM, Inquisición, 1050.6 (1760).Citado por Valdés, "Sociedad de castas", pp. 203-204.
[42] *Ibid.*, p. 42.
[43] Celia Wu, "Thew Population of the City of Queretaro in 1791", en *Journal of Latin American Studies*, 16, pp. 177-307; McCaa, "Calidad...".

CONCLUSIÓN

Mucho queda por hacer antes de que contemos con un cuadro convincente de la frecuencia de nacimientos ilegítimos en la Nueva España, para comprender la relación de la ilegitimidad y de la familia "informal" con la sociedad. Los datos escasean y todavía no se han analizado teniendo estas cuestiones en mente. Los testimonios de que disponemos sugieren que la miscegenación se debió, en gran parte, a factores demográficos en el siglo XVI y resultado también de los altísimos costos del matrimonio durante el mismo periodo, prohibitivos para la población pobre. Otro factor que propició estas situaciones fue la facilidad de legitimar a los hijos por matrimonio posterior o por recurso especial. Esta posibilidad significaba que antes de formalizarse el matrimonio, existían las condiciones para considerarlo como tal. La legitimación, en los Estados Unidos coloniales y Europa, dependía de que el matrimonio se realizase antes del nacimiento de los hijos, aunque no necesariamente antes de su concepción.

La relación de concubinato con raza y la noción (dependiente de ésta) de un tipo de ser humano menos responsable o menos decente, parecía pertinente a la Corona y a la Iglesia en el siglo XVI, pero no se apegaba en absoluto a la realidad del siglo XVIII. Las tasas de ilegitimidad de los distintos grupos, en el siglo XVIII se habían tornado casi indistinguibles.

PERSPECTIVAS SOBRE HISTORIA
DE LA FAMILIA EN MÉXICO

Silvia Marina Arrom
Indiana University

Es para mi un placer participar en la inauguración del taller de El Colegio sobre Historia de la Familia. Este taller marca una nueva etapa en los estudios sobre familias novohispanas. Ahora podemos dejar atrás la etapa inicial y desorganizada en que los que estudiábamos el tema nos sentíamos pioneros un poco perdidos. De ahora en adelante tendremos compañía, el tema se tratará con la seriedad que merece, y los pequeños estudios aislados del pasado se suplementarán con muchos otros para que podamos intentar una síntesis de este tema tan importante en la historia de México.

Son muchos los estudiosos que afirman que "la familia es la institución más importante de Latinoamérica".[1] No obstante, la familia se ha investigado poco. Se ha investigado poco porque se ha pensado que la familia siempre ha sido igual, una constante en un mundo cambiante. Porque se ha pensado que el contenido y función de los más básicos roles humanos —madre, padre, esposo/a, hijo/a, hermano/a— son tan obvios que no necesitan investigación alguna. Porque se ha pensado que lo que merece estudiarse es el mundo político, económico, e intelectual, y no el doméstico —aunque sabemos que al estudiar la familia se iluminan todos estos mundos.

Incluso cuando, hace veinte años, aumentó el interés en la historia social —en los eventos no políticos y las gentes no pudientes— esto no llevó inmediatamente al estudio de la familia mexicana. El énfasis de la nueva historia fue, hasta muy recientemente, las revueltas cam-

---

[1] Véase por ejemplo Charles Wagley, *An introduction to Brazil* (Nueva York, 1963), en que el autor, después de hacer esta afirmación, procede a tratar otros temas.

pesinas, los movimientos obreros, las mujeres en el mundo del trabajo, y otros temas que reflejan el interés en lo político y económico. El ímpetu inicial para la historia de la familia partió de suposiciones parecidas sobre lo que era significativo, y lo que no lo era. Siguiendo un precedente muy viejo de estudios genealógicos, aparecieron investigaciones sobre familias élites, pero ahora con el énfasis sobre sus estrategias políticas y empresas familiares, o sea, sobre el mundo público y no el doméstico. Entre éstos se destacan, por ejemplo, los libros de David Walker y Diana Balmori.[2] También aparecieron, por primera vez, estudios "annalistes" sobre comportamientos demográficos muy personales como es el casarse y tener hijos, pero en términos abstractos de totales de nacidos, muertos, y casados. Entre éstos son notables los estudios de Cecilia Rabell, Claude Morin, y Thomas Calvo.[3] Más recientemente han surgido estudios sobre lo que se podría llamar el "interior" de la familia —las relaciones personales, la ideología familiar, el sentimiento, y la sexualidad. Ejemplos son mi librito sobre el divorcio eclesiástico, el reciente libro de Patricia Seed, y algunos de los artículos en las colecciones de Sergio Ortega sobre *Santidad* y *perversión* y de Asunción Lavrin sobre *Matrimonio y sexualidad* en la época colonial.[4]

Este esquema de los diferentes hilos de historia de la familia, desde

[2] Diana Balmori, Stuart Voss, y Miles Wortman, *Notable Family Networks in Latin America* (Chicago, University of Chicago Press, 1984), que incluye una sección sobre el norte de México por Voss; y David Walker, *Kinship, Business, and Politics: The Martinez del Rio Family in Mexico, 1823-1867* (Austin, University of Texas Press, 1986). Véanse también Charles Harris, *A Mexican Family Empire: The Latifundio of the Sánchez Navarros, 1765-1867* (Austin, University of Texas Press, 1975); y John Kicza, *Colonial Entrepreneurs: Families and Business in Bourbon Mexico City* (Albuquerque, University of New Mexico Press, 1984).

[3] Véanse, por ejemplo, Claude Morin, *Santa Inés Zacatelco (1646-1812): Contribución a la demografía histórica del México colonial* (México, INAH, 1973); Cecilia Rabell, "El patrón de nupcialidad en una parroquia rural novohispana: San Luis de la Paz, Guanajuato. Siglo XVIII", en *Memorias de la 1a reunión nacional sobre investigación demográfica en México*, ed. Consejo Nacional de Ciencia y Tecnología (México, 1978); Thomas Calvo, "Familles Mexicaines au XVIIe Siècle: une tentative de reconstitution", *Annales de Démographie Historique* (1984), pp. 149-174; y Herbert S. Klein, "Familia y fertilidad en Amatenango, Chiapas, 1785-1816", *Historia Mexicana*, 36, 2 (1986), pp. 273-286.

[4] Silvia Arrom, *La mujer mexicana ante el divorcio eclesiástico (1800-1857)* (México, SepSetentas, 1976); Sergio Ortega, ed., *De la santidad a la perversión, o de por qué no se cumplía la ley de Dios en la sociedad novohispana* (México, 1986); Patricia Seed, *To Love, Honor, and Obey in Colonial Mexico: Conflicts over Marriage Choice, 1574-1821* (Stanford, Calif., Stanford University Press, 1988) y Asunción Lavrin, *Sexuality and Marriage in Colonial Latin America* (Omaha, Nebraska, University of Nebraska Press, 1989).

estudios de familias pudientes e investigaciones demográficas hasta el estudio de la "mentalité" familiar, tal vez simplifica demasiado. No incluye todos los tipos de trabajos que tratan la familia colonial.[5] Y puede dar algunas impresiones equivocadas. Por ejemplo, no quiero dar a entender que los estudios de familias élites en la esfera pública sean inferiores a los de la vida doméstica, porque todos son necesarios. Tampoco quiero dar la impresión de que la esfera doméstica se pueda aislar de la pública, porque están conectadas. Las conexiones se ven claramente, por ejemplo, en las investigaciones sobre la dote, institución que afecta tanto la economía como las relaciones personales, y que también refleja las cambiantes características del sistema económico y familiar.[6] Lo que quería iluminar con este esquema de los hilos separados de historia de la familia, que ahora se empiezan a mezclar, es la trayectoria intelectual que hemos seguido para llegar a donde estamos, en una situación que reúne la multitud de intereses, enfoques, y metodologías que vemos en esta conferencia.

Lo que hoy quiero proponer es que a esta multitud tan rica y estimulante le pongamos un poco de orden. Que en vez de dispersarnos por todas partes nos enfoquemos —de todas estas diferentes maneras— en algunas hipótesis comunes. Y que siempre pensemos en términos comparativos. Las grandes hipótesis sólo se podrán verificar cuando haya estudios particulares del mismo tema en distintas fechas históricas y en distintos lugares. La falta de estudios comparables fue la causa de mucha frustración para mí en mis investigaciones sobre la mujer y la familia en la ciudad de México.[7] Sin ellos no podía hablar de

---

[5] Ejemplos de otros tipos de estudios son los que tratan los tamaños de familias (Rodney D. Anderson, *Guadalajara a la consumación de la Independencia: Estudio de su población según los padrones de 1921-1822* [Guadalajara, 1983]), la mezcla de razas (John K. Chance, *Race and Class in Colonial Oaxaca* [Stanford, Ca., 1978]), y el marco legal (Silvia Arrom, "Changes in Mexican Family Law in the Nineteenth Century: The Civil Codes of 1870 and 1884". *Journal of Family History*, 10, 3 [Fall 1985], pp. 305-317).

[6] Para un magnífico estudio de la dote a través de tres siglos véase Muriel Nazzari, "The Disappearance of the Dowry: Women, the Family, and Property in São Paulo, Brazil (1600-1870)," Ph.D. diss., Yale University, 1986. Sobre la dote en México véanse Asunción Lavrin y Edith Couturier, "Dowries and Wills: A View of Women's Socio-economic Role in Colonial Guadalajara and Puebla, 1640-1790", *Hispanic American Historical Review*, 59, 2 (1979); Edith Couturier, "Women and the Family in Eighteenth-Century Mexico: Law and Practice", *Journal of Family History*, 10, 3 (otoño, 1985); y el capítulo 3 de mi libro citado en la nota 7.

[7] *The Women of Mexico City, 1790-1857* (Stanford, Calif., Stanford University Press, 1985); publicado en español como *Las mujeres de la ciudad de México, 1790-1857* (México, Siglo XXI Editores, 1988).

cambios cronológicos, porque no sabía si una característica dada era nueva, vieja, o de transición. Sin ellos no podía explicar lo que encontraba porque no sabía, por ejemplo, si los comportamientos eran latinoamericanos en general, o típicamente mexicanos, o sólo urbanos, o sólo capitalinos. Claro que de todas formas ofrecí varias hipótesis, pero quedan por comprobarse con estudios de caso. Las explicaciones rigurosas dependerán de poder medir el peso relativo de distintos factores como son modos de producción, tradiciones étnicas, etc., todo lo cual requiere una estructura comparativa.

Bueno, pasemos ahora de estos puntos abstractos a los concretos. Ya tenemos dos grandes teorías sobre historia de la familia, inherentemente comparativas, en que se han tratado de insertar algunos trabajos sobre México, aunque sin bastante información hasta ahora. Yo propongo que en nuestros estudios varios nos concentremos sobre estas dos teorías.

Aquí no estoy dictando ni temas, ni metodologías, ni fuentes, sólo sugiriendo dos grandes preguntas a cuya respuesta todos podemos contribuir de distintos modos. La primera es la teoría de J. H. Hajnal. Este gran demógrafo dice que los patrones matrimoniales de la Europa occidental desde el siglo XVII hasta principios del XX eran distintos de los de África, Asia, y la Europa oriental. Hajnal estudia la edad de matrimonio y las proporciones de personas que se casaban y concluye que la Europa occidental se distinguía por los casamientos tardíos y la alta tasa de soltería. En el resto del mundo el matrimonio era casi universal y la edad de casarse, sobre todo las mujeres, era muy temprana. Hajnal concluye que estos contrastes demográficos reflejan distintas tradiciones culturales sobre la familia.[8]

Ahora bien, ¿donde ponemos a México? ¿Con la Europa occidental o con África y Asia? Claude Morin, Cecilia Rabell, y Herbert Klein, en sus estudios de tres pueblos rurales, encontraron poca soltería y edades de matrimonio bajas —o sea patrones tercermundistas.[9] Pero yo encontré patrones parecidos a los europeos en mi estudio de la ciudad de México en 1811, donde permanecían solteros un 17% de los hombres y un 16% de las mujeres, y los que se casaban o entraban en

---

[8] J.H. Hajnal, "Age at Marriage and Proportions Marrying", *Population Studies*, 7, 2 (1953), pp. 111-136; y "European Marriage Patterns in Perspective", en D. V. Glass y D.E.C. Eversley, eds., *Population in History* (Londres, 1965), pp. 101-143. Véase también Katherine Gaskin, "Age at First Marriage in Europe Before 1850: A Summary of Family Reconstitution Data", *Journal of Family History*, 3, 1 (1978), pp. 23-36.
[9] Véase la nota 3.

uniones libres, lo hacían a la edad promedia de 24.2 años los hombres y 22.7 las mujeres. Cuando separé la información por grupos étnicos encontré diferencias notables entre indios y españoles, pues los comportamientos matrimoniales de los indios capitalinos se parecían más al modelo afroasiático de Hajnal (aunque no tanto como en los pueblos indígenas), y los de los blancos capitalinos eran todavía más semejantes al modelo de la Europa occidental.[10]

El problema es saber si estamos viendo distintos patrones culturales en estos dos grupos étnicos, u otra cosa. Es posible que la sociedad mexicana no hubiera producido, después de tres siglos de colonización, un conjunto de valores nuevo y homogéneo acerca del matrimonio, y que los indios conservaran costumbres precolombinas mientras que los blancos seguían costumbres europeas. Pero también es posible que la alta tasa de casamiento en los pueblos no tenga nada que ver con la cultura sino que se deba a la emigración de personas solteras hacia las haciendas y ciudades —o sea, que la soltería existía, pero no se aprecia en nuestras fuentes. O puede ser que el patrón indígena del siglo XVIII no fuera el precolombino, posiblemente porque los curas españoles presionaran a los indios para casarse y aumentar el tributo. O acaso los patrones de la población española reflejaban alguna crisis económica de aquel momento, o alguna característica especial de la capital.

No sabremos hasta tener más estudios sobre este punto, sobre españoles en ciudades más pequeñas, por ejemplo, o sobre indígenas en siglos anteriores.[11] Estos estudios se pueden basar en muchas fuentes —en los registros de matrimonio y defunción de archivos parroquiales, en los testamentos de los archivos notariales, en las genealogías publicadas sobre familias pudientes, o en padrones eclesiásticos y municipales. Eso sí, deberían usar las mismas definiciones

[10] El 22% de las mujeres españolas permanecían solteras a la edad de 45-54, comparado con sólo el 10% de las indias; entre los hombres permanecían solteros el 20% de los españoles y sólo el 8% de los indios. Las indias y españolas se casaban a la misma edad, pero los hombres españoles se casaban más tarde, a los 26.4 años, y los indios más jóvenes, a los 24.2 años. Véase el capítulo 3 de Arrom, *Women of Mexico City*, especialmente la discusión en las páginas 134-37 y 148-151.

[11] Thomas Calvo, en su estudio de registros parroquiales de Guadalajara ("Familles mexicaines"), encontró edades de matrimonio para principios del siglo XVIII casi idénticas a las mías de 1811 (24 años para hombres tapatíos, 22.75 para mujeres). Esto sugiere que la edad de matrimonio no disminuyó, como Calvo propone en el mismo artículo (p. 173). Desafortunadamente, Calvo no estudió la tasa de soltería, indicador clave para distinguir los patrones europeos.

para que las comparaciones valgan algo. Por ejemplo, sólo deberían medir la edad en el primer matrimonio, como hizo Hajnal, y dar la edad media —no la mediana— del matrimonio. La importancia de usar la misma medida que Hajnal se puede ver en el estudio de David Brading y Celia Wu sobre León. Ellos calcularon la edad mediana (el *median*, en inglés) en vez de la media (el *average*), sin darse cuenta que la mediana suele ser mas baja que la media y por lo tanto no es útil para comparar con las cifras de Hajnal. Así que su conclusión de que los mexicanos urbanos se casaban más jóvenes que los europeos no resulta válida.[12] Nosotros tendremos que cuidar que nuestros cálculos sean verdaderamente comparables. Además, antes de concluir que los mexicanos se casaban más jovenes que los europeos, deberíamos comparar los resultados mexicanos con toda la gama de valores europeos, y no sólo el promedio, puesto que las investigaciones recientes demuestran que había bastante variación dentro del modelo europeo y muchas de las cifras mexicanas encajan perfectamente con las europeas.[13]

Las diferencias entre Europa y México también se pueden estudiar de otras formas, siempre tratando de discernir la manera en que el encuentro de españoles e indios dentro de un sistema colonial influenció a la familia novohispana. Por ejemplo, se podría investigar por medio de la ilegitimidad o de las concepciones prenupciales. Pero yo voy a concentrarme en otro ejemplo para sugerir sólo uno de los temas que necesitan investigación sistemática. Es el gran número de familias cuya cabeza era una mujer, fuera viuda, separada, abandonada, o soltera.

En mi estudio de la ciudad de México encontré que las mujeres constituían un tercio de las cabezas de familia en una muestra del padrón de 1811.[14] Claro que siempre es posible que los hombres se ocultaran del empadronamiento. Pero Asunción Lavrin también descubrió que un tercio de las propiedades de renta del convento de Regina Coeli eran arrendadas por mujeres en 1756 —y no hay razón para pensar que los hombres jefe de familia se ocultaran al arrendar una vivienda.[15] Betsy Kuznesof, al repasar la bibliografía sobre historia de

[12] David Brading y Celia Wu, "Population Growth and Crisis: León, 1720-1860", *Journal of Latin American Studies*, 5, 1 (mayo de 1973): pp. 12-14.

[13] En la Europa occidental la edad al contraer el primer matrimonio variaba desde 22.2 hasta 30 años para las mujeres, y de 24.3 hasta 31.3 para los hombres. Gaskin, "Age at First Marriage". La tasa de soltería variaba desde el 10 al 29 %. Hajnal, "Age at Marriage".

[14] Arrom, *Women of Mexico City*, pp. 129-134, 140-141.

[15] Asunción Lavrin, "Women in Convents: Their Economic and Social Role in Colonial Mexico", en *Liberating Women's History: Theoretical and Critical Essays*, Urbana, Ill., ed. Berenice A. Carroll, 1976, p. 269.

la familia en otras partes de Latinoamérica, sugiere que la prominencia de unidades domésticas urbanas encabezadas por mujeres pueda distinguir a Latinoamérica de Europa en la misma época.[16] Ella ve este fenómeno como característico de finales del siglo XVIII y del XIX, y lo relaciona con cambios en el modo de producción al integrarse Latinoamérica en el sistema de capitalismo industrial.

Lindas hipótesis, pero otra vez, yo quisiera tener más información. En primer lugar, nuestros conocimientos de los patrones europeos son en la mayoría de Inglaterra o Francia. A mí me gustaría saber cuál era la situación en Portugal y España, para ver si en efecto algo nuevo había surgido en el Nuevo Mundo. También me gustaría saber si la prominencia de familias encabezadas por mujeres existía ya antes de la época borbónica, o si era un fenómeno nuevo, o creciente, a finales del siglo XVIII. Y me gustaría saber si se veía el fenómeno en todas las regiones y tipos de ciudades mexicanas, o si era característico de algún área en particular. Sólo entonces me sentiría yo satisfecha con explicaciones del fenómeno.

También necesitaríamos más estudios comparables para explicar una diferencia entre lo que yo encontré para la ciudad de México y lo que han encontrado dos estudios sobre el Brasil. Es que en el Brasil las jefas de familia solían ser de la clase más baja, pero en la ciudad de México solían ser mujeres de descendencia española, y no indias. Claro que entre los llamados españoles había personas de todos los niveles sociales, pero de todas formas extraña que sólo el 13% de las indias capitalinas encabezaran sus unidades domésticas, en contraste con el 22% de las españolas (basada en la población mayor de 18 años).[17] ¿Por qué esta diferencia? ¿Será una característica transitoria de clase, digamos porque había una escasez de vivienda en la ciudad de México en 1811 que forzaba a muchas pobres, viudas y solteras, a arrimarse con otras familias, así causando que no aparecieran como cabezas de sus propias familias? ¿O será una diferencia cultural entre dos sociedades, la mexicana con una clase baja india, en la que había menos matrilocalidad y la brasileña con una negra en que había más?

En estudios futuros del tema siempre debemos tener en cuenta los variables de clase y etnia, porque el carácter multirracial distingue a Latinoamérica de Europa y Asia. Así que pongamos como hipótesis

[16] Kuznesof, "Household, Family, and Community Studies, 1976-1986: A Bibliographic Essay", *Latin American Population History Newsletter*, 14 (otoño de 1988): pp. 9-11.
[17] Arrom, *Women of Mexico City*, pp. 165-66, 174.

central que este carácter multirracial ha afectado los patrones familia-res mexicanos. Y que algunas de las experiencias humanas más básicas pueden haber sido distintas para diferentes grupos latinoamericanos.

Quiero proponer un segundo gran marco al que deberíamos dirigir nuestros variados estudios basados en distintas fuentes y metodolo-gías. Es la teoría elaborada para Europa por Edward Shorter y Lawren-ce Stone, entre otros, de los grandes cambios en la familia durante la época moderna.[18] Afirman ambos que el crecimiento del capitalismo hizo disminuir el patriarcado y aumentar lo que llaman el "individua-lismo afectivo". Este proceso llevó, por ejemplo, al fenómeno de que a la vez que decaía el poder de los padres aumentaba la libertad de los hijos para escoger su pareja basada en el amor romántico. Lo que nosotros deberíamos investigar es si este proceso también se dio en México, si se dio con la misma cronología, y si fue uniforme en todas las regiones y grupos sociales mexicanos.

Sobre estas preguntas ya existe una controversia entre los estudio-sos de México. Por una parte Ramón Gutiérrez encuentra que a finales del siglo XVIII en Nuevo México aumentaron la independencia de los hijos y la importancia del amor romántico; por otra parte Patricia Seed encuentra que a finales del siglo XVIII en la ciudad de México se aumentó el poder de los padres para controlar los matrimonios de los hijos.[19] Estas conclusiones contradictorias son más sorprendentes por-que los dos autores estudiaron un periodo parecido, desde el siglo XVII hasta principios del XIX, y se basaron en el mismo tipo de fuente. Siguiendo el modelo del brillante libro sobre Cuba de Verena Martínez-Alier,[20] investigaron las diligencias matrimoniales y los casos en que los

---

[18] Véanse Edward Shorter, *The Making of the Modern Family* (Nueva York, 1975); Lawrence Stone, *The Family, Sex, and Marriage in England, 1500-1800* (Nueva York, 1977); Jean-Louis Flandrin, *Families in Former Times: Kinship, Household, and Sexuality*, trans. Richard Southern (Cambridge, Inglaterra, 1979); y Michael Mitterauer y Reinhard Sieder, *The European Family: Patriarchy to Partnership from the Middle Ages to the Present* (Chicago, 1982).

[19] Ramón A. Gutiérrez, "Marriage, Sex and the Family: Social Change in Colonial New Mexico, 1690-1846", Ph.D. diss., University of Wisconsin, 1980; "From Honor to Love: Transformations of the Meaning of Sexuality in Colonial New Mexico", in *Kingship Ideology and Practice in Latin America*, ed. Raymond T. Smith (Chapel Hill, 1984), pp. 237-263. Patricia Seed, *To Love, Honor, and Obey in Colonial Mexico: Conflicts over Marriage Choice, 1574-1821* (Stanford, Calif., 1988).

[20] Verena Martínez-Alier (ahora llamada Verena Stolcke), *Marriage, Class and Colour in Nineteenth-Century Cuba: A Study of Racial Attitudes and Sexual Values in a Slave Society* (Cambridge, 1974).

padres se opusieron formalmente a los matrimonios de los hijos, sea ante alguna autoridad eclesiástica o civil.

Gutiérrez ve un contraste marcado entre el siglo xvii y el xix. Dice que en el siglo xvii, aunque la ley de la iglesia no permitía que se casaran dos personas contra su voluntad, era común que los padres escogieran la pareja de los hijos y que los hijos obedecieran a los padres aun sin conocer a su futuro cónyuge. Dice que en el siglo xix se veía menos el matrimonio por obligación (y éste sobre todo en las familias que él llama "aristocráticas"), y más el matrimonio entre personas que afirmaban su amor mutuo. Sin embargo, la documentación presentada es tan escasa y anecdótica que yo no estoy convencida del contraste. Además, Seed demuestra convincentemente que existía el matrimonio por amor en los siglos xvi y xvii, aunque las parejas usaban los términos "gusto" e "afiliación y voluntad", en vez de "amor", palabra que definitivamente se usa con más frecuencia a finales del siglo xviii y xix. O sea, que el cambio lingüístico no necesariamente indica un cambio en valores y comportamientos.

Entre paréntesis, quisiera notar que para mí el análisis del idioma es la parte más interesante del libro de Seed, pues demuestra que la misma palabra (como "honor") puede tener distintos significados en distintos siglos, y que diferentes palabras (como "gusto" y "amor") pueden significar la misma cosa. Esto sugiere lo difícil que es saber lo que pensaban los mexicanos de antaño, pues las palabras que usaban no siempre son lo que aparentan ser para los historiadores del siglo xx.

Regresando a la teoría de Gutiérrez, él añade una medida muy interesante que él piensa demostrar la creciente importancia del amor romántico: es que la diferencia de edades entre marido y mujer disminuye marcadamente entre el siglo xvii y el xix. Según Gutiérrez, el individuo que escoge su cónyuge libremente preferiría una persona de la misma edad. Esta suposición queda por comprobarse, pero ahora que se ha propuesto como medida clave vale la pena investigarla en otras épocas y regiones mexicanas. También urge buscar fuentes cualitativas que nos permitan interpretar su significado.

Ahora bien, si no son del todo convincentes las conclusiones de Gutiérrez de que México experimenta los mismos cambios que Europa, tampoco lo son las conclusiones opuestas de Seed de que el patriarcado aumentó durante este periodo. Para argumentar que los hijos del siglo xvi tenían más libertad para escoger pareja, se basa Seed en el gran número de casos en que la iglesia no aceptó la oposición de los padres al matrimonio. Para argumentar que los hijos perdieron su independencia a finales del siglo XVIII se basa en la creciente proporción de padres que impidieron el matrimonio de un hijo. También plantea que la Pragmática Sanción de 1776, que por primera vez requería el consentimiento paterno para los matrimonios de menores, demuestra que las normas cambiaron hasta llegar a sancionar el control de los padres sobre los hijos.

¿Por qué no me convencen estos argumentos? Puede ser que la incapacidad de la iglesia para proteger a los hijos a finales del siglo XVIII demuestre la debilitación de esta institución. Pero lo que no nos dice Seed, sino en una nota escondida al final del libro, es que para esa época había ya muy pocos casos de oposición paterna a los matrimonios de la prole. Casi todos los casos provenían del siglo XVI y XVII (389 desde 1574 a 1689), y muy pocos de la época posterior (49 entre 1779 y 1821) —no obstante el aumento dramático de la población. Así es que se podría construir una hipótesis muy distinta con los mismos datos de Seed: que en el siglo XVI era mucho más común que los padres intentaran impedir el matrimonio de sus hijos, aunque una iglesia fuerte los pudo bloquear en la mayoría de casos; y que en la época posterior eran pocos los que intentaron controlar a los hijos, aunque encontrarían más apoyo institucional. También, según los datos de Seed, los pocos padres que persistían en el intento eran propietarios importantes tratando de controlar a los herederos, y ya no padres de un espectro amplio de la sociedad colonial como lo fueron a principios de la época colonial.

Estas conclusiones ya no parecen tan distintas de las de Gutiérrez, puesto que él también encontró que el control patriarcal persistió en la clase alta. Y sobre la Pragmática Sanción se podría proponer que los derechos paternos fueron institucionalizados sólo porque el control *de facto* de los padres se estaba perdiendo. O sea que este decreto no necesariamente demuestra el fortalecimiento de la autoridad patriarcal sino lo contrario: se puede interpretar como un intento (bastante restringido, cuando uno lo examina detenidamente)[21] de contrarrestar la creciente independencia filial. Así es que la ley y la práctica podían

---

[21] La Pragmática Sanción de 1776 no impedía que los hijos se casaran en contra de la voluntad de los padres. Podían hacerlo al llegar a la mayoría de edad, y podían hacerlo los menores bajo la pena de perder su herencia (*Novísima recopilación de las leyes de España...*, vol. 5 (lib. 10, tit. 2, ley 9). Además, según interpretaciones posteriores, sólo se restringían los matrimonios de personas blancas (Martínez-Alier, *Marriage*, pp. 11-13). Este intento de reforzar la jerarquía social fue de poca duración, pues no se repitió en la legislación republicana.

ser muy distintas. La dramática disminución de la dote en la época borbónica, y su desaparición en el siglo xix, respalda esta hipótesis, pues indica que los padres perdieron un método tradicional de controlar el matrimonio de las hijas.

Esta discusión de los trabajos de Gutiérrez y Seed indica que todavía no está claro si México experimentó los mismos cambios que Europa en la época moderna. Es posible, por ejemplo, que la condición multiétnica de América atenuara la disminución del patriarcado en las clases altas por el miedo que le tenían a la mezcla de razas. Estos cambios tendrán que investigarse cuidadosamente con base en muchas fuentes.

Una fuente muy útil serían los divorcios eclesiásticos. Yo los usé con bastante provecho para estudiar la ideología del matrimonio en el siglo xix. Como sólo los analicé para un período de cincuenta años, no pude sino vislumbrar algunos cambios, como la creciente importancia de la felicidad individual y la aparición definitiva del amor romántico.[22] Valdría la pena estudiar esta documentación para una época anterior para ver hasta qué punto estos valores son nuevos —y si lo son, en qué fecha aparecieron. También se debería de tomar en cuenta la variedad de pleitos matrimoniales que se encuentran en los juzgados, tanto civiles como eclesiásticos, y que incluyen pleitos por malos tratos, amancebamientos y bigamia. Lo que deberíamos intentar es no limitarnos a un solo tipo de fuente, pues cada una nos da una perspectiva muy parcial de la realidad histórica.

Concluyo como empecé, abogando por estudios de caso comparables que nos permitan hablar de los grandes cambios a largo plazo, y de las características que distinguían a las familias mexicanas de las de otras partes del mundo. Una vez sentadas estas bases, podremos discutir el porqué de estos cambios y diferencias, discusión en que entrarán todas las conexiones de la familia con la economía, con las necesidades políticas, con la estructura social y étnica, y con la cultura y los valores de los mexicanos en épocas pasadas.

---

[22] Arrom, *Women of Mexico City*, capítulo 5, especialmente las páginas 249-256.

Este libro se terminó de imprimir
en mayo de 1991 en los talleres
de Offset 70, Víctor Hugo 99,
Col. Portales, México, D.F.
Se tiraron 1000 ejemplares más sobrantes
para reposición.
Cuidó la edición el Departamento de Publicaciones
de El Colegio de México.